Steven Friedman

Effektive Psychotherapie

Wirksam handeln bei begrenzten Ressourcen

Für Donna und Sarah ... in Liebe

*Eine Vision ohne Aufgabe ist nur ein Traum,
Eine Aufgabe ohne Vision ist Plackerei,
eine Vision und eine Aufgabe ist die Hoffnung der Welt.*

(aus einer Kirche in Sussex, England, c. 1730)

systemische Studien Band 18

herausgegeben von Jürgen Hargens

Steven Friedman

Effektive Psychotherapie

Wirksam handeln bei begrenzten Ressourcen

verlag modernes lernen - Dortmund

systemische Studien

herausgegeben von Jürgen Hargens (Meyn)

In dieser Buchreihe erscheinen Arbeiten, die systemische Ansätze in der Therapie weiterentwickeln und Möglichkeiten der praktischen Umsetzung mit einbeziehen. Die Reihe wendet sich an praktisch tätige KlinikerInnen, theoretisch interessierte ForscherInnen und alle an systemischem Denken Interessierte.

Dieses Buch erschien unter dem Titel *Time-Effective Psychotherapy. Maximizing Outcomes in an Era of Minimized Resources* bei Allyn and Bacon, Boston-London-Toronto-Sydney-Tokyo-Singapore, © 1997 Alle Rechte der deutschen Ausgabe liegen bei verlag modernes lernen, Dortmund.

Aus dem Englischen übersetzt von Brigite Eckert (Medelby) unter Mitarbeit von Jürgen Hargens (Meyn)

Band 18
Steven Friedman
Effektive Psychotherapie. Wirksam handeln bei begrenzten Ressourcen

---

© 1999 verlag modernes lernen, Borgmann KG, D - 44139 Dortmund

Gesamtherstellung: Löer Druck GmbH, D - 44139 Dortmund

 Bestell-Nr. 4318   ISBN 3-8080-0431-2

Urheberrecht beachten!
Alle Rechte der Wiedergabe, auch auszugsweise und in jeder Form, liegen beim Verlag. Mit der Zahlung des Kaufpreises verpflichtet sich der Eigentümer des Werkes, unter Ausschluß des § 53, 1-3, UrhG., keine Vervielfältigungen, Fotokopien, Übersetzungen, Mikroverfilmungen und keine elektronische, optische Speicherung und Verarbeitung, auch für den privaten Gebrauch oder Zwecke der Unterrichtsgestaltung, ohne schriftliche Genehmigung durch den Verlag anzufertigen. Er hat auch dafür Sorge zu tragen, daß dies nicht durch Dritte geschieht.

Zuwiderhandlungen werden strafrechtlich verfolgt und berechtigen den Verlag zu Schadenersatzforderungen.

Inhalt

Zum Geleit	9
Vorbemerkungen des (Reihen-) Herausgebers	13
Vorwort	15
Vorwort zur deutschen Ausgabe	17
Ein kurzer Überblick über „Managed Care" in den Vereinigten Staaten	17
Einleitung	25
Den Bedürfnissen der ganzen Bevölkerung entsprechen	29
Von Problemen zu Möglichkeiten	30
Was vor uns liegt	30

Kapitel 1
Die Reise von Problemen zu Möglichkeiten   33

    Ein typischer Tag in einer „managed care" Praxis   33
    Die Herausforderungen von „managed care"   37
    Kompetenzorientierte Praxis: Prinzipien und Grundannahmen   40
    Vergleich der Perspektiven   43
    Klinische Grundannahmen und Werte   52

Kapitel 2
Geschichten gebührend ernstnehmen und von ihnen ausgehen   85

    Das Erstinterview atmosphärisch gestalten   88
    Eine KundInnenbeziehung herstellen: Das Prinzip der Kooperation   94
    Das Erstinterview: Richtlinien für die Praxis   98
    Ein Erstinterview mit einem Paar   102

Kapitel 3
Handeln: Therapie als Labor für Veränderungen   115

    Therapie als Labor für Veränderungen   117
    Hausaufgaben (er-) finden: Ein Potpourri an Ideen   124
    Briefe in der Therapie nutzen   137

Kapitel 4
Talking Heads: Das Reflektierende Team als Konsultant 149

    Die theoretische Basis für Reflektierende Teams 150
    Das Reflektierende Team als Konsultant 152
    Das Reflektierende Team: Beispiele aus der klinischen Praxis 155
    ZuhörerInnen in den therapeutischen Prozeß einbinden:
    Reale und virtuelle Gemeinschaften 172

Kapitel 5
Komplexität handhaben: Pragmatik der Ressourcenzuweisung 177
Steven FRIEDMAN & Cynthia MITTELMEIER

    Die klinische Situation: Hintergrund und Interviews 178
    Ziele festlegen/Ressourcen zuweisen 190

Kapitel 6
Kooperative Praxis praktisch, I: 201
Hoffnungsvolle Geschichten hervorbringen

    Am Anfang: Barbaras Bild 201
    Zum Abschluß der Therapie 202
    Die mittlere Phase 204
    Ein Briefwechsel 207

Kapitel 7
Kooperative Praxis praktisch, II:
Zeiteffektive Lösungen konstruieren 227

    Die Familie Ramos 228
    Teil 2: Die Familie kommt wieder 245

Kapitel 8
Kooperative Praxis praktisch, III:
Konversationen verändern 261

    Die erste Sitzung mit dem Paar 263
    Die zweite Sitzung 273
    Die dritte Sitzung 280
    Die vierte Sitzung 282
    Die fünfte Sitzung 285

Kapitel 9
Oft gestellte Fragen 293

Kapitel 10
Alles zusammen:
Prinzipien effektiver Praxis   321

    Unsere Haltung verändern   321
    Ihre Praxis handhaben: Von Möglichkeiten zu Ergebnissen   326
    Änderungen messen   329
    Möglichkeiten-Therapie praktisch   332
    Managed Care überleben   333

Literatur   339

Personenverzeichnis   355

Zum Geleit

In den letzten Jahren ist das Phänomen „Sprache" zunehmend stärker in den Fokus der Aufmerksamkeit innerhalb der professionellen Psychotherapie gerückt. Sprache ist nämlich nicht nur ein wesentliches Mittel der Kommunikation innerhalb und außerhalb des therapeutischen Settings, um Erfahrungen zu induzieren und zu moderieren, um sich darüber zu verständigen, um gemeinsames Handeln zu koordinieren oder um Informationen auszutauschen. Sondern mittels Sprache werden darüber hinaus Sinnwelten erzeugt, stabilisiert oder verändert – und damit verbunden auch Glaubens- und Meinungssysteme, Bedeutungsstrukturen und Möglichkeitsräume für Handlungen. Das gestiegene Bewußtsein für diese Vorgänge geht einher mit einem allgemeinen Trend unserer massenmedialen Gesellschaft: in Nachrichtensendungen werden neben reinen „Tatsachen" und „Fakten" zunehmend Aussagen und Bewertungen von Politikern, Funktionären und Fachleuten dargestellt; Börsenkurse und politische Entscheidungen reagieren zunehmend auf Ansichten und Stimmungen, und die öffentliche Meinung zu einem Vorgang ist vielfach entscheidender als „objektive" Hintergründe – womit insgesamt die alte stoische Weisheit (EPIKTET, um 50 v.Chr.) „Nicht die Dinge selbst, sondern die Meinungen von den Dingen beunruhigen den Menschen" aktuelle Relevanz erhält.

Die Philosophie der Postmoderne, die solche gesellschaftlichen Trends reflektiert – selbst aber auch nach Kräften katalysiert –, hat den Bezugspunkt letztgültiger Wahrheiten ersetzt durch die Vielfalt sogenannter „Narrationen", d.h. durch Geschichten über Wahres und Wirkliches, die weitgehend sozial ausgehandelt werden und damit ebenso kurzfristigen modischen wie langfristigen kulturellen Strömungen unterworfen sind. Der Ersatz von allgemeinen Wahrheiten durch eher hausgemachte Narrationen ist nun aber keineswegs nur ein Quelle individueller Freiheiten, sondern bietet, wie die therapeutische und beraterische Praxis zeigt, leider auch viele Möglichkeiten, auf dem Weg der stets notwendigen Veränderungen und Anpassungen an neue Gegebenheiten kognitive Gruben zu graben, in denen man sich selbst fangen kann. Narrationen darüber, was „krank" oder „gesund", „richtig" oder „falsch", „gut" oder „böse" ist, was Symptome und Handlungen „bedeuten", welche Leitideen von „Veränderung" und „Heilung", von „Scheitern" oder „Schuld" existieren, können gegebenenfalls dem Menschen die Sicht auf neue Möglichkeiten begrenzen und den Weg zu eigenen Lösungen und zu Veränderungen einer als belastend erlebten Situation verbauen.

Ressourcen können dann nicht (mehr) genutzt werden, und der Mensch ist in seinem Problem (oder besser, nach EPIKTET, von seiner Meinung über das Problem) gefangen.

An dieser Stelle des psychosozialen Wirkgefüges, wo Ressourcen und Lösungsmöglichkeiten verstellt erscheinen, setzt das vorliegende Buch von Steven FRIEDMAN an. Mit anderen Werken zur sogenannten lösungsorientierten Therapie plädiert FRIEDMAN dafür, in der therapeutischen Kommunikation nicht auf Schwächen, Probleme, Symptome, Dysfunktionen oder Krankheiten zu fokussieren und damit die Gefahr heraufzubeschwören, daß solche „kränkenden" Aspekte des Lebens und Erlebens eher stabilisiert werden könnten. Dies kann besonders dann leicht passieren, wenn nur wenige Kontakte zur Verfügung stehen, und daher eine umfassende Bearbeitung der Probleme sowie der ihnen zugrunde liegenden Dynamik nicht möglich ist. Vielmehr sollte der Fokus auf die bereits vorhandenen und sich zunehmend abzeichnenden Ressourcen, Fähigkeiten, Alternativen, Lösungsperspektiven und Stärken gelegt werden. Der therapeutische Dialog dient dann dazu, in wenigen Sitzungen Anstöße zu geben, die es ermöglichen, in den Zwischenzeiten behindernde und allzu rigide Kategorisierungen und Deutungen zu verflüssigen, verbale Fallen zu de-konstruieren, schädliche, immer wieder zum Problem hinführende selbsterfüllende Prophezeiungen zu transformieren und den Alternativen-Raum für mögliche Handlungen zu erweitern.

Was das Buch von FRIEDMAN dabei besonders lesenswert macht, ist die umfassende und langjährige Erfahrung des Autors unter den schweren Bedingungen, die das amerikanische System der „Managed Care Companies" bietet: in möglichst wenigen, möglichst billigen Sitzungen soll ein Maximum an Wirkung erzielt werden (wobei die Wiedererlangung der vollen Arbeitsfähigkeit und Entlastung der Sozialkassen im Zentrum stehen). Mich hat beeindruckt, daß FRIEDMAN angesichts solcher Restriktionen weder Mut noch Humor verloren hat, sondern wohlwollend, freundlich und humorvoll seine hohe fachliche Kompetenz in diesem Rahmen entfalten und die vorhandenen Möglichkeiten dem Leser überzeugend vermitteln kann. Den teilweise in die Randzonen der Umenschlichkeit abgedrifteten Managed Care Companies vermag FRIEDMAN immer noch Inseln der Menschlichkeit und des Respektes für seine Patienten abzutrotzen. Die zahlreichen Beispiele, die Übungen und die prägnanten Zusammenfassungen der „key ideas" [Schlüsselideen] präzisieren einerseits die lösungsorientierte Perspektive FRIEDMANS und erleichtern andererseits gerade dem Praktiker die Erprobung konkreter Interventionen.

Der Blick nach Amerika und die Reflexion der Entwicklung im letzten Jahrzehnt auch in Deutschland sollte unser Bewußtsein für die Wichtigkeit dieses Buches schärfen: Es ist zwar berechtigt, zu hoffen, daß uns hierzulande die Auswüchse der Managed Care Companies erspart bleiben – nämlich Behandlungsentscheidungen stärker durch Kosten-Konkurrenz zu beeinflussen statt durch den fachlichen Stand psychotherapeutischer Heilkunst sowie eine Dequalifikation von Psychotherapeuten zu „austauschbaren Akkordarbeitern" (vgl. das Vorwort zur deutschen Ausgabe) mit dem Ziel, die Honorare pro Therapiestunde immer weiter zu senken. Gleichwohl ist der Trend auch bei uns unverkennbar, immer mehr Sach- und Fachentscheidungen den Kosten-Argumenten unterzuordnen und die berechtigte Forderung nach Effektivität von Psychotherapie an allzu vordergründigen Kriterien festzumachen (die nicht zufällig wieder mit Unternehmensprofiten korrelieren). Man muß somit kein Pessimist sein, um vorherzusagen, daß sich auch bei uns die Rahmenbedingungen jenen amerikanischen immer mehr annähern werden, unter denen die von Steven FRIEDMAN dargestellten Interventionsmöglichkeiten entwickelt worden sind.

Da dieses Buch u.a. die Gefahr selbsterfüllender Prophezeiungen deutlich macht, sollten wir dies auch auf den Kontext anwenden dürfen, in dem „effektive Therapie" diskutiert wird: Auch wenn Therapeuten mehr und mehr genötigt sein werden, sich den skizzierten „Rahmenbedingungen" anzupassen, sollten wir sie gleichwohl nicht akzeptieren, sondern jede Gelegenheit nutzen (z.B. ein Geleit-Wort), deren scheinbare Selbstverständlichkeit zu hinterfragen und gegen die dahinter liegenden Entscheidungen zu protestieren. Solange für Kriegsindustrie Milliarden über Milliarden ausgegeben werden, Großunternehmen mit Subventionen statt gerechter Besteuerung „bei Laune gehalten" werden, immer mehr Gelder der Sozialgemeinschaft für solche Infrastruktur zur Verfügung gestellt werden, die vor allem der Erhöhung privater Profite dient, solange ist nicht einzusehen, warum angeblich unabänderliche „Rahmenbedingungen" die Kosten der psychosozialen Gesundheit immer mehr senken sollen. In der Tat gibt es wenige Rahmenbedingungen, an denen wir nichts ändern könnten, wenn der Wille dazu vorhanden wäre – und gerade diese werden zudem oft ignoriert: Eine unabänderliche Rahmenbedingung ist z.B., daß unser Planet nicht wächst und in manchen Bereichen begrenzte Ressourcen hat. Wachsende Produktion von Wirtschaftsgütern einerseits und Verschwendung von natürlichen, nicht regenerierbaren Ressourcen andererseits sind somit lebensfeindlich und *können* gar nicht langfristig so weitergehen. Im Gegensatz zu den angeblichen „Rahmenbedingungen" im psychosozialen Bereich werden aber weder in den USA noch hierzulande diese wirklichen Rahmenbedingungen in bedeutsamen Maße in politisches Handeln umgesetzt. Diese wenigen Verweise mögen die narrative Suggestivkraft des Begriffs „Rahmenbedingung" hoffentlich relativieren helfen.

Ich wünsche diesem Buch eine weite Verbreitung: Neben dem Genuß einer anregenden, zum Weiterdenken und praktischen Erproben inspirierenden Lektüre wird der Leser auf verschärfende Bedingungen im Gesundheitswesen vorbereitet; ihm werden Anregungen und Möglichkeiten eröffnet, auch bei begrenzten Ressourcen innerhalb von therapeutischen Settings noch wirksam handeln zu können. Gleichzeitig möchte ich aber (mit) dazu aufrufen, außerhalb der therapeutischen Settings gegen die profitorientierte Ideologie angeblicher „Rahmenbedingungen" zu kämpfen, die scheinbar „gegebenen Fakten" zu Wertentscheidungen zu dekonstruieren und die Entscheidungsträger in die Schranken lebensgerechterer Prioritäten zu weisen. Es geht nicht nur um die Frage nach der „Effektivität", es geht auch im die Frage, wie wir leben wollen.

Osnabrück, im Dezember 1998   *Jürgen Kriz*

Vorbemerkungen

des (Reihen-) Herausgebers

Ökonomische Rahmenbedingungen setzen sich immer deutlicher in allen Gesellschaftsbereichen durch – auch in der Psychotherapie. Das könnte dazu führen, daß psychotherapeutisches Handeln sich mehr an Markt- und Wettbedingungen ausrichtet als an fachlichen Voraussetzungen. Wobei aber kaum diksutiert wird, ob es sich bei *Gesundheit* um ein Gut oder eine Ware handelt, die wettbewerbsfähig ist (DEPPE 1997). HALEY (1990) hat sehr pointiert darauf aufmerksam gemacht, daß ökonomische Rahmenbedingungen manchmal sogar fachliche Standards ersetzen, ohne daß eine Fachöffentlichkeit dagegen protestiert: „Therapie wird ganz offensichtlich aufgrund der Art und Weise der Finanzierung kürzer. So wie entdeckt wurde, daß Hospitalisation kürzer sein kann, wenn Versicherungsgesellschaft so entscheiden, so wird Therapie kürzer, wenn Versicherungsgesellschaften die Länge der Therapie begrenzen" (S. 14).

In seinem Bemühen um eine *effektive Psychotherapie* bleibt FRIEDMAN seinen fachlichen Standards treu und macht diese zum Maßstab seines Handelns. Dabei verkennt er durchaus nicht, daß soziale Rahmenbedingungen unsere Auffassungen und Ansichten über Therapie beeinflussen und therapeutisches Handeln definieren. Deshalb legt FRIEDMAN großen Wert darauf, seine Grundüberzeugungen offen zu legen und sich davon in seiner Arbeit mit KlientInnen leiten zu lassen – gerade auch unter restriktiven und einengenden Möglichkeiten. FRIEDMAN sieht diese Begrenzungen und begreift sie als *Herausforderungen*, denen es gilt, fachlich kompetent zu begegnen, anstatt sich gleich von ihnen abschrecken und handlungsunfähig machen zu lassen.

Genau dies hat mich an seiner Darstellung beeindruckt – auch in Zeiten ökonomischer Begrenzungen fachliche Standards zur Leitlinie des eigenen Handelns zu machen und sich nicht einfach dem ökonomischem Druck zu beugen. Dabei rüttelt FRIEDMAN zugleich an Grundfesten, an lieb gewordenen Grundüberzeugungen – und das ganz unspektakulär, wenn er etwa beschreibt, daß sich seine Sitzungen nicht der 50-Minuten-Sprechstunde, die von Kassen bezahlt wird, anpassen, sondern von dem geleitet werden, was therapeutisch sinnvoll erscheint – auch wenn Sitzungen länger oder kürzer werden. Oder Briefe schreiben als therapeutische Intervention – dies wird bisher von Kassen genauso wenig bezahlt wie telefonische Nachfragen oder regelmäßige und reguläre Nachuntersuchungen.

FRIEDMAN beschreibt all dies sehr kompetent, sehr einsichtig und unspektakulär – er breitet seine Erfahrungen aus, läßt uns, die LeserInnen, daran teilhaben, beschreibt viele Beispiele, um transparent zu bleiben und er hat es geschafft, durch Zwischenfragen, Zusammenfassungen, Übersichten meine Aufmerksamkeit zu fesseln. Und er hat für die deutsche Ausgabe eine neue Einleitung geschreiben, in der er dem deutschen Publikum das nahebringt, was es mit der sog. „managed care"-Bewegung auf sich hat. Wenn die USA das Vorbild sind, wenn US-Entwicklungen mit einiger Verzögerung auch bei uns wirksam werden, dann ist FRIEDMANS Buch nicht nur aktuell, sondern darüber hinaus auch präventiv in dem Sinne, daß es hierzulande dazu beitragen kann, über Auswirkungen von strukturellen Reformen nachzudenken, bevor diese wirksam und möglicherweise unumkehrbar geworden sind.

Dennoch bleibt FRIEDMANS Buch vor allem *praktisch ausgerichtet* – es zeigt, wie sich die PraktikerIn auch unter einschränkenden Rahmenbedingungen orientieren und organisieren kann – ganz im Sinne des Autors, der dazu anregen möchte, die eigene Stimme zu finden.

Meyn, im November 1998 *Jürgen Hargens*

Vorwort

Ein Buch ist etwas sehr Persönliches. Dieses Buch ist eine persönliche Darstellung meines Denkens und meiner klinischen Praxis, so wie sie sich in zwanzig Jahren entwickelt haben. Ich verstehe meine Arbeit gerne als eine Art Konsultation, die die Wünsche der Menschen bevorzugt behandelt und ihre Würde sowie ihr Gefühl persönlichen Könnens stärkt. Es ist keine Therapie für Menschen, die nach Erkenntnis und Einsicht durch Langzeit-Psychoanalyse suchen. Der Fokus richtet sich vielmehr darauf, Menschen zu helfen, Lösungen zu finden – in kurzer Zeit – für die alltäglichen Probleme des Lebens.

Ich befinde mich in der glücklichen Lage, sehr früh in meiner Ausbildung Erfahrungen gesammelt zu haben, die darauf verzichteten, in rigide theoretische Modelle einzutauchen oder in traditionell pathologisierende Formen von Diagnose und Behandlung. Meine Ausbildung in humanistischer öko-systemischer Ausrichtung und mein Hintergrund in experimenteller Psychologie brachten mich dazu, den Nutzen zu sehen, die Macht des sozialen Kontextes zu verstehen und zu respektieren, um das Verhalten ebenso zu beeinflussen wie den Wert, ein Gefühl von Neugier und Forschung in meiner Arbeit zu erhalten. Ich entwickelte auch einen starken Glauben in die Ressourcen und Fähigkeiten von Menschen, für sich selber ein besseres Leben zu schaffen. Das ist etwas, was ich von meinem Vater gelernt habe, der immer Möglichkeiten sah und mir half zu erkennen, daß Träume und Ansprüche der erste Schritt dorthin sind. Mein Ziel, wenn ich Therapie mache, besteht darin, die Komplexitäten menschlichen Lebens zu respektieren und zugleich diese Komplexitäten in einfache Ideen zu übersetzen, denen man folgen kann, um Änderungen eintreten zu lassen.

Solange ich zurückdenken kann, war ich ein „Erfolgs-Freak" und deshalb war es nur natürlich, daß ich nach Wegen suchte, Menschen in der Therapie voranzubringen, ohne unnötige Abhängigkeiten zu schaffen. Meine Arbeit in den letzten zehn Jahren in einer HMO-Einrichtung schärfte meine diesbezüglichen Fertigkeiten.

Dieses Buch stellt eine Reihe von Prinzipien und Techniken vor, die auf eine Vielzahl von Problemen, die Menschen in die Therapie bringen, angewendet werden können. Meine Hoffnung ist aber die, daß dieses Buch nicht nur eine einfache Beschreibung von Ideen und Techniken ist, sondern Sie auch anregen kann, Ihre eigene Stimme zu finden – eine, die definiert, wer Sie als TherapeutIn sind. Am Ende sind eben nicht Modelle und Techniken am wichtigsten, sondern Ihr Engagement, Ihr Respekt und Ihre Authentizität. Yogi BERRA, der berühmte Baseballspieler der New York Yankee, erwiderte auf die Frage, was er denkt, wenn er auf die (Gummi- bzw. Abschlag-) Platte geht, „Wie kann ich zugleich denken und schlagen?" Auch wenn es wichtig ist, eine Reihe von Techniken zu beherrschen, so muß man doch an einem bestimmten Punkt Handanweisungen beiseitelegen und den Therapieprozeß zu seinem eigenen machen. Am Ende macht eine Gefühl von Neugier und Offenheit gegenüber der Geschichte Ihrer KlientIn und das Zutrauen in Ihre eigene Stimme erfolgreiche Abschlüsse eher möglich. Gute Reise!

Vorwort zur deutschen Ausgabe

Ein kurzer Überblick über „Managed Care" in den Vereinigten Staaten

In den 60er Jahren begannen die Gesundheitskosten in den Vereinigten Staaten außer Kontrolle zu geraten. Es ergab sich die Notwendigkeit, diese Kosten in gewissen Schranken zu halten und Strukturen zu entwickeln, mit deren Hilfe man die nicht unerschöpfliche Menge von Ressourcen im Gesundheitswesen auf faire und vernünftige Weise verteilen konnte. So entstanden die **„Managed Care Companies"** [im folgenden: **MCC**: Gesellschaften für kontrollierte Gesundheitsversorgung, *Anm.d.Übers.*]. Vor der Revolution durch diese Art kontrollierter Gesundheitsversorgung wurden ÄrztInnen für jede von ihnen durchgeführte Behandlung bezahlt (die traditionelle Form von „Bezahlung gegen Leistung"). Je mehr Tests und Behandlungen angewandt wurden, desto mehr Geld erhielt die ÄrztIn. ÄrztInnen wurden für ihre Entscheidung, gewisse Behandlungsmethoden anzuwenden, nicht zur Rechenschaft gezogen, und es existierte ein eindeutiger finanzieller Anreiz, Behandlungen und Mittel übertrieben zu verordnen. **„Health Maintenance Organizations"** [im folgenden: **HMO**: Organisationen zur Gesundheitserhaltung und -förderung, *Anm.d.Übers*] sowie andere MC-Institutionen entstanden aus der Notwendigkeit heraus, unnötige medizinische Kosten zu reduzieren (einschließlich der Ausgaben für Leistungen im psychosozialen Bereich). Die MCCs wandten ihre Aufmerksamkeit anfänglich jenen klinischen Leistungen zu, die am teuersten waren (im Bereich der psychosozialen Gesundheit war das die stationäre psychiatrische Behandlung). Indem sie billigere, aber gleichwertige oder sogar effektivere Alternativen anboten (wie z.B. Tagesbehandlung im Krankenhaus, auf kurze Zeit befristete stationäre Behandlung, Beobachtung und Stabilisierung über Nacht in Krisenfällen), konnten diese MCCs die Kosten senken, während sie gleichzeitig für wirksame klinische Behandlung sorgten (die in vielen Fällen weniger stigmatisierend und regressiv wirkte als eine stationäre Aufnahme). Auf diese Weise haben diese MCCs erfolgreich die Entwicklung innovativer, kostengünstiger Alternativen im Bereich psychosozialer Gesundheit unterstützt.

Sozialgruppenspezifische Praxis

Die HMOs, vor allem das „Kaiser Permanente Health System" im Westen der Vereinigten Staaten und der „Harvard Community Health Plan" in Massachusetts, betätigten sich als Pioniere bei der Entwicklung innovativer Methoden, die effektiv und effizient den medizinischen und psychosozialen Bedürfnissen großer Bevölkerungsgruppen entsprechen sollten. Das Ziel lag darin, Versorgung und Qualität zu erschwinglichen Kosten zu bieten. Eine sozialgruppenspezifische Praxis verlangt von den klinischen Anbietern der Gesundheitsversorgung, die Bedürfnisse sowohl der PatientInnen zu berücksichtigen wie auch die der gesamten Gruppe von Menschen, für deren Versorgung die betreffende HMO verantwortlich ist. Die Berücksichtigung der Bedürfnisse von Individuen und Gruppen zwingt die KlinikerInnen zu einem Balanceakt, da natürlich Behandlungsentscheidungen für eine Person Auswirkungen auf die Leistungen für die gesamte Gruppe mit sich bringen. Nicht einfach Kostenbeschränkung ist das Ziel der sozialgruppenspezifischen Praxis, sondern es liegt vielmehr darin, Ressourcen klug einzusetzen, um den größten Nutzen aus ihnen zu ziehen.

HMOs nach dem Angestelltenmodell

Im allgemeinen gehen HMOs nach dem Angestelltenmodell (wie z.B. Kaiser und Harvard Health) mit Arbeitgeberguppen Verträge ein, bei denen sie alle notwendigen medizinischen Versorgungen für eine feste Gebühr (oder Prämie) sicherstellen; die Kosten teilen sich normalerweise die Angestellten und ihre jeweilige Firma. Die Prämie wird jedes Jahr abhängig von den veranschlagten Kosten neu verhandelt. Das Wetteifern um „Mitglieder" unter den MCCs bringt weitere kostenreduzierende Maßnahmen mit sich, mit deren Hilfe die Prämien auf einem für die Arbeitgeber attraktiven Niveau gehalten werden, da die Firmen die Haupteinkäufer der Leistungen für ihre Angestellten sind.

Einer der Vorteile des Angestelltenmodells liegt darin, daß alle Leistungen (innere Medizin, psychosoziale Gesundheit, Kinderheilkunde, Apotheken, Notversorgung usw.) an einem Ort zusammengefaßt sind. Eine KinderärztIn kann z.B. ein Kind und die Familie einfach in die Psychosoziale Abteilung überweisen, die ein Stück weiter auf demselben Flur ist. Kontakt unter den AnbieterInnen erlaubt eine besser koordinierte Versorgung, und alle ÄrztInnen der Mitglieder arbeiten in räumlicher Nähe zueinander. HMOs sollten gesundheitsorientiert sein und besonderen Wert auf präventive Medizin legen (d.h. sich mit Problemen in einem frühen Stadium befassen, um kompliziertere und kostenaufwendigere Folgeprobleme zu verhindern). Die HMO nach dem Angestelltenmodell bietet eine effektive Struktur, um medizinische und erzieherische Versorgung zu integrieren. Tatsächlich ergeben sich aus den Ge-

genrechnungen medizinischer Daten deutliche Vorteile der rechtzeitigen Bereitstellung psychosozialer Leistungen direkt vor Ort.

VerbraucherInnen fordern eine größere Auswahl an AnbieterInnen

Um VerbraucherInnen eine größere Auswahlmöglichkeit unter medizinischen und psychosozialen Leistungen zu bieten, wurden zusätzlich zu der HMO nach dem Angestelltenmodell noch andere Modelle entwikkelt. Beim Angestelltenmodell wählen die Mitglieder aus einer ausgesuchten Gruppe von ÄrztInnen aus, die bezahlte ArbeitnehmerInnen einer bestimmten HMO sind und an einem oder mehreren Orten praktizieren. Andere offenere Modelle gestatten zwar den VerbraucherInnen eine größere Wahlmöglichkeit, haben aber ihre eigenen spezifischen Nachteile. Je mehr AnbieterInnen an verschiedenen Orten unter Vertrag stehen, desto schwieriger wird es für die MCC, die Versorgung zu koordinieren. Im wesentlichen wird es umso schwerer für MCCs, sowohl die Versorgung zu koordinieren wie auch effizient die Kosten zu verwalten, je mehr Entscheidungsmöglichkeiten die KundInnen bei der Frage haben, welche AnbieterInnen sie zu Rate ziehen.

Statt weiter für feste Kosten wie Gehälter, Verwaltung und Instandhaltung aufzukommen, die Teil der HMO nach dem Angestelltenmodell sind, begannen die MCCs Verträge mit bereits bestehenden großen Gruppenpraxen zu schließen. Zu diesen Praxen gehörten Gruppen von ÄrztInnen und anderen Fachleuten im Gesundheitsbereich, die in eigenen Praxisräumen arbeiteten. Statt also die medizinischen Einrichtungen und Anlagen zu besitzen und zu verwalten, vereinbarte die MCC einfach mit Fachleuten vor Ort, die Mitglieder der Gesellschaft zu versorgen. Diese Verträge übertrugen eine größere Verantwortung auf die Fachleute, das finanzielle Risiko gemeinsam zu tragen. Dies geschieht entweder mit Hilfe eines „pro Kopf"- Zahlungssystems (siehe unten) oder mit Hilfe eines Systems der reduzierten Gebühr pro Leistung. Im letzteren Fall vereinbaren PrivatärztInnen mit den MCCs reduzierte Gebühren für die Personen, deren Versicherungsleistungen von diesen Gesellschaften verwaltet werden.

Beiträge nach dem „pro Kopf"-System

„Zahlung pro Kopf" [„capitation"] ist eine finanzielle Vereinbarung, bei der eine Anzahl von AnbieterInnen (medizinischer, psychosozialer Bereich usw.) eine Partnerschaft bilden und übereinkommen, Leistungen gegen eine feste Gebühr (einen festen Betrag pro Mitglied und Monat) zu erbringen, die auf Größe und Gesundheit der betreuten Gruppe basiert. Wenn die gesundheitlichen Bedürfnisse dieser Gruppe „im Rahmen des Budgets" zufriedengestellt werden können, erzielt die AnbieterInnen-Gruppe einen Gewinn. Wenn Leistungen erforderlich werden, die höher liegen als die „pro Kopf"-Beiträge, sind die AnbieterInnen für den Fehlbetrag verantwortlich. Diese Art der Finanzierung bietet einen starken Anreiz, präventiv zu arbeiten und zu verhindern, daß Probleme sich verschlimmern und letztlich intensivere (und kostenaufwendigere) Behandlung notwendig wird. Jedoch wird die Versorgung möglicherweise auch „versicherungsorientiert", wobei den PatientInnen die notwendige Behandlung verweigert wird, um die Kosten niedrig zu halten. Zur Zeit ist die Ethik des „pro Kopf"-Zahlungssystems Grund für erhebliche Kontroversen.

Kontrollierte Psychosoziale Gesundheitsfürsorge

Über 80% derjenigen, die in den USA eine Gesundheitsversicherung haben, sind Mitglied einer MCC.[1] Psychosoziale Gesundheitsdienste, die unter der Leitung von MCCs stehen,

- bevorzugen Therapien mit Unterbrechungen (statt wöchentlicher Behandlungen);

- sind zeitlich flexibel;

- passen Behandlungen der individuellen KlientIn an;

- setzen die am wenigsten restriktiven, am wenigsten aufdringlichen und kostengünstigsten Leistungen ein, die den Bedürfnissen der KlientInnen gerecht werden;

- konzentrieren sich auf die Wünsche der KlientInnen (d.h. das dargestellte Problem);

- verwenden eine Vielzahl von Behandlungsformen und -strategien;

- betonen Koperation und Zusammenarbeit mit anderen Disziplinen;

- bleiben ergebnisorientiert und legen Wert auf Verantwortlichkeit für die Ergebnisse (HOYT & FRIEDMAN, 1998).

---

[1]) Gegenwärtig haben 16-17% aller US-AmerikanerInnen (etwa 40-45 Millionen Menschen) keine Gesundheitsversicherung – was die Notwendigkeit eine allgemeinen Gesundheitsversicherung in den USA nur unterstreicht.

Menschen mit schweren und hartnäckigen Geisteskrankheiten (Schizophrenie, bi-polare Störungen usw.) werden bevorzugt behandelt, wenn diese Leistungen eine stationäre Unterbringung in einem psychiatrischen Krankenhaus vermeiden hilft. Zu diesen erweiterten Hilfen können intensive ambulante Programme und Tagesbehandlungsprogramme bzw. kurzfristiger Krankenhausaufenthalt gehören. In vielen Fällen ist Gruppenbehandlung eine kosteneffiziente Möglichkeit, KlientInnen zu sehen, die regelmäßigen und kontinuierlichen Kontakt mit Fachleuten benötigen. Psychopharmakologie ist ebenfalls ein wesentlicher Teil der Behandlungsplanung, besonders bei Menschen, die mit langfristigen, behindernden psychischen Schwierigkeiten zu kämpfen haben.

Die Rolle der GutachterInnen

("utilization review people")

Für AnbieterInnen im psychosozialen Bereich bedeutet kontrollierte Gesundheitsversorgung ein Abnehmen der Autonomie und ein Zunehmen der Rechenschaftspflicht. TherapeutInnen müssen jetzt, bevor sie eine KlientIn sehen, die Zustimmung einer KlinikerIn erhalten, der die Begutachtung bzw. Kontrolle obliegt und mit der sie Ziele und Hauptpunkte der Behandlung diskutieren. Zu Beginn von „managed care" handhabten die GutachterInnen die Verwaltung der Leistungen in „Mikroschritten", indem sie z.b. Behandlungen nur für jeweils zwei oder drei Sitzungen bewilligten. Da dieser Prozeß sehr zeitaufwendig und kostensteigernd war, werden den AnbieterInnen jetzt acht Sitzungen zugestanden, bevor eine Kontrolle/Begutachtung notwendig ist. Angesichts der Tatsache, daß GutachterInnen die Macht haben, Forderungen nach Behandlung stattzugeben oder abzulehnen, wurden diese GutachterInnen von KlinikerInnen zumeist als Eindringlinge betrachtet. Meistens jedoch können KlinikerInnen und GutachterInnen erfolgreich einen Behandlungsplan ausarbeiten, der am besten den Bedürfnissen der KlientIn entspricht, und dabei die Kostenfrage im Auge behalten. Die meisten GutachterInnen sind offen für Verhandlungen, bei denen eine angemessene Qualität in der Behandlung für die entsprechende KlientIn gefunden werden soll. Zusätzlich fungiert die GutachterIn unmittelbar als BeraterIn für die KlinikerIn und somit indirekt auch für die KlientIn.

Körperschaftsbildung der Gesundheitsversorgung

Gegenwärtig gibt es in den Vereinigten Staaten eine heftige Reaktion gegen die HMOs und gegen MC-Systeme, wobei die Zeitungen täglich über unfaire und harte Behandlung von Individuen berichten, die Hilfe brauchten, sie aber nicht erhielten. Ein Streitpunkt betrifft den Einsatz von EDV bei Krankenberichten und den Zugang der MCCs zu vertraulicher und privater persönlicher Information über KlientInnen.

Viele Gruppen von Fachleuten haben sich zusammengefunden, um gegen die Einschränkungen bezüglich der Anzahl genehmigter Sitzungen zu protestieren und gegen die Tatsache, daß MCCs erfolgreich die Honorare der TherapeutInnen für eine Therapiestunde gesenkt haben. Während viele Sozialstellen TherapeutInnen auf einer Basis „Zahlung gegen Leistung" angestellt haben (bei der die KlinikerInnen einen Anteil der Gebühr erhalten, die von der MCC eingezogen wird), haben andere Anbietergruppen das „Zahlung pro Kopf"-System ausgehandelt (wie oben erläutert).

In den Vereinigten Staaten gibt es MCCs „mit Profit" und MCCs „ohne Profit", die alle um Mitglieder konkurrieren. Viele MCCs „mit Profit" verfügen über bedeutende finanzielle Ressourcen, die sie in die Lage versetzen, Mitglieder anzuziehen, da sie die Beiträge künstlich niedrig halten. MCCs „ohne Profit" sind dann gezwungen, mitzuhalten und ihre Beiträge zu senken. Ab einem bestimmten Punkt leidet dann die Qualität der Versorgung darunter, da der Wirtschafts- (Kosten-) Faktor anfängt, Behandlungsentscheidungen zu beeinflussen. In den Vereinigten Staaten haben sich, ähnlich wie in anderen Industriezweigen, MCCs in halsbrecherischem Tempo vereinigt bzw. zusammengeschlossen. Jeder Zusammenschluß bedeutet ein „Downsizing" der Verwaltungsstruktur (nach dem Prinzip der Wirtschaftlichkeit durch Größe)* wie auch eine Reduzierung innerhalb des Anbieternetzwerks, mit dem die Gesellschaften Verträge geschlossen haben. Wenn Anbieternetzwerke sich zusammenschließen, besitzt die neue und größere MCC schließlich ein Überangebot an KlinikerInnen und das Monopol der Preisfestlegung. Eine dieser MCCs, die aus dem Zusammenschluß von vier Gesellschaften entstanden ist, deckt jetzt Leistungen bei Verhaltensstörungen und Drogenmißbrauch für über 60 Millionen Personen in den Vereinigten Staaten ab.

Die Vergütung der KlinikerInnen auf der Basis einer reduzierten Zahlung pro erbrachter Leistung (ohne die Vorteile, die eine feste Anstellung mit sich bringt) hat zu einem häufigen Personalwechsel geführt (was Diskontinuität im Kontakt zu KlientInnen mit sich bringt) und zu

---

*) **Anm.d.Hrsg.**: Dieser Begriff ist nur eine Umschreibung für eine Verkleinerung durch Personalabbau.

vermindertem Loyalitätsgefühl der Angestellten gegenüber ihrer Firma. Da die Vermittlungsstellen von den MCCs unter Druck gesetzt werden, betrachten sie nun die TherapeutInnen als austauschbare „AkkordarbeiterInnen", wodurch diese sich demoralisiert fühlen und die klinische Versorgung negativ beeinflußt wird.

Zum Verständnis der Auswirkung von MC auf die Ausgaben für psychosoziale Gesundheit ist folgende Information gewiß äußerst hilfreich: Die Ausgaben der Versicherungsgesellschaften für psychosoziale Gesundheit sind in den letzten 10 Jahren um 50% gesunken; im Gegensatz dazu stehen die Gesamtausgaben für Gesundheit, die nur um 7% gesunken sind (*Psychotherapy Finances*, 1998).

Schlußfolgerungen

MC in den Vereinigten Staaten entwickelt sich weiter. Es besteht der Bedarf, Methoden zu entwickeln, mit deren Hilfe man wirkungsvoll einen guten Gesundheitsdienst mit der Notwendigkeit vereinbaren kann, Kosten auf einem vernünftigen Niveau zu halten. Man erhofft sich von der kontrollierten Gesundheitsfürsorge [MC], daß sie Strukturen entwickeln wird, die Kosten und Leistungsnutzung in einer Weise regeln, die „ethisch ... und klinisch vertretbar ist" (HOYT & FRIEDMAN, 1998). Der Drang nach Kostenbeschränkung, der die MC-Industrie erfüllt, muß durch die tatsächlichen klinischen Bedürfnisse gemildert werden. Wir müssen vermeiden, von Körperschaftsprofiten und Gier getrieben zu werden, und die bereits dokumentierten Folgen einer negativen Gesundheitspolitik erkennen, die eine von Gesetzen des Marktes bestimmte Gesundheitsversorgung vertritt. Wir dürfen niemals das Ziel der Gesundheitsversorgung als ein grundlegendes Menschenrecht aus den Augen verlieren.*

Das Ziel eines effektiven kontrollierten Gesundheitsfürsorge-Systems liegt darin, die bestmögliche Versorgung für jede einzelne PatientIn sicherzustellen und dabei zugleich anzuerkennen, daß die Ressourcen für die gesamte Population einer HMO begrenzt sind. SABIN (1994a, S. 859-860) umreißt mehrere wichtige Prinzipien für eine ethische Praxis im Rahmen der kontrollierten Gesundheitsfürsorge:

---

*) **Anm.d.Hrsg.**: DEPPE (1997) hat sich grundlegend mit der Frage auseinandergesetzt, ob sich Gesundheit überhaupt im Sinne einer Ware, eines Konsumgutes, verstehen lassen kann und welche Auswirkungen damit möglicherweise in Kauf genommen werden.

„Prinzip 1: Als KlinikerIn bin ich verpflichtet, in einer durch Treue bestimmten Beziehung für das Wohl meiner PatientInnen Sorge zu tragen, und gleichzeitig als VerwalterIn der Ressourcen der Gesellschaft zu handeln.

Prinzip 2: Als KlinikerIn halte ich es für meine ethische Pflicht, die weniger kostspielige Behandlung zu empfehlen, es sei denn, ich habe wichtige Hinweise, daß eine aufwendigere Intervention wahrscheinlich zu einem besseren Ergebnis führen wird.

Prinzip 3: In meiner Verwalterrolle muß ich für Gerechtigkeit im Gesundheitssystem eintreten, ebenso wie ich in meiner Rolle als KlinikerIn für das Wohlergehen meiner PatientInnen eintreten muß."

Mit SABINS Worten (1994b, S. 328) ausgedrückt: „Wir müssen `fürsorglich mit PatientInnen umgehen´ und `fürsorglich mit Geld umgehen´."

Persönliche Bemerkung und Aktualisierung

Dieses Buch erwuchs aus meinen Erfahrungen in einer HMO nach dem Angestelltenmodell, einem der ursprünglichen integrativen Versorgungsmodelle, die eine sozialgruppenspezifische Praxis betonten. Die Qualität der gebotenen Leistungen war sehr hoch, da erfahrene KlinikerInnen die Freiheit hatten, ihre Praxis an die Bedürfnisse der KlientInnengruppe anzupassen ohne die Notwendigeit einer „Mikro-Verwaltung". Den angestellten KlinikerInnen wurde zugetraut, die Bedürfnisse der Individuen und die Bedürfnisse der gesamten Gruppe effektiv gegeneinander abzuwägen. Unglücklicherweise sind diese und ähnliche Strukturen überall in den Vereinigten Staaten aufgrund einer ausschließlich kostenorientierten Philosophie stark vermindert worden. Die meisten KlinikerInnen arbeiten heute nicht mehr in festen Anstellungen, sondern praktizieren nach Vereinbarungen mit reduzierter Zahlung gegen Leistung, im Rahmen von Verträgen mit MCCs oder von „pro Kopf"-Finanzierungssystemen, die das finanzielle Risiko auf den Schultern der KlinikerInnen abladen. Teamarbeit, Zusammenarbeit und integrierte Versorgung sind schnell zu hohlen Schlagwörtern geworden, die nicht länger in Verbindung zu der Realität dieser neuen Leistungsstrukturen stehen. Ich habe die Hoffnung, daß eine allgemeine Gesundheitsversorgung in den USA Wirklichkeit werden wird, wobei die Strukturen der Angestelltenmodelle wieder jene vorrangige Stellung gewinnen werden, die ihnen zukommt, wenn es darum geht, eine wirksame Struktur für einen qualitativ hochstehenden Gesundheitsdienst anzubieten.

Juli 1998   *Steven Friedmann*

Einleitung

Sie kommen in Ihr Büro an und hören das Telefon läuten. Sie nehmen ab. Es ist ein Gutachter einer der „managed care companies", mit denen Sie einen Vertrag haben. Der Mensch am anderen Ende der Leitung möchte wissen, warum Sie drei zusätzliche Sitzungen mit Stephanie Jones und ihrer Familie brauchen. Sie haben Stephanie und ihre Familie bisher dreimal gesehen und nach Ihrer Beurteilung läßt sich schließen, daß sie weder suizidgefährdet noch depressiv im klinischen Sinne ist, sondern nur aufgewühlt und traurig wegen der drohenden Scheidung ihrer Eltern. Sie denken: „Jetzt geht das wieder von vorne los" – die Behandlung muß einem Außenseiter, einem „Eindringling" gegenüber gerechtfertigt werden. Der Gutachter möchte wissen, ob die Therapie „medizinisch notwendig" ist und ob Sie nicht die Dinge genausogut mit nur einer weiteren Sitzung regeln können. Sie denken bei sich, vor nur wenigen Jahren wäre dies nicht notwendig gewesen; Sie hätten die freie Entscheidung gehabt, über die Länge der Behandlung mit Ihren KlientInnen zu verhandeln – ohne Überprüfung und Einmischung ihrer Versicherungsgesellschaft. Dem therapeutischen System ist ein neues Element hinzugefügt worden – die „managed care company" (MCC).

Wie werden Sie als KlinikerIn, der nur das Beste für die Klienten will, die zusätzlichen drei Sitzungen rechtfertigen? Wenn wir von einer auf Kompetenz basierenden, zielgerichteten Sichtweise ausgehen, wie sie dieses Buch hervorhebt, wird der MCC als Kontrollinstanz bald deutlich werden, daß Ihre zielgerichtete, ergebnisorientierte Strategie bzw. Einstellung zu schnelleren Ergebnissen führt. Je offensichtlicher die zeitliche Effektivität Ihrer Methoden wird, desto weniger werden Ihnen die Verhandlungen mit dem Gutachter als Ballast erscheinen, sondern sich mehr zu einem Prozeß der Zusammenarbeit entwickeln.

In der heutigen Welt müssen praktizierende Ärzte nicht nur mit unterschiedlichen MCCs Verträge abschließen und ein neues Vokabular lernen („medizinische Notwendigkeit", „Summe pro Kopf", „Qualitätsmanagement", „Prä-Autorisierung", „Nutzen-Kontrolle" und so weiter), sie müssen sich auch mit einer Überfülle von Prüfungs- und Berichtsverordnungen auseinandersetzen. „Managed mental health care" bedeutet umfassende Nutzen-Kontrolle, bei der die Gutachter der MCC die benötigten Dienste überwachen, prüfen und autorisieren.

Wir leben in einer sich rasch wandelnden Welt. Durch die explosionsartige Entwicklung der Technologien sind wir alle Reisende in einem Schnellzug geworden, in dem die Erwartung rascher Reaktionen und Antworten sich ständig ausweitet (s. Abb. I – 1). Unser Gesundheitssystem ist Teil dieser sich rasant verändernden Welt. „Managed health care", in Form der „health maintenance organizations" (HMO), ist in den letzten Jahren als Reaktion auf die ausufernden Kosten, die besonders im Gesundheitswesen auftraten, deutlich umfangreicher geworden (CALIFANO, 1988). Da sie einen Teil der Gesundheitsversorgung bilden, sind auch die Leistungen in der psychotherapeutischen Versorgung deutlich von diesen Veränderungen betroffen. Die psychotherapeutische Versorgung, die früher in den Vereinigten Staaten so eine Art „dörfliches Handwerk" war, wird jetzt industrialisiert. Fragen der Nachweisbarkeit, Effizienz und Effektivität spielen eine größere Rolle (CUMMINGS, 1991; PATTERSON & SCHERGER, 1995). Veränderungen in Einstellung und Verhalten sind notwendig, wenn man sich von dem Modell „Bezahlung für Leistung" abwenden und dem Modell „Bezahlung für Effizienz" zuwenden will.

Abb. I–1. Schnell-Philosophie zum Mitnehmen

Quelle: Boston Sunday Globe, 24. April, 1994; Zeichnung von Berkeley BREATHED.
© 1994, Washington Post Writers Group.

Zu den bekannten Mängeln der „managed-care-Bewegung" gehören Einschränkungen bei den notwendigen Leistungen, Rationierung der Versorgung, geringere Flexibilität der Ärzte und übertriebene Sorge um

Kosten statt um Qualität. In der Vergangenheit genossen die PsychotherapeutInnen das Privileg, „die Spielregeln bestimmen zu können", wenn es um die Frage ging, wie qualifizierte psychotherapeutische Versorgung definiert und geleistet werden sollte. Heutzutage, wo die Folgen unkontrollierter Kosten in den Vordergrund gerückt sind, stellen die MCCs die Regeln auf. Statt nun diese Veränderungen als notwendigerweise einschränkend oder als etwas zu betrachten, was das Können und die Praktiken der TherapeutInnen entwertet, kann man diese Zeit auch als Herausforderung und Umbruch sehen, in der eine Modifikation von Fähigkeiten verlangt wird. Statt ihre Aufgabe darin zu sehen, inmitten der Welle des Chaos zu „überleben" oder allmählich ihre berufliche Integrität der ökonomischen Zweckdienlichkeit zu opfern, könnten KlinikerInnen damit beginnen, ihr Können auszufeilen und die Prozesse, die eine Therapie zeitlich effektiver machen, unter Kontrolle zu bringen.[1] Zudem werden wir in den kommenden Jahren vor der Herausforderung stehen zu zeigen, wie Psychotherapie unnötige Inanspruchnahme medizinischer Leistungen verringern kann, wofür es bereits erste Daten gibt (FOLLETTE & CUMMINGS, 1967; HOLDER & BLOSE, 1987; JONES & VISCHI, 1980; MUMFORD et al., 1984). CUMMINGS (1986) hob die Notwendigkeit innovativer und zielgerichteter therapeutischer Ansätze hervor und stellte fest, daß eine solche zielgerichtete Behandlung [„targeted treatment"] (bei der die Therapie dem Problem des Klienten angepaßt wird) zu größerer Reduzierung der medizinischen Kosten führte als die tradi-

---

[1] Die Revolution der „managed care" hat die Art und Weise, wie Leistungen im Bereich psychosozialer Gesundheit in den Vereinigten Staaten erbracht werden, entscheidend verändert. Während die Perspektiven, die dieses Buch aufzeichnet, Ihnen hoffentlich helfen werden, Ihr Können in Hinblick auf eine zeiteffektivere Therapie zu verfeinern, so werden sie doch nur wirksam sein, wenn sie innerhalb eines sinnvollen und vernünftigen „managed care system" angewendet werden. Wie bei allen anderen geschäftlichen Unternehmungen können „managed care companies" in Hinblick auf ihre Angestellten/Anbieter und ihre Kunden verantwortungsvoll handeln oder eher sich selbst im Vordergrund sehen. Als TherapeutInnen ist es unsere Aufgabe, uns für Verfahrensweisen einzusetzen, die verhindern, daß geschäftlicher Profit und „Erbsenzählerei" zur einzigen Richtschnur bei Erbringung von Leistungen wird. Daher müssen sich die Fachleute im Bereich der psychischen Gesundheit mit Auftraggebern und Verbrauchern zusammentun und sich den profitgierigen „managed care corporations" entgegenstellen, deren Ziel darin besteht, andere „managed care organizations" wirtschaftlich zu unterhöhlen. Dieser Unterhöhlungsprozeß treibt die qualitätsorientierten „managed care companies" dazu, den Gürtel noch enger zu schnallen, um wettbewerbsfähig zu bleiben. Letztlich wird eine solche kostenbedingte Strategie fehlschlagen, wenn die Zufriedenheit der Kunden sinkt und die Leistungsqualität leidet. Um ein gewisses Gefühl von Integrität aufrecht erhalten zu können, müssen die KlinikerInnen sich für Systeme einsetzen, die für vernünftige Leistungen im Bereich der psychosozialen Gesundheit sorgen, und für sinnvolle Strukturen, wenn es darum geht, Rechenschaft abzulegen.

tionellen, offenen Therapien. Diese Information kann Nutzen und Wirksamkeit von Psychotherapie nur unterstreichen.

In diesem Buch geht es um Möglichkeiten, wie PsychotherapeutInnen ihre Fähigkeiten wandeln und steigern können, um sich den Herausforderungen eines sich ändernden Marktes in der psychotherapeutischen Versorgung stellen zu können, wobei wir einen auf Kompetenz basierenden, nicht pathologisierenden Ansatz vertreten. Der hier vorgeschlagene Rahmen spiegelt eine Haltung bzw. eine Denkweise über Therapie wider, die Talente, Kräfte, Fähigkeiten und Erfolge der Menschen in den Vordergrund stellt. Die aktive Entwicklung von Fähigkeiten in der „zeiteffektiven" Therapie wird nicht nur eine Tür aufstoßen zu positiveren therapeutischen Ergebnissen für Klienten, sondern auch zu einem wachsenden Gefühl persönlicher Integrität, wenn wir Qualitätsarbeit leisten.

Nicht nur die MCCs erwarten Ergebnisse, sondern auch die KlientInnen (s. Abbildung I – 2). Um diese Ziele zu erreichen, müssen Kliniker ihr vorhandenes Repertoire an Ideen und Strategien erweitern, um sich die Möglichkeit zu eröffnen, die Behandlung in stärkerem Maße zeiteffektiv zu gestalten. Die in diesem Buch vorgestellten Richtlinien und Methoden helfen, den Boden für eine Veränderung zu bereiten, und bieten der PraktikerIn eine hoffnungsvolle und optimistische Perspektive in Hinblick auf den eigentlichen Veränderungsprozeß. Diese Ansätze sind auf der einen Seite ergebnisorientiert, auf der anderen Seite unterstreichen sie die Individualität, Kreativität und Phantasie der TherapeutInnen.

„Also, ich hab´ diesen ständig wiederkehrenden Traum, daß ich irgendwann einmal einen Erfolg sehe."

Abbildung 1–2 Der wiederkehrende Traum

Quelle: The New Yorker Magazine, 6. Juni 1994. Zeichnung von Bruce Eric KAPLAN; © 1994 The New Yorker Magazine, Inc.

Den Bedürfnissen der ganzen Bevölkerung entsprechen

Will man im Rahmen von „managed care" praktizieren, so muß man die Bedürfnisse ganzer Gruppen in Betracht ziehen (BENNETT, 1988; SABIN, 1991). Statt nur den Bedürfnissen irgendeines Individuums zu entsprechen, wie in der traditionellen Praxis von „Bezahlung gegen Leistung", ist bei dieser Regelung die PraktikerIn nicht nur der Versorgung für diejenigen, die bereits zu ihr kommen, verpflichtet, sondern sie hat auch eine vertragliche Verpflichtung all jenen Personen dieser Gruppe gegenüber, die irgendwann einmal ihre Dienste benötigen. Hierbei muß sie damit vertraut werden, Mittel so klug wie möglich zu verteilen. Die Zeit der TherapeutInnen wird eine wertvolle Ressource, die sorgfältig zu rationieren ist, um für die Bedürfnisse einer ganzen Bevölkerungsgruppe auszureichen.

Bei der vorhergesagten „dritten Welle" werden MCCs Verträge mit Gruppen von ÄrztInnen abschließen, denen man zutraut, in einem bevölkerungsorientierten Rahmen zeiteffektive Therapie durchzuführen (CUMMINGS, 1991, 1995). Wenn Verträge immer häufiger auf der Basis von „Summe pro Kopf" [2] abgeschlossen werden, müssen Kliniker und Versicherungsgesellschaften gemeinsam die Verantwortung über die Entscheidung tragen, wie die Mittel am besten zu verteilen sind. Da im Laufe des nächsten Jahrzehnts diese neuen Partnerschaften für Gesundheitsversorgung immer stärker in den Vordergrund treten werden, müssen KlinikerInnen ihr Können in der Kurztherapie immer stärker verfeinern.

---

[2]) Innerhalb einer Struktur von „Bezahlung gegen Leistung" werden KlinikerInnen besser bezahlt, wenn sie mehr Leistung erbringen. Ein „Summe pro Kopf"-System funktioniert anders. Der Ausdruck „Summe pro Kopf" bedeutet einfach nur, daß eine Anbietergruppe eine festgesetzte Geldsumme pro Versichertem erhält und die Verteilung der Mittel der Anbietergruppe überlassen bleibt. Die Anbieter müssen ihre Mittel klug verwalten, um den Bedürfnissen der gesamten Gruppe gerecht zu werden. Wenn KlinikerInnen zum Beispiel nur nach wirtschaftlichen Gesichtspunkten handeln und notwendige Behandlungen verweigern oder einschränken, werden sie die Kosten eher steigern als senken, da letztlich unterlassene Leistungen nur zu teureren Behandlungen führen. In einem „Summe pro Kopf"-System stehen KlinikerInnen vor der Herausforderung, sowohl hochqualifizierte Leistungen zur rechten Zeit anzubieten als auch die Kosten zu verwalten.

Von Problemen zu Möglichkeiten

Die meisten von uns sind zu „Pathologie-Entdeckern" ausgebildet, die nach Dysfunktionen suchen und dann versuchen, sie zu „heilen" (KOWALSKI & DURRANT, 1991). Viele Male sind unsere KlientInnen Opfer dieser Sichtweise ihres Verhaltens geworden und haben sich für unzulänglich und inkompetent gehalten. Die Konzentration auf Mängel, Einschränkungen und Dysfunktionen hat als Folge ein weiteres Untergehen von sowohl KlientIn wie auch TherapeutIn in einem Strudel von Pathologie, Passivität und Hoffnungslosigkeit. Während wir tiefer in ein „Problem" eintauchen, fühlen wir uns schnell überwältigt und pessimistisch in Hinblick auf eine Veränderung. Wenn TherapeutInnen auf der anderen Seite zu „Kompetenz-Entdeckern" werden, die nach den Stärken und Möglichkeiten ihrer KlientInnen suchen und diese unterstützen, wird der therapeutische Prozeß zu einem vielversprechenderen und zeiteffektiveren Unterfangen. Eine von Kompetenz ausgehende Therapie sieht KlientInnen auf einer Reise aus einer problemüberladenen Welt hinaus in eine Welt der wachsenden Autonomie und eigenen Tätigkeit hinein.

In diesem Buch wird ein Rahmen vorgestellt, der auf Zusammenarbeit und Kompetenz beruht und bei dem mit einer unterschiedlichen Ansammlung von hilfesuchenden KlientInnen zeiteffektive Ergebnisse erzielt werden. Klinische Beispiele ermöglichen einen kurzen Einblick in die einzelnen Schritte des therapeutischen Prozesses und heben die wirkungsvollen und Hoffnung weckenden Möglichkeiten hervor, Veränderung zu begünstigen.

Was vor uns liegt

In Kapitel 1 stelle ich die grundlegenden Annahmen und Ideen vor, auf denen eine kompetenzbegründete Praxis beruht, wobei der Wichtigkeit von Erwartungen und Hoffnungen der TherapeutInnen besondere Aufmerksamkeit gewidmet wird. Der Paradigmenwechsel von Problem zu Möglichkeit wird umrissen, wobei wir Schritt für Schritt den Prozeß aufzeigen, der vom ersten klinischen Kontakt zum Erreichen eines gemeinsam erarbeiteten Zieles führt. Kapitel 2 lenkt den Blick darauf, wie wichtig es ist, im ersten Interview der KlientIn zuzuhören und ihrer Erzählung mit Respekt zu begegnen. Wir werden sehen, wie das erste Gespräch zeiteffektiver werden kann, indem man Ideen des lösungsorientierten Denkens und des narrativen Ansatzes integriert. Kapitel 3 erörtert die Möglichkeiten, solche Aufgaben und Hausarbeiten einzuführen, die auf bereits begonnenen Veränderungen aufbauen, und bietet Vorschläge, wie sich Briefeschreiben wirkungsvoll in der Therapie einsetzen läßt. Kapitel 4 untersucht neue Wege, Modelle der Team-Konsultation zu integrieren und anzuwenden, und erkundet die Art und Weise, wie eine „Zuhörerschaft" signifikant und positiv auf den therapeutischen Prozeß Einfluß nehmen kann. Kapitel 5 führt die LeserInnen an die Anwendung von bereits erörterten Ideen heran, mit deren Hilfe sie zeiteffektive Möglichkeiten finden können, in einer komplexen klinischen Situation Mittel zu verwalten. Jedes dieser Kapitel enthält klinische Beispiele, die der Praxis des Autoren in einem „managed care setting" entstammen. [3]

Die Kapitel 6 bis 8 enthalten ausführliche klinische Interviews mit jeweils einer einzelnen Person, einer Familie und einem Paar. Die Prinzipien der zeiteffektiven Therapie werden unterstrichen. Außerdem werden praktische Übungen und Fragen für die LeserInnen beigefügt, wodurch das Material interaktiv gestaltet wird. In Kapitel 9 beantwortet der Autor eine Reihe von speziellen Fragen über effektive Praxis in einem „managed care setting". Kapitel 10 enthält die Zusammenfassung und ein Modell zur Ergebnismessung. Zusätzlich werden Ideen umrissen, wie man als Kliniker in dieser neuen Welt von „managed care" normal bleiben und geistig wachsen kann. Jedes Kapitel schließt mit einer Zusammenfassung der wichtigsten Ideen und hebt die unerläßlichen Elemente für eine zeiteffektive Therapie hervor. Eine ausgewählte Bibliographie über kompetenz-begründete Therapie findet sich am Ende des Buches.

So wie „managed health care" stetig weiter wächst, so wächst auch die Herausforderung, trotz der Beschränkungen durch Zeit und begrenzte Mittel effektive therapeutische Ergebnisse zu erzielen. Die heutige ökonomische Wirklichkeit und die Einschränkungen in den Versicherungsleistungen zwingen TherapeutInnen, ein flexibles Repertoire an zeiteffektiven Ansätzen zu entwickeln, um mit der unendlichen Zahl von Problemen fertig zu werden, die sich ihnen in der Therapie stellen. Eine Praxis, die eine festgelegte Population zu versorgen hat, muß ihr therapeutisches Setting verändern und anstatt einige wenige Leute intensiv zu betreuen, mit vielen für kürzere Zeiträume zusammentreffen.

---

[3] Namen und identifizierende Information sind in den dargestellten Beispielen verändert, um die Vertraulichkeit der KlientInnen zu gewährleisten.

Beim Lesen dieses Buches werden Sie einen auf Kompetenz gründenden Ansatz kennenlernen, der folgendes betont:

1. Eine positive, optimistische und hoffnungsvolle Haltung bezüglich Veränderung
2. Eine kooperative, die Zusammenarbeit fördernde Beziehung zu KlientInnen
3. Die Anliegen der KlientInnen als Schlüssel für eine zeiteffektive Therapie
4. Das Erstinterview als entscheidend für den Veränderungsprozeß
5. Die Stärken, Ressourcen und Erfolge der Klienten als Bausteine der Veränderung

Das hier vorgestellte Material stammt zwar aus der Arbeit in einer HMO, die Ideen, Einstellungen und Techniken lassen sich jedoch in jedem klinischen Setting anwenden. Es ist meine Hoffnung, daß die Ideen, die in diesem Buch umrissen werden, Sie in Ihrer Fähigkeit unterstützen, die Zeit in Ihrer täglichen klinischen Praxis effektiver zu nutzen und dabei Ihre eigene Philosophie, Ihren Stil und Ihre Arbeitsweise auszuweiten. Die Revolution durch „managed care" muß nicht als aufdringliche Kraft empfunden werden, die den Einfluß der KlinikerInnen auf den therapeutischen Prozeß unterhöhlt, sondern kann vielmehr als Anreiz für positive Veränderung dienen – sowohl für unsere KlientInnen als auch für uns selbst. „Managed care" verlangt eine Verlagerung unserer Einstellung fort von einer klinischen Beziehung, die durch kontinuierliche Langzeitkontakte und Abhängigkeit charakterisiert ist, hin zu Modellen, die den unterbochenen Kontakt und unabhängiges Funktionieren betonen. Sensibilität in bezug auf Zeit als kritischen Faktor in der Therapie und Konzentration auf das Schaffen erfolgreicher Resultate werden wesentlich zu der hervorragenden Stellung und dem Ansehen der Psychotherapie als einem hilfreichen und sinnvollen Prozeß beitragen, der die Bedürfnisse von Menschen in Not wirkungsvoll aufzufangen weiß.

Kapitel 1
Die Reise von Problemen zu Möglichkeiten

Taten sind die Kinder von Hoffnung und Erwartung.

– Milton H. Erickson, M.D.

Vater: Als er nach Hause kam, wollte ich ihn fragen, wo er die Brieftasche verloren hatte, und er wurde sehr wütend mit mir und sarkastisch. Es gab ein kurzes Geplänkel deswegen. Er verließ das Haus, kam dann aber zurück, und wir haben uns unterhalten. Dann habe ich das Ganze beendet, indem ich ihn umarmt habe, bevor er wegging. Wir haben auch kurz über meine Besorgnis (wegen seines Drogenkonsums) geredet.

Therapeut: Sie haben ihn also umarmt. Was hat Sie dazu bewegt?

Jeden Augenblick kommen wir in unseren klinischen Gesprächen zu Entscheidungspunkten, an denen wir wählen müssen, worauf wir unsere Aufmerksamkeit richten. Warum hat sich in dem Beispiel oben der Therapeut entschieden, sich auf die „Umarmung" zu konzentrieren und nicht auf das Geplänkel? Wie wir in diesem Buch sehen werden, kann die Unterstreichung von Stärken und Ressourcen – von Liebe, Loyalität und Zusammengehörigkeit – sehr dazu beitragen, Veränderungen zu unterstützen und zu vergrößern. Wenn wir unsere Aufmerksamkeit von den Problemen und der Vergangenheit ab- und den Möglichkeiten und der Zukunft zuwenden, wird unsere klinische Arbeit nicht nur effektiver und effizienter werden, sondern unsere KlientInnen und wir werden uns auch in dem, was wir bewirken können, hoffnungsvoller und unabhängiger fühlen. Ich möchte Sie ermuntern, beim Lesen dieses Buches über die Punkte nachzudenken, bei denen Sie in der Therapie vor Entscheidungen gestellt werden, und Sie auffordern, mit den hier dargelegten Ideen zu experimentieren.

Ein typischer Tag in einer „managed care" Praxis

Die zeiteffektive Therapie erfordert Beweglichkeit und Flexibilität – man braucht Spontaneität im Denken, muß seine kreativen Energien zum Einsatz bringen und mit vielfältigen bzw. komplexen Rollen und Realitäten jonglieren können. Nehmen Sie als Beispiel einen ganz gewöhnlichen Tag aus meinem Berufsleben in einer HMO: Zu meinem ersten Termin kommt ein vierzehnjähriger Junge, der bei seiner Mutter und ihrem schwulen Liebhaber lebt. Bei dem Vierzehnjährigen geht es um die Stimmungsschwankungen seiner Mutter (die Antidepressiva nimmt) und seinen Platz in diesem Haushalt. Er hat eine Zeit lang Selbstmordversuche verübt, aber es geht ihm jetzt besser.

Danach treffe ich das erste Mal eine alleinstehende Mutter und ihre fünfzehnjährige Tochter. Die Tochter ist gerade aus einem psychiatrischen Krankenhaus entlassen worden, nachdem bei einer heftigen Auseinandersetzung zwischen ihr und ihrer Mutter die Polizei gerufen werden mußte. Die Mutter sitzt in meinem Büro und weint, weil Polizei, Gericht und Sozialamt sie wie eine „Verbrecherin" behandeln, der ihre Kinder gleichgültig sind. Die Tochter weint mit ihr zusammen. Beide sind in den letzten Monaten durch die Hölle gegangen (unter anderem gab es einen sexuellen Übergriff eines Nachbarn auf die Tochter), so daß die Frau Schuldgefühle wegen ihrer Rolle als Mutter hat. Es ist schwierig, diese Sitzung zu beenden, da die Mutter zum ersten Mal die Gelegenheit hat, ihre Geschichte zu erzählen.

Meinen nächsten Termin habe ich mit einer sechzigjährigen Frau, die am Ende eines zweiwöchigen Aufenthaltes in einer psychiatrischen Klinik steht und die während der Übergangsphase nach dem Krankenhausaufenthalt zu mir in Behandlung kommt. Sie ist depressiv und verwirrt, spricht langsam und neigt dazu, sich auf Bereiche in ihrem Leben zu konzentrieren, die nicht gut laufen.

Dann kommen Eltern, deren Tochter bei Gericht Anklage gegen sie wegen Kindesmißhandlung erhoben hat. Sie sind über das Verhalten ihrer Tochter aufgebracht, besorgt und auch wütend. Sie wollen, daß ich ihnen helfe, die Tochter unter Kontrolle zu bringen.

Zwischen diesen vier Terminen telephoniere ich mit der Sozialbehörde wegen der Tochter, die ihre Eltern wegen Mißhandlung angezeigt hat, und wegen dreier anderer KlientInnen. Später kommt ein Paar, das sehr unabhängig voneinander lebt und erwägt, sich scheiden zu lassen, gefolgt von einer Familie, deren ältester Sohn morgens vor der Schule immer Magenschmerzen hat. Als nächstes kommen eine Mutter und ihre Tochter, die erstmals vor sechs Monaten bei mir gewesen waren, nachdem die unverheiratete achtzehnjährige Tochter gestanden hatte, schwanger zu sein. Heute stehen zwei Mütter in meinem Büro mit einem niedlichen, drei Wochen alten Baby. Mutter und Tochter strahlen, und die Mutter hatte ihrer Tochter geholfen, eine Wohnung zu finden und erste Schritte in Richtung größerer Unabhängigkeit zu unternehmen.

Bei jeder dieser Situationen muß ich rasch eine Allianz entwickeln und mich außerdem aktiv den TeilnehmerInnen auf eine Weise widmen, die sowohl ihre Anliegen an die Therapie berücksichtigt wie auch Ideen anbietet, die ihnen in ihrer Notlage helfen. In jeder klinischen Situation muß ich Stärken und Ressourcen der KlientInnen einsetzen bzw. nutzen und meinen Ansatz auf die einzigartige Situation der KlientIn zuschneiden.

Alle Therapien, einschließlich der zeiteffektiven Psychotherapie, erfordern Sensibilität, Geduld, Mitleid und die Fähigkeit, Feinheiten herauszuhören (LIPCHIK, 1994). Wendet man einen Katalog von Prinzipien blind an, ohne auf die eben genannten Aspekte in der therapeutischen Beziehung zu achten, so gerät man unvermeidlich in eine klinische Sackgasse. Benutzt man einfach bestimmte Methoden, ohne den Ansatz auf die jeweilige einzigartige klinische Situation zuzuschneiden, so bleiben am Ende TherapeutIn und KlientIn frustriert zurück. Die Flexibilität der TherapeutInnen ist lebensnotwendig. Die einzelnen Schritte des therapeutischen Prozesses können nicht fein säuberlich und genau im voraus festgelegt werden. Wie Milton ERICKSON betont, muß jede therapeutische Begegnung ausgehend von der Darstellung der KlientIn neu erfunden werden. Da Therapie ein rekursiver Prozeß ist, muß man den KlientInnen an dem Punkt ihrer inneren Bereitschaft begegnen, und dann muß man mit Fingerspitzengefühl die Gänge wechseln können, so wie es die Nuancen des therapeutischen Gesprächs erfordern (FRIEDMAN, 1993a). Wie Eve LIPCHIK (1994) so treffend bemerkt:

> Die Effektivität dieser Art Therapie ... hängt davon ab, wie TherapeutInnen die Besonderheiten der KlientInnen und ihrer jeweiligen Situationen respektieren und damit umgehen. Der Prozeß sollte rasch geschehen, aber ohne Hast; methodisch konsistent, aber nicht standardisiert; effizient, aber niemals unpersönlich; klar fokussiert, aber mit Sinn auch für eher verborgene Botschaften der KlientInnen. (S.39)

Das Ziel dieses Buches liegt nicht darin, einen Satz von Formeln für Kurztherapie zu liefern, es will vielmehr einen Kanon von Einstellungen und Werten formulieren, mit deren Hilfe der therapeutische Prozeß wirkungsvoll und flexibel gefördert und den Zielen der KlientInnen gerecht wird. Zum Teil mag die hier vorgestellte Arbeit in ihrer Anwedung „einfach" erscheinen, die LeserIn sollte sich aber bewußt sein, daß beträchtliches Training und viel Erfahrung notwendig sind, um diese Arbeit erfolgreich durchzuführen. Wie BERG und DE SHAZER (1993) hervorheben: „Einfachheit benötigt viel Selbstdisziplin" (S.22). Verlangt wird von uns, viele der seit langem geschätzten Annahmen fahren zu lassen, die wir für wahr erachtet hatten – zum Beispiel, je mehr Therapie, desto besser; emotionale Katharsis ist für sich genommen schon heilsam; die Erforschung der Vergangenheit ist notwendig, damit eine Veränderung vonstatten gehen kann; wirkliche „Veränderung" braucht Zeit; ein „Symptom" wird durch ein anderes ersetzt, wenn die zugrundeliegenden Fragen nicht geklärt werden; je „tiefer wir graben", desto besser ist die Therapie.[1] Obwohl diese traditionellen Ideen uns seit langem begleiten, gibt es keine empirische Grundlage für ihre Wahrheit. Vielmehr sind einige dieser Annahmen verantwortlich für eine unnötige Verlängerung des therapeutischen Prozesses.

Um Therapie zeiteffektiv durchführen zu können, müssen KlinikerInnen sich von diesen traditionellen Voraussetzungen lösen und sich einen flexibleren Kanon von Arbeitshypothesen über Veränderungsprozesse aneignen. Wie wir sehen werden, muß man für die Entwicklung seines Könnens in der zeiteffektiven Therapie seine Konzentration und innere Einstellung ändern und sich nicht mehr der Erfassung und Behandlung von Pathologien und Dysfunktionen widmen, sondern dem Aufbau von Stärken und Ressourcen der KlientInnen. Die innere Einstellung und die Arbeitshypothesen, die unsere Basis für eine Therapie der Möglichkeiten bilden, sind der Kernpunkt dieses Kapitels. Bevor wir uns jedoch in dieses Gebiet stürzen, wollen wir noch einen Blick auf die Herausforderungen werfen, die „managed care" den KlinikerInnen stellt.

---

[1]) Vor fünfzig Jahren begannen ALEXANDER und FRENCH (1946), damals radikale Therapeuten, die Gültigkeit vieler traditioneller Ansichten über den therapeutischen Prozeß in Zweifel zu ziehen. Zum Beispiel stellten sie in Frage, ob (1) „die Tiefe der Therapie notwendigerweise proportional zur Länge der Behandlung und Häufigkeit der Interviews steht; (2) therapeutische Ergebnisse, die durch eine relativ geringe Anzahl von Interviews erzielt wurden, notwendigerweise oberflächlich und vorübergehend sein müssen, während therapeutische Ergebnisse, die durch länger andauernde Behandlung erreicht wurden, notwendigerweise stabiler und tiefgehender seien; und (3) die Verlängerung einer Analyse dadurch gerechtfertigt ist, daß der Widerstand der PatientIn im Laufe der Zeit überwunden und die erwünschten therapeutischen Ergebnisse erreicht werden" (S.VI).

Die Herausforderungen von „managed care"

Die Art und Weise, wie wir unsere Dienste im Rahmen der psychotherapeutischen Versorgung anbieten, hat sich unglaublich rasch verändert. PrivatärztInnen, die klinische Leistungen ohne irgendeine Verbindung zu „managed care" anbieten, sind eine Seltenheit geworden. Heutzutage gehört eine immer größer werdende Prozentzahl von Menschen zu der einen oder anderen HMO. Das den TherapeutInnen bisher vertraute System von „Bezahlung gegen Leistung" verschwindet allmählich. Um in dieser sich verändernden Welt überleben und gedeihen zu können, müssen KlinikerInnen ihr Können anpassen und verfeinern, damit sie nicht nur PartnerInnen in diesem sich ändernden Gesundheitswesen sein können, sondern daneben auch ihre Integrität in Hinblick auf die Qualität ihrer angebotenen Leistungen wahren können.

Den KlinikerInnen von heute stellen sich eine Reihe von Herausforderungen: Sie müssen das dargestellte Problem oder Anliegen der KlientInnen ernst nehmen; sie müssen nach Möglichkeiten suchen, teure Unterbringungen in psychiatrischen Krankenhäusern zu vermeiden; sie müssen Strategien und Techniken entwickeln, mit deren Hilfe sie Menschen nachhaltig und kostengünstig helfen können, ihre Ziele bei minimaler Abhängigkeit von den Leistungen und Mitteln der Institutionen zu erreichen; sie müssen sensibel Ergebnisse und „Kundenzufriedenheit" wahrnehmen und sie müssen Aufgaben an der Schnittstelle von KlientInnen und Versicherungsgesellschaft wahrnehmen.

In dem „Dreieck von managed care" (nach Friedman, 1990: siehe Abbildung 1 – 1) konvergieren die Bedürfnisse der verschiedenen Beteiligten. Jede Komponente des Dreiecks hat bestimmte Werte und Erwartungen. Die *„managed care company"* (MCC) ist vor allem daran interessiert, die Kosten in Grenzen zu halten, indem sie die Inanspruchnahme der Leistungen herunterschraubt, die Wünsche der Mitglieder auf Behandlung ohne Wartezeit erfüllt, und ein hohes Niveau der Mitgliederzufriedenheit durch die angebotenen Leistungen aufrechterhält. Ausgehend von einer Reihe von Prinzipien darüber, was eine qualitativ gute Versorgung ausmacht, ist es für die *TherapeutInnen* vor allem wichtig, Zeit zur Verfügung zu haben, um sowohl eine klinische Beziehung wie auch einen Fokus entwickeln zu können, so daß die Ziele der Mitglieder in angemessener Zeit erreicht werden können. Die *KundIn* oder das Mitglied sucht nach einer Hilfe oder Lösung in der Notlage, in dem Dilemma, Konflikt oder Aufruhr, der sie sich gegenübersieht. Die Mitglieder haben auch gewisse Erwartungen und Überzeugungen, wie die Leistungen erbracht werden sollten (z.B. auf einer wöchentlichen Basis) und was ihnen nach dem „managed care"-Plan, den sie unterschrieben haben, zusteht.

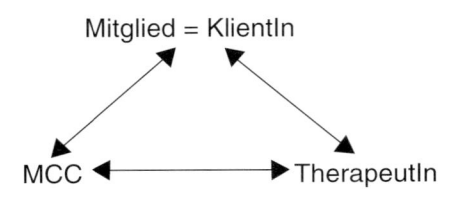

```
           Mitglied = KlientIn
                 ▲ ▲
                /   \
               /     \
              /       \
         MCC ◄─────────► TherapeutIn
```

Abbildung 1–1 Das „Managed Care"-Dreieck

Wie diese Werte und Erwartungen gehandhabt werden, zeigt sich am Grad der Spannung, die in diesem Dreick existiert. Jeder, der in diesem System sozusagen seine Aktien hat, muß sensibel sein für die Bedürfnisse, Werte und Erwartungen der anderen Spieler. Wie wir in Kapitel 5 sehen werden, erfordert es einen delikaten Balanceakt, um einerseits Gesundheitsversorgung mit Qualität zu liefern, und andererseits unter den Einschränkungen und Erwartungen der Realität von „managed care" zu arbeiten. Dieses Dreieck unterliegt ständigen Veränderungen und erfordert im Laufe jeder Behandlung scharfe Überwachung. KlinikerInnen und KlientInnen sind nicht mehr allein im Behandlungsraum, sie haben die MCC als dritten „Partner" bei sich.

Gelegentlich müssen TherapeutInnen die GutachterInnen über Abläufe in der Psychotherapie informieren. Manchmal muß man ihnen zum Beispiel erklären, daß eine Beschränkung auf ein bis drei Sitzungen in einer bestimmten klinischen Situation ein wenig sinnvoller Weg in der Therapie ist. Wir müssen uns nicht als passive Opfer einer aufdringlichen und wenig fürsorglichen MCC sehen.

Im besten Fall sollte die Behandlungsplanung ein aushandelbarer Prozeß sein, an dem alle Parteien teilhaben: TherapeutIn, GutachterInnen und KlientIn. Die KlinikerIn kann die Rolle der AnwältIn für die KlientIn und für eine vernünftige Anwendung der Psychotherapie übernehmen. Wie gehen wir als KlinikerInnen mit der Dringlichkeit, Kosten zu sparen, um, ohne unsere Prinzipien und Werte bezüglich einer Versorgung, die unseren Ansprüchen gerecht wird, zu verraten? Wenn die Dringlichkeit der Kostensenkung die Oberhand gewinnt über die Überzeugungen der

TherapeutInnen von dem, was eine qualitätsvolle Versorgung ausmacht, führt das zu einem wachsenden Risiko für die KlientInnen und zu Integritätsverlust der TherapeutInnen. Daher stehen letztere unter dem Druck, sich zum Anwalt der für die KlientInnen notwendigen Leistungen im Rahmen der psychotherapeutischen Versorgung zu machen.

Zusätzlich müssen KlinikerInnen ihr Können dergestalt verfeinern, daß sie Zeit und Mittel in einer Weise verteilen können, die positive Ergebnisse maximiert. In einer Gesundheitsorganisation nach dem Angestellten-Modell („staff model HMO"), die eine Prämie für schnelle Leistungserbringung aussetzt, sieht sich die KlinikerIn einem ständigen Zustrom neuer, ratsuchender KlientInnen gegenüber. Die klinischen Anforderungen sind auf einem konstant hohen Niveau. Es ist ein hoher Grad an Kreativität erforderlich, um die eigene Praxis kosteneffektiv zu führen und gleichzeitig qualitätsvolle Leistung zu erbringen.

In meiner Praxis mit 30 Arbeitsstunden pro Woche im Rahmen der Gesundheitsorganisation nach dem Angestellten-Modell („staff model HMO") sehe ich etwa 130 neue KlientInnen pro Jahr. Wenn man bedenkt, daß ich diese Arbeit jetzt seit über 10 Jahren mache, habe ich einen beträchtlichen Stamm an KlientInnen aufgebaut, die mich alle jederzeit anrufen könnten, um die Behandlung wieder aufzunehmen. Daher muß ich ständig mit meiner Zeit und meinen Mitteln jonglieren, um den Bedürfnissen derjenigen gerecht zu werden, die ich gerade behandle, und gleichzeitig meine Verantwortung im Auge zu behalten, die ich einer größeren Gruppe von Menschen (HMO-Mitgliedern) gegenüber trage und für die ich ebenfalls zuständig bin.

Wie man sich vorstellen kann, erfordert dieser Balanceakt in der Praxis eine beträchtliche Flexibilität. Eines der kontraintuitiven Paradoxa der Kurztherapie besagt, daß man nicht schnell arbeiten muß, um Fortschritte zu machen, oder man kann, wie das Sprichwort sagt, „Eile mit Weile" verbinden. Wenn Sie der Erzählung der KlientInnen sorgfältig zuhören, sich an deren Kompetenzen, Stärken und Fähigkeiten orientieren und deren Fähigkeiten im fokussierten klinischen Gespräch entwickeln, kann es sehr rasch zu Veränderungen kommen. Im nächsten Abschnitt untersuchen wir dieses auf Chancen und Möglichkeiten ausgerichtete Paradigma als einen kompetenz-orientierten und zeit-effektiven Ansatz, der erforgreich die Herausforderung annimmt, die das Praktizieren im Rahmen von „managed care" darstellt.

Kompetenzorientierte Praxis: Prinzipien und Grundannahmen

Viele der in diesem Buch dargelegten Ideen lassen sich aus der innovativen und bahnbrechenden Arbeit Milton H. ERICKSONS ableiten, der sich in einzigartiger Weise dafür eingesetzt hat, die Kompetenzen der Menschen dafür zu nutzen, rasch einen Kontext für Veränderung herzustellen. Die hier vorgestellte Arbeit baut auf dieser Grundlage auf und versteht sich als kompetenzorientiert (FRIEDMAN & FANGER, 1991), wobei sie Aspekte des lösungsorientierten Denkens (BERG & MILLER, 1992; DE SHAZER, 1988, 1991; FURMAN & AHOLA, 1992; HOYT, 1994b; O´HANLON & WEINER-DAVIS, 1989) und des narrativen Denkens (PARRY & DOAN, 1994; WHITE, 1995; WHITE & EPSTON, 1990) verbindet. Das Ziel dieser Arbeit liegt darin, den KlientInnen sowohl neue Perspektiven für ihre schwierige und mißliche Lage wie auch neue Handlungsmöglichkeiten zu bieten. Der therapeutische Prozeß besteht darin, Gespräche in einer Atmosphäre der Zusammenarbeit entstehen zu lassen, in der unsere Beobachtungen sich mit der Lebensgeschichte der KlientInnen verbinden.

Psychotherapie im Wandel

Das Gebiet der Psychotherapie hat einen Wandel durchlaufen von der Betonung objektiver Realitäten zu einer sozial-konstruktionistischen Sichtweise (FRIEDMAN (Ed.), 1993; GILLIGAN & PRICE, 1993; MCNAMEE & GERGEN, 1992). „Unsere Welten reflektieren nicht so sehr eine feste, objektive Realität, sondern sie sind vielmehr kontextuell im sozialen Diskurs von Gemeinschaften entstanden und definiert" (FRIEDMAN, 1993d, S.XIII). Statt an einen Satz von objektiven Wahrheiten oder Entwicklungsnormen bzw. -strukturen zu glauben, wird hier die Sichtweise vertreten, daß Realität hauptsächlich durch das Medium Sprache in unseren alltäglichen Gesprächen und Interaktionen miteinander entsteht. Die Art und Weise, wie wir uns selbst und die Welt sehen, wird vor allem durch die Geschichten bestimmt und aufrechterhalten, die wir uns gegenseitig als Teil unserer Interaktion miteinander erzählen. Der Konversationsverlauf mit seinem bedeutungschaffenden Potential öffnet die Tür zu neuen Entwürfen persönlicher Realität (ANDERSON, 1993; ANDERSON & GOOLISHIAN, 1988). Probleme werden nicht als greifbare Strukturen gesehen, sondern vielmehr als Geschichten, die konstruiert wurden und die im Laufe der Zeit im Leben eines Menschen Bedeutungen entwickelt haben. Therapie wird zu einem Prozeß der Zusammenarbeit, bei dem Geschichten in einer Weise neu geschrieben werden, die Hoffnung für die Zukunft bietet:

Unsere Dialoge mit uns selbst und anderen bestimmen letztlich unsere Ansichten und Handlungen. Wir sind „Tiere mit Geschichten". Wie sich zeigen wird, werden die Geschichten, die wir im Laufe der Zeit über uns erzählen, zu Linsen, die unsere Art der Informationsverarbeitung formen ... Da Bedeutungen inhärent verhandelbar und uneindeutig sind, liegt im Konversationsprozeß die Möglichkeit, [die Welt von KlientIn wie von TherapeutIn] auf neuartige Weise zu gestalten. (BRUNER, 1986, S. 24); FRIEDMAN, 1995, S. 353-354.

Schwierige in der Therapie vorgetragene Lagen werden als Fäden von Geschichten betrachtet, die selbstbestimmend geworden sind, die allmählich für den Einzelnen oder für das Paar oder die Familie sowohl Gegenwart wie Zukunft festlegen. Da diese Geschichten eine gewisse Zukunft implizieren, üben sie einen mächtigen Einfluß auf unser gegenwärtiges Denken und Verhalten aus (SCHNITZER, 1993). Es wird die Aufgabe der TherapeutIn, alternative Geschichten zu suchen und zu erschließen, die den problembeladenen Erzählungen widersprechen und Hoffnung und Möglichkeiten zulassen (WHITE & EPSTON, 1990). Hierdurch bereitet die TherapeutIn den Boden vor, damit die Menschen Aspekte ihres Lebens und ihrer Beziehungen wahrnehmen, die ihnen helfen, neue und Kraft spendende Lebensgeschichten zu umreißen. Stärken und Ressourcen werden in die Entwicklung neuer Erzählungen mit eingewoben, die neue Hoffnung entstehen lassen und einen Rahmen für Veränderung schaffen.

Statt sich an die Metaphern der medizinischen Praxis zu halten – Krankheit, PatientInnen, Krankheitsgeschichte, Symptome, Diagnose, Heilung usw. –, bietet uns die narrative Metapher ein hoffnungsvolles, nützliches und nicht herabwürdigendes Sprachsystem, das Raum schafft für Veränderung. So heben EFRAN, LUKENS und LUKENS (1990) hervor: „Indem wir Unterscheidungen treffen, lassen wir Dinge existieren ... [und] jede Unterscheidung schafft neue Handlungsmöglichkeiten" (S. 35). In der vorherrschenden Version der Kulturgeschichte der Psychotherapie wird die Diagnose von Krankheit und Pathologie betont, das Enthüllen von Mängeln und Dysfunktionen und die Suche nach Ursache und Krankheitsgeschichte. Dieser in der Gesellschaft dominierende Rahmen bedient sich zur Beschreibung von Menschen in Not im allgemeinen einer pejorativen Terminologie mit Wörtern der Schuldzuweisung (wie z.B. „narzißtisch", „Grenzfall" usw.) und erstellt ein „Vokabular menschlicher Defizite" (GERGEN, 1991, S. 35), das im letzten Jahrhundert gewachsen ist. „Wenn wir nach Pathologie suchen, finden wir sie normalerweise auch; wir schließen, dies sei die „wahre" Darstellung der Person und nicht ein Produkt unserer Sichtweise. [und hinzu kommt] ... wenn wir uns vor allem auf Dysfunktionen konzentrieren, erhalten wir keinen Richtungshinweis, wie wir uns neuen Verhaltensweisen nähern können" (WATERS & LAWRENCE, 1993, S. 58, 60). Im Gegensatz zum medizinischen Modell geht unser Ansatz von einem anderen Paradigma von Unterscheidungen aus, nämlich einem, das zu einer hoffnungsvolleren Auswahl von Handlungsmöglichkeiten führt.

Die Linse erweitern, den Fokus scharf einstellen

In diesem Buch wollen wir ein integratives, kompetenzorientiertes Modell untersuchen, das die therapeutischen Möglichkeiten erweitert und den Blick auf klar umrissene Ergebnisse lenkt. Man kann die Arbeit als zwei Prozesse umfassend verstehen: ein Erweitern der therapeutischen Linse, um mehrere Perspektiven und Ideen über die schwierige Lage der KlientIn zu erfassen, und ein schärferes Fokussieren, das diese Ideen in brauchbare Handlungspläne lenkt. Die TherapeutIn wechselt zwischen dem Erweitern der Linse – Raum schaffen für neue Erzählungen und Ideen – und dem schärferem Fokussieren auf Lösungen und Handlungsschritte.

Als erstes nimmt die TherapeutIn eine kooperative Haltung ein, indem sie der Geschichte der KlientIn zuhört und neugierig wird. Während dieses Vorgangs beginnt die TherapeutIn, alternative Geschichten zu erfinden – Geschichten, die den KlientInnen neue Sichtweisen ihres Lebens und ihrer Beziehungen eröffnen. Es folgt ein Prozeß der Zusammenarbeit, bei dem TherapeutIn und KlientIn als Team zusammenarbeiten, um sinnvolle Lösungen zu entwickeln, bei denen Ziele und Wünsche der KlientInnen respektvoll einbezogen werden. Dieses Erstellen von Zielen ist ein Prozeß, der verhandelt wird, in dem ein klares Resultat dargelegt und eine Reihe von Handlungsschritten entwickelt wird.

KlientInnen bringen einen Satz von Erzählungen oder Geschichten über ihr Leben und ihre Beziehungen in das Büro des Anbieters. Diese Erzählungen legen die Ansichten der KlientInnen über die Welt dar. Indem die TherapeutIn sorgfältig diesen Darstellungen lauscht, öffnet sie die Tür in eine Welt, in der die KlientInnen das Gefühl bekommen, ihnen würde zugehört und ihre Erlebnisse würden respektiert. Die meisten Menschen, die uns ihre Schwierigkeiten und Probleme schildern, kämpfen darum, einen Sinn in dieser Ungewißheit zu finden. Sie haben kognitive Konstrukte entwickelt, die ihre Sichtweise der Situation sowohl klar umreißen wie auch eingrenzen. Da das Leben der Menschen immer komplex ist, kann die klinische Begegnung leicht zu einem verschwommenen, unendlichen Prozeß werden, der KlientIn und TherapeutIn auf eine verschlungene Reise durch ein komplexes Gebiet schickt. Es ist daher die Pflicht der TherapeutIn, das Interview so zu lenken, daß sie sowohl der schweren Lage der KlientInnen gerecht wird wie auch Raum für neue Ideen schafft. Die hier umrissene Struktur bietet dem Anbieter bei einer warmherzigen, aufnahmebereiten inneren Haltung Richtungsweisungen, wie er mit den KlientInnen zusammenarbeiten und ein positives Resultat auf zeiteffektive Weise schaffen kann. In Tabelle 1-1 (Seite 44) wird die Verschiebung des Denkens innerhalb des Konsultationsprozesses vom Fokussieren auf Probleme zum Fokussieren auf Möglichkeiten dargelegt.

Vergleich der Perspektiven

Der folgende Teil bietet die Möglichkeit, zwei Interviews miteinander zu vergleichen: in dem einen wird eine problemorientierte Sichtweise eingenommen, in dem anderen stehen Chancen und Möglichkeiten im Mittelpunkt. Versetzen Sie sich, während Sie diesen Konversationen zuhören, in die Lage der KlientInnen. Welche Wirkung hätten diese beiden Konversationen auf Ihr Gefühl ihrer eigenen Effizienz, auf Ihre Stimmung, auf Ihre Empfindungen von Hoffnung und Optimismus in bezug auf eine Veränderung?

Problemorientiertes Interview

TherapeutIn: Hallo, ich bin Dr. Charles. Was führt Sie zu mir?

Klientin: Ich fühle mich in letzter Zeit sehr traurig und depressiv. Meine Mutter ist vor ein paar Wochen gestorben und mein Sohn ist seit kurzem aus dem Haus und besucht ein College. Ich weine viel und habe Schwierigkeiten, morgens zur Arbeit zu gehen oder mich bei der Arbeit auf meine Aufgaben zu konzentrieren.

TherapeutIn: Wie lange geht es Ihnen schon so?

Klientin: Seit etwa vier oder fünf Wochen.

TherapeutIn: Wie geht es mit dem Schlafen?

Klientin: Nicht gut.

TherapeutIn: Wachen Sie nachts auf oder fällt es Ihnen schwer, einzuschlafen?

Klientin: Ich finde es meist schwer, einzuschlafen und dann wache ich sehr früh morgens auf.

Glaube an eine objektive Wirklichkeit/ Wahrheit	Wirklichkeit ist sozial konstruiert
TherapeutInnen sind ExpertInnen/ AnalytikerInnen	KonsultantInnen sind PartnerInnen/ KatalysatorInnen
Die Stimme der TherapeutInnen ist privilegiert	Die Stimme der KlientInnen ist privilegiert
KlientInnen werden etikettiert/kategorisiert	Jede KlientIn ist einzigartig; KonsultantIn erhält sich ihre Neugier
Lehre KlientInnen Sprache und Grundannahmen der TherapeutIn	Lerne Grundannahmen der KlientInnen; verwende die Sprache der KlientInnen
KlientIn = Problem	KlientIn durch das Problem unterdrückt/ unterjocht
KlientIn wird als widerspenstig, in die Irre geleitet, naiv und blind gesehen	KlientIn wird als jemand gesehen, die ihr Bestes tut, die mit den Gegebenheiten umgeht [„coping"], unverwüstlich ist
Frag', was falsch ist und warum	Frag', was erwünscht ist und in welcher Form
Erkunde die Vergangenheit, wer oder was die Schuld trägt	Öffne Raum für neue Optionen; führe neue Ideen ein; konstruiere zukünftige Handlungen; suche nach „Ausnahmen", schaffe Zugang zu Ressourcen; verstärke Erfolge
Gute Therapie ist harte Arbeit, schmerzlich und lang	Eine wirkungsvolle Konsultation kann kurz sein und Hoffnungen wecken
Der klinische Prozeß ist Privatsache, geheimnisvoll, läuft „hinter verschlossenen Türen" ab	Der klinische Prozeß ist offen; bezieht ZuhörerInnen, ZeugInnen mit ein (z.B. ein reflektierendes Team)
Resultat	
Heilung / Fehlschlag	Problem gelöst / aufgelöst / in neuem Licht betrachtet; oder neu bearbeiten

Tabelle 1–1 Paradigmen-Wechsel: Vom Problem zu Möglichkeiten

Nach S. FRIEDMAN & M.T. FANGER (1991), Expanding Therapeutic Possibilities: Getting Results in Brief Psychotherapy (San Francisco: The New Lexington Press /Jossey-Bass) und K. TOMM (Juni, 1990): „Ethical Postures That Orient One´s Clinical Decision Making" (vorgestellt in der American Familiy Therapy Academy, Philadelphia).

TherapeutIn:	Wie ist hier Appetit?
Klientin:	Ich glaube, ich habe in den letzten paar Wochen abgenommen und vermutlich esse ich nicht so viel.
TherapeutIn:	Können Sie mir beschreiben, was Sie empfinden, wenn Sie diese Perioden von Trauer oder Depression haben?
Klientin	(mit tränenerstickter Stimme): Ich weine einfach, habe Mitleid mit mir selbst und fühle mich völlig handlungsunfähig. Mir gehen sogar solche Gedanken durch den Kopf wie: 'Wenn ich jetzt von einem Auto überfahren würde und sterben würde, wäre das gut so.' Ich weiß, das ist dumm, aber ich habe solche Gedanken.
TherapeutIn:	Haben Sie sich jemals selbst Verletzungen zugefügt?
Klientin	(weinend): Ich habe mir niemals selbst Verletzungen zugefügt, und ich glaube eigentlich auch nicht, daß ich das jemals tun würde.
TherapeutIn:	Haben Sie schon irgendwann zu anderen Zeiten solche Gefühle gehabt?
Klientin:	Vielleicht vor fünf oder sechs Jahren, als mein Mann arbeitslos wurde.
TherapeutIn:	Hat irgendjemand in Ihrer weiteren Familie Probleme mit Depressionen?
Klientin:	Also, mein Vater hatte Alkoholprobleme und schien immer depressiv zu sein.
TherapeutIn:	Ihre Traurigkeit, Ihre Schlafstörungen und Ihre Appetitlosigkeit deuten darauf hin, daß Sie wahrscheinlich unter einer Depression leiden, die sich durch eine medikamentöse Behandlung bessern ließe.
Klientin	(immer noch weinend): Meinen Sie, das würde helfen?
TherapeutIn:	Ich glaube wirklich, das würde helfen, wenn man bedenkt, wie Sie sich im Augenblick fühlen. Ich kann Ihnen einen Termin bei Dr. Jones besorgen; der ist Psychiater und kann Ihnen mehr über Medikamente erzählen, die Ihnen helfen könnten.
Klientin:	Meinen Sie wirklich, ich brauche Medikamente, um mit meinen Problemen fertig zu werden?
TherapeutIn:	Die Medikamente würden nur zur Unterstützung dienen, um Ihnen zu helfen, wieder mehr Energie zu haben, und sie würden Ihnen auch helfen zu schlafen. Wir können uns auch treffen und über die Dinge reden, die Ihnen in der letzten Zeit Sorgen bereitet haben.
Klientin:	Ich würde mir das gern noch einmal überlegen, bevor ich irgendwelche Medizin nehme.

TherapeutIn: Ich sehe nicht, was dagegen spricht, zu Dr. Jones zu gehen; es wäre ja nur zur Beratung. Es wäre Ihnen völlig freigestellt, zu den Empfehlungen für Medikamente „ja" oder „nein" zu sagen.

Klientin: Ich glaube, ich warte damit lieber noch ein bißchen ...

TherapeutIn: Möchten Sie einen weiteren Termin haben und noch 'mal wiederkommen?

Klientin: Kann ich Sie anrufen, wenn es notwendig ist?

TherapeutIn: Natürlich, hier ist meine Karte.

Betrachten wir nun dieselbe klinische Situation vom möglichkeitsorientierten Standpunkt aus.

Möglichkeitsorientiertes Interview

TherapeutIn: Hallo, ich bin Dr. James. Ich würde gern hören, was Sie heute zu mir führt, und wie wir Ihrer Meinung nach die Zeit zusammen am besten nutzen können.

Klientin: Ich fühle mich in letzter Zeit sehr traurig und depressiv. Meine Mutter ist vor ein paar Wochen gestorben und mein Sohn ist seit kurzem aus dem Haus und besucht ein College. Ich weine viel und habe Schwierigkeiten, morgens zur Arbeit zu gehen oder mich bei der Arbeit auf meine Aufgaben zu konzentrieren.

TherapeutIn: Was hat Sie dazu bewegt, zu diesem Zeitpunkt zu kommen?

Klientin: Mir ist klar geworden, daß ich so nicht weiter machen will, also mich niedergeschlagen zu fühlen und die ganze Zeit zu weinen. Ich muß mein Leben wieder in die richtigen Bahnen lenken. Ich brauche morgens doppelt so lange, um fertig zu werden.

TherapeutIn: Was für eine Arbeit machen Sie?

Klientin: Ich bin Stenotypistin, und es ist wichtig für mich, konzentriert zu sein. In der letzten Zeit war ich so abgelenkt.

TherapeutIn: Was wäre denn ein positives Zeichen dafür, daß Sie wieder auf dem Weg dahin sind?

Klientin: Wenn ich mich wieder auf die Arbeit konzentrieren könnte und vielleicht nachts besser schlafen würde. Ich habe sogar ans Sterben gedacht und zum Beispiel gemeint: 'Wenn ich vom Auto überfahren würde und sterben würde, wäre das in Ordnung.' Ich weiß, das ist dumm, aber solche Gedanken gehen mir durch den Kopf.

TherapeutIn: Sind diese Gedanken neu für Sie?

Klientin: Ja. Seit einer Woche kommen sie immer 'mal wieder.

TherapeutIn: Haben Sie sich jemals selbst Verletzungen zugefügt?

Klientin: Nein, und ich glaube eigentlich auch nicht, daß ich das jemals tun würde.

TherapeutIn: Wie sicher sind Sie sich, daß Sie sich nicht selbst Schaden zufügen würden – sagen wir mal „10" ist ganz sicher und „1" ist am wenigsten sicher?

Klientin: Ich würde sagen „9,5"

TherapeutIn: Was machen Sie, um zu verhindern, daß Sie nicht unter den Einfluß dieser Gedanken geraten?

Klientin: Ich sage mir, daß meine Lage besser werden wird. Manchmal rufe ich eine Freundin an oder gehe einmal um den Block spazieren.

TherapeutIn: Haben Sie solche Gefühle schon früher 'mal gehabt?

Klientin: Ja, als mein Mann vor ein paar Jahren arbeitslos wurde.

TherapeutIn: Wie ist es Ihnen damals gelungen, das alles hinzukriegen?

Klientin: Ich habe mit vielen Freunden gesprochen, und mein Pastor hat mir sehr geholfen.

TherapeutIn: Ihre Mutter zu verlieren, schien ein schwerer Schlag für Sie gewesen zu sein, und als Ihr Sohn dann auszog und zum College ging, hat das Ihr Gefühl des Verlustes noch vertieft. Ich überlege, was Sie jetzt tun könnten, um sich zu helfen, sich mehr im Lot zu fühlen, wenn man bedenkt, daß der Tod Ihrer Mutter noch nicht weit zurückliegt und daß es ein wichtiges Übergangsstadium im Leben ist, wenn ein Kind aus dem Haus geht.

Klientin: Ich bin nicht sicher.

TherapeutIn: Manchmal brauchen die Menschen Zeit, um einen Verlust zu betrauern, und müssen es sich erlauben, den Verlust ganz tief zu empfinden, statt dagegen anzukämpfen oder zu versuchen, ihm aus dem Weg zu gehen. Ich frage mich, welche Möglichkeit für Sie besser wäre – wenn Sie es sich gestatten zu trauern oder wenn Sie etwas unternehmen, um sich wieder auf anderes zu konzentrieren. Vielleicht ist auch beides möglich. Was meinen Sie?

Klientin: Das ist eine interessante Betrachtungsweise. Ich versuche vermutlich, die Dinge zu überstürzen, und erwarte zu schnell, mich wieder gefangen zu haben. Ich bin es gewohnt, mein Leben im Griff zu haben, und es beunruhigt mich, wenn ich die Kontrolle verloren habe (beginnt zu weinen).

TherapeutIn: Ich bin neugierig zu erfahren, wie es Ihnen gelungen ist, angesichts dessen, wie Sie sich fühlen, jeden Tag Ihre Arbeit zu tun. Viele Leute hätten sich einfach unter der Decke verkrochen und sich krank gemeldet.

Klientin (lächelnd): Ich bin immer eine engagierte Arbeiterin gewesen und konnte am Arbeitsplatz immer ziemlich gut meine Aufgaben erledigen, obwohl ich jetzt, wie gesagt, zeitweise abgelenkter bin.

TherapeutIn: Glauben Sie, es würde Ihnen helfen, wenn Sie wieder wie vor ein paar Jahren mit Ihrem Pastor sprechen würden?

Klientin: Das ist vielleicht eine gute Idee.

TherapeutIn: Ich überlege, ob wir einen Plan entwickeln können, bei dem Sie sich morgens 15 Minuten und vielleicht abends 15 Minuten zugestehen, über Ihre erlebten Verluste nachzudenken und sie wieder zu durchleben. Wenn während des Tages traurige Gedanken in Ihnen hochkommen, können Sie sie einfach für den Abend aufbewahren. Auf diese Weise würden Sie sich erlauben zu trauern, aber auf eine Art, die Ihr tägliches Leben weniger stört. Angesichts der Ereignisse in der letzten Zeit ist es nicht schlimm, wenn man sich gehen läßt und weint. Natürlich ist es besser, diese Zeit zu planen, statt daß die Trauer Arbeit und Schlaf beeinträchtigt. Nach allem, was Sie mir erzählt haben, wundert es mich nicht, wenn Sie traurig sind. Was meinen Sie?

Klientin: Ich bin wahrscheinlich zu hart gegen mich gewesen.

TherapeutIn: Möchten Sie vielleicht einen weiteren Termin verabreden? Wenn ja, könnten wir uns einige der Möglichkeiten ansehen, die Sie selbst gefunden haben, um sich die Trauer zu gestatten, und sehen, wie Ihnen dies geholfen hat, sich bei Ihrer Arbeit zu konzentrieren.

Klientin (sieht fröhlicher aus): Ich denke, das könnte mir helfen. Gut.

TherapeutIn: In wie vielen Wochen hätten Sie gern einen neuen Termin, denn Sie brauchen ja erst etwas Zeit, um diesen Plan auszuprobieren?

Klientin: Vielleicht in zwei oder drei Wochen.

TherapeutIn: Das ist gut. Noch ein letzter Gedanke: Manchmal fällt den Leuten auf, daß es in der Woche Zeiten gibt, zu denen sie sich besser fühlen. Vielleicht können Sie einmal anfangen, sich diese Zeiten zu merken und zu sehen, was Sie gerade gemacht haben und was zu dem „sich besser fühlen" beigetragen hat; also die Dinge, die Sie vorhin erwähnt haben: eine Freundin anrufen oder spazierengehen. Ihnen fallen vielleicht auch andere Dinge in der Zwischenzeit auf, bis wir uns wieder treffen, die ebenfalls dafür sorgen, daß die Depressionen Sie nicht herunterziehen. Lassen Sie uns einen Termin festlegen.

Welche Unterschiede gibt es zwischen diesen beiden Interviews? Im ersten (problemorientierten) stellt die „ExpertIn" eine Reihe von Fragen, deren Ziel darin liegt, zu einer „definitiven" Diagnose zu gelangen (im wesentlichen konzentriert sie sich also auf die Pathologie – was der Person fehlt). Im zweiten (möglichkeitsorientierten) Gespräch handelt die TherapeutIn als BeraterIn und HelferIn, die *gemeinsam* mit der Klientin daran arbeitet, ihre Schwierigkeiten zu sichten und einen vernünftigen Handlungsplan zu erstellen, um damit fertig zu werden. Die TherapeutIn sieht die Klientin als Partnerin mit Kraft und Kompetenz, die in der Lage ist, ihr Leben wieder ins Lot zu bringen. Im problemorientierten Interview wird die Klientin als passive Empfängerin des Wissens der TherapeutIn und der Medikamente betrachtet. Im möglichkeitsorientierten Interview ist sie aktiv daran beteiligt, Veränderung zu schaffen. Im ersteren wird der Klientin gesagt, welches die beste Alternative ist; im letzteren wird sie als Expertin angesehen mit eigenen Ressourcen, die in der Lage ist, außerhalb des therapeutischen Kontexts zu handeln.

Eine Geschichte, die Stephen und Carol LANKTON (1986) erzählen, unterstreicht, wie wichtig die Annahmen der TherapeutIn bei der Leitung des therapeutischen Prozesses sind:

> Da gab es einmal diesen alten Mann, der am Abhang eines Hügels saß. Und ein Wanderer kam mit einem Rucksack auf dem Rücken vorbei. Und der Wanderer sah, wie der alte Mann auf die Stadt blickte, und sagte: „He, alter Mann, was für Leute leben da unten in der Stadt, auf die du guckst?" Und der alte Mann sagte: „Sag´ mir, Fremder, was für Leute leben in der Stadt, aus der du kommst?" Der Wanderer sagte: „Das ist komisch, daß du mich das fragst. Es sind hinterhältige, verleumderische, vertrauensunwürdige Menschen ... Ich mußte die Stadt verlassen. Es waren furchtbare Leute. Sie waren Lügner und Betrüger. Es war ekelhaft." Und da sagte der alte Mann: „Es tut mir leid, aber ich fürchte, du wirst feststellen, daß die Leute in dieser Stadt genauso sind wie die, die du verlassen hast."
> Am nächsten Tag kam ein anderer Wanderer vorüber und sah den alten Mann am Abhang des Hügels sitzen und auf die Stadt blicken. Und er sagte: „He, alter Mann, was für Leute leben da unten in der Stadt?" Und der alte Mann sagte: „Was für Leute leben in der Stadt, die du verlassen hast?" Und er sagte: „Merkwürdig, daß du mich das fragst. Ich dachte gerade daran, wie traurig ich bin, daß ich fortgehen muß. Sie waren so freundlich und liebevoll und warmherzig und hätten das letzte Hemd mit mir geteilt. Sie waren immer bereit, einem Freund zu helfen. Es tat mir leid, daß ich gehen mußte." Und der alte Mann sagte: „Es freut mich, dir sagen zu können, daß du die Leute in dieser Stadt genauso finden wirst." (S. 50-51)

Wir sind kategorisierende und differenzierende Tiere, die versuchen, ihren Welten einen Sinn zu geben (BATESON, 1972; EFRAN, LUKENS & LUKENS, 1990). Wir ordnen Information Kategorien zu, die es uns ermöglichen, eine Struktur zu sehen, mit deren Hilfe wir widerspruchsfrei mit der Welt umgehen können. Diese Beschreibungen von Ereignissen der Welt erlauben uns zwar einerseits, Information zu kategorisieren und zu organisieren, schränken auf der anderen Seite aber auch unsere Sichtweise ein, indem andere Kategorien und Möglichkeiten, dieselbe Information zu beschreiben, verschlossen werden. Selbst angesichts von Gegenbeweisen neigen wir Menschen dazu, uns auf Information zu konzentrieren, die bereits bestehende Sichtweisen und Wahrnehmungen bestätigt, und Information abzuweisen oder zu ignorieren, die unserer Meinung widerspricht.

Dieser Kategorisationsprozeß wird in der Art und Weise, wie wir Therapie betreiben, offensichtlich. Ist es nicht merkwürdig, daß in der Psychotherapie AnalytikerInnen immer intrapsychische Bereiche zu finden scheinen, die erkundet werden müssen, biologisch orientierte PsychiaterInnen immer Beweise für chemisches Ungleichgewicht oder endogene Zustände zu entdecken scheinen, strategische FamilientherapeutInnen in der Familie immer eine Funktion für das Symptom der identifizierten PatientIn zu finden scheinen usw.? Und genauso schaffen wir eine Welt der Pathologie, indem wir sie in psychiatrisch-diagnostischen Kategorien sehen und Menschen nach Mängeln und Dysfunktionen einordnen.

Die Menschen neigen dazu, „totalisierende Beschreibungen" (WHITE & EPSTON, 1990) ihres Lebens zu entwickeln, die die Selbstwahrnehmung beherrschen. Diese Beschreibungen definieren das Selbst oft in negativen und abfälligen Ausdrücken, die sich auf einer Reihe von Erfahrungen in der Vergangenheit begründen. Zum Beispiel beschreibt sich eine Person, die mit Alkoholabhängigkeit zu kämpfen hatte, als „AlkokolikerIn". Obwohl das Selbst viele Facetten hat (GERGEN, 1985), wählen KlientInnen vielleicht einen Aspekt hieraus, der riesig und dominierend wird und sie in ein Netz von Fremdeinflüssen und Beherrschung durch andere und anderes verstrickt. Die Aufgabe der TherapeutInnen besteht darin, diese totalisierenden Beschreibungen aufzulösen und neue Beschreibungen und Geschichten zu erstellen, die den Weg zu neuen Möglichkeiten eröffnen (WHITE, 1995; WHITE & EPSTON, 1990).

Zu diesem Auflösungsprozeß gehört ein „Schrumpfen"* des herausragenden Elementes, so daß dieses nur noch eine von vielen möglichen

---

*) **Anm.d.Hrsg.**: Uwe GRAU (Lindau) berichtete davon, daß es im Hebräischen einen sehr bildhaften Ausdruck dafür gibt, wenn sich Probleme verkleinern, sie also „schrumpfen" – er heißt – wörtlich übersetzt – *„verzwergen"*

Sichtweisen des Ichs ist und nicht mehr ein entscheidendes Element. Bei diesem Prozeß des Neuschaffens werden weniger hervorragende Geschichten (d.h. andere Elemente des Selbst) betont, die der problembeladenen Sichtweise widersprechen. TherapeutInnen müssen nach diesen entgegengesetzten Geschichten, die KlientInnen erzählen und die der dominierenden Geschichte die Vorrangigkeit nehmen, Ausschau halten und sie ausspinnen. Zusätzlich muß sich die KlientIn jener Elemente des Selbst bewußter werden, die nicht unter den Einfluß der beherrschenden Geschichte geraten sind.

Es ist Aufgabe der TherapeutInnen, den KlientInnen zu einer neuen Sichtweise der Welt zu verhelfen, und sie in der Entwicklung ihrer Flexibilität zu unterstützen sowie ihnen beim Suchen und Finden von Information und Beziehungen in ihrem Leben zu helfen, die der problembeladenen Sichtweise widersprechen. Wenn sie dies machen, entwickeln die KlientInnen ein erweitertes Schema oder eine erweiterte Darstellung, bei der das Selbst etwas ist, was viele Möglichkeiten besitzt, statt durch eine einzige dominante Beschreibung festgelegt zu sein. Indem sie aufmerksam auf Geschichten von Kompetenz und Erfolg achten, beteiligen Möglichkeiten-TherapeutInnen ihre KlientInnen an einem aktiven Prozeß der Selbstüberprüfung, der ihnen Hoffnung und ein Gefühl der Befreiung von alten, einengenden Geschichten über ihr Leben bietet.

Eine praktische Übung

Lassen Sie uns ein kleines Experiment machen, das Ihnen helfen kann, mit Ihren eigenen Kompetenzen und Fähigkeiten in Kontakt zu kommen. Nehmen Sie eine entspannte und bequeme Haltung ein. Diese Übung funktioniert am besten, wenn Sie beim Nachdenken über die Fragen konkrete Beispiele vor Augen haben. Ich möchte, daß Sie sich vor Ihrem geistigen Auge mit einer KlientIn (einer einzelnen Person, einem Paar oder einer Familie) zusammen sehen. Sie sitzen in Ihrem Büro und fühlen sich überfordert, passiv und festgefahren. Dieses alte Gefühl ist wieder in Ihnen, das leider von Zeit zu Zeit auftaucht, eins, das Michael WHITE (1991) beschreibt mit „ich wünschte, ein Therapeut wäre da". Erlauben Sie sich, diese Gefühle zu durchleben, die in Ihnen sind, während Sie bei Ihrer KlientIn sitzen. Was geschieht? Was wird gesagt? Wie ist die Stimmung in dieser Interaktion? Welche Forderungen sehen Sie an sich gestellt? Was steht dem im Wege, daß Sie sich kompetent fühlen? Konzentrieren Sie sich eher auf sich selbst als auf Ihre KlientIn, während Sie über diese Frage nachdenken. Überlegen

Sie sich eine Tiermetapher, die Ihre Gefühle und Ihre Haltung am besten einfängt, während Sie sich in dieser Situation sehen.

Nachdem Sie einige Minuten damit verbracht haben, sich selbst in dieser Situation vorzustellen, schütteln Sie die Bilder ab (z.B. indem Sie sich im Stuhl bewegen) und stellen Sie sich vor, wie Sie mit einer anderen KlientIn zusammensitzen, bei der Sie sich kompetent, entspannt und selbstsicher fühlen. Was geschieht hier? Was tragen Sie zu Ihrem entspannten und angenehmen Zustand bei? Nehmen Sie sich wieder einen Augenblick Zeit, um eine andere Tiermetapher zu erfinden, die Ihrer Haltung in dieser Situation am besten entspricht. Jetzt verbringen Sie einige Minuten damit, um aufzuschreiben, (1) was Sie empfinden, wenn Sie sich festgefahren und überfordert fühlen und (2) was Sie tun, um den therapeutischen Prozeß in Ihren Augen erfolgreich und nützlich zu gestalten. Schließlich notieren Sie die Voraussetzungen und Fähigkeiten, die Ihnen helfen, einen positiven Zustand zu schaffen, in dem Ihre Effizienz so groß wie möglich ist.

Es sind diese aktivierenden Voraussetzungen, die bei der zeiteffektiven klinischen Arbeit gefördert werden müssen. Wenn wir nun einige der Voraussetzungen und Werte betrachten, die für die zeiteffektive Therapie die Grundlage bilden, halten Sie sich bitte immer Ihre eigenen Überzeugungen und Werte in HInblick auf Therapie vor Augen und denken Sie an das „Tier", das Sie sein möchten, während Sie sich in unterschiedlichen klinischen Situationen befinden.

Klinische Grundannahmen und Werte

Im Folgenden werden die Voraussetzungen und Werte beschrieben, die eine kompetenzorientierte Praxis ausmachen. Diese Ideen bilden einen flexiblen Rahmen bzw. eine Grundlage für den zeiteffektiven Umgang mit der problematischen Lage und den Schwierigkeiten, die uns die KlientInnen in der Therapie schildern.

Gehen Sie auf die KlientIn mit einer naiven, neugierigen, offenen und wißbegierigen Einstellung zu.

Diejenigen, die mit der experimentellen Psychologie vertraut sind, erinnern sich vielleicht an die mehrdeutige Gestalt in Abbildung 1-2. Wenn Sie genau hinschauen, können Sie zwei unterschiedliche Bilder sehen, eines von einer älteren Frau und eines von einer jüngeren. Um jedes dieser Bilder zu erkennen, muß man die richtige Perspektive wählen und sich von einem festen Blickwinkel lösen. Zeiteffektive TherapeutInnen müssen in der Lage sein, ihren Blickwinkel flexibel zu verändern und offen für vielfache Möglichkeiten und Wahrnehmungen sein. Für effektive Kurztherapie ist eine gewisse Neugier und Offenheit unverzichtbar. Man übernimmt sehr leicht pauschale Beschreibungen von Menschen (W̲ʜɪᴛᴇ & Epston, 1990), die dazu verleiten, in Richtung Pathologie und Pessimismus zu denken.

Abbildung 1–2 Optische Illusion: Alte Frau – Junge Frau

Quelle: Gezeichnet von dem Cartoonisten W. E. Hɪʟʟ; zuerst veröffentlicht in *Puck*, 6. Nov. 1915.

Es wird zum Beispiel ein Paar von einem Kollegen zu Ihnen geschickt, der einen der Partner allein behandelt. Der Kollege erzählt Ihnen, daß dieser Partner unter einer „Persönlichkeitsstörung" leidet und „sehr narzißtisch" ist. Was sollten Sie mit dieser Information machen? Obwohl es üblich ist, sich in dieser verkürzten Form auf Menschen zu beziehen, habe ich festgestellt, daß es nur dazu beiträgt, meine Offenheit einzuschränken und mein Denken in wenig hilfreiche Bahnen zu lenken. Ich habe gelernt, solche Beschreibungen zu „vergessen" und so frisch und naiv wie möglich zum klinischen Termin zu kommen. Warum sollte man naiv sein, fragen Sie sich vielleicht. Sollten ausgebildete und erfahrene Fachleute nicht ihr analytisches Können dazu verwenden, die ihnen dargebotene Information sinnvoll zu verarbeiten? Naivität fördert Optimismus (Weick, 1984), und Optimismus fördert Neugier und Respekt, mit deren Hilfe ein gewaltiger Impuls für Veränderung entstehen kann. Später in diesem Kapitel wird mehr darüber gesagt werden, wie wichtig es ist, sich eine Reihe von hoffnungsvollen Erwartungen in der Therapie zu erhalten.

Der folgende Ausschnitt eines ersten Interviews mit einem Paar (aus Friedman, 1993c) zeigt, welche wesentliche Rolle es spielt, wenn man sich Neugier und Wißbegierde im therapeutischen Prozeß erhält und wenn die Expertise der KlientInnen (oder ihr angeborenes Wissen) bezüglich ihres Lebens hierdurch ans Tageslicht gebracht wird. Wir schalten uns etwa 10 Minuten nach Beginn in das Interview ein.

Ehemann: Ich wollte nur darauf hinweisen, daß wir wirklich ... in einer Sackgasse waren, als Edith den Termin für dieses Treffen verabredete.

Frau: Wir waren wirklich verzweifelt.

Mann: Wir waren bei der ganzen Sache völlig durcheinander.

Therapeut: Vor wie langer Zeit war das?

Frau: Vor ungefähr einem Monat oder so.

Therapeut: Aber Sie sagen, daß die Lage sich inzwischen geändert hat?

Mann: Wir haben uns über vieles ausgesprochen. Aber es gibt immer noch kleine Sachen, die plötzlich eskalieren können. Sehen Sie, ich streite mich nicht gern, das ist das erste ... Jetzt sind wir mitten drin.

Therapeut: Nun ja, wir wollen noch nicht zu tief einsteigen.

Mann: Wir haben die Angelegenheiten ausgebügelt, und seit zwei Wochen kommen wir ganz gut miteinander aus.

Frau: Wir waren völlig am Ende.

Mann:	Wir haben gesagt, laß' uns 'mal versuchen, uns damit auseinanderzusetzen ...
Therapeut:	Sie haben also Schritte unternommen, um von diesem Tiefpunkt wegzukommen zu einem etwas besseren Ausgangspunkt.
Frau:	Ja.
Therapeut:	Was ich gern als erstes erfahren würde, ist, was jeder von Ihnen unternommen hat, um dorthin zu kommen, wo Sie jetzt sind. Wie sind Sie von der Stelle, an der Sie waren, als Sie wegen des Termins anriefen, dorthin gelangt, wo Sie sich jetzt befinden, wo es besser ist; und was ist besser?
Frau:	Er hat mich irgendwie wieder zu Verstand gebracht. Er hat versucht, mich wissen zu lassen, daß er mich liebt ... und daß wir viele Jahre hinter uns haben ... die Kinder uns brauchen und daß ich versuchen muß, positiver zu denken. Ich dachte, alles ist schwarz, alles ist negativ. Aber ich mußte wieder einen Punkt erreichen, wo ich mich öffnen konnte und auch bereit sein konnte, es wieder zu versuchen.
Therapeut:	Wie haben Sie das gemacht? Denn das ist nicht leicht, wenn man an dem Punkt ist, wo man sich verletzt, isoliert, verschlossen fühlt, sich dann wieder zu öffnen und sich wieder möglichen Verletzungen auszusetzen. Wie ist Ihnen das also gelungen?
Frau:	Ich liebe ihn. Ich werde ihn immer lieben.
Therapeut:	Das hatten Sie also als Plus auf Ihrer Seite. Was hat Ihnen noch dabei geholfen, sich wieder zu öffnen?
Frau:	Wir stammen beide aus geschiedenen Ehen und wissen, wie das ist.
Therapeut:	Können Sie mir mehr darüber erzählen, wie Sie sich geöffnet haben, um wieder mit Hal in Kontakt zu kommen?
Frau:	Am Anfang war es eine richtige Berg- und Talfahrt. Wir schliefen in getrennten Schlafzimmern. Ich habe mich sozusagen von der ganzen Sache innerlich gelöst. Dann habe ich einen Punkt erreicht, wo ich gesagt habe, wir werden einfach getrennte Leben führen. Aber das konnte ich nicht. Es endete immer damit, daß wir uns stritten. Ich war so frustriert und wütend. Ich wußte nicht mehr, wie ich mich in seiner Gegenwart verhalten sollte. Ich mußte wieder ins Gleichgewicht kommen. Er war so ruhig und ich ... meine Güte! [Demonstriert ihre Frustration]
Therapeut:	Es hat Ihnen also geholfen, als Sie ruhiger wurden?
Frau:	Ja. Ich fing an, mich völlig ausgelaugt zu fühlen. Ich schaffte gar nichts. Und dann begann er, positiver zu reden „Wir haben einen Termin bei der Eheberatung, laß' uns abwarten ... Ich glaube, das ist eine gute Sache." Früher hatte er nicht zum Eheberater gewollt.

Therapeut:	Das hat Ihnen also Hoffnung gemacht?
Frau:	Ja.

Therapeut (zum Ehemann): Wodurch haben sich nach Ihrem Gefühl die Dinge in eine bessere Richtung hin entwickelt? [Hier bietet der Therapeut dem Mann die Möglichkeit, die Schritte zu unterstreichen, die er und seine Frau unternommen hatten und die danach zu einem wachsenden Gefühl des Selbstvertrauens führten.]

[Der Therapeut führt dann die „Skalierungsfragen" (BERG & DE SHAZER, 1993; DE SHAZER, 1994) als Mittel ein, um über Veränderung zu sprechen.]

Therapeut:	Welches Vertrauen haben Sie in bezug auf die Veränderungen, die Sie seit Ihrer Bitte um einen Termin durchlaufen haben? Wenn „0" kein Vertrauen bedeutet und „10" sehr großes Vertrauen, wo würden Sie sich selbst auf dieser Skala ansiedeln?
Frau:	Wir sind wieder startbereit. Wir sind jetzt also wie frisch Vermählte.
Therapeut:	Wenn wir das hier anwenden, welches Ausmaß an Vertrauen haben Sie in die Veränderungen, die Sie gemacht haben?
Frau:	Ich würde wahrscheinlich sagen, ich bin jetzt im Augenblick bei der „8".
Mann:	Ich auch.
Therapeut:	Donnerwetter! .... Sie sagten, daß es andere Zeiten gegeben hat, zu denen alles bergab ging und dann wieder bergauf. Haben Sie Gründe, weshalb Sie sich jetzt zuversichtlicher fühlen als nach den Zeiten damals?
Mann:	Die Situation ist jetzt anders [weniger Streß als in der Vergangenheit, was Arbeit, Termine, Kinder usw. anlangt]. Wir haben uns auch zusammengesetzt und darüber geredet, daß wir mal wegfahren müssen.
Therapeut:	Aber wenn Sie sagen „8", was macht Sie zuversichtlicher, daß die Dinge, über die Sie gesprochen haben, tatsächlich eintreten werden?
Frau:	Na ja, wir hatten ein Wochenende geplant. Aber im letzten Augenblick hat mein Mann das abgesagt. Wir hatten wirklich eine ganz schlechte Zeit, und ich dachte, es würde uns gut tun.
Mann:	Wir hatten uns gestritten, und ich wollte nicht wegfahren ...
Therapeut:	Das war am Anfang dieses Zeitraums?
Frau:	Ja, als die Situation wirklich hart war. Aber ich bin dann schließlich mit den Kindern weggefahren ... Vor ein paar Tagen hat er gesagt: „Wir brauchen wirklich `mal eine Zeit fort von zu Hause für uns allein." Wir haben angefangen, darüber zu reden. Ich bin

	wirklich ganz zuversichtlich, aber es ist keine „10", sondern eine „8". Wir sind Menschen, die gern geben, und darum geben wir oft anderen vor unserer Beziehung den Vorrang – den Kindern, dem Job und anderen Dingen. Wir glauben, unsere Beziehung kann warten, aber so kann man das nicht machen.
Therapeut:	Sagen Sie mir, was wäre notwendig, um von der „8" auf die „10" zu kommen oder auch auf „9,5"?
Frau:	Ich weiß es nicht. Darum sind wir zu Ihnen gekommen.
Therapeut:	Aber ich denke, Sie haben gewisse Vorstellungen. Denn Sie haben bereits einige Schritte unternommen, die Sie von irgendwo um „0" herum auf „8" gebracht haben, was schon viel ist.
Frau:	Das stimmt.
Therapeut:	Was muß jetzt geschehen, um Ihr Selbstvertrauen noch weiter aufzubauen und Ihnen die Unsicherheit und Sorgen um die Zukunft zu nehmen?

Beachten Sie, wie der Therapeut in diesem Beispiel ganz stur auf seiner Neugier beharrt und sich darauf konzentriert, wie sich das Paar um Veränderungen in seiner Beziehung bemüht hat. Statt die Rolle des Experten zu übernehmen, öffnet der Therapeut einfach den Zugang zu den Ressourcen der KlientInnen, indem er die Schritte, die zu einer Veränderung geführt haben, erweitert. Der Fokus richtete sich auf die Bewegung von der Vergangenheit zur Gegenwart.

Wohin könnten Sie als TherapeutIn den nächsten Schritt in diesem Interview lenken? Wie könnten Sie den letzten Teil der Sitzung strukturieren? Welche Vorschläge würden Sie diesem Paar machen? Wie sich herausstellte, bestand diese Therapie aus einer einzigen Sitzung, in der das Paar beschloß, keinen weiteren Termin zu verabreden. In einem Gespräch mit der Frau sechs Monate später wurde offenbar, daß diese eine Sitzung für das Paar „sehr hilfreich war, um wieder ins Lot zu kommen." Meine Arbeit mit diesem Paar bestand darin, die Fortschritte, die sie bereits gemacht hatten, zu unterstützen und dann über die Schritte mit ihnen zu diskutieren, die notwendig waren, um diese Fortschritte zu erhalten. Den Eckstein für eine wirkungsvolle und effiziente Therapie bildete hier eine respektvolle und neugierige Einstellung den Bemühungen des Paares gegenüber, seine Beziehung zu verbessern.

Nehmen Sie das Anliegen der KlientInnen ernst (respektieren Sie es) und konzentrieren Sie sich auf das Ziel. Entwickeln Sie eine kooperative und kollaborative Beziehung zu den KlientInnen. Setzen Sie begrenzte und errreichbare Ziele, die ein erfolgreiches Resultat möglichst wahrscheinlich machen.

Kollaborative TherapeutInnen „arbeiten mit an der Erstellung der Ziele und handeln die Richtung der Therapie aus, wobei sie die KlientInnen auf den Fahrersitz setzen, da diese die Experten bezüglich ihrer eigenen Schwierigkeiten und Zwangslagen sind" (FRIEDMAN, 1995, S. 355). TherapeutInnen sind eher BeraterInnen und KatalysatorInnen als ExpertInnen und AnalytikerInnen (BENNETT, 1989). In vielen Fällen dauert die Therapie länger als notwendig, da weder KlientIn noch TherapeutIn bemerkt haben, daß ihr Ziel erreicht ist. Die Forschung hat gezeigt (BISCHOFF & SPRENKLE, 1993), daß die „Ausfallrate" der KlientInnen umso niedriger ist, je besser KlientIn und TherapeutIn sich über das Wesen des „dargestellten Problems" einigen können. HEINSSEN, LEVENDUSKY und HUNTER (1995) berichten ebenfalls von häufigerer Einwilligung in die Behandlungsziele und von positiveren Ergebnissen bei stationären KlientInnen, wenn diese von Anfang an in einen *kollaborativen* Prozeß der Zielsetzung mit einbezogen wurden. Es ist daher äußerst wichtig herauszufinden, was die KlientInnen in der Therapie erreichen wollen.

Definition eines wohl formulierten Anliegens

Dies ist eine auf Anliegen basierende Therapie, die von den Zielen der KlientInnen abhängt. Damit Veränderungen eintreten können, müssen die Menschen eine Forderung oder ein Anliegen haben. Was ist für den die KlientIn wichtig? Wenn TherapeutInnen oder andere Institutionen die Verantwortung übernehmen (also Veränderung vorschreiben), wird die KlientIn mit geringerer Wahrscheinlichkeit Verantwortung für sich selbst übernehmen (CADE & O´HANLON, 1994). Versuchen TherapeutInnen ihre KlientInnen zu einer Veränderung zu überreden, bleibt diesen nur – wenn sie eine alternative Position beziehen wollen – die Behauptung: „Veränderung ist überflüssig". Was möchte die KlientIn durch die Therapie erreichen? Selbst KlientInnen, denen eine Therapie verordnet wurde, können nützliche und erreichbare Ziele haben (z.B. „das Gericht loswerden", „Besuchserlaubnis für die Kinder erhalten", „die Eltern dazu bringen, nicht mehr zu nerven"). Für die TherapeutInnen geht es darum herauszufinden, unter welchen Bedingungen die Klientin bereit ist, „Kunde" zu sein (BERG, 1989; BERG & MILLER, 1992). Was erhofft sich die Klientin von dieser Konsultation? BERGS Konzept von den „Kunden, Klagenden und Besuchern" (1989) bietet uns ein wichtiges Modell, um über Interventionen nachzudenken, und wir werden in Kapitel 2 darüber ausführlicher diskutieren.

Sehen wir uns einmal an, wodurch sich ein wohl formuliertes Anliegen auszeichnet. Es gibt fünf Faktoren, die als nützliche Kriterien für das

Erstellen therapeutischer Ziele dienen können (BERG & MILLER, 1992; FRIEDMAN & FANGER, 1991):

1. Das Ziel muß für die KlientIn bedeutsam (relevant) sein.
2. Das Ziel wird am besten klein und handhabbar gehalten.
3. Das Ziel muß spezifisch, beobachtbar und im Rahmen von Verhaltensweisen ausdrückbar sein.
4. Das Ziel sollte in positiver Sprache ausgedrückt sein (etwas, was die Klientin *will*, nicht, was sie *nicht will*).
5. Das Ziel muß realistischerweise mit Hilfe der notwendigen Ressourcen erreichbar sein.

Statt sich darauf zu konzentrieren, was die KlientInnen hinter sich lassen wollen, richtet sich das Interesse darauf, wohin sie streben. Wie wir sehen werden, gibt es eine Anzahl nützlicher Techniken, die KlientInnen hilfreich sind, sich eine Reihe brauchbarer Ziele zu schaffen. Für AnfängerInnen ist es wichtig, sich nicht von solchen Dingen auf Abwege leiten zu lassen, die *nicht* funktionieren (oft sprechen KlientInnen zunächst in dieser Weise über das „Problem"), sondern die KlientInnen in positiver Form ausdrücken zu lassen, was sie häufiger zu sehen wünschen. Betrachten wir einmal einen kurzen Ausschnitt aus einer Anfangssitzung mit einem Paar und sehen uns an, wie das funktioniert.

TherapeutIn: Bevor wir anfangen, möchte ich Ihnen eine Frage stellen: Ist die Situation während der letzten beiden Wochen [seit der Termin festgelegt wurde] besser geworden oder etwa gleich geblieben?

Frau: Ungefähr gleich geblieben, glaube ich.

Ehemann: Ein bißchen besser.

Frau: Ja.

Mann: Ich denke, es ist besser geworden.

Frau: Ja. Wir kommunizieren etwas häufiger.

TherapeutIn: Durch welche Veränderung ist die Situation besser geworden?

Frau: Ich ärgere mich nicht mehr so oft über ihn.

Mann: Ich habe mehr daran gearbeitet [an der Beziehung].

TherapeutIn: Was haben Sie [Ehemann] zu der Verbesserung der Beziehung beigetragen?

Frau [zum Mann]: Du hast mich nicht so viel geärgert.

Therapeutin	[beharrlich]: Wenn er Sie nicht ärgert, was macht er dann stattdessen?
Frau:	Er spricht zu mir wie zu einer Erwachsenen. Er gibt sich mehr Mühe ...

Indem sie beharrlich bei ihren Fragen an den Mann bleibt, versetzt die TherapeutIn die Frau in die Lage, eine Aussage darüber zu machen, was sie häufiger erleben möchte, daß nämlich ihr Mann zu ihr „wie zu einer Erwachsenen spricht". Wenn dies feststeht, kann die Therapeutin herausfinden, was der Mann macht, wenn er mit seiner Frau „wie mit einer Erwachsenen" spricht. Und so kann die TherapeutIn auf ein klar artikuliertes Ziel hinarbeiten.

Es folgt nun ein Ausschnitt aus einem anderen Anfangsgespräch. Ich möchte Sie auffordern, sich die Kriterien für ein wohl formuliertes Anliegen, wie sie oben erwähnt wurden, vor Augen zu halten, während Sie dem Gesprächsverlauf folgen. Achten Sie darauf, wie der Therapeut der Klientin hilft, sich immer mehr ihren Zielen zu nähern. Die „Wunder-Frage" (DE SHAZER, 1985) wird als Möglichkeit genutzt, um die Klientin (Nora) dazu zu bringen, mir ein Bild davon zu machen, welche Veränderungen sie sucht. Wir steigen nach etwa 5 Minuten Höflichkeitsgeplauder in das Interview ein.

Therapeut:	Erzählen Sie mir, was Sie zu erreichen hofften, als Sie heute hierher kamen.
Nora:	Ich weiß nicht. Ich bin zur Beratung gekommen, als meine Eltern sich scheiden ließen. Ich kam mit meiner Mutter. Ich hatte Schwierigkeiten, mich umzustellen. Ich weiß nicht. Ich bin die ganze Zeit im Streß. Ich glaube, viel davon hat mit familiären Situationen zu tun. Ich dachte, vielleicht finde ich einen Weg, dem Streß etwas zu entkommen, damit er nicht meine gegenwärtige Beziehung gefährdet.
Therapeut:	Wie würde die Situation im Idealfall für Sie aussehen? Nehmen wir an, während der Nacht geschieht ein Wunder und am nächsten Morgen wachen Sie auf ... Woher wüßten Sie und andere Menschen, daß sich etwas verändert hat?
Nora:	Im Idealfall würden meine Eltern miteinander reden. Im Idealfall.
Therapeut:	Jetzt machen sie das nicht?
Nora:	Nein. Das ist 'ne harte Nuß.
Therapeut:	Ihre Eltern würden also miteinander reden, vernünftig miteinander kommunizieren.

Nora:	Vernünftig. Sie bereden das Notwendigste miteinander, soweit es die Kinder betrifft, aber das ist dann auch alles. Ich glaube, alles andere wär´ ein großes Wunder.
Therapeut:	Wenn also dieses Wunder geschähe, würden sie miteinander sprechen – Sachen gemeinsam machen oder nur reden?
Nora:	Sie haben beide wieder geheiratet.
Therapeut:	Okay.
Nora:	Nicht notwendigerweise Dinge gemeinsam machen, aber soweit, daß sie miteinander reden können, wenn die Kinder in der Familie Streß haben.

[Hier liegt der Blickpunkt auf Veränderung in der Beziehung der Eltern, was außerhalb des Einflusses der Klientin liegt und daher kein Ziel darstellt, um das man sich in der Therapie bemühen kann. Ich lenke den Blick daher wieder auf Veränderungen in ihr selbst, die sie vielleicht zu erleben hoffen könnte, wenn „ein Wunder" geschieht.]

Therapeut:	Was würde Ihnen *an Ihnen selbst* auffallen nach einem Wunder?
Nora:	Ich wäre entspannter. Ich glaube, ich hätte eine bessere Beziehung zu meinem Vater. Mit der Beziehung zu ihm ist es bergab gegangen.
Therapeut	[auf der Suche nach mehr Details]: Wie würde man Ihnen sagen, daß Sie entspannter sind? Woher würde ich es wissen?
Nora:	Es betrifft nicht mein tägliches Leben. Ich versuche, das getrennt zu halten, da ich nicht bei ihnen lebe. Die alltäglichen Dinge betreffen mich also nicht so sehr. Aber dauernd ist irgend etwas mit dieser Familie los oder mit der anderen Familie, von der meine Mutter mir berichtet.
Therapeut:	Von der sie Ihnen berichtet. Sie haben einen engen Kontakt zu Ihrer Mutter?
Nora:	Einen sehr engen Kontakt. Meine Mutter und ich haben vier Jahre allein zusammengelebt, als ich in der Oberstufe war. Nur wir beide zusammen.
Therapeut:	Sie wären also entspannter. Würden Sie irgend etwas anders machen, wenn Sie entspannt wären?
Nora:	Ich würde mehr Zeit bei meinem Vater verbringen. Mehr Kontakt zu ihm und seiner Frau haben.
Therapeut:	Gibt´s noch mehr, was nach einem Wunder anders wäre? Irgend etwas in bezug auf Sie und Ihren Freund?
Nora	[lachend]: Ich bin dann vielleicht nicht so neurotisch mit dem Saubermachen. Ich bin völlig neurotisch, was Saubermachen an-

	langt. Das nimmt den Streß, wenn ich ständig saubermache. Und er [der Freund] sagt immer: „Willst du dich nicht `mal hinsetzen". Das wäre gut.
Therapeut:	Wenn also dieses Wunder geschähe, würden Sie weniger saubermachen.
Nora	(lachend): Ich hoffe.
Therapeut:	Und das wäre also ein gutes Zeichen?
Nora:	Oh ja.
Therapeut:	Gut. Gibt es noch etwas anderes, woran man erkennen könnte, daß der Streß geringer geworden ist?
Nora:	Ich wäre ein bißchen selbstbewußter, da ich wüßte, daß ich mich an beide Seiten meiner Familie wenden kann, um Unterstützung zu erhalten.
	[Später während der Sitzung]
Therapeut:	Er [der Vater] hat Sie also eigentlich als Erwachsene gar nicht richtig kennengelernt. Was wäre für Sie wichtig, was er über Sie wissen müßte?
Nora:	Er müßte verstehen, daß ich ein Individuum bin. Ich bin wie meine Mutter, aber das ist nicht schlimm.
Therapeut	[versucht zu verstehen, welches Noras Priorität bei dieser Therapie ist]: Würden Sie dies als das zu diesem Zeitpunkt für Sie Wichtigste verstehen?
Nora:	Im Augenblick, ja. Mich in den Augen meines Vaters von der Mutter lösen und eine eigenständige Persönlichkeit werden, an deren Leben er interessiert ist. [Nora zeichnet jetzt ein klares Bild, in welche Richtung sie in der Therapie gehen möchte. Mit diesem Ziel vor Augen ermuntere ich sie, einige Briefe an ihren Vater zu entwerfen, die wir in der nächsten Sitzung [einen Monat später] durchgehen. Ich bestärke sie auch darin, ihrem Vater zwischen jetzt und der nächsten Sitzung kurze Besuche abzustatten. Ihre Briefe entwickeln sich gleichzeitig mit den Besuchen bei ihm von anfänglich zornigen zu liebevolleren und verständnisvolleren. Sie fängt an, ihren Vater in einem neuen, positiveren Licht zu sehen, und da sie ihm gegenüber offener wird, ermöglicht sie es ihm, auf eine neue Art eine Stütze für sie zu sein. Wir einigen uns auf ein drittes Treffen (einen Monat später), das sich dann als letzte Sitzung erweist.]

Bei dieser dritten Sitzung erzählt sie mir, daß sie eine positive Veränderung in der Beziehung zu ihrem Vater sieht und sich auf sehr konkrete Art und Weise von ihm unterstützt fühlt (z.B. hinsichtlich ihrer anstehenden Hochzeitspläne). Der folgende Ausschnitt stammt vom Ende dieser dritten und letzten Sitzung:

Therapeut:	Nun, haben Sie das erreicht, weswegen Sie hierher gekommen sind?
Nora:	Ich glaube ja. Es hat mich mehr zum Nachdenken gebracht.
Therapeut:	Sie haben große Schritte in Hinblick auf Ihren Vater gemacht, und daran war Ihnen ja am meisten gelegen – ob er Sie nämlich wie einen erwachsenen Menschen behandeln würde.
Nora:	Ich denke, das macht er. Er bietet mir Hilfe an.
Therapeut:	Er ist für Sie da.
Nora:	Das stimmt.
Therapeut	[neugierig, wie diese Veränderung sich auf ihren Streß ausgewirkt hat]: Wie sieht´s jetzt mit dem Saubermachen aus?
Nora	[lachend]: Das Haus ist seit zwei Wochen schmutzig. David [ihr Freund] macht diese Woche sauber.
Therapeut:	Wirklich?
Nora:	Ich habe diese Woche einfach 'mal die Füße hochgelegt und es mir gemütlich gemacht ... und ferngesehen.
Therapeut:	Erinnern Sie sich, in unserer ersten Sitzung habe ich Sie gefragt, was geschehen würde, wenn ein Wunder geschieht, und Sie haben gesagt, Sie würden ganz entspannt mehr Zeit mit Ihrem Vater verbringen ...
Nora:	Was ich auch gemacht habe.
Therapeut:	Und Sie würden weniger saubermachen ...
Nora:	Das stimmt. Das hatte ich vergessen.
Therapeut:	Und Sie hätten mehr Selbstvertrauen, sich an beide Seiten Ihrer Familie um Unterstützung zu wenden.
Nora:	Das habe ich gemacht.
Therapeut:	Ich denke, Sie sind sehr gut mit einigen schwierigen Dingen fertig geworden.
Nora:	Meine Güte, ich kann es nicht fassen!
Therapeut:	Sollten wir dann nicht aufhören? Und wenn es irgendwann nötig wird, anzurufen, können Sie das einfach tun.
Nora:	Also, vielen Dank. Sie haben mir sehr geholfen.

Natürlich gehen nicht alle Therapien so glatt. Die hier dargestellten Schritte können aber nützlich dafür sein, KlientInnen in die Lage zu versetzen, wohl formulierte Anliegen zu entwickeln. Hat man die Ziele erst einmal in dieser Weise festgelegt, wird es viel leichter, sie zu erreichen.

Hoffnung wecken

In der Therapie kann man sich sehr leicht ausschließlich auf Dysfunktionen, Pathologie und Unfähigkeit konzentrieren – auf das, was falsch läuft, statt auf das, was gut läuft. Mit diesem Problem vor Augen, bemühen möglichkeitsorientierte TherapeutInnen sich darum, Wege zu finden, wie man Begrenzungen und „Defekte" als Chance betrachten könnte. Indem sie sich auf Fähigkeiten und Erfindungsreichtum konzentrieren, schaffen sie Hoffnung.

Denken Sie in Begriffen wie Lösungen, Ressourcen und Kompetenzen statt in Begriffen wie Probleme, Mängel und Einschränkungen.

Milton ERICKSON war ein Meister, wenn es darum ging, erkannte Mängel in Ressourcen zu verwandeln. Nehmen Sie zum Beispiel die Frau, die eine Lücke zwischen den Vorderzähnen hatte und zu ERICKSON ging, weil sie sich für unattraktiv für Männer hielt (HALEY, 1973). ERICKSON ermunterte diese Frau, sich am Wasserautomaten bei ihrem Arbeitsplatz aufzuhalten und wenn der Mann auftauchte, zu dem sie sich hingezogen fühlte, sollte sie einen Mundvoll Wasser nehmen und ihn durch die Zahnlücke hindurch mit Wasser besprayen. Wie in allen guten ERICKSON-Geschichten hielt sie sich an die Anweisung, und siehe da: Am Ende heiratete sie diesen Mann! Wie immer suchte ERICKSON nach Möglichkeiten, einen wahrgenommenen Mangel oder etwas Negatives in einen Gewinn zu verwandeln.

Steve DE SHAZER arbeitete mit einer jungen Frau, die sich ihren sozialen Kontakten entzogen hatte, da sie sich ihrer Behinderung schämte, die sie dazu zwang, einen Stock beim Gehen zu benutzen. DE SHAZER schlug ihr vor, statt zu versuchen, den Stock (und ihre Behinderung) zu verbergen, würde sie vielleicht bessere Ergebnisse erzielen, wenn sie die Behinderung „annoncierte" (FISCH, WEAKLAND & SEGAL, 1982), indem sie sich einen sehr ungewöhnlichen und schönen Stock kaufte. Welche Auswirkung würde das Ihrer Meinung nach haben? Wie würden ihre sozialen Kontakte sich vermehren, wenn sie diesen interessanteren Stock benutzte? Auch hier benutzt DE SHAZER etwas, was man als nachteilig für die Frau betrachten könnte, und verwandelt es zu einer Quelle der Kraft. Der therapeutische Prozeß wurde in ein Labor, neue Möglichkeiten zu erschaffen, verwandelt.

Zusätzlich zur Verwendung von Aufgaben, mit deren Hilfe Veränderungen in Gang gesetzt werden sollen, können Therapiegespräche selbst eine gewaltige Wirkung auf die Gefühle der Hoffnung und auf die Fähigkeit, etwas in Angriff zu nehmen, haben. Zu jedem Zeitpunkt einer therapeutischen Sitzung müssen wir uns der Entscheidung über die Richtung, die das Interview nimmt, stellen. Lassen wir uns auf Gespräche ein, die sich auf Mängel konzentrieren, so gehen TherapeutIn wie KlientIn in einem Strudel von Pessimismus und Passivität unter (MILLER, 1992). Verstärken wir auf der anderen Seite, was bereits gut funktioniert, suchen wir nach Erfolgen und Fähigkeiten in der Vergangenheit und bemühen uns um Beweise für Verhaltensweisen der KlientInnen, die nicht mit dem Problem konform gehen (also eine „Ausnahme" bilden), so ergibt sich daraus eine sowohl für KlientInnen wie auch für TherapeutInnen hoffnungsvollere und Hoffnung schaffende therapeutische Konversation.

Louise und Joanne, zum Beispiel, hatten eine 16-jährige Beziehung hinter sich mit vielen Höhen und Tiefen. Sie kamen in der Hoffnung zu mir, zu einem besseren Verständnis ihrer Beziehung zu gelangen und ihre „Kommunikation" zu verbessern. Die folgende Konversation beginnt fünf Minuten nach Anfang des Interviews (aus FRIEDMAN, 1996). Beachten Sie die Art und Weise, wie ich hoffnungsschaffende Fragen (EPSTON & WHITE, 1992) dazu benutze, die Beziehung der beiden Partnerinnen zueinander aufzubauen.

Konsultant: Wie kommt es, daß Sie bei allen Schwierigkeiten, die Sie im Laufe Ihres Lebens und Ihrer Beziehung vermutlich durchgemacht haben, zusammengeblieben sind und die Beziehung erhalten haben, was heutzutage bei keiner Beziehung über längere Zeit hindurch einfach ist? Wie ist es Ihnen möglich gewesen, die Beziehung trotz der Schwierigkeiten, denen Sie sich gegenübersahen, zu erhalten?

Joanne: Das ist eine großartige Frage! Ich muß mir diese Frage aufschreiben, damit ich daran denke, sie mir immer wieder zu stellen. Mir ist klar, daß es irgend etwas geben muß, was uns in die Lage versetzt hat, so weit zu kommen.

Louise: Es gab stets die Gewißheit, füreinander da zu sein ... selbst wenn wir zeitweise getrennt waren. Wir konnten in den Ferien immer wieder Kontakt aufnehmen.

Konsultant: Wodurch ist das aufrecht erhalten worden? Warum wurde diese Verbindung nach einer gewissen Zeit nicht schwächer?

Joanne: Ich konnte mir nicht vorstellen, diese Verbindung nicht zu haben.

Konsultant: Es war also einfach selbstverständlich, daß sie die Partnerin war?

Louise: Ja.

Joanne:	Louise ist immer solch eine emotionale Stütze für mich gewesen. Ich kann alles sagen, und zusammen finden wir dann heraus, was für mein Leben und für uns gut ist. Wir haben uns aufeinander konzentriert. Trotz der Unterbrechungen war unser Hauptziel immer, Zeit zusammen zu verbringen. Also auch bei allen Unterbrechungen war ich nicht frustriert, weil sie immer da war.
Konsultant:	Es gelang Ihnen also, diese Hindernisse zu umschiffen und die Beziehung am Leben zu erhalten ... Wer wäre am wenigsten überrascht, daß Ihre Beziehung diese Hindernisse überleben konnte?
Joanne:	Außer uns?
Konsultant:	Ja.
Joanne:	Niemand.
Konsultant:	Es hat also nicht viel Unterstützung von außerhalb, von Freunden oder der Familie gegeben?
Joanne:	Das stimmt.
Konsultant:	Diese Beziehung konnte also trotz der fehlenden Unterstützung überleben.

[Später während des Interviews]

Konsultant:	Welcher Bestandteil Ihrer eigenen Persönlichkeit hätte Ihnen erlaubt vorherzusagen, daß diese Beziehung so lange halten und Ihre Verbindung von Bestand sein würde?
Joanne:	Bei mir sind es die Bindungen. Ich binde mich sehr fest. Trotz aller widrigen Umstände halte ich an Bindungen fest. Dafür habe ich, glaube ich, eine Begabung ...
Konsultant:	Sie sind engagiert. Wenn Sie sich einmal festgelegt haben, halten Sie daran fest. Und das ist bei Ihnen immer eine Konstante gewesen.
Joanne:	Schon immer.
Konsultant	[zu Louise]: Und das ist Ihnen bewußt gewesen, Joannes Loyalität und Engagement.
Louise:	Ja, ja.
Konsultant	[zu Louise]: Und wie ist es bei Ihnen, welcher Teil Ihrer Persönlichkeit hätte Ihnen geholfen zu verstehen, warum diese Beziehung so lange hält?
Louise:	Ich glaube, ich konnte gut zuhören ... Wenn es auch mal Zeiten gab, wo das nicht der Fall war, ist es zuletzt wieder besser geworden. [Joanne stimmt zu.]

Der Anfang des Interviews, in dem Hoffnung erzeugt wurde, ließ den Rest des Treffens in einem positiven Licht erscheinen. Die Konzentration auf die gegenseitige Bindung und Loyalität des Paares bildete die Grundlage, auf der andere Fragen ihrer Beziehung in Angriff genommen werden konnten. Nachdem man sich um eine Reihe von Hoffnung erzeugenden Themen gekümmert hat, gibt es nun einen Ausgangspunkt, von dem aus problematischere Bereiche in einer offenen und fürsorglichen Atmosphäre untersucht werden können.

Schaffen Sie Optimismus; nehmen Sie eine hoffnungsvolle, auf die Zukunft gerichtete Haltung ein. Eine Sprache der Möglichkeiten dient als Schlüssel für therapeutische Veränderung.

Ein Pflegeheim scheint ein merkwürdiger Ort zu sein, um eine Diskussion über Hoffnung, Autonomie und Zukunt zu beginnen. Als Konsultant mehrerer Pflegeheime (F︁ʀɪᴇᴅᴍᴀɴ & Rʏᴀɴ, 1986) bekümmerte mich die Auswirkung, die diese Umgebung auf die BewohnerInnen haben mußte, indem sie ihr Gefühl von Hoffnung und Einfluß auf das eigene Leben verminderte. Entdeckerfreude und Neugier über die Welt um uns herum ist eine charakteristische Eigenschaft von uns Menschen (R. Wʜɪᴛᴇ, 1959). In vielen Pflegeheimen erleben die BewohnerInnen nicht mehr das Gefühl der Selbstbestimmung und Autonomie, sondern stellen fest, daß ihr Leben durch die Regeln der Institution gelenkt und dirigiert wird. Und mit dem Schwinden der Erwartungen entwickeln sich Verzweiflung, Hilflosigkeit und Hoffnungslosigkeit.

Angesichts der Macht, die von dieser Institution ausgeht, hat es mich immer wieder beeindruckt, wie die BewohnerInnen sich aktiv bemühten, ihren Einfluß zurückzugewinnen und sich ihre Hoffnung zu erhalten. Hoffnung und Zukunftgerichtetheit sind so sehr Teil unserer menschlichen Natur, daß wir sie selbst dort finden, wo man nicht mehr damit rechnet.

Eine ältere Bewohnerin zum Beispiel, von der gesagt wurde, sie lebe „unter Wahnvorstellungen", packte jeden Tag in Erwartung ihrer Entlassung aus dem Heim ihr Hab und Gut zusammen (Fʀɪᴇᴅᴍᴀɴ & Rʏᴀɴ, 1986). Die BetreuerInnen, die wußten, daß sie nie nach Hause kommen würde, konfrontierten sie mit dieser Tatsache und hofften, sie würde dann dieses Ritual aufgeben. Ihre Versuche waren jedoch vergeblich. Als ich sie nach diesem Verhalten fragte, sagte sie: „Wo würde ich denn wohl hingehen? Ich packe meine Sachen, damit ich weiß, wo alles ist. Aber, wissen Sie, ich würde doch ganz gern meine Heimatstadt irgendwann einmal wiedersehen." Diese Frau plante offensichtlich nicht, das Heim zu verlassen; das Packen erlaubte ihr einfach, ein gewisses Gefühl der Selbstbestimmung und Hoffnung über ihre Zukunft zu erleben. Tatsächlich haben Untersuchungen gezeigt, daß in den Heimen, in denen den BewohnerInnen Entscheidungen zugestanden werden, die ihr Gefühl von Einfluß und Autonomie stärken, sich auch ihr körperliches Wohlbefinden steigert (LANGER & RODIN, 1976; RODIN & LANGER, 1977; SCHULZ, 1976).

Sich selbst erfüllende Prophezeiungen

Wir sind alle empfänglich für „sich selbst erfüllende Prophezeiungen" (WATZLAWICK, 1984), und unsere eigenen Erwartungen und Vorhersagen über die Zukunft beeinflussen den Lauf eben dieser Ereignisse. Die Erwartungen eines Menschen bezüglich seiner Zukunft können sogar sein Überleben beeinflussen. In einer neueren Untersuchung, die in der *New York Times* (BLAKESLEE, 1993) veröffentlicht wurde, stellten Forscher fest, daß amerikanische Chinesen, die ihren traditionellen und fatalistischen Glauben über ihr Geburtsjahr und die damit verbundenen Krankheitskomplexe beibehielten, etwa 1 bis 5 Jahre früher starben als diejenigen, die nicht daran glaubten. Wir weisen die LeserInnen auf die klassische Studie von ROSENHAN (1973) hin, der „Verbündete" anhielt, „Geisteskranke" zu spielen, um die Macht der Erwartung bei menschlichem Verhalten zu verdeutlichen. Hinsichtlich psychotherapeutischer Abläufe hat eine neuere Untersuchung (s. Rezension bei HERRON et al., 1994) FRANKS (1974) Behauptung unterstützt, daß „PatientInnen mit den Erwartungen der TherapeutInnen bezüglich der Dauer ihrer Therapie konform gehen ..." (S. 158). TherapeutInnen, die innnerhalb eines zeiteffektiven Rahmens arbeiten, in dem Hoffnung, Möglichkeiten und Zukunftsvisionen einer Veränderung hervorgehoben werden, beziehen eine Reihe von Annahmen mit ein, die ebenso das Ergebnis des Prozesses beeinflussen.

Zusätzlich zu der psychischen Wirkung einer Sprache, die Möglichkeiten, Hoffnung, Autonomie und Entscheidungsfreiheit ausdrückt, hat diese Haltung auch bedeutsame und positive körperliche Auswirkungen. COUSINS (1989) hebt dies hervor: „Hoffnung, Sinngebung und Entschiedenheit sind nicht nur psychische Zustände. Sie haben elektrochemische Verbindungen, die eine wichtige Rolle für das Funktionieren des Immunsystems spielen ... Hoffnung, Glaube, Liebe, Lebenswillen, festliche Stimmungen, Sinngebung und Entschiedenheit sind mächtige biochemische Rezepte" (S. 73) Da die Sprache Vermittler bei der Verbindung von Geist und Körper ist,

> rufen die Wörter, die wir im Gespräch benutzen, ein Erlebnis im Zuhörer hervor ... Wir erröten, wenn wir ein Kompliment hören; un-

ser Herzschlag beschleunigt sich und unsere Stimmung ändert sich, wenn wir Drohungen und Beleidigungen hören; wir können lachen oder weinen, wenn wir ein Buch lesen. Da Wörter seelische wie körperliche Zustände hervorrufen, müssen wir sie mit Sorgfalt wählen ... Durch die Sprache, die wir benutzen, können wir optimistische Stimmungen schaffen, die [Hoffnung und Möglichkeiten] nähren. (FRIEDMAN & FANGER, 1991, S. 29).

Ein weiterer Beweis für die Verbindung zwischen Ereignissen des Lebens und körperlichen Vorgängen findet sich in einer neueren Untersuchung, über die in der *New York Times* (GOLEMAN, 1994) berichtet wurde: Positive Ereignisse (z.b. fischen, joggen, Kontakt zu Freunden) haben eine positive Auswirkung auf das Funktionieren des Immunsystems, während Streß (z.b. durch Kritik des Chefs) das Funktionieren des Immunsystems beeinträchtigt.

Indem wir uns ausnahmslos in „Problemgespräche" vertiefen, versinken wir und unsere KlientInnen letztlich immer tiefer in einem Morast schwindender Erwartungen und Verzweiflung. Wenn wir die Sprache des Mangels und der Verzweiflung sprechen, paßt die Stimmung sich sehr rasch dem Sprachprozeß an. Wenn Sie diese Wirkung bezweifeln, können Sie ein kleines Experiment durchführen. Wenn Sie das nächste Mal eine KlientIn bei sich haben, achten Sie auf das unterschiedliche nonverbale Verhalten, wenn sie zum einen über Probleme spricht und im Gegensatz dazu zum anderen über Hoffnungen, Träume, Wünsche und Erwartungen für die Zukunft. Und wenn Sie meinen, dieses Phänomen zeige sich nur bei KlientInnen, dann probieren Sie es einmal aus, nehmen eine Sitzung auf Videoband auf und beobachten Sie Ihre eigene Haltung, Stimmung und Ihren Zustand, wenn Sie auf der einen Seite innerhalb eines problematischen Rahmens arbeiten und auf der anderen Seite von Möglichkeiten ausgehen. Schreiben Sie mir über die Ergebnisse!

Die Sprache der Möglichkeiten bietet sowohl KlientInnen wie auch TherapeutInnen die Gelegenheit, sich hoffnungsvoller und schöpferischer zu fühlen. Hoffnungsvolle Gefühle und positive Erwartungen hinsichtlich der Zukunft sind unauflöslich ineinander verwoben. Der Wert der Hoffnung, effektive Resultate zu erzielen, sollte nicht unterschätzt werden. Statt sich darauf zu konzentrieren, krankhafte Zustände zu heilen oder auszumerzen, betont das Paradigma der Möglichkeiten die Hoffnung und konzentriert sich auf eine auf Ziele und Anliegen der KlientInnen aufbauende Zukunft.

Eine praktische Übung [2]

Überlegen Sie, auf welche Art und Weise Sie in der Therapie Hoffnung hervorrufen. Welche Fragen helfen Ihnen am meisten, in Ihren KlientInnen ein Gefühl von Hoffnung und Optimismus zu erwecken?

Ich finde es hilfreich, KlientInnen zu bitten, mir zu erzählen, wie sie irgendein Unglück oder eine Schwierigkeit in ihrem Leben überwunden haben, wie sie es geschafft haben, sich auf ihre eigenen Kräfte zu besinnen und in der Vergangenheit Probleme zu lösen, mir Beispiele für Verhaltensweisen zu geben, die sie in die Lage versetzt haben, ihr Leben besser zu gestalten, usw. Suchen Sie in den gegebenen Transkripten nach weiteren Beispielen.

Zukunftsvisionen entwickeln

Es gibt viele Möglichkeiten, KlientInnen beim Entwickeln von Zukunftsvisionen einzubeziehen. Wir haben bereits gesehen, wie die Wunder-Frage eingesetzt wird – eine Methode, die Insoo BERG und Steve DE SHAZER (1985, 1988, 1991) entwickelt haben (auf Grundlage von Milton ERICKSONS [1954] hypnotischer Technik) und die KlientInnen in die Lage versetzt, sowohl ihre Ziele in der Therapie klar zu artikulieren, wie auch ein hoffnungsvolles und zukunftsorientiertes Bild von ihrem Leben ohne das Problem zu zeichnen. Man kann KlientInnen auch bitten, eine „Videobeschreibung" ihres Lebens ohne das Problem zu entwerfen (O´HANLON & WILK, 1987), also eine detaillierte Ansicht eines idealen zukünftigen Zustandes. Wenn Sie der KlientIn helfen, die Einzelheiten des Bildes zu artikulieren, wird das Ideal deutlicher, tritt stärker hervor und erscheint möglicher. Bei Paaren können TherapeutInnen die PartnerInnen auffordern, Szenen einer befriedigenderen Zukunft durchzuspielen (CHASIN, ROTH & BOGRAD, 1989; MITTELMEIER & FRIEDMAN, 1993) und auf diese Weise aufzuzeigen, wie sie gern miteinander umgingen. Obwohl dieses nur im Rahmen eines „als ob" geschieht, können die Auswirkungen auf die Beziehung des Paares sehr eindrucksvoll und bedeutsam sein. Diese und andere Techniken werden eingehender in Kapitel 2 und 3 diskutiert.

> *Respektieren Sie die Komplexität einer Situation, während Sie gleichzeitig versuchen, einfach zu handeln. Halten Sie nach den besten Ansatzpunkten für Veränderung Ausschau. Gehen Sie von*

---

[2]) Ich möchte Ben FURMAN, MD, danken, daß er mich mit dieser Übung bekannt gemacht hat.

einfachen Annahmen aus und vermeiden Sie verschlungene Erklärungsversuche und Hypothesenbildung.

Vor kurzem sagte eine Frau, die zur Therapie erschienen war: „Mein Arzt meint, ich sei depressiv." Als ich fragte, worauf sich diese Sorge gründete, antwortete sie: „Mein Trinken und mein Gewicht" und fügte dann hinzu: „Ich schlafe nachts auch nicht gut". Durch ihre Gespräche mit ihrem Arzt war sie zu der Überzeugung gelangt, daß ihre Schlafschwierigkeiten, ihr übermäßiger Genuß von Alkohol und ihr zu vieles Essen mit ihrer „Depression" zusammenhingen.

Dies ist ein Beispiel dafür, wie psychiatrische Terminologie die Gewässer der Therapie trüben kann. Der Internist wendete den Ausdruck „Depression" auf das Verhalten der Frau an und verleitete sie zu der Annahme, statt des Problems mit Schlafen, Trinken und Essen habe sie nun ein viel größeres Problem, nämlich eine „Depression". „Depression" ist in diesem Fall das, was Gilbert RYLE (1949) den „Mythos vom Geist in der Maschine" nennt, ein Ausdruck ohne eine korrespondierende real existierende Einheit. Als ich sie bat, mir zu sagen, worauf sie in dieser Therapie den Schwerpunkt legen wollte, sagte sie: „Mein Trinken". Wir sprachen dann darüber, welche Schritte sie bereits unternommen hatte und welche Schritte für ein Einschränken des Alkoholkonsums sinnvoll wären.

Wir setzten das nächste Treffen für zwei Wochen später an. Sie berichtete, sie habe gute Fortschritte gemacht, weniger zu trinken, habe mehrere Strategien entwickelt, ihr Verhalten zu ändern, und fühle sich bereits besser. Sie erzählte auch, sie schlafe jetzt besser und vielleicht sei sie sogar nicht wirklich depressiv. Während der nächsten drei Monate kam sie noch ein paar Mal und in dieser Zeit hörte sie nicht nur auf zu trinken, sondern nahm auch ab. Obwohl wir in der Therapie nie über ihre Schlaf- und Gewichtsprobleme sprachen, traten auch dort in Abhängigkeit zu ihrem Alkoholverzicht Verbesserungen auf. Die Beschäftigung mit einem zentralen Bereich ihres Lebens, dem Trinken, übertrug sich auf andere Gebiete. Obwohl sie ursprünglich wegen einer „Depression" gekommen war, öffnete die Konzentration auf ihr Trinkverhalten die Tür zu Veränderungen in verschiedenen anderen Bereichen.

Bei diesem Ansatz steht das Bemühen um Einfachheit und das Aufdecken von sanften Ansatzpunkten für Veränderung im Mittelpunkt. Hierdurch öffnet die KlinikerIn die Tür zu einer hoffnungsvolleren und zeiteffektiveren Therapie, in der die PatientInnen nicht pathologisiert und stigmatisiert werden.

Hier ein weiteres Beispiel, um diese Denkweise zu verdeutlichen: Ein achtjähriger Junge war von seinem Kinderarzt wegen seiner Ängste überwiesen worden. Er hatte Schwierigkeiten, in seinem Zimmer zu schlafen, sprach viel über Geister und Ungeheuer und hatte Alpträume. Die Eltern hatten ihn zu einem Therapeuten mitgenommen, der Matthew einzeln behandelte und eine „Spieltherapie" mit ihm machte, in der das Kind Bilder von Ungeheuern malte und darüber sprach. Während er über diese Phantasien sprach, klang er immer verrückter. Der Therapeut hielt Matthew eindeutig für depressiv und meinte, er würde von einer medikamentösen Behandlung profitieren. Die Eltern machten sich sehr große Sorgen um ihren Sohn, als sie diese Diagnose hörten; der Gedanke, Medikamente einzusetzen, gefiel ihn aber nicht und sie suchten nach einem anderen Therapeuten.

Ich traf Mutter, Vater und Matthew und stellte die Wunderfrage. Die Eltern antworteten, sie hofften, Matthew würde „einmal eine ganz normale Geschichte erzählen, in der es keine Geister und Dämonen gäbe [und] ... würde wieder in der Lage sein, in seinem Zimmer zu schlafen ..." Je mehr ich mit Matthew über diese Geister und Ungeheuer sprach, desto mehr wurde mir bewußt, daß er klang, als habe er den Realitätsbezug verloren.

Ich nahm diese Situation in Angriff, indem ich einen narrativen oder „externalisierenden" Rahmen schuf (WHITE & EPSTON, 1990), wobei ich diese „Ängste" als eine Kraft von außen bezeichnete, die im Leben von Matthew und seinen Eltern ein Chaos schuf. Matthew stimmte zu, daß er sein Leben von den Ungeheuern befreien wollte. Das Leben der Eltern war ebenfalls beeinträchtigt, da die Ängste ihre Sorgen um den Sohn vergrößerten. Die Einzelheiten dieser klinischen Situation kann man an anderer Stelle nachlesen (FRIEDMAN, 1994), das Fazit dieser Arbeit war jedenfalls, daß die Eltern, Matthew und ich uns zusammentaten und Strategien entwickelten, um ihr Leben vom Einfluß dieser Ängste zu befreien.

Am Ende der Geschichte errang Matthew die Urkunde des „Angst-Zerstörers" (siehe WHITE & EPSTON, 1990) und befreite sich erfolgreich von der Beherrschung durch die Ungeheuer. Er schlief in seinem Bett, hatte keine Alpträume und verbrachte nicht mehr so viel Zeit mit Gerede über Ungeheuer. In der Sitzung, in der die Eltern über diese positiven Ergebnisse berichteten, stellten sie mir plötzlich die überraschende Frage, ob wir jetzt an der „Depression" arbeiten könnten. Da ich die Diagnose des ersten Therapeuten völlig vergessen hatte, platzte ich mit der Frage heraus: „Welche Depression? ... Ich sehe keine Depression." Die Eltern schienen erleichtert in ihre Sitze zurückzusinken. Sie hatten die erste Diagnose als Beschreibung ihres Sohnes akzeptiert. Meine Therapie ignorierte diese Beschreibung, und wir arbeiteten auf einer pragmatischen Ebene, auf der wir uns mit dem Teil in Matthew zusammentun konnten, der von diesen Ängsten frei und erwachsen, unabhängig und eigenständig sein wollte.

Dieses Erlebnis bestärkt die Erkenntnis, daß Bezeichnungen und Beschreibungen, die wir benutzen, oft von den Menschen, die zu uns kommen, sehr wörtlich genommen werden, und wir als TherapeutInnen daher sehr vorsichtig mit unseren Worten umgehen müssen. Indem wir von pathologischen Bezeichnungen Abstand nehmen und den Menschen helfen, den Kräften zu entkommen, die sie gefangen halten, können wir sanfter und angenehmer zu positiven Ergebnissen gelangen.

Kreativität einsetzen / Neues initiieren

Wie wir wissen, ist Kurztherapie wie auch jede andere Form von Psychotherapie kein Allheilmittel für alle Schwierigkeiten des Lebens. Das Leben der Menschen ist kompliziert, und es wäre allzu simpel und herablassend, die Erfahrungen der KlientInnen anders einzuschätzen. In Kapitel 5 werden wir uns ein Beispiel für diese Komplikationen genauer ansehen. Es ist jedoch möglich, Ansatzpunkte zu finden, wo man KlientInnen sanft aus ihrer festgefahrenen Position lösen und dem Lebensfluß wieder übergeben kann. Um zu möglichkeitsorientierten TherapeutInnen zu werden, müssen KlinikerInnen die Komplexität des Lebens erkennen, aber auch verstehen, daß eine kleine Veränderung einen Schneeballeffekt haben und sich auf andere Lebensbereiche ihrer KlientInnen auswirken kann. Die KlinikerInnen, die in kleinen Schritten denken, vermeiden es, sich überwältigt zu fühlen, und können anfangen, das therapeutische Gespräch auf eine Weise zu strukturieren, die Veränderungsmöglichkeiten auslöst und unterstützt. Bei diesem Vorgang muß man die Fähigkeit haben, angesichts neuer Information in einen anderen Gang schalten zu können und unter Berücksichtigung der einzigartigen Ansprüche der klinischen Situation, den eigenen Ansatz ständig abzuwandeln und zu variieren.

Setzen Sie Humor, Spiel und Metaphern ein. Untersuchen sie alternative Sichtweisen und Ideen. Initiieren Sie neue Handlungsschritte.

Eine der großartigen Möglichkeiten von Psychotherapie liegt darin, daß man seine Phantasie und seine Kreativität zum Tragen kommen lassen kann. Therapie wird keine Wirkung zeigen, wenn man einfach und mechanisch einen Satz von Techniken oder Strategien anwendet. TherapeutInnen müssen lernen, sich selbst in diesen Prozeß mit einzubringen; zu improvisieren (KEENEY, 1993); auf ihre besonderen Talente und ihren einzigartigen Stil zurückzugreifen (SELEKMAN, 1993); Humor mit einzubeziehen; die Flexibilität zu entwickeln, aus dem Augenblick heraus Neues zu denken und Schritte abzuwandeln.*

Während Wohlbehagen und Erfahrung im therapeutischen Bereich zwar eine große Rolle spielen, können TherapeutInnen ihre Effektivität vollständig zum Tragen kommen lassen, indem sie ihren persönlichen Stil und ihre Art, Verbindungen und Beziehungen herzustellen, mit einsetzen. In einer sehr interessanten Untersuchung (s. die Rezension bei BINDER, 1993) hatten TherapeutInnen, die ein besonderes Training in der Anwendung einer bestimmten Therapie erhielten (in diesem Fall zeitlich begrenzte psychodynamische Therapie) letztlich schlechtere Resultate als die TherapeutInnen, die kein Training erhielten! Welchen Schluß ziehen wir aus dieser Feststellung? Ganz eindeutig wird klinische Effizienz nicht allein schon durch das Trainieren eines bestimmten Behandlungsansatzes erreicht. Vielmehr ist es möglich, zu sehr TheoretikerIn zu werden, die für die Nuancen des therapeutischen Kontextes unsensibel geworden ist und daher kläglich versagt.

Den KlientInnen die größte Aufmerksamkeit zu schenken, ist eine Möglichkeit, neue Perspektiven und Ideen zu entdecken (BUDMAN, FRIEDMAN & HOYT, 1992). Statt sich innerlich völlig darauf einzustellen, was Sie als nächstes machen werden, erhalten Sie sich Ihre Offenheit in der Konversation – Sie werden dann viel eher einen nützlichen Fokus finden. Oft führen KlientInnen in der klinischen Konversation Metaphern oder Beschreibungen an, auf deren Grundlage man neu über ihre Schwierigkeiten nachdenken und Handlungsweisen entwerfen kann.

In einem Fall zum Beispiel (BRECHER & FRIEDMAN, 1993) benutzte der Therapeut die Beschreibung der Mutter, wie sie versucht, „ein besseres Leben für die Familie zu ermöglichen" als Ausgangspunkt, um den

---

*) **Anm. d. Hrsg.**: Hier wird noch einmal besonders hervorgehoben, daß die Originalität der TherapeutIn von Bedeutung ist – nicht das Kopieren und Übernehmen von Techniken, sondern das *Nutzen der eigenen Ressourcen* (der TherapeutIn) können helfen, diese Prozesse in Gang zu halten.

Kindern zu helfen, die Bemühungen der Mutter zu verstehen. Paradoxerweise kann der Glaube an die Macht der klinischen Konversation, produktive und nützliche Wege eröffnen, ohne den Prozeß zu forcieren, Therapie zeiteffektiver machen (ANDERSON, 1993; ANDERSON & GOOLISHIAN, 1988).

Verpflichtung der KlientIn außerhalb des Therapieraumes

So, wie die TherapeutInnen innerhalb des therapeutischen Kontextes zu handeln, Ideen anzubieten und Fragen aufzuwerfen haben, müssen die KlientInnen ihrerseits außerhalb des Therapieraumes aktiv verpflichtet werden. Obwohl Veränderungen darin, wie KlientInnen ihre Situation „sehen", eine bedeutsame Auswirkung haben können (O´HANLON & WILK, 1987), ist das Handeln in der wirklichen Welt normalerweise notwendig, um Veränderung im Leben der KlientInnen einzuleiten und aufrecht zu erhalten (FRANK, 1974; KREILKAMP, 1989). Wie Heinz VON FOERSTER (1984) sagte: „Willst du erkennen, lerne zu handeln" (S.61). Indem wir uns aktiv mit unserer Umgebung auseinandersetzen, greifen wir in Feedback-Prozesse ein und öffnen so Wege zur Veränderung.

Vor über 30 Jahren führte das Forschungsteam von HELD und HEIN (1963) eine faszinierende Untersuchung an jungen Katzen über die Auswirkungen von Aktivität auf Lernen und Wahrnehmung durch, die auch für die Therapie von Bedeutung ist. Sie bastelten einen Apparat, der von einem Kätzchen durch eine in bestimmter Weise strukturierte Umgebung gesteuert werden konnte, während er an einem zweiten Kätzchen festgebunden war, das passiv in einer Gondel saß und derselben Umgebung ausgesetzt war wie das „aktive" Kätzchen. Jedes Paar Katzen war vor diesem Experiment in Dunkelheit gehalten worden. Während das aktive Kätzchen sich im Kreis in der zylindrischen Umgebung bewegte, folgte das passive in seiner Gondel. Nachdem die Katzen mehrere Tage lang jeweils drei Stunden in diesem Apparat verbracht hatten, testeten die Forscher dann jede von ihnen mit einer Reihe von Aufgaben, die visuelle Unterscheidungsfähigkeiten erforderten. Die Ergebnisse zeigten, daß die Katzen, die sich aktiv durch die strukturierte Umgebung hindurchbewegt und Einfluß auf die Bewegung gehabt hatten, die Testaufgaben erfolgreicher absolvierten als die passiveren Katzen. Dieses Resultat unterstützt die Meinung, daß aktive Bewegung und Umgang mit der Umgebung notwendig sind, um Lernen zu ermöglichen.

Die passiven Kätzchen in der Untersuchung waren in einer hilflosen Position, ohne Einfluß auf ihre Bewegungen. In ähnlicher Weise können Menschen sich in einem Zustand „erlernter Hilflosigkeit" (SELIGMAN, 1975) oder „Demoralisierung" (FRANK, 1974) befinden, wenn sie sich immer wieder außerstande sehen, die Ereignisse ihres Lebens zu beeinflussen. Auf der anderen Seite können Handlungen, die in unserer Welt eine Wirkung nach sich ziehen, zu „einem Gefühl der Effektivität" (R. WHITE, 1959) oder zu Handlungsfähigkeit und Optimismus führen. Der therapeutische Prozeß kann in Menschen den Boden bereiten, Schritte in ihrem Leben zu wagen, die ihr Gefühl von Herrschaft, Autonomie und Hoffnung verstärkt. Jedoch sind es letztlich die Schritte, die von den KlientInnen in ihrem eigenen Lebenskontext unternommen werden, die das neue Muster verfestigen. In der zeiteffektiven Therapie sind es die KlientInnen, die letzten Endes die Arbeit tun müssen (s. Abb. 1 – 3)

„Die Arbeit an eurer Ehe – laßt ihr sie machen oder macht ihr sie selbst?"

Abb. 1–3 Die Arbeit an eurer Ehe

Quelle: *The New Yorker* Magazine; 19. Juni, 1989. Gezeichnet von MASLIN; ©1989 The New Yorker Magazine, Inc.

Sparsame Therapie

Therapie ist aufwendig, sowohl finanziell wie auch psychisch (BUDMAN & GURMAN, 1988), und erfordert daher die Anwendung des „Prinzips der Sparsamkeit" (HOBBS, 1966): Benutze die am wenigsten teuren, restriktiven und stigmatisierenden Alternativen zuerst. Unterbringung in einem psychiatrischen Krankenhaus verursacht mehr als nur Kosten für die „MCC", die für die Begleichung der Rechnung zuständig ist. Für uns als ethische TherapeutInnen ist es einfach Pflicht, Alternativen zu suchen, die (1) am wenigsten das Leben der KlientInnen stören; (2) am wenigsten stigmatisieren; (3) mit möglichst geringer Wahrscheinlichkeit regressives, abhängiges Verhalten mit sich bringen und (4) am wenigsten demoralisieren.

Anders ausgedrückt, wir müssen nach Alternativen suchen, die es den KlientInnen erlauben, in ihrem gesellschaftlichen System zu funktionieren, die ihre Unabhängigkeit und Autonomie fördern und ihnen Hoffnung, Würde und einen positiven Ausblick auf die Zukunft vermitteln. Hinzu kommt, daß TherapeutInnen, die in einer nach dem Gruppenmodell funktionierenden Praxis arbeiten, ihre Ressourcen so klug wie möglich verteilen müssen. Dies bedeutet also, wenn es z.B. um Drogen- oder Alkoholabhängigkeit geht, zunächst ein Abendbehandlungsprogramm vorzuziehen, statt sich gleich für einen zweiwöchigen stationären Aufenthalt in einer Entzugs- und Rehabilitationsklinik zu entscheiden. Oder ein Betreuungsprogramm für Jugendliche könnte für einen jungen Menschen, der zu Hause Probleme mit seinen Eltern hat, eine bessere Alternative sein als eine stationäre psychiatrische Abteilung in einem Krankenhaus. Besser noch: Könnte der Jugendliche vielleicht für eine Übergangszeit bei einem Verwandten unterkommen und an Familienzusammenkünften in einer ambulanten Klinik teilnehmen? Wenn man das gesellschaftliche System der KlientIn nicht aus dem Blick verliert, hält man sich vielleicht die Möglichkeit offen, nicht-institutionalisierte Hilfe zu erhalten.

Lassen Sie sich von der Idee überzeugen, daß es sowohl praktisch wie auch ethisch ist, Menschen zu helfen, ihr Ziel so rasch wie möglich zu erreichen. Ziehen Sie Behandlungsalternativen vor, die für die größtmögliche Unabhängigkeit der KlientIn sorgen und am wenigsten Kosten sowohl finanziell wie auch psychisch verursachen.

Viele Menschen kommen zu einem ersten Termin und dann nie wieder. Früher wurde dies als „KlientInnen-Ausfallrate" betrachtet, was als Anzeichen für ein Versagen der Behandlung aufgrund von Widerstand oder Mangel an Motivation seitens der KlientIn galt.[3] In vielen Fällen ergibt sich jedoch etwas Positives aus diesem einzigen Kontakt (BLOOM, 1981; TALMON, 1990; HOYT, ROSENBAUM & TALMON, 1992). Einige Menschen werden einfach durch die Tatsache, einen Termin zu haben, soweit mobilisiert, daß sie die Schritte unternehmen, die für sie notwendig sind.

Einige Menschen bemühen sich um Therapie, wenn sie in eine Krise geraten (z.b. bei Verlust des Arbeitsplatzes), wenn sie versuchen, mit einer komplexen Situation fertig zu werden (sich z.b. mit einer diagnostizierten Krankheit auseinandersetzen müssen) oder wenn sie in einer wichtigen Angelegenheit eine Entscheidung treffen müssen (ob sie eine Abtreibung durchführen lassen sollen, eine Beziehung beenden sollten, usw.). Oft reicht bei diesen Fragen ein kurzer therapeutischer Kontakt (ein oder zwei Sitzungen). Tatsächlich ist der Modalwert (d.h. die am häufigsten auftretende Zahl) der Therapiesitzungen, die von Leuten besucht werden, eins! Als Anbieter in einer HMO führte ich meine eigene kleine Untersuchung basierend auf einer Gruppe von 300 KlientInnen durch, die sich im Laufe von 3 Jahren an uns gewandt hatten. Die häufigste Anzahl von Sitzungen waren – zu gleichen Anteilen – eine und zwei![4] Was sagen uns diese Ergebnisse? Zum einen müssen TherapeutInnen die Zeit, die sie für ihre KlientInnen haben, optimal einsetzen, da unsere Bemühungen nur einen kleinen Teil des Veränderungsprozesses ausmachen; zweitens sind Versuche, einen ausgeklügelten Behandlungsplan für die nächsten 6 oder 12 Monate aufzustellen, das beste Rezept für Versagen und Frustration.

Viele Menschen, die zu einer Reihe von Sitzungen wiederkommen, können das sehr gut auf einer periodischen Basis machen (BENNETT, 1984; CUMMINGS, 1986) und ihre Termine in unterschiedlichen Zeitintervallen festlegen (z.B. alle drei Wochen, jeden Monat, usw.). Bei diesem Modell wird die Fähigkeit der KlientInnen respektiert, die Sitzungsfrequenz selbst zu bestimmen, statt ihnen eine wöchentliche Routine aufzuerlegen.

---

[3]) Natürlich kann eine KlientInnen-Ausfallrate auf uneffektive Einbeziehung der KlientInnen durch ihre TherapeutInnen zurückzuführen sein (siehe z.B. das hypothetische „problemorientierte" Interview, das auf S. 43ff. in diesem Kapitel beschrieben wird).

[4]) Der Median der Sitzungen lag bei 3,3 – bei einer Streubreite von 1 bis 20. 90% der KlientInnen kamen zu 10 oder weniger Sitzungen.

Gewöhnlich stelle ich am Ende der ersten Sitzung die folgenden zwei Fragen: (1) „Möchten Sie einen neuen Termin verabreden?" und wenn ja, (2) „In wieviel Wochen hätten Sie gern einen neuen Termin?" Sehr oft stimmt die Entscheidung der KlientIn, wann sie wiederkommen möchte, nicht mit meinen Erwartungen überein. Normalerweise denke ich, wir sollten uns eher treffen, während die KlientInnen an ein späteres Datum denken. Natürlich würde ich in Situationen, wo KlientInnen einem Risiko ausgesetzt sind (z.b. bei Suizidgefahr), sehr viel eindeutiger zu einem schnelleren Folgetermin bei mir oder meinem Kollegen raten. Zum Teil hängt die HMO Organisation bei der Handhabung schwieriger Situationen von Teamarbeit oder Zusammenarbeit mit KollegInnen ab. Oft entwickeln KlientInnen eine Beziehung zu mehreren KlinikerInnen, an die sie sich in einer Krise wenden können, oder innerhalb einer Gruppe oder auch auf einer regelmäßigeren Therapiebasis.

In einer HMO-Praxis gibt es nicht so etwas wie eine „Beendigung" (BUDMAN, 1990). Wie FREUD (1937) hervorhob, immunisiert uns Behandlung oder Analyse nicht gegen zukünftige Arten von Streß. Ein wichtiger Teil der HMO-Philosophie besteht darin zu verstehen, daß die Menschen wiederkommen werden, wenn es notwendig ist, dies aber nicht mit einer mißlungenen Behandlung gleichzusetzen ist. Es ist vergleichbar mit dem Zahnarztbesuch – nur weil der Zahnarzt ein Loch in einem Zahn gefüllt hat, heißt das nicht, wir würden nie mehr ein Loch in einem anderen Zahn bekommen (CUMMINGS, 1979).

Fassen wir zusammen: Es ist nützlich für TherapeutInnen, davon auszugehen, (1) daß es für KlientInnen möglich ist, ihr erwünschtes Ziel zu erreichen, (2) daß es möglich ist, zu diesem Ziele im Laufe einer geringen Zahl von Sitzungen zu gelangen, und (3) daß es möglich ist, sich diesen Zielen in einer sowohl spielerischen wie auch konzentrierten Atmosphäre anzunähern (FRIEDMAN & FANGER, 1991).

Therapie als „Fahrbahn in beide Richtungen"

Da unsere Interventionen „iatrogene"[5] Wirkungen haben können, müssen wir den Einfluß unserer Methoden und Vorgehensweisen gut beobachten (TOMM, 1990). Das Ziel einer nützlichen therapeutischen Konsultation besteht darin, mehr Optionen bereitzustellen und Räume zu öffnen für die Schaffung neuer Ideen, neuer Alternativen, neuer Beschreibungen und neuer Bedeutungen. Wie wir bereits dargelegt haben, wird

---

[5]) Das Wort „iatrogen" ist ein medizinischer Ausdruck, mit dem die nachteilige Wirkung einer Behandlungsprozedur bezeichnet wird

unsere Vorgehensweise letztlich bestimmt von unseren Meinungen über die Menschen, die wir behandeln. Unsere Annahmen haben eine Wirkung auf unsere Handlungen. Es macht z.B. einen großen Unterschied, ob wir meinen, jemand sei irregeleitet, habe Unrecht, sei im Irrtum, anormal, widerspenstig, unkooperativ, halsstarrig und ähnliches oder ob wir meinen, er sei einfallsreich und widerstandsfähig, aber unterdrückt und unterjocht (TOMM, 1990).

Erhalten Sie sich Ihre Sensibilität für unsere Methoden und Vorgehensweisen, um einer „Kolonialherren-Mentalität" in der Therapie aus dem Weg zu gehen.*

Rachel HARE-MUSTIN hebt folgenden Aspekt hervor (1994): „Der Therapieraum ist wie ein Raum mit lauter Spiegeln an den Wänden. Er reflektiert nur das, was in ihm zur Sprache kommt" (S. 22). Als TherapeutInnen sind wir empfänglich dafür, die „Diskurse" oder Konversationen ständig zu bestätigen, die vorherrschende oder dominierende kulturelle Normen widerspiegeln (z.B. bezüglich der Rolle der Geschlechter, kultureller und ethnischer Stereotypen, usw.). Im therapeutischen Kontext müssen wir uns dieser kulturellen Normen und dominanten gesellschaftsabhängigen Diskurse bewußt sein, damit wir diese Werte nicht in unserer Arbeit verewigen.

Das therapeutische System schließt die TherapeutIn als aktives und einflußreiches Element mit ein. Da Einfluß in zwei Richtungen wirkt, sind auch die TherapeutInnen in einer verletzlichen Position und können sich aufgrund der klinischen Begegnung verändern. Wie wir erörtert haben, formen die Geschichten, die wir über uns erzählen, unsere Sichtweise der Welt. Als TherapeutInnen müssen wir mit weit geöffneter Linse arbeiten, indem wir den KlientInnen Zugang zu unserer Denkweise verschaffen. Wenn wir uns dem kritischen Blick der Menschen, denen wir dienen, öffnen, ist es weniger wahrscheinlich, daß wir eine „Kolonialherren"-Aura verbreiten (HOFFMAN, 1991). Dadurch werden wir nicht nur menschlicher, sondern auch durchschaubarer in bezug auf unsere Ideen und Annahmen. Um eine „transparente" Position einzunehmen (FREEMAN & LOBOVITS, 1993; HARGENS & GRAU, 1994a; MADIGAN & EPSTON, 1995), müssen wir unsere Kommentare in einen persönlichen Kontext stellen, statt sie hinter formelhaften Rezepten zu verstecken.

---

*) **Anm.d.Hrsg.**: Lynn HOFFMAN (1996) hat den „Kolonialismus der helfenden Berufe" und einige seiner Konsequenzen herausgearbeitet (S. 135ff).

Praktisch ausgedrückt bedeutet dies, daß MöglichkeitstherapeutInnen ständig auf der Hut sein müssen, ihren KlientInnen nicht ihre Ideen und Annahmen aufzudrängen. Das Ziel des therapeutischen Prozesses liegt nicht darin, Menschen zu dominieren oder zu kontrollieren, sondern einen Dialog zu ermöglichen, der Raum schafft für neue Entscheidungsmöglichkeiten und Ideen. „Das Ziel ist *nicht*, eine Idee über eine andere zu erheben, sondern das Bedeutungssystem der KlientInnen zu respektieren und im Dialogfeld neue Ideen einzuführen, die ihren Blickwinkel bzw. den Rahmen, innerhalb dessen sie operieren, erweitern" (FRIEDMAN, 1995, S. 355).

Praktische Übung

Die folgende Übung gibt Ihnen die Möglichkeit, eine klinische Situation aus zwei unterschiedlichen Blickwinkeln zu durchdenken und dann auf diesen Ideen basierende Behandlungspläne zu entwickeln.

Sie erhalten einen Anruf von der Sozialbehörde wegen der Familie Rogers. Frau Rogers ist eine 28jährige Frau, die seit kurzem von ihrem Mann getrennt lebt. In den letzten Monaten hat sie von der Wohlfahrt gelebt. Es gibt drei Kinder in der Familie im Alter von 10, 7 und 5, die bei der Mutter leben. Der Vater wohnt eine Stunde entfernt von ihnen und besucht die Kinder etwa einmal die Woche.

Sie erfahren vom Sozialarbeiter, daß Frau Rogers einen guten Schulabschluß hat und vor der Geburt der Kinder außerhalb des Hauses arbeitete. Die Sozialbehörde wurde aufgrund eines anonymen Berichtes eingeschaltet, daß die Mutter das älteste Kind, Jose, schlüge. Jose ist auch schon beim Stehlen ertappt worden und war in einige Vorfälle in der Schule, bei denen er und andere Kinder Fenster zerbrochen hatten, verwickelt gewesen.

Der Sozialarbeiter hat von Frau Rogers gehört, daß es gelegentlich, wenn der Mann zu Besuch kommt, Auseinandersetzungen gibt, die manchmal damit enden, daß er Frau Rogers mißhandelt. Die Kinder haben diese Vorfälle beobachtet. Jose scheint derjenige zu sein, der versucht, seine Mutter zu beschützen. Er muß auch in gewissem Umfang für seine jüngeren Geschwister sorgen. Den Geschwistern scheint es gut zu gehen, obwohl der Fünfjährige gelegentlich das Bett naßmacht. Die Kinder freuen sich auf den Besuch des Vaters, der sie bei seinen wöchentlichen Besuchen, die meistens 3 bis 4 Stunden dauern, gut behandelt. In der Schule wird Jose für intelligent, aber manchmal aggressiv gehalten. Er ist in den Schulfächern "okay", man meint aber, er wäre zu besseren Leistungen fähig. Er hat Freunde und ist bei Schülern und Lehrern recht beliebt. In einem Fall hatte er einen kleineren Jungen verteidigt, der von einem Stärkeren schikaniert worden war.

Frau Rogers hat eine Schwester, die in der Nähe wohnt und für sie eine Stütze ist. Ein Bruder nimmt zur Zeit an einem Rehabilitationsprogramm für Drogenabhängige teil. Die Großmutter mütterlicherseits lebt in der Nähe und ist in Zeiten der Not eine finanzielle und emotionale Hilfe. Der Sozialarbeiter hat an Jose Anzeichen körperlicher Mißhandlung festgestellt und überweist die Familie an Sie zur Therapie.

- *Erstens*: Welches sind Ihre Sorgen bezüglich dieser Familie? Welche Faktoren lassen Sie am wenigsten auf Veränderung hoffen? Umreißen Sie die Probleme in dieser Familie. Dann beantworten Sie diese vier Fragen:

  Fragen, die zu beachten sind:

  1. Wen würden Sie in die Therapie holen? Warum?
  2. Wie würde über die Ziele entschieden werden?
  3. In welche Rahmen würden Sie Ihr Feedback an diese Familie stellen?
  4. Wie lange, meinen Sie, wird diese Therapie dauern?

- *Zweitens:* Denken Sie noch einmal über diese Situation nach und stellen Sie sich dabei die Familie vor als eine Gruppe von Menschen mit beträchtlichen Ressourcen und Kräften. Welche Faktoren lassen Sie am meisten auf Veränderung hoffen? Wie würden Sie kompetenzorientiertes Denken bei der Arbeit mit dieser Familie in zeiteffektiver Weise einsetzen? Denken Sie dann noch einmal über die vier Fragen nach.

Schlüsselideen dieses Kapitels

- Wir haben nicht mehr nur noch einfach mit TherapeutIn und KlientIn im Behandlungsraum zu tun. Die „managed care company" (MCC) ist ein dritter Teilhaber am therapeutischen System, wodurch die TherapeutInnen gefordert sind, einen schwierigen Balanceakt durchzuführen, bei dem sowohl die Bedürfnisse der KlientInnen wie auch die Erwartungen der MCC erfüllt werden müssen.

- TherapeutInnen, die innerhalb des Systems der „managed care" arbeiten, müssen mit den Mitteln jonglieren können, um die Bedürfnisse einer großen Gruppe von Menschen, die Leistungen in Anspruch nehmen, zu erfüllen und nicht nur einer auserwählten Anzahl von Menschen intensive Versorgung anzubieten. Dies erfordert eine gewisse Verlagerung der Einstellung, indem man sich nicht mehr als die Person sieht, die „da ist", wenn die KlientIn sich Schritt für Schritt weiterbewegt, sondern sich als KonsultantIn oder KatalysatorIn einer Veränderung betrachtet, die Ideen anbieten, um KlientInnen dazu zu bewegen, auf ihre eigene unnachahmliche Weise die Initiative zu ergreifen.

- „Managed care" stellt KlinikerInnen, die es bisher gewohnt waren, in ihren klinischen Entscheidungen autonom zu sein, vor besondere Herausforderungen. Wer für „managed care" arbeitet, hat nicht mehr den „Luxus", jemanden Woche für Woche ohne klinische Oberaufsicht sehen zu können. Solch eine Oberaufsicht wird zwar als Einmischung empfunden, garantiert aber ein notwendiges Maß an Rechenschaftspflicht, das für die MCC wichtig ist, um mit Mitteln sparsam umzugehen, und für die KlientInnen, um sich nicht in einer unendlichen und manchmal iatrogenen Therapie zu verlieren.

- Zeiteffektive Therapie ist kein leichtes Unterfangen und erfordert ein hohes Maß an Selbstdisziplin. Man muß seine Einstellung ändern und traditionelle Annahmen darüber, was in der Therapie funktioniert, aufgeben, um sich dann einem revidierten Kanon von Annahmen zu öffnen.

- Wir haben hier einen ganzen Satz von Prinzipien und Annahmen umrissen, die die Ressourcen, Stärken und Kompetenzen der KlientInnen betonen. Statt das dominierende medizinische Pathologie- und Krankheitsmodell zu benutzen, verwenden kompetenzorientierte TherapeutInnen eine nicht-abwertende Sprache, um Hoffnung zu vermitteln und ihre KlientInnen in die Lage zu versetzen, ihre Ziele auf zeiteffektive Weise zu erreichen.

- Die Integration von Ideen aus der lösungsorientierten Therapie und dem erzählerischen Rahmen gibt den TherapeutInnen eine Reihe flexibler klinischer Möglichkeiten an die Hand, die effektiv auf unterschiedlichste Fragen und Probleme von KlientInnen angewendet werden können.

- Indem KlinikerInnen sich eine naive, neugierige, offene und hinterfragende Einstellung erhalten, können sie (1) effektiv zur KlientIn und zu ihrem Problem eine Verbindung herstellen und (2) Ansatzpunkte finden, um effektiv auf den Ressourcen und Erfolgen der KlientInnen aufzubauen. Naivität fördert Optimismus.

- TherapeutInnen müssen die Bitten ihrer KlientInnen ernstnehmen und eine kooperative und sich gegenseitig unterstützende Beziehung aufbauen, die auf dem Streben nach gemeinsam erarbeiteten Zielen beruht. Es handelt sich hier um eine Therapie, die von Anliegen ausgeht, in der Ziele dergestalt ausgehandelt und formuliert werden, daß Erfolg eines der möglichen Ergebnisse ist.

- Die Sprache der Möglichkeiten versetzt die TherapeutInnen in die Lage, eine strukturierte Konversation mit den KlientInnen zu führen, so daß neue Ideen oder Perspektiven entstehen, die auf Situationen aus dem wirklichen Leben der KlientInnen angewendet werden können.

- Erwartung und Hoffnung sind zwei wesentliche Faktoren, um effektive Behandlungsergebnisse zu erzielen.

- Handlungen von seiten der KlientInnen sind normalerweise ein notwendiger Bestandteil, um Veränderung einzuleiten und aufrechtzuerhalten.

- Hilft man den Menschen, ihre Ziele schnell und effizient zu erreichen, so spart man sowohl finanzielle wie auch psychische Kosten.

Kapitel 2
Der Anfang:
Geschichten gebührend ernstnehmen und von ihnen ausgehen

> *Die Menschen stellen uns nicht eine Pathologie vor, die es durch irgendeinen wissenschaftlichen Prozeß zu entfernen gilt. Sie teilen Geschichten mit, die respektiert werden müssen ...*
>
> – Charles WALDEGRAVE -

Der erste Kontakt mit der Klientin ist äußerst wichtig, da er den Boden für eine zeiteffektive Therapie vorbereitet (BUDMAN, HOYT & FRIEDMAN, 1992; FRIEDMAN & FANGER, 1991). FRIEDMAN und FANGER (1991) geben folgenden Hinweis:

> An diesem Punkt [der ersten Sitzung] beginnt der Prozeß der gegenseitigen Entdeckung. Nie wieder wird so viel neue Information über die KlientIn zur Verfügung stehen. Eine Auswahl, die einiges an den Rand drücken wird, hat noch nicht begonnen. Alles ist neu, ungetrübt durch Vertrautheit. Sie machen viel mehr, als sich nur einen Eindruck von Ihren KlientInnen zu verschaffen. Sie fangen an, die Realität Ihrer KlientInnen kennenzulernen. Um die Welt der KlientInnen betreten zu können, müssen Sie auf deren Annahmen achten und reagieren ... denn um diese wird in der Therapie verhandelt, damit die Ziele der KlientInnen erreicht werden können. (S. 67)

Das Erstinterview spielt eine wichtige Rolle, Erwartungen zu beeinflussen. Es bietet außerdem die einzigartige Gelegenheit, schnell in das Klientensystem einzudringen und sowohl neue Ideen zu verbreiten wie auch Möglichkeiten zu erkunden, die das problembehaftete Muster verändern können. Wie wir sehen werden, entsteht ein Gefühl der Hoffnung und ein positives Ergebnis der Therapie rückt in greifbare Nähe, wenn wir uns der KlientIn aus einer fragenden und neugierigen Perspektive nähern. Eine TherapeutIn mit kompetenzorientierter Sichtweise kann sich rasch auf die Stärken und Ressourcen der KlientInnen einstellen und diese als Bausteine der Veränderung benutzen.

Stephen LANKTON (1990) erzählt uns eine wundervoll lehrreiche Geschichte über die Interaktion mit seinem Sohn Shawn:

Als Shawn 15 Monate alt war ... konnte er sehr wenig sprechen. Das einzige, was er eigentlich in dem Alter sagen konnte war: „will das!" Eines Tages kam er in die Küche, als ich die Einkäufe wegräumte, zeigte auf den Karton mit dem Waschpulver und sagte: „will das". Ich bot ihm den Karton an, aber er wiederholte seinen Ausspruch ... Ich bot ihm alles auf dem Tisch an, aber er wollte immer wieder etwas anderes. Als guter Fachmann auf dem Gebiet der Psychosoziologie hob ich ihn hoch und forderte ihn auf, mit dem Finger zu zeigen, was er haben wollte, da ich ihn nicht verstand. Er legte seinen Finger auf den Karton mit dem Waschpulver! Auf dem Karton war ein Bild von einem Vergrößerungsglas und darunter eine Vergrößerung von irgendeiner braunen Faser. Ich dachte, er wollte wahrscheinlich ein Vergrößerungsglas haben, und bot ihm an, eins zu holen. Er wies das Angebot zurück. Ich ging sogar los und holte es ihm, da ich meinte, er wisse einfach das Wort dafür nicht. Er wies es zurück und zeigte mit dem Finger und sagte: „will das".

Jeder vernünftige Vater und jede vernünftige Mutter wäre jetzt geneigt gewesen, ihn wieder auf den Boden zu stellen und ihn mit der Bemerkung spielen zu schicken: „Hier ist nichts, was du brauchst." Wenn ich das gemacht hätte, hätte er einen Wutanfall bekommen: Er war fest entschlossen und wäre frustriert gewesen. Und wenn er einen Wutanfall bekommen hätte, wäre ich versucht gewesen, zu mir zu sagen: „Er ist eine Nervensäge". Ich hätte vielleicht sogar meiner Frau Carol von diesem Vorfall erzählt, als sie nach Hause kam, und wir hätten uns beide an verschiedene andere Male „erinnert", wo er „einen Dickkopf" zu haben schien und wir wären daher zu dem Schluß gekommen, daß er tatsächlich „eine Nervensäge" sei. (S. 65)

LANKTON fährt fort zu beschreiben, was als nächstes passierte:

Was sich schließlich zeigte, war aber etwas ganz anderes. [Shawn] legte seine Hand auf das Vergrößerungsglas auf dem Bild. Ich blickte auf den „Faden" darunter und überlegte, „wie um alles in der Welt könnte das für ihn aussehen?" Ich sagte: „Möchtest du eine Bretzel?" Und er antwortete: „Ja, Papa, eine Brentzel" – er sprach es verkehrt aus und zeigte mir dadurch, daß er das Wort nicht kannte. Dann umarmte er mich fest und sagte: „Ich hab´ dich lieb, Papa." Er sagte das nicht, um mich dazu zu bringen, ihm die Bretzel zu geben – es war klar, daß er eine bekommen würde. Dies war seine Art zu sagen: „Ich weiß, du hast meine Beobachtung genügend respektiert, um zu mir zu halten und herauszufinden, was ich meinte, und ich danke dir, daß du Vertrauen zu mir hast." Ich kam zu dem Schluß, er sei klug und beharrlich. (S.66)

Welche Eigenschaften in dieser Interaktion zwischen LANKTON und seinem Sohn sind mit dem ersten Interview mit einer Klientin vergleichbar? Was lehrt uns dieses Beispiel in Hinblick darauf, wie wir mit unseren KlientInnen Realitäten konstruieren? Was erzählt uns diese Geschichte über die Kunst des Therapierens?

In diesem Kapitel wollen wir unsere Aufmerksamkeit darauf konzentrieren, wie man zeiteffektive klinische Interviews durchführt. Die Hauptelemente, die wir hier hervorheben, sind folgende:

- Der Geschichte der KlientInnen zuhören
- Mit den KlientInnen zusammenarbeiten und eine klare Definition des Ergebnisses entwickeln (Ziele setzen)
- Beharrlich mit der Klientin auf dem gewünschten Weg bleiben
- Eine hoffnungsvolle und optimistische Haltung schaffen
- Neue Ideen oder Perspektiven einbringen

Um es noch einmal zu sagen, jede klinische Situation ist einmalig und erfordert von TherapeutInnen eine flexible Anpassung von Techniken und Praktiken auf die Realität der jeweiligen klinischen Situation.

Manchmal kommen KlientInnen mit dem Bedürfnis in die Therapie, jemandem ihre Geschichte zu erzählen, der versteht und anerkennt, was sie erlebt haben und wie sie es geschafft haben, mit schwierigen Umständen fertig zu werden und zu überleben. In anderen Fällen muß die TherapeutIn nicht nur den Kampf der KlientInnen anerkennen und respektieren, sondern auch den Weg für produktive Gespräche ebnen, die zu einem gewünschten zukünftigen Zustand führen. Während dies möglicherweise eine Reihe von Sitzungen über einen gewissen Zeitraum notwendig macht, kann eine Therapie auch in einem einzigen Interview zu einem erfolgreichen Ergebnis führen (BLOOM, 1981; TALMON, 1990). Wenn ich das erste Mal mit einer KlientIn zusammentreffe, weiß ich nicht, wie lange die Behandlung dauern wird. Ich überlege einfach nur, wie ich die Zeit, die wir gemeinsam haben, möglichst produktiv gestalte; dies ist auch der Grund, warum ich im allgemeinen nicht mehr als einen Termin zur Zeit abmache. Wenn man dies dennoch macht, setzt man voraus, daß mehr Verabredungen notwendig sein werden.

Das Erstinterview atmosphärisch gestalten*

In neueren Studien werden Kommunikationsprozesse zwischen ÄrztInnen und PatientInnen untersucht (FRANKEL et al., 1991; KAPLAN & GREENFIELD, 1993; LEVINSON, 1994; NOVAK, GOLDSTEIN & DUBES, 1993), die bedeutsame Auswirkungen auf unsere Art, Therapie durchzuführen, haben. In diesen Untersuchungen wurde festgestellt, daß Probleme zwischen ÄrztInnen und PatientInnen normalerweise in Form von Klagen seitens der PatientInnen entstehen, wenn die ÄrztInnen „die Ansichten der PatientInnen abwerten ... [und] deren Sichtweisen nicht verstehen oder respektieren" (LEVINSON, 1994, S. 1619). LEVINSON (1994) stellt fest: „PatientInnen möchten aktive PartnerInnen sein, die über mögliche Behandlungen diskutieren" (S. 1620). Mehr noch: „Eingreifen der PatientInnen in Form von Fragen, Unterbrechungen und Aussagen während des Arztbesuches wurde mit verbesserter physiologischer und funktionaler Beherrschung der Krankheit in Verbindung gebracht" (KAPLAN & GREENFIELD, 1993, S. 11).

Wenn ÄrztInnen beim ersten Besuch „weniger dominierend [waren], ... gaben [die PatientInnen] mehr Information ... [und] berichteten bei späteren Besuchen von weniger Funktionsbeeinträchtigungen" (KAPLAN & GREEENFIELD, 1993, S. 10). Eine positive Verknüpfung gab es zwischen Zufriedenheit der PatientInnen und „Wärme, Freundlichkeit, Besorgheit und Mitleid auf seiten der ÄrztInnen ... [sowie] der Möglichkeit für PatientInnen, Probleme und Sorgen in ihren eigenen Worten ausdrücken zu können" (NOVAK, GOLDSTEIN & DUBE, 1993, S. 3). Für den psychotherapeutischen Prozeß zeigt die Forschung (zusammengefaßt bei DUNCAN & MOYNIHAN, 1994), daß das beste Indiz für die Vorhersage des Ergebnisses die therapeutische Allianz ist. Und die Faktoren, die diese Allianz verstärken, sind *Empathie* für die schwierige Lage der KlientInnen; *Respekt* hinsichtlich ihrer Würde und Ressourcen; und *Aufrichtigkeit*, die darin zum Ausdruck kommt, wie überzeugend die TherapeutInnen ihre KlientInnen als ExpertInnen für ihr eigenes Leben betrachten (DUNCAN & MOYNIHAN, 1994)**. Welche Folgerungen können wir nun aus diesen Ergenissen für ein Erstinterview ziehen?

---

*) **Anm.d.Hrsg.**: Wir haben an anderer Stelle (z.B. HARGENS, 1999) diesen Prozeß als *Rahmen rahmen* gekennzeichnet.

) **Anm.d.Hrsg.: Hinweise und Überblicke zu diesem Aspekt finden sich z.B. im *Psychotherapieforum* 6(2): 1998

Das Erstinterview bietet eine Gelegenheit, die KlientInnen in eine produktive und nützliche Konversation einzubinden. Da sich die Art, wie wir uns selber sehen, auf unsere Interaktionen mit anderen begründet, ist die TherapeutIn in der privilegierten Lage, Konversationen zu führen, die solche Sichtweisen und Selbst-Wahrnehmungen allmählich verschieben. Hierfür müssen TherapeutInnen jedoch die Atmosphäre [Rahmen, vgl. Fußnote S. 88] schaffen, indem sie aufmerksam der Geschichte ihrer KlientInnen zuhören und sich in diese Struktur hineinbegeben. Beim Zuhören müssen TherapeutInnen aufmerksam auf „Eröffnungen" oder Beschreibungen achten, die hoffnungsvoll klingen und Stärken, Ressourcen und Handlungsfähigkeiten der KlientInnen widerspiegeln.

Eine Frage, die ich mir gern vor Augen halte, lautet: „Wie ist diese KlientIn in der Lage gewesen, mit den gegenwärtigen Umständen fertig zu werden und nicht unterzugehen?" Was mich am meisten beeindruckt, ist nicht, wie Menschen in der Not untergehen können, sondern wie sie es schaffen, unter widrigen Umständen ihr Leben zu meistern (siehe z.B. SAWATZKY & PARRY, 1993). Indem wir eine hoffnungsvolle und optimistische Atmoshäre verbreiten, Wärme, Empathie, Respekt und Annahme zur Schau stellen und bereitwillig der Geschichte der KlientInnen lauschen, schaffen wir ein positives und produktives Klima für das Interview (DUNCAN, SOLOVEY & RUSK, 1992; FRANK, 1974; LIPCHIK, 1992).

Ein Erstinterview

Es folgt ein Erstinterview mit einer 32-jährigen Lateinamerikanerin aus den USA, das zeigt, wie wichtig es ist, die Geschichte der KlientInnen ernst zu nehmen, Hinweise von ihnen hartnäckig zu verfolgen und eine empathische Haltung sowie Respekt für ihre Wünsche zu zeigen.

Ich hatte erwartet, beide Partner bei diesem ersten Termin zu sehen, aber nur Renee kam. Renees Mann ist seit langem arbeitslos und bereitet ihr große Sorgen.

Therapeut:	Sagen Sie mir, was Sie hoffen, hier zu erreichen ... wenn Sie bedenken, daß Sie nun allein hierher gekommen sind ...
Renee:	Wieder ins Gleichgewicht zu kommen ... Ich werde in sämtliche Richtungen gezogen. Ich komme nach Hause, er [der Ehemann] ist deprimiert. Ich gehe zur Arbeit, und da gibt´s auch Streß. Das ist wie ... Ich erreiche nichts Positives.

Therapeut:	Warum sind Sie jetzt gekommen und nicht vor sechs Monaten oder einem Jahr, denn nach dem, was Sie mir erzählt haben, läuft einiges ja schon eine ganze Weile so?
Renee:	Ich bin müde ... Ich bin sehr müde ... Ich habe einen Punkt erreicht in meinem Job, wo ich einfach nichts mehr damit zu tun haben will ... aber ich komme nicht raus [wenn man die Arbeitslage betrachtet] ... und dann diese Situation zu Hause [die Arbeitslosigkeit ihres Mannes].
Therapeut:	Es ist also keine günstige Zeit, um etwas zu riskieren.
Renee:	Genau ...
Therapeut:	Es ist also dieses Gefühl, gefangen zu sein ...
Renee:	Ja. Ich habe mir auch um ihn [den Mann] Sorgen gemacht, weil er so depressiv war ... sehr depressiv.
Therapeut:	Ganz down ...
Renee:	Wirklich down ... und diese Woche bin ich dran. Ich glaube, wir wechseln uns ab [lacht].
Therapeut:	Sie leiden darunter, ihn depressiv zu sehen ...
Renee:	Ja, ich kann ihm nicht helfen ...
Therapeut:	Es ist frustrierend, es zu versuchen ...
Renee:	Ja ... Ich weiß nicht, was ich machen soll.
Therapeut:	Sie haben versucht, ihm zu helfen?
Renee:	Ja ... ihm Möglichkeiten zu eröffnen ... andere Meinungen zu hören. Am Schluß sage ich ihm dann immer, er soll dies oder das tun ... Jeder hat das schon erlebt [Depression], und ich bin sicher, er ist ganz durcheinander im Kopf davon ... Auf der anderen Seite kann ich mich nicht einfach zurücklehnen und ihm gar nichts sagen.
Therapeut:	Es ist also wirklich dringend, herauszufinden, was man jetzt tun kann ... wie man helfen kann. Aber all das fordert seinen Tribut bei Ihnen ... Es laugt Sie aus.
Renee:	Ja. Einen Menschen in dieser Situation zu sehen ist sehr traurig [weint]. Als wir zuerst verheiratet waren, wurde ich immer richtig wütend, weil ich nichts tun konnte. Jetzt bin ich nicht wütend ... ich bin nur sehr traurig.
Therapeut:	Es ist mehr Frustration und Enttäuschung ...
Renee:	Ja ... es gibt auch Enttäuschungen auf anderen Gebieten ... es kommt alles zusammen.
Therapeut:	Jetzt waren Sie also an der Reihe, sich etwas gehen zu lassen und sich zu erlauben, Frustration und Enttäuschung zu empfinden ...

Renee:	Mein Mann sagt: „Was ist los mit dir?" und ich erzähl ihm: „Ich bin nur depressiv."
Therapeut:	Und Sie haben auch ein Recht darauf ... wenn man überlegt, womit Sie fertig werden mußten. Es hört sich an, als ob Sie versucht haben, alles zusammen zu halten ... stark zu sein, weil Ihr Mann so viel durchmachen mußte ... und irgendwo hat man seine Grenzen ...
Renee:	... wie stark man sein kann. Ich muß auch bei der Arbeit stark sein ...
Therapeut:	Ja, ja. Ich habe den Eindruck, manchmal müssen Sie sich gehen lassen können, nicht mehr so viel Stärke zeigen müssen ...
Renee	[weint und nickt zustimmend mit dem Kopf]
Therapeut:	Das ist okay ... [reicht Renee Papiertaschentücher] Ich sagte, Sie sind jetzt dran, sich etwas gehen zu lassen und traurig zu sein ... Ihrem Mann ist das also aufgefallen?
Renee	[immer noch weinend]: Ich habe versucht, meine Gefühle nicht bei ihm abzuladen ...
Therapeut:	... ihn nicht noch mehr zu belasten...
Renee:	Er hat schon genug zu tragen.
Therapeut:	Wie hat er auf Ihre Trauer reagiert?
Renee:	Er hat sehr versucht, mich zu stützen ... hat mir gesagt, alles würde gut werden.
Therapeut:	Er hat also versucht, Ihnen zu helfen ...
Renee:	Ja ... „Mach' dir keine Sorgen."
Therapeut:	Ich glaube, es ist wichtig, daß Sie sich erlauben, sowas von ihm zu hören ... weil es so lange andersherum war ... Sie verdienen es, einmal selbst an der Reihe zu sein, das zu hören ... und er hat die Gelegenheit verdient, Ihnen das sagen zu können ... „Das ist in Ordnung". Nach allem, was Sie mir von Ihrem Mann erzählt haben, scheint er ziemlich stark zu sein. Mein Eindruck ist, er wird es schaffen, damit fertig zu werden und Ihre Frustration zu verstehen. [Renee weint, während der Therapeut spricht.]
Renee	[wischt sich die Augen] ... [langes Schweigen]: Viele Leute haben es heutzutage schwer.
Therapeut:	Viele Menschen müssen kämpfen ... und es klingt, als ob sie und er Ihr Bestes versuchen ... aber es gibt viele Kräfte da draußen, die Sie daran hindern, so schnell voranzukommen, wie Sie möchten. Aber ich habe den Eindruck, daß Sie sehr entschlossen sind ...
Renee	[lächelt]: Ja.

Therapeut:	... die Dinge zum Guten zu wenden.
Renee:	Ja ...ja. Das glaube ich auch.
Therapeut:	Denn ich habe das Gefühl, Sie möchten weiterkommen.
Renee:	Einige von meinen Freunden sagen: „Warum bleibst du immer noch bei ihm?", weil ich immer schnell war ...
Therapeut:	Ja ... die denken also, er hält Sie zurück ...
Renee:	Ja.
Therapeut:	Wie denken Sie darüber?
Renee	[lacht durch die Tränen hindurch]: Ich denke mal, es ist Liebe ...
Therapeut:	Ja ... er ist Ihnen wichtig.
Renee	[weinend]: Ja, das ist er ... Es ist nicht leicht, aber so ist es.
Therapeut:	Warum sagen Ihre Freunde das?
Renee:	Na ja, sie kennen mich als jemanden, der immer in Bewegung ist ... immer auf Draht. Sie sagen: „Jetzt sind es schon zwei Jahre, worauf wartet er? Das kannst du vergessen ..."
Therapeut:	Ist es schwer für Sie zu ertragen, wenn sie das sagen?
Renee:	Rein vom Verstand her verstehe ich das manchmal schon, aber ... er ist auch mein Mann und er ist nicht schlecht ... er trinkt nicht, er schlägt mich nicht. Man hört all diese schrecklichen Geschichten ... so ist er nicht.
Therapeut:	Er ist also ein guter Mann ... der eine schwere Zeit durchmacht.
Renee:	Ja, ein guter Mann ... Aber da ist eine Stimme in mir, die sagt, vielleicht kriegt er es nie auf die Reihe. Vielleicht schafft er es besser, wenn er allein ist ... Ich weiß es nicht. Meine Stärke hilft ihm vielleicht nicht ... verstehen Sie ... seine eigenen Hausaufgaben zu machen. Manchmal möchte ich ihm die Zeitung [Stellenanzeigen] vor die Nase halten, aber ich weiß, das ist nicht meine Aufgabe.
Therapeut:	Ja.
Renee:	Ich kann mit ihm sprechen, ihm das sagen, aber er muß es nicht tun.
Therapeut:	Sie können Ideen anbieten, aber Sie wollen nicht in der Position sein, daß Sie ihm Sachen aufdrängen ...
Renee:	Das macht schon seine Mutter .
Therapeut:	Es ist also eine Versuchung, einzuspringen und ihm auf diese Weise zu helfen, aber Ihnen ist klar, daß Sie ihm den Freiraum geben müssen, die Dinge dann allein auf die Reihe zu kriegen.
Renee:	Mein Leben lang habe ich alles so gemacht, wie ich es wollte [bin unabhängig gewesen]. Ich hatte immer das Sagen. Ich habe eini-

	ge gute Sachen gemacht. Ich habe einige schlechte Sachen gemacht ... aber nichts, was so schlimm war.
Therapeut:	Sie hatten immer die Zügel in der Hand in Ihrem Leben und nun sind Sie auf etwas gestoßen, was außerhalb Ihres Einflusses steht ...
Renee:	... außerhalb meines Einflusses ...
Therapeut:	Und das macht ...
Renee:	... Angst.
Therapeut:	Ja.
Renee:	Weil ich das noch nie erlebt habe.
Therapeut:	Ja ... Was wäre Ihrer Meinung nach ein möglicher Schritt, den Sie unternehmen könnten, um das Gefühl zu bekommen, daß sich etwas bewegt ... und mir ist klar, daß Sie gewohnt sind, voranzukommen ... Ihr Leben zu bestimmen, und jetzt befinden Sie sich in einer Situation, wo Sie nicht alles unter Kontrolle haben, und Ihr Mann macht schwere Zeiten durch ... es gibt viele Fragen in der Familie und Frustrationen und auch Streß bei der Arbeit. Was würde Ihnen die Möglichkeit geben, ein gewisses Maß an Optimismus zu empfinden, wie würde ein ganz kleiner Schritt aussehen, der von einem Tag zum nächsten hilft?
Renee:	Ich weiß es nicht ... An den Wochenenden versuche ich, aktiv zu bleiben ... Freunde zu treffen ...
Therapeut:	Damit die Situation Sie nicht vollends lähmt.
Renee:	Ja ... aber ich habe das Gefühl, ich dränge mich selbst ...
Therapeut:	Ich denke aber, das ist wichtig, daß Sie sich selbst drängen und sich gleichzeitig erlauben, Trauer und Enttäuschung zu empfinden und Ihrem Mann die Gelegenheit zu geben, sich um Sie zu kümmern, weil Sie beide eine schwere Zeit durchmachen.
Renee:	Es ist hart.
Therapeut:	Ja ... Möchten Sie einen neuen Termin verabreden ... was möchten Sie gern tun?
Renee:	Ich weiß nicht. Kann ich anrufen, wenn ich das Bedürfnis habe?
Therapeut:	Ja, Sie können anrufen. Ich gebe Ihnen meine Visitenkarte. Hat es Ihnen heute geholfen, hierher zu kommen und zu reden?
Renee:	Ja. Zumindest kann ich es aus der richtigen Perspektive sehen, wenn ich darüber rede. Und die Dinge waren an allen Seiten aus den Fugen geraten. Ich glaube, daran möchte ich arbeiten – damit ich mich wieder auf etwas konzentrieren kann.
Therapeut:	Genau.

In diesem Interview schaffte der Therapeut für die Klientin Raum, neue Perspektiven und neues Verständnis zu gewinnen, indem er sorgfältig zuhörte, sich auf die Geschichte der Klientin einließ und die Frage der Loyalität dem Ehemann gegenüber und ihrer eigenen wachsenden Frustration aufgriff.

Eine KundInnenbeziehung herstellen: Das Prinzip der Kooperation

Unsere Beziehung zu den KlientInnen und die Rolle, die wir bei der Entwicklung dieser Beziehungen spielen, bereiten den Boden für therapeutische Bewegung und Veränderung. LAMBERT (1992) schätzt sogar, daß nur etwa 15% des therapeutischen Ergebnisses der Technik oder dem speziellen Modell, das TherapeutInnen anwenden, zugeschrieben werden kann. Nicht der methodische Ansatz, sondern vielmehr die methoden-freien Elemente der therapeutischen Begegnung (der therapeutischen Beziehung) werden von KlientInnen als das angesehen, was am eindrucksvollsten im Gedächtnis haften bleibt, und zwar besonders die Einstellung der TherapeutInnen, mit der sie den Anstoß zu neuer Hoffnung und positiver Erwartung auf Veränderungen geben. WATERS und LAWRENCE (1993) berichten ferner: „Wenn wir uns dazu zwingen, etwas zu finden, was wir an der KlientIn mögen, dann kommt es zu einer Veränderung; einer Veränderung in uns, in unseren KlientInnen und in unserer Beziehung" (S. 117).

Zu häufig wird ein kümmerliches therapeutisches Resultat den KlientInnen angelastet, ohne hinreichend den Stil der TherapeutIn oder die Beziehung zwischen KlientIn und TherapeutIn zu untersuchen (MILLER & ROLLNICK, 1991). Wie bereits erwähnt, kann das therapeutische Gespräch sogenannten „Widerstand" hervorrufen; es kann aber auch die Tür zu einer Veränderung aufstoßen. Sehr oft verursachen TherapeutInnen „psychologische Reaktanz" durch ihre Art, auf die Klientin zuzugehen.

Bei der Arbeit in einem Pflegeheim (FRIEDMAN & RYAN, 1986) fiel mir folgendes auf: Je mehr Einschränkungen den BewohnerInnen auferlegt wurden und je mehr ihre Autonomie reduziert und eingeengt wurde, desto eigenwilliger und streitsüchtiger wurden sie. Konfrontations- und Zwangsstrategien rufen bei den meisten Menschen Reaktanz und Protest hervor – also letztlich den Wunsch, gegen die Restriktionen anzukämpfen (BREHM, 1966). Ich habe dies immer wieder innerhalb der

Struktur der „managed care", in der ich arbeite, gesehen. Wenn KlientInnen in irgendeiner Weise das Gefühl haben, aus der Behandlung herausgedrängt zu werden, oder wenn sie sich mit ihren Sorgen entwertet fühlen, werden sie um so hartnäckiger danach drängen, die ihnen zustehenden Leistungen zu erhalten. Werden ihnen hingegen Wahlmöglichkeiten geboten, dann fühlen die KlientInnen sich in ihrer Autonomie bestätigt und bewahren sich ihre Selbstachtung.

Motivation ist abhängig vom Kontext. Es ist Aufgabe der TherapeutIn, Entwicklungsmöglichkeiten zu fördern und anzuregen, indem sie Gespräche führt, durch die KlientInnen Veränderung gegenüber aufgeschlossen werden. Lassen Sie uns die drei möglichen Beziehungen, die im therapeutischen Kontext auftreten können, genauer untersuchen: BesucherIn, KlagendE und KundIn (nach BERG, 1989; BERG & MILLER, 1992; FISCH, WEAKLAND & SEGAL, 1982). [1]

Die Beziehung vom Typ BesucherIn

Bei der Beziehung vom Typ BesucherIn wird die KlientIn gewöhnlich von einer anderen Person oder Institution zu Ihnen geschickt (z.B. einem Gericht, der Sozialbehörde, den Eltern, dem Ehepartner usw.). Die KlientInnen bringen weder eine bestimmte Klage noch ein bestimmtes Problem mit. Man hofft, daß in der Konversation etwas auftaucht, woran sie vielleicht arbeiten möchten. Es ist jedoch riskant, davon auszugehen, daß diese Personen bereit sind zu handeln. Der häufigste Irrtum besteht darin zu meinen, man habe es mit einer Kundenbeziehung zu tun, obwohl man es in Wirklichkeit mit eine Beziehung vom Typ BesucherIn zu tun hat.

Man stellt dies unter anderem dann fest, wenn man zu sehr daran arbeitet, die KlientIn davon zu überzeugen, es gäbe ein Problem. Das Beste, was man tun kann, ist zu versuchen, sie dafür zu interessieren, wiederzukommen und zu reden. Wie BERG und MILLER (1992) hervorheben, ist es wichtig, (1) zu vermeiden, den KlientInnen zu erzählen, was sie zu tun hätten, (2) sie für ihre Entscheidung zu komplimentieren, gekommen zu sein (wodurch ihre Entscheidungsfreiheit betont wird), (3) alles hervorzuheben, was sie besonders gut oder sinnvoll machen, (4) anzuerkennen, was sie bereits getan haben und (5) herauszufinden,

---

[1]) PROCHASKA, DICLEMENTE und NORCROSS (1992) haben unabhängig hiervon ein Modell entwickelt, das mit dem hier diskutierten vergleichbar ist. KlientInnen werden auf einem Kontinuum der Bereitschaft für Veränderung gesehen, beginnend mit „Vorüberlegung", dann „Überlegung", „Vorbereitung zur Handlung" und schließlich „Handlung".

was die überweisende Person von dieser Behandlung für die Klientin erwartet. Sehen wir uns den folgenden Dialog an, der diese Punkte unterstreicht.

Therapeut: Was bezweckt das Gericht Ihrer Meinung nach damit, wenn es Ihnen vorschlägt, hierher zu kommen?

Klient: Daß ich aufhöre, die Schule zu schwänzen und Drogen zu nehmen.

Therapeut: Würde das Gericht sagen: Wenn das eintritt, brauchst du nicht mehr herzukommen?

Klient: Ich glaub schon.

Therapeut: Wie denkst du darüber?

Klient: Ich mag die Schule wirklich nicht ...

Therapeut: Was findest du schwierig daran?

Klient: Morgens aufzustehen ... Also, die Schule ist immer schwer für mich gewesen ...

Therapeut: Was, meinst du, wäre ein erster Schritt, um mit der Schule wieder auf's richtige Gleis zu kommen?

Klient: Ich bin nicht sicher ... wenn ich vielleicht nach der Schule zu meinem Mathelehrer gehe, um Nachhilfestunden zu bekommen ... Ich weiß nicht.

Therapeut: Mit dem Mathelehrer reden, scheint mir eine gute Idee zu sein. Welche anderen Ideen hast du noch, um in der Schule wieder ins Lot zu kommen?

Die Beziehung vom Typ KlagendE

Während KlagendE zwar ein Problem sehen, das gelöst werden muß, betrachten sie sich nicht als Teil dessen, was sich ändern muß. Dies tritt häufig bei Paaren auf, wenn ein Partner meint, der andere müsse z.B. mit dem Trinken aufhören oder Hilfe wegen eines ungelösten Kindheitstraumas erhalten. KlientInnen in dieser Position müssen anfangen zu erkennen, daß auch sie Veränderungen vornehmen können, die in der Situation weiterhelfen.

Auch hier ist es wiederum nützlich, die KlientIn dafür zu komplimentieren, daß sie gekommen ist, um Hilfe zu erhalten, und daß sie diese oder jene Schritte unternommen hat, um die Situation zu verbessern. In der Beziehung vom Typ KlagendE sollte die Aufgabe nicht darin bestehen, zu irgendwelchen Handlungen anzuregen, sondern man sollte sich darauf konzentrieren, daß die KlientIn die Situation beobachtet oder darüber nachdenkt. Der folgende Dialog veranschaulicht diesen Ansatz:

Therapeut:	Es klingt so, als werden Sie durch die Depression Ihres Mannes stark belastet.
Klientin:	Das stimmt. Ich glaube, er braucht Hilfe, um zu sehen, daß es andere Dinge gibt, die er tun kann, um wieder ins Lot zu kommen.
Therapeut:	Welche Vorschläge haben Sie ihm bisher gemacht?
Klientin:	Ich habe also auf jeden Fall vorgeschlagen, er solle hierherkommen und eine Therapie machen, und ich habe versucht, mit ihm zu reden, damit er mehr 'rauskommt und aktiver wird ... aber er scheint mir nicht zuzuhören.
Therapeut:	Es klingt, als ob Sie sich sehr bemüht haben, ihm zu helfen. Ich bewundere Ihre Beharrlichkeit.
Klientin:	Sein Verhalten ist wirklich ein Problem, und ich hoffe, er tut etwas dagegen.
Therapeut:	Ich überlege, ob Sie vielleicht bereit wären, etwas auszuprobieren, was ihm helfen könnte.
Klientin:	Natürlich. Was stellen Sie sich vor?
Therapeut:	Wären Sie bereit, sich zu merken, wann er aktiv ist und sich weniger depressiv verhält?
Klientin:	Sicher, wenn Sie meinen, das könnte ihm helfen.
Therapeut:	Ja, das glaube ich. Es wäre wichtig festzustellen, wann er mehr Energie zeigt und aktiver ist. Und es wäre auch schön, wenn Sie während dieser Beobachtungsphase nichts unternehmen, um seine übliche Routine zu verändern, also z.B. keine Vorschläge machten, was er tun könnte. Meinen Sie, das wäre in dieser Beobachtungszeit möglich?

Die Beziehung vom Typ KundIn

KlientInnen in dieser Situation kommen mit ganz bestimmten Sorgen und wollen diesbezüglich etwas tun. Sie haben vielleicht schon Schritte unternommen, um die Lage zu verbessern, und sind jetzt ratlos, was sie als nächstes tun sollen, um die Dinge zu ändern. In diesem Fall können Aufgaben gestellt werden, die auf den bereits unternommenen Schritten aufbauen oder die Gelegenheiten bieten, eine neue Sicht der Lage zu gewinnen. Wie bei den anderen Beziehungstypen ist es ein guter erster Schritt, die KlientIn zu den positiven Handlungen zu beglückwünschen, die sie bereits durchgeführt hat. Ein gutes Beispiel für eine Interaktion vom Typ der KundIn ist das oben aufgezeichnete Interview mit „Nora".

Eine praktische Übung

1. Denken Sie an eine Ihrer letzten Sitzungen, die sehr gut lief. Wie haben Sie sich auf die Bereitschaft der KlientIn eingestellt, um eine Veränderung zu erleichtern? Welche konkreten Schritte haben Sie unternommen, die sich der Lage der KlientIn anpaßten?

2. Denken Sie an KlientInnen, die in letzter Zeit zu Ihnen kamen und zu denen Sie eine „Beziehung vom Typ KlagendE" hatten. Was haben Sie unternommen, um eine „Beziehung vom Typ KundIn" entstehen zu lassen? Welches sind Ihre Lieblingsmethoden, um eine Beziehung vom Typ KundIn herzustellen?

3. Denken Sie an KlientInnen, mit denen Sie sich abgemüht haben und wo Sie frustriert waren. Wie kann Ihr Verständnis der Bereitschaft der KlientIn, sich zu ändern, Ihre Arbeit beeinflussen? Auf welche Weise könnten Sie Ihren Ansatz modifizieren, um sich der Lage der KlientIn besser anzupassen?

4. Achten Sie bei Ihrer nächsten klinischen Begegnung darauf, wie Sie arbeiten und wie Sie sich der Lage Ihrer KlientIn anpassen, und notieren Sie Ihre Ergebnisse. Wenn möglich, nehmen Sie ein oder zwei Sitzungen mit Audio- oder Videokassette auf und beobachten den Verlauf.

Das Erstinterview: Richtlinien für die Praxis

Im folgenden finden Sie einige Richtlinien für die Durchführung eines Erstinterviews. Betrachten Sie diese nicht als Verlaufsplan für das Interview, sondern als eine Sammlung von Ideen, die für Überlegungen während des Interviews hilfreich sein können (in veränderter Form übernommen von DE SHAZER, 1985, 1988; DURRANT & KOWALSKI, 1990; FRIEDMAN, 1993; FRIEDMAN & FANGER, 1991; LIPCHIK & DE SHAZER, 1986; O´HANLON & WEINER-DAVIS, 1989).

Weichen stellen. Bauen Sie eine positive Beziehung auf. Bestätigen und respektieren Sie die Sorgen, Gefühle, Wünsche und Hoffnungen der KlientIn (der Familienmitglieder). Fragen Sie nach Interessen, Arbeit, Hobbies usw. Erstellen Sie ein kurzes Genogramm (MCGOLDRICK & GERSON, 1985), um einen Überblick über das erweiterte Familiennetzwerk zu erhalten und mögliche Ressourcen im weiteren sozialen Umfeld der KlientIn festzuhalten.

Eröffnungsfragen. Beginnen Sie mit Fragen wie „Was erhoffen Sie sich von Ihrem Besuch hier?" oder „Wie kann diese Zeit (Sitzung) für Sie nützlich sein?" oder „Lassen Sie uns annehmen, unser gemeinsames Gespräch erweist sich als hilfreich und nützlich für Sie – Woran werden Sie das erkennen, was wird anders sein?" Stellen Sie fest, wofür die KlientIn eine „KundIn" ist.

Gemeinsame Konstruktion von Zielen. Stellen Sie die Wunderfrage (DE SHAZER, 1985): „Stellen Sie sich vor, während der Nacht geschieht ein Wunder, und Sie wachen am Morgen auf und stellen fest, das Problem ist nicht mehr da – was wäre anders? Was wird geschehen, wenn es zu diesem Wunder kommt? Was werden Sie mehr machen, wenn dies Wunder geschieht?" Oder fordern Sie die KlientIn auf, sich vorzustellen, wie sie in der Zukunft all die Dinge tut, die sie sich wünscht. „Was wird Ihnen an sich selbst auffallen, woran Sie merken, daß die Dinge besser geworden sind?" „Was würden vielleicht Ihr Freund, Ihre Schwester oder andere an Ihnen bemerken, wodurch sie wüßten, daß sich etwas verändert hat?"

„Handeln" Sie mit der KlientIn, um ein erreichbares Ziel zu bestimmen. Fordern Sie sie auf, genau zu sagen, was sie mit einem bestimmten Wort meint. Wenn eine KlientIn zum Beispiel sagt: „Ich möchte mehr Anerkennung", finden Sie heraus, was sie mit dem Wort „Anerkennung" meint. Halten Sie die Erwartungen klein und realistisch (z.B. „Was würde signalisieren, daß eine Bewegung in eine positive Richtung stattfindet?"). Bringen Sie die KlientIn dazu, eine konkrete (beobachtbare) Definition des Zieles zu nennen, indem Sie die Wörter in Verhaltensweisen umformulieren (z.B. „Was werden Sie anders machen, wenn Ihre Selbstachtung größer geworden ist?"). Streben Sie nach „kleinen, erreichbaren Zugewinnen" (WEICK, 1984). Da die Motivation wächst, wenn zwischen den Wünschen (Zielen) der Menschen und ihrem gegenwärtigen Zustand eine Diskrepanz besteht (MILLER & ROLLNICK, 1991), ist es wichtig, die KlientInnen dazu zu bringen, ihre Ziele in klaren und positiven Ausdrücken zu formulieren. Unterstreichen Sie den Einfluß und die Autonomie der KlientInnen bei Entscheidungen (und verbünden Sie sich nicht als Ausführungsorgan der sozialen Kontrolle mit den überweisenden Institutionen).

Nach dem suchen, was funktioniert. Oder suchen Sie nach dem, was in der Vergangenheit funktioniert hat; halten Sie Ausschau nach Verhaltensweisen, die von den KlientInnen an den Tag gelegt werden und die wirksam sind (bzw. waren); fragen Sie die KlientIn, wie sie ein erfolgreiches Resultat erzielt hat. Machen Sie sich auf die Suche und erkennen sie jegliche Ausnahme des dargestellten Problems: „Was ist anders zu dem Zeitpunkt, wo es zu einer Ausnahme kommt?" Lassen Sie die KlientIn sich ausführlich mit den Einzelheiten des Ablaufs beschäftigen, der zu der Ausnahme führte.

Negative/pathologische Selbstbeurteilungen infragestellen. Ungewißheit eingeben. Zum Beispiel: „Ich überlege, ob es eine andere Möglichkeit gibt, die Situation zu betrachten. Könnte es sein, daß ...?" Suchen Sie nach alternativen Realitäten, wenn Sie der KlientIn helfen, die Situation in einem positiveren, normaleren Licht zu sehen; zum Beispiel: „Andere Menschen in Ihrer Lage hätten schon lange das Handtuch geschmissen – wie haben Sie es geschafft, in dieser Situation nicht den Kopf zu verlieren?" Vermeiden Sie die Terminologie der Psychiatrie; benutzen Sie eine einfache Sprache.

Externalisieren Sie das Problem. Trennen Sie die Person vom Problem; zum Beispiel: „In welcher Weise hat das Problem Ihr Leben beeinflußt?" „Wie hat das Problem Sie daran gehindert voranzukommen?" „Wie hat das Problem Sie in die Irre leiten können, so daß Sie meinten, Sie könnten nicht ...?" Suchen sie dann nach „Ausnahmen", nach den Zeiten, wo die KlientIn nicht unter den Einfluß des Problems geriet und es sich nicht in ihr Leben oder ihre Beziehungen einmischen konnte.

Möglichkeiten-Sprache verwenden. Verwenden Sie Aussagen oder Fragen, die Implikationen in sich tragen; sagen Sie zum Beispiel: „*Wenn* Sie beschließen, diese Veränderung zu machen, wie wird Ihr Vater reagieren?" statt „*Falls* Sie beschließen, ..." Achten Sie darauf, wenn die KlientIn ihre Klage in der Vergangenheitsform ausdrückt; zum Beispiel: (Mutter) „Als ich wegen eines Termins anrief, war Joe depressiv"; (Therapeut) „Welche Veränderungen haben Sie in der Zwischenzeit vorgenommen, mit deren Hilfe Joe sich wieder besser fühlen konnte?" Seien Sie darauf vorbereitet, Bemerkungen der KlientIn, die auf eine Veränderung hindeuten, weiter auszuführen.

Handlungsschritte hervorbringen. Die therapeutische Begegnung kann als ein „Labor" betrachtet werden, in dem Handlungsmöglichkeiten untersucht werden. Am Ende der ersten Sitzung ist es sinnvoll, KlientInnen für Schritte, die sie in Richtung einer Veränderung unternommen haben, zu loben und sie dann zu weiteren Initiativen dieser Art aufzufordern. Da eine kleine Veränderung Kreise ziehen kann, ermutigen Sie zu kleinen Änderungen in der Art und Weise, wie mit einer Schwierigkeit umgegangen wird oder fordern Sie die KlientIn auf, ein

Experiment durchzuführen, das ihr eine Gelegenheit bietet, neues Verhalten hervorzubringen. Erwägen Sie die Abfassung eines Briefes an die Familie, um solche Ideen ausführlicher darlegen zu können. Das Ziel besteht darin, die Weichen zu stellen, damit die KlientIn Ausnahmen erkennt und sich diese Entwicklungen erklären kann. (Die Technik des Briefeschreibens und Möglichkeiten, nützliche Aufgaben zu erstellen, werden in Kapitel 3 diskutiert.)

Ergebnisse bewerten. Beurteilen Sie, ob die Ziele der KlientIn erreicht wurden. Schließen Sie die Therapie ab, wenn die KlientIn mit den Ergebnissen zufrieden ist, oder fangen Sie neu an (s. Abb. 2-1). In Abbildung 2-1 bedeutet „kontextualisieren" ein Feedback anzubieten, das Problem in einen Kontext bzw. Rahmen zu stellen oder es zu normalisieren; „authentifizieren" bedeutet, den Schritten der KlientIn in Richtung auf das Ziel Anerkennung und Beifall zu zollen; es bedeutet, die Veränderungen in das Leben der KlientInnen einzubetten und ihnen dort einen Platz zuzuweisen. Wie wir in Kapitel 4 sehen werden, kann das Reflektierende Team auch ein nützliches Mittel darstellen, (1) Ideen zu entwickeln, (2) Hoffnung zu wecken, (3) das Problem zu kontextualisieren und (4) Veränderung zu authentifizieren.

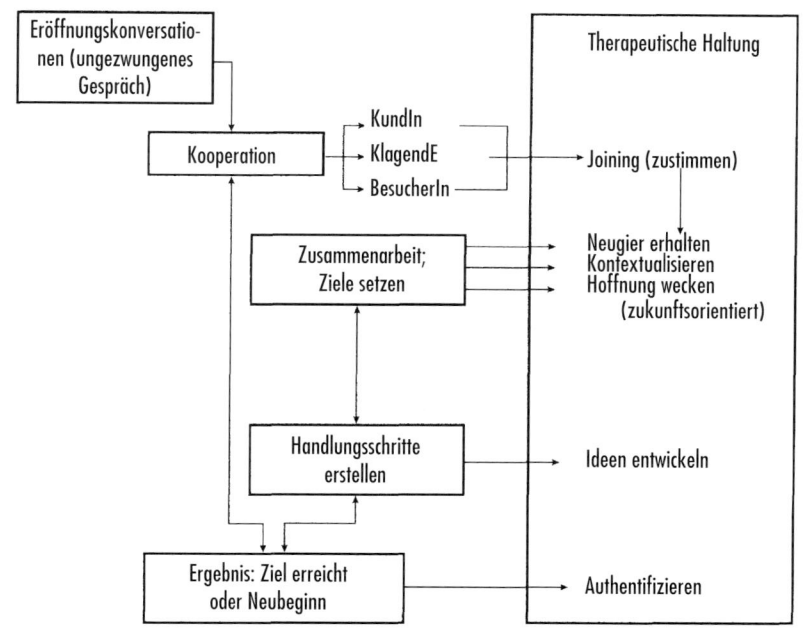

Abb. 2–1 Kompetenzorientierte Praxis: Ein Überblick

Ein Erstinterview mit einem Paar

Es folgen Auszüge aus einem Erstinterview mit einem Paar, in dem eine Reihe der bereits erwähnten Ideen veranschaulicht werden, unter anderem die Erstellung eines wohl formulierten Anliegens, die Verhandlung zur Erreichung eines Zieles, dem beide zustimmen, und das Stellen von Aufgaben, die eine Entwicklung in die Zielrichtung erleichtern.

Die Frau, Rose, bat um einen Termin, da sie meinte, ihr Mann, Tony, „habe eine gespaltene Persönlichkeit" – manchmal ist er freundlich und im nächsten Augenblick wieder verärgert und gereizt. Rose konnte dieses „Doppelleben" nicht länger ertragen und wollte mit ihrem Mann in die Therapie kommen. Überlegen Sie sich beim Lesen dieses Interviews die folgenden Fragen:

1. Welche klinischen Annahmen könnten eine TherapeutIn dazu führen, diese Situation als eine solche zu betrachten, die eine längerfristige Behandlung erfordert?
2. Wie gelingt es der TherapeutIn, bei diesem Ansatz „einfach und zielorientiert zu bleiben"?
3. Welche Ideen haben Sie für die Arbeit mit diesem Paar, die ebenso gut funktioniert haben könnten?

Nach einigen Minuten ungezwungener Unterhaltung stelle ich die Weichen für ein zielgerichtetes Interview und lege eine Struktur fest, die sie für die Leitung des Verlaufs verantwortlich macht.

Therapeut: Warum erzählen Sie mir nicht einfach, was Sie zu erreichen hoffen, wenn Sie hierherkommen? Was würden Sie heute gern erreichen?

Rose: Ich weiß nicht, ob irgend etwas erreicht werden wird ... aber ich habe ihm neulich gesagt, daß ich es satt habe, so ein Doppelleben zu führen. Es ist genauso, wie es früher war [zwei Jahre vorher hatte ich mich mit der Familie wegen eines Problems mit deren Sohn getroffen] ... auch Probleme mit Mark [ihrem Sohn], Probleme mit Tony [ihrem Mann].

Therapeut: Wie alt ist Mark?

Rose: Er ist fünfzehn, und es ist schwer, mit ihm zusammenzuleben.

Therapeut: Mit welchem von beiden, Mark oder Tony? [Ich möchte, daß Rose sich über das, was sie will, ganz genau äußert.]

Rose: Mit beiden.

Therapeut:	Mit wem ist es schwerer, zusammenleben, mit Mark oder Tony?
Rose:	Das weiß man nie. Tony hat ganz gewiß eine gespaltene Persönlichkeit. Ich weiß nie, was auf mich zukommt. Erst ist er begeistert oder ruhig, und im nächsten Augenblick geht er in die Luft.
Therapeut:	Als wir uns das letzte Mal trafen, haben wir darüber gesprochen, daß Sie sich beide Zeit für sich selbst nehmen sollten, ohne die Kinder, und ein Wochenende fortfahren sollten oder irgendetwas in der Art. Haben Sie das beibehalten?
Rose:	Das haben wir gemacht. Wenn er weg ist vom „Leben", geht es ihm gut, aber wenn die alltägliche Routine kommt, wird er damit nicht fertig.
Therapeut:	Was funktioniert denn so gut, wenn Sie von zuhause fort sind, wenn Sie beide zusammen irgendwo hinfahren? [Ich frage nach dem, „was funktioniert."]
Rose:	Er muß nicht darüber nachdenken, wie er mit Mark umgehen soll.
Therapeut:	Wie unterscheidet sich Ihr Verhalten, wenn sie von zuhause fort sind?
Rose:	Mein Verhalten ist nicht anders. Ich ändere mich nicht.
Therapeut:	Sie sehen keinen Unterschied?
Rose:	Nein.
Therapeut:	Sehen Sie [Tony] einen Unterschied, wenn Rose von zuhause fort ist ... wenn Sie diese Zeit für sich haben?
Tony:	Nein, nichts Wichtiges.
Therapeut:	Sehen Sie einen Unterschied in Ihrem Verhalten, so wie Rose es beschreibt?
Tony:	Sicher. Ich bin vielleicht entspannter ... aber meiner Meinung nach bringt Mark – was mich betrifft – diese Spannung ins Haus. Er ist immer noch so impulsiv ...
Therapeut:	Es [Marks Verhalten] geht Ihnen also immer noch auf die Nerven?
Tony:	Ja.

[Tony und Rose sind sich einig, daß Roses Verhalten sich nicht ändert, wenn sie von zuhause fort sind, Tonys Verhalten dann aber anders ist. Außerdem stimmen sie überein, daß Tony zuhause nicht so entspannt ist wie zu den Zeiten, wo er unterwegs ist. Ich komme jetzt auf das zurück, was ich ursprünglich im Blickfeld hatte: die Ziele für dieses Treffen.]

Therapeut:	Sie sagten, Sie wissen nicht, was wir heute erreichen können. Worauf hatten Sie gehofft?

Rose:	Was ich im Grunde hoffe, ist eine gewisse Veränderung von seiner Seite.

[Rose macht ihr Programm „öffentlich" – ihr Mann soll sich ändern, nicht sie.

Frage: Soll ich dies akzeptieren oder versuchen, das Problem umfassender zu behandeln und sie mit einzubeziehen? Wäre es zeiteffektiver, das Problem auszuweiten oder es begrenzt zu halten? Wie würden Sie diese Situation in Angriff nehmen, wenn Sie Tony als „Kunden" für eine Veränderung und Rose als „Klagende" betrachten?]

Therapeut:	Und wie denken Sie [Tony] darüber? Halten Sie das für vernünftig? Sie möchte, daß Sie sich ändern.
Tony:	Meiner Meinung nach habe ich mich geändert. Ich mag es nicht, wenn Mark frech zu ihr ist und sie anschreit, und ich sage dann: „Warum läßt du dir das gefallen?" Sie läßt es einfach zu und das gefällt mir nicht.
Rose:	Aber so passiert es eigentlich gar nicht. Du mischst dich in eine Auseinandersetzung ein, die ich mit Mark habe, und dann läuft etwas völlig anderes ab. Du hast dieselbe Unfähigkeit wie Mark – keinerlei Selbstbeherrschung. Du weißt nicht, wann man sich zurückhalten und nichts sagen sollte.
Therapeut:	Wie stellen Sie es sich denn vor, wenn Mark in drei oder vier Jahren auszieht. Sharon [Marks ältere Schwester] ist dann wahrscheinlich auch schon nicht mehr im Haus. Sie sind nicht weit von dem Zeitpunkt entfernt, wo beide weggehen ... in ein paar Jahren ... 3 oder 4 Jahren. Was meinen Sie, wie die Zeit aussehen wird? [Ich lenke die Diskussion auf die Zukunft, als eine Möglichkeit, auf ihre Beziehung unabhängig von den Kindern zu fokussieren.]
Tony:	Das wird bedeuten, daß wir ein richtig harmonisches Leben führen, denke ich. Es wird ein bißchen leer und einsam sein, aber ... ich glaube, wir werden keine Probleme mit dem Loslassen haben. Ich werde Sharon sehr viel mehr vermissen als Mark. Das muß ich ehrlich zugeben. Er macht mir das Leben verdammt schwer. Es ist nicht schön ... es ist einfach nicht schön.
Therapeut:	Wir sprechen über den Zeitpunkt, wenn keines der beiden Kinder mehr zuhause ist, und Sie [Tony] sagen, es wird harmonisch sein ... das Nirwana.
Tony:	Wenn nur wir zwei da sind, kommen wir ganz gut miteinander aus.
Therapeut:	Was für ein Gefühl haben Sie [Rose] denn, wenn Sie an diese Zeit denken, die ja nicht so weit entfernt ist?

Rose:	Ich stimme überhaupt nicht mit dem überein, was er sagt, daß es ganz gut geht, wenn nur wir beide da sind.
Therapeut:	Was stünde dem denn im Wege zu dem Zeitpunkt? Sie hätten Mark, der ja Ursache für vielen Ärger zu sein scheint, außer Haus ...
Rose:	Er ist schon der Auslöser für viel Ärger, aber wenn Mark nicht da ist, findet er [Tony] immer irgend etwas, worüber er sich aufregen kann. Irgend etwas z.b., was ich sage oder tue und womit er nicht einverstanden ist.
Therapeut:	Es könnte also sein, daß er sich mehr auf Sie konzentrieren würde [statt auf Mark].
Rose:	Ja. Das habe ich am Anfang gesagt, als wir 'reinkamen. Ich habe es satt, dieses Doppelleben zu führen.
Therapeut:	Worin besteht dieses Doppelleben für Sie?
Rose:	Er ist entweder nett, oder er ist gemein.
Therapeut:	Es gibt also nichts dazwischen?
Rose:	Nein.
Therapeut:	Aber Sie können diese sehr nette Seite an ihm sehen ...
Rose:	Oh ja.
Therapeut:	Und Sie sehen sie häufiger, wenn Sie von zu Hause fort sind.
Rose:	Ja.

[Später während des Interviews: Ein Vorfall wird beschrieben, bei dem Tony wegging, bevor es zu einer möglichen Auseinandersetzung mit Mark kam. Er vermied es, sich provozieren zu lassen. Ich greife diese „Ausnahme" auf und befasse mich ausführlicher damit.]

Therapeut:	Er [Tony] ist mit Sicherheit in der Lage, diesem Bedürfnis, sich einzumischen, zu widerstehen. Aber immer wieder befinden Sie sich in einer verletzlicheren Lage, und er [Mark] scheint es dann zu schaffen, Sie zu ärgern. Woran konnten Sie [Rose] erkennen, daß Tony sich veränderte? Weil es solche Zeiten gibt [wo Tony weggeht]. Sie waren nicht dabei, als es kürzlich dazu [zu diesem Ereignis] kam. Was wäre für Sie ein Anzeichen dafür, daß Tony Fortschritte mit Mark macht? [Hier konzentriere ich mich darauf, Hinweise für Veränderung auszuweiten. Welche konkreten Verhaltensweisen würden für Veränderung, Fortschritt und ein wohl definiertes Ergebnis stehen?]
Rose:	Im allgemeinen?
Therapeut:	In Bezug auf dieses Thema – woran könnten Sie erkennen, woher wüßten Sie, daß Tony Fortschritte macht?

Rose:	Ich verstehe nicht ganz. Meinen Sie den eben erwähnten Vorfall oder die ganze Sache mit Tony?
Therapeut:	Die ganze Sache. Woher wüßten Sie, daß Tony besser mit Mark zurechtkommt?
Rose:	Wenn er in der Lage ist, wegzugehen und sich nicht in Dinge hineinziehen läßt, wo es nicht nötig ist.
Therapeut:	Sie müssen das mit eigenen Augen sehen? Kommt es dazu, wenn Sie beide zu Hause sind?
Rose:	Ja.
Therapeut:	Wenn Sie also sehen würden, wie Tony aus einer dieser Situationen weggeht, würden Sie sagen, Tony macht es besser?
Rose	[vorsichtig]: Ich denke schon.
Therapeut:	Also ja oder nein? Würden Sie das denken oder nicht?
Rose:	Ich würde das denken, ja [lacht über meine Beharrlichkeit].
Therapeut:	Mir scheint, das wäre ein gutes Zeichen.
Rose:	Ja [lacht].
Therapeut:	Wie oft gibt es solche Ereignisse mit Ihnen und Mark – jeden Tag? Ich will es einmal so ausdrücken: Wieviele Gelegenheiten gibt es?
Tony:	Gelegenheiten gibt es jeden Tag, weil er immer, wenn er mit mir redet, mich anschreit.
Therapeut:	Also die Gelegenheit [sich provozieren zu lassen] gibt es jeden Tag. Wenn Sie [Rose] Tony häufiger weggehen sehen und es jeden Tag Gelegenheiten gibt, in irgendeine Auseinandersetzung mit Mark zu geraten ...
Rose:	Natürlich.
Therapeut:	Dann würden Sie sagen, Tony macht Fortschritte.
Rose:	Ja.
Therapeut:	Glauben Sie [Tony], das wäre ein gutes Zeichen?
Tony:	Ja.
Therapeut:	Das soll nicht heißen, jedes Mal, aber ...
Tony:	Tief in meinem Innersten weiß ich, daß ich es versuche ...

[Später während der Sitzung]

Tony:	Sechs Monate lang hat sie [Rose] geschuftet.
Therapeut:	Mir ist klar, daß sie sich Ziele setzt. Sie ist ehrgeizig. Aber es zehrt an ihr, und Sie möchten sie nicht so ausgelaugt sehen. [Ich konzentriere mich auf die Zeiten, wo das Paar von zuhause fort ist und es recht gut läuft.]

Tony:	Sie war da für fünf oder sechs Monate ganz direkt und unverblümt.
Therapeut:	Sie haben mir erzählt, Sie waren in New Hampshire und hatten ein schönes Wochenende.
Tony:	Es war wunderbar.
Rose	[nickt zustimmend]
Therapeut:	Wie haben Sie das gemacht? Ich bewundere Sie beide, daß Sie es schaffen, sich aus einer Situation, die sehr frustrierend ist, zu lösen und sich von ihr abzugrenzen und eine wundervolle Zeit miteinander zu verbringen. Das ist unglaublich.
Rose:	Er grenzt sich mehr ab als ich. Das ist es, was ich mit doppelter Persönlichkeit meine.
Therapeut:	Für Sie [Rose] ist es schwerer, loszulassen ... aber wenn Sie [Tony] weg sind, lassen Sie einfach alles hinter sich.
Tony:	Ja.

[Ich stelle Tonys Fähigkeit, anders zu sein, wenn er von zuhause fort ist, in einen positiven Rahmen, wobei ich gleichzeitig mit Roses Kummer über die „Doppelpersönlichkeit" ihres Mannes mitfühle.]

Therapeut:	Es ist eine wunderbare Fähigkeit, in der Lage zu sein, so abzuschalten ... aber Sie [Rose] können nicht so schnell abschalten.
Rose:	Und das ist auch ein Großteil des Problems. Wenn er in Spanien ist, kann er ein ganz anderer Mensch sein ... völlig anders. Er lächelt dann, er ist fröhlich. Zuhause lächelt er nie und ist nie fröhlich, er jammert 'rum. Ich habe genauso einen anstrengenden Tag wie er. Und er muß nach Hause kommen und mir was vorjammern.
Therapeut:	Das ist eine schwierige Rolle.
Rose:	Ja. Denn ... [Rose fängt an, mir zu erzählen, wie schrecklich ihr Mann sein kann, und ich unterbreche und komme wieder auf das Bild von ihm zurück, das sie häufiger sehen möchte.]
Therapeut:	Denn Sie wissen, es gibt eine Seite in ihm, die fröhlich sein kann und ruhig und entspannt, und Sie sehen diese Seite in ihm nicht so häufig, wie Sie möchten.
Rose:	Und ich habe ihm gesagt, ich spiele dieses Doppelspiel nicht mehr mit.
Therapeut:	Und ebenso wie Sie [Tony] vorhin gesagt haben, Sie möchten, daß Ihre Frau entspannt ist und nicht so überwältigt, möchte sie diese Seite von Ihnen sehen, möchte sie sie häufiger sehen, die entspannt und fröhlich und sorgenfreier sein kann und sich nicht in alles, was sich drumherum abspielt, hineinziehen läßt ... die es irgendwie leichter nimmt. Und Sie sind eindeutig in der Lage

	dazu. Einige Leute können nicht so gut den Gang wechseln, wie sie es schaffen, in einen schönen, entspannten Zustand hinüberzuwechseln.
Rose:	Aber es ist der verbale Schaden, den er dabei anrichtet, wenn er ständig die Gänge hin und her wechselt, das ist es, was ich nicht mehr aushalten kann.
Tony:	Ich gebe Ihnen ein Beispiel ... und ich weiß, daß ich im Unrecht bin ...okay? Aber ich weiß nicht, wie ich es anders ausdrücken soll. Ich war im Keller und habe bemerkt, daß eins der Rollos an einem Fenster hoch war. Mark. Mark mußte seine Schlüssel vergessen haben und durchs Fenster gekommen sein. Ich sage also am nächsten Tag zu ihm: „Du bist durchs Kellerfenster gekommen, nicht?" Und er sagt: „Ja, ich konnte meine Schlüssel nicht finden." Wenn zum Beispiel die Haustür vorn nicht abgeschlossen war, sage ich solche Sachen zu ihr wie: „Warum war die Tür offen?" Und dann sagt sie: „Woher soll ich das wissen?" Und dann sage ich: „Du wohnst doch auch hier ... weißt du nicht, was in deinem eignen Haus vor sich geht?"
Therapeut:	Das sind die Äußerungen, die Sie [Rose] meinten, die sich wie Kritik anhören, und die Sie in den Griff bekommen sollten, bevor sie wieder passieren ... Sie [Tony] müssen netter zu ihr sein und Sie können das auch.

[Ich konfrontiere Tony direkt mit seinem Verhalten, indem ich ihn wissen lasse, daß ich ihn für fähig halte, anders zu handeln. Das kann ich tun, weil Tony die Rolle des „Kunden" akzeptiert hat.]

Rose	(nickt zustimmend)
Tony:	Ja, ich weiß, ich kann das.
Therapeut:	Wenn Sie [Tony] sich Sorgen machen wegen des Fensters, können sie sich darum kümmern ...
Tony:	Aber wie ist das mit Mark, der einbricht [durch das Fenster] und ähnliche Sachen anstellt?
Therapeut:	Nun ja, Sie sind der Vater. Sie tragen Verantwortung. Sie können sich nicht an Rose wenden, daß sie das regeln soll.
Tony:	Sie haben völlig recht.
Therapeut:	Er muß netter mit Ihnen umgehen – weil Sie das verdient haben.

[Ich respektiere Roses Sorgen, indem ich Tony dränge, seine ruhige, fürsorgliche und rücksichtsvolle Seite zu zeigen.]

Rose	[nickt zustimmend mit Tränen in den Augen]
Therapeut:	Und ich weiß, daß Ihnen [Tony] viel an ihr gelegen ist. Das kann ich sehen.

Tony:	Wenn das nicht so wäre, wäre ich nicht hier. Dann hätte ich euch schon vor langer Zeit verlassen. Das hätte ich gemacht, aber ich liebe dich so sehr. Das tue ich wirklich.
Rose:	Du hast eine sehr komische Art, das zu zeigen (weint).
Therapeut:	Und Rose hat zu Ihnen gehalten, so frustriert wie sie auch war.
Tony:	Sie haben gefragt, wie wir das überlebt haben. Wir haben das überlebt, weil wir einander lieben.
Therapeut:	Ich glaube, das zeigt sehr viel Stärke. Ich glaube, das zeigt Stärke.
Rose:	Entweder das, oder ich habe diesen sadistischen Wunsch, mich die ganze Zeit mißhandeln zu lassen.
Tony:	Nein ...
Therapeut:	Ich glaube nicht, daß es das ist. Ich weiß nicht, ob Sie daran interessiert sind, wieder zusammenzukommen.
Rose	(antwortet schnell): Ja!
Tony:	Sicher.

[Bevor Sie weiterlesen, nehmen Sie sich etwa fünf Minuten Zeit, um eine Aufgabe zu entwickeln, die Tonys Fähigkeit, liebevoll zu seiner Frau zu sein, und die Information darüber, was nach Meinung beider Partner einen Schritt in die Richtung eines positiven Ergebnisses darstellen würde, berücksichtigt. Gehen Sie bei Ihrem Vorschlag auch von dem Wissen aus, daß Tony ein „Kunde" und Rose eine „Klagende" ist.]

Therapeut:	Was ich mir überlege, ist: Zwischen jetzt und dem nächsten Treffen sollten Sie [Tony] daran arbeiten, nett zu Rose zu sein, okay? Wenn Sie nicht fort von zuhause sind. Wenn Sie weg sind, machen Sie das gut. Sie müssen das also auf die Zeit zuhause übertragen.
Tony	[lacht und stellt eindeutig die Verbindung zu den diskutierten Überlegungen her]: Ich werde so tun, als sei ich die ganze Zeit fort!
Therapeut:	Was ich Sie [Rose] gern bitten würde, ist, bewußt darauf zu achten, wenn Sie zuhause sind und merken, daß Tony aus einer Situation [mit Mark] weggeht, okay? Und darauf zu achten, wie er das macht. Weil es für Sie [Rose] leichter ist, das zu sehen ... wie er das schafft. Für Sie [Tony] wird es schwerer sein zu sehen, was Sie machen. Okay, dann lassen Sie uns einen Termin ausmachen.

Bei der nächsten Sitzung, zwei Wochen später, fiel Rose auf, daß Tony dem Bedürfnis, sich mit dem Sohn zu streiten, widerstand; bei der dritten Sitzung, drei Wochen später, berichtete Rose über eine Verbesserung seiner Fähigkeit, Provokationen von Mark aus dem Weg zu gehen; bei Mark beobachteten sie, daß er „weniger brüllte" und Tony gegenüber mehr Respekt zeigte. Tony ging in dieser Zeit zu seinem Internisten, der ihm sagte, sein Blutdruck und der Cholesterinspiegel seien zu hoch, und ihn aufforderte, „für weniger Streß zu sorgen". Dieser Besuch beim Internisten machte ihm angst, und er fing an, die Dinge in einem neuen Licht zu sehen.[2] Bei der vierten Sitzung, zwei Wochen später, berichteten sowohl Tony wie auch Rose über eine deutliche Abnahme der Auseinandersetzungen zwischen Tony und Mark. Mark erhielt sein seit langem bestes Zeugnis und verbrachte mehr Zeit mit der Familie. Rose sagte über sich selbst, sie fühle sich ihrem Mann näher. Bei einem Termin einen Monat später (fünfte Sitzung) bestätigte das Paar weiterhin den guten Fortschritt und entschied, daß sie keinen neuen Termin mehr brauchten.

Ein Jahr später kamen Tony und Rose zu mir wegen ihrer Tochter, die einen Freund hatte, der ihnen nicht gefiel. Wir trafen uns nur dieses eine Mal. Als ich sie danach fragte, wie es ihnen nach den früheren Sitzungen ergangen war, berichteten sie übereinstimmend, ihre Beziehung hätte sich verbessert, was sich tatsächlich auch in ihrem lockeren Umgang miteinander zeigte.

Eine praktische Übung: Shirley

Betrachten wir einmal das folgende klinische Beispiel, um mit einigen der in diesem Kapitel umrissenen Ideen zu experimentieren. Nehmen Sie an, Sie seien die TherapeutIn, und denken über folgende Fragen nach:

1. Welche Annahmen würden Sie dazu bringen, bei dieser Klientin pessimistisch zu werden und sich überfordert zu fühlen? Was ist notwendig, um diese Annahmen zu vermeiden?
2. Wie würden Sie Shirleys Schwierigkeiten so rahmen oder kontextualisieren, daß Hoffnung und Zukunftsorientiertheit möglich sind?
3. Welche Metaphern wären im Gespräch mit Shirley über ihre Situation nützlich?

---

[2]) Kräfte außerhalb der Therapie beeinflussen das Leben der Menschen auf unerklärliche und oft hilfreiche Art. Für zeiteffektive TherapeutInnen ist es nützlich, das Auftreten zufälliger Ereignisse im Leben der KlientInnen zur Kenntnis zu nehmen und auf ihnen aufzubauen (Beispiele siehe MILLER, HUBBLE & DUNCAN, 1995).

4. Welche Vorschläge würden Sie Shirley auf der Grundlage ihrer Darstellung machen?

Zu Beginn des ersten Interviews sagte Shirley: „Mein Leben ist völlig durcheinander. Ich wünschte, ich könnte einfach noch `mal von vorn anfangen." Shirley ist eine 42-jährige verheiratete Mutter von drei Kindern, die in den zwanzig Jahren ihrer Ehe fast die ganze Zeit zu Hause bei den Kindern war. Sie erzählt, daß sie mitten in der Nacht aufwacht, „und sich Sorgen macht". Sie hat in der letzten Zeit zugenommen und berichtet, sie sei mit ihrer Familie ärgerlich und „gereizt". Sie fragt sich, woher dieser „tiefsitzende Zorn" kommt. Shirley sieht sich selbst als „Versagerin" ohne Ziele und ohne Energie und glaubt, daß sie immer die Bedürfnisse anderer Menschen vor ihre eigenen stellt.

Shirley wuchs bei einer Mutter, die Alkoholikerin war, auf und hat gelernt, für Ruhe und Frieden zu sorgen und „sich anzupassen", obwohl sie jetzt manchmal deswegen Groll empfindet. Sie erzählt Ihnen, daß für das kommende Wochenende ein Ausflug mit der ganzen Familie geplant ist, obwohl sie es schöner fände, wenn ihr Mann mit den Kindern allein führe und sie zuhause bliebe. Während der Sitzung weint Shirley oft und stellt sich die Frage, ob sie wohl wie ihre Mutter werden wird, die ihr Leben lang depressiv und unglücklich war. Im Gespräch mit Shirley erfahren Sie, daß sie vor vielen Jahren ein zweijähriges Fortbildungsstudium abgeschlossen hat, sich für Tanz und Musik interessiert und überlegt, ob sie sich einer Weightwatcher-Gruppe anschließt. Als ihr die Wunderfrage gestellt wird, antwortet Shirley: „Zeit für mich ... vielleicht Fitness-Übungen machen ... ein Buch lesen ... einen Sinn in meinem Leben sehen." Sie fügt hinzu: „Ich weiß, es ist schwer, etwas zu verändern."

Bevor Sie weiter lesen, nehmen Sie sich ungefähr zehn Minuten Zeit, um die oben angeführten Fragen zu beantworten.

Da es sich hier um eine Situation handelt, in der ich mich kürzlich befand, werde ich Ihnen erzählen, wie ich mich bei dieser Klientin vorging. Ich stellte meine Kommentare in den Kontext, daß es sich hier um eine Periode der Selbstprüfung für Shirley handelte; daß sie eine Geschichte über ihr Leben verinnerlicht und akzeptiert hatte, die nicht mehr ganz paßte. In dieser Lebensgeschichte hatte sie eine Rolle, bei der sie die Bedürfnisse anderer vor ihre eigenen stellte und dem, was sie im Leben wünschte oder brauchte, nicht viel Aufmerksamkeit widmete. Die Familienmitglieder hatten diese Geschichte von ihr übernommen und erwarteten nun von ihr ein bestimmtes Verhalten. Ihr Groll zeigte, daß diese Geschichte nicht länger funktionierte und sie eine neue Lebensgeschichte erfinden mußte, die ihr mehr Möglichkeiten offen ließ und weniger einschränkend und eingrenzend war.

Ich sprach über ihren „Zorn", nicht als etwas Negatives in ihr, sondern vielmehr als eine Art berechtigten Protest gegen etwas, was in ihrem Leben nicht funktionierte. Ich war mit ihr einer Meinung, daß es schwer war, etwas zu verändern, und es in Anbetracht des Ausmaßes, in dem sie die alte Geschichte so viele Jahre lang akzeptiert hatte, sinnvoll wäre, Veränderungen nicht zu schnell durchzuführen. Ich stellte laut die Frage nach „kleinen Schritten", die Shirley vielleicht machen könnte und die ihr erlauben würden, einen Sinn in ihrem Leben zu sehen.

Wir diskutierten über Möglichkeiten, bei Musikschulen nachzufragen, ob vielleicht ein Kursus angeboten wird, der für sie interessant wäre. Ich wiederholte meinen Eindruck, dies würde nur ein Vorgang des Überprüfens sein, nicht mehr. Shirley brachte dann die Idee auf, sich einer Weightwatcher-Gruppe anzuschließen, was ich unterstützte. Schließlich fragte ich sie nach dem Wochenendausflug, den Shirley wirklich nicht mitmachen wollte, ob sie bereit wäre, ihre Familie zu überraschen. Sie schien neugierig zu sein, was ich sagen würde. Ich schlug ihr vor, an dem Wochenende etwas zu tun, was für sie selber gut und unerwartet war (im Unterschied zu der alten Geschichte, auf die die Familie sich schon eingestellt hatte). Sie lächelte freudig und stimmte zu, es zu versuchen. Wir verabredeten dann einen Termin in drei Wochen.

Beim zweiten Termin kam Shirley mit strahlendem Lächeln in mein Büro. Sie erzählte freudig, wie sie ihren Mann beim Wochenendausflug überrascht hatte, indem sie etwas „für sie Ungewöhnliches" machte, nämlich bei einem Skirennen mitfuhr! Obwohl sich ihr Mann mehrere Male an diesem Wochenende nicht sehr amüsierte, gelang es ihr, eine „prima Zeit zu haben". Sie hatte auch angefangen, ein gesundes Leben zu führen, indem sie regelmäßig an drei Morgen in der Woche mit einer Freundin wanderte, und sie hatte mit einer fettarmen Diät begonnen. Was die Musikkurse betraf, über die wir in der vorherigen Sitzung gesprochen hatten, hatte sie damit begonnen, einige Schulprogramme durchzusehen und sie plante weitere Erkundigungen. Ich gratulierte ihr zu den positiven Schritten, die sie unternommen hatte. Wir verbrachten den Rest der Sitzung damit, darüber zu sprechen, wie sie diese Schritte ausbauen könnte, „ohne aber so schnell voranzugehen, daß sie den Ehemann und die Kinder völlig beunruhigen würde." Interessanterweise hatte eines der Kinder auf dem Wochenendausflug zum Vater eine Bemerkung darüber gemacht, „wie niemals auf das gehört wird, was die Mutter machen wollte." Dieses deutete ich als Hinweis darauf, daß dem Sohn die wachsende Selbstsicherheit, mit der die Mutter ihre Bedürfnisse äußerte, aufgefallen war.

Wie diese klinische Situation zeigt, ist es möglich, das, was die KlientIn einbringt, zu nutzen und auszubauen, statt von außen eine Aufgabe aufzuerlegen, die nicht zum Umfeld der KlientIn paßt. Eine meiner Richtlinien bei der Erstellung von Aufgaben ist die, nicht mit einer Idee zu provozieren, zu der KlientInnen keinen Bezug herstellen können. Auf der anderen Seite muß eine Aufgabe eine hinreichende Herausforderung darstellen, um etwas in Bewegung zu bringen und Optimismus in Hinblick auf weitere Veränderung hervorzurufen. Manchmal frage ich KlientInnen, welche Ideen sie für weitere Schritte haben, die unternommen werden können; oder ich führe eine Reihe von Optionen an, aus denen die sich KlientInnen eine auswählen; oder ich bitte die KlientInnen, mir einen Brief zu schreiben, in dem sie mitteilen, was sie aus der Sitzung gewonnen haben und welche Schritte sie unternehmen könnten, um ihre Situation zu verbessern. Meistens jedoch ergeben sich meine Vorschläge aus den klinischen Gesprächen. Die Vorschläge werden sogar meistens gemeinsam konstruiert und genau auf die jeweilige spezifische klinische Situation zugeschnitten. Im nächsten Kapitel konzentrieren wir uns auf Möglichkeiten, Vorschläge und Aufgaben auf bestimmte klinische Situationen zuzuschneiden, und unterstreichen die Nützlichkeit des Briefeschreibens im therapeutischen Prozeß.

Schlüsselideen dieses Kapitels

- In dieser Zeit von „managed care" ist die erste Sitzung besonders wichtig, um klare Erwartungen zu schaffen, die zu einem wohl formulierten Ergebnis führen. Auf diese Weise wird Therapie ein zielgerichteter Prozeß und keine unendliche Erkundungsreise ohne Richtung.

- Nehmen Sie eine kompetenzorientierte Sichtweise an. Maximieren Sie die Möglichkeit, ein positives Ergebnis zu erzielen, indem Sie auf Lösungen, Ideen und Erfolgen der KlientIn aufbauen und diese ausweiten.

- Entwickeln Sie eine kooperative Beziehung, indem Sie der Geschichte Ihrer KlientIn zuhören und ihre Sorgen respektieren.

- Erhalten Sie sich naive Neugier, Optimismus und Respekt Ihren KlientInnen gegenüber.
- Lernen Sie, sich von wichtiger Information, insbesondere von Hinweisen auf Veränderung und Erfolg (ab-)lenken zu lassen. Suchen Sie in Ihren KlientInnen und deren sozialem Umfeld nach Ressourcen.
- Bleiben Sie auf das Ziel der KlientInnen eingestellt. Finden Sie heraus, wofür sie eine „Kundin" ist und nehmen Sie diesen Fokus ernst.
- Bleiben Sie einfach und konzentriert und vermeiden Sie unnötige Hypothesenbildung.
- Helfen Sie, das Ergebnis in klaren und verhaltensbezogenen Ausdrücken zu rahmen.
- Sorgen Sie für Feedback, indem Sie die Sorgen oder Themen der KlientIn in einen hoffnungsvollen, Veränderung bewirkenden Rahmen stellen.
- Wenn sich kein Fortschritt in Richtung Ziel einstellt, überprüfen Sie Ihre eigene Haltung und Ihren Ansatz und nehmen Sie Änderungen vor, mit denen Sie sich besser auf die Lage der KlientInnen einstellen.

Kapitel 3
Handeln: Therapie als Labor für Veränderungen

> *Die Aufgabe der TherapeutIn besteht darin ... einen Kontext zu schaffen, in dem die KlientIn ihre eigenen Möglichkeiten hervorbringen kann, ... das, was nötig ist, zu tun ... auf ihre eigene unnachahmliche Weise.*
>
> – John WEAKLAND

Die Revolution von „managed care" hat wesentlich dazu beigetragen, Therapie in eine handlungsorientierte Richtung zu bewegen. TherapeutInnen und KlientInnen können sich nicht länger den Luxus erlauben, unbeschränkt lange zusammen zu sitzen und psychologische Fragen zu erörtern. TherapeutInnen müssen sowohl während der Sitzung wie auch, was noch wichtiger ist, außerhalb des Therapieraumes die Weichen für das Handeln vorbereiten. Die „managed care companies" erwarten ebenso wie die meisten Menschen, die zur Therapie kommen, daß der therapeutische Prozeß konkrete Veränderungen im Leben des betreffenden Menschen bewirkt.

ALEXANDER und FRENCH (1946) haben schon vor vielen Jahren auf folgendes hingewiesen: „Diese Annahme, Interviews würden alles wie durch ein Wunder lösen, hat viele Behandlungen unnötig verlängert" (S. 39). Normalerweise wird zu einem gewissen Zeitpunkt während der Therapie das Handeln der KlientIn in der wirklichen Welt unabdingbar. FREUD selbst war sich z.B. bei Menschen, die unter Phobien leiden, darüber im klaren, daß es zu bestimmten Zeiten notwendig war, die KlientInnen zu ermuntern, die gefürchtete Situation in vivo zu suchen und sich ihr zu stellen, statt nur darüber zu reden (s. ALEXANDER & FRENCH, 1946). Zeiteffektive TherapeutInnen machen Vorschläge oder regen mögliche Handlungsschritte an, wobei sie die Motivation der KlientIn, etwas zu verändern, ausnutzen. Der erste Schritt der KlientIn bei diesem Prozeß besteht darin, Zukunftsvisionen zu entwickeln, die das Ziel einbeziehen. Beim nächsten Schritt wird mit der KlientIn zusammen ein Weg entwickelt, der in Richtung Ziel führt und beim Gehen Raum für Kreativität seitens der KlientIn läßt.

Obwohl Handlungsschritte ein wichtiger Teil des therapeutischen Prozesses sind, machen die Leute im allgemeinen nicht das, worum man sie bittet – jedenfalls meine KlientInnen nicht. Wenn es so leicht wäre, würde man einfach eine Reihe von Schritten vorgeben, die das Problem lösen könnten, und die KlientIn auffordern, diesen Rat zu befolgen. Warum funktioniert das nicht? Zunächst einmal gefällt es den Leuten meistens nicht, wenn man ihnen sagt, was sie tun sollen. Sie bestimmen gern selbst mit, was sie tun und wie sie es tun.

Anders ausgedrückt: „Wissen ist partizipatorisch, nicht instruktiv" (EFRAN, LUKENS & LUKENS, 1990). Wir lernen, indem wir Information in unsere bereits bestehenden Strukturen oder Schemata einbauen (MATURANA & VARELA, 1987). Daher ist es für TherapeutInnen wichtig, den KlientInnen Raum zu lassen, mit eigenen Ideen und Lösungen zu kommen, auf denen man aufbauen und die man erweitern kann. Menschen neigen dazu, das zu tun, was sie mit ihren Worten sagen und öffentlich als für sie wichtig zum Ausdruck bringen. Wie wir gesehen haben, werden dem Interview Ideen entspringen, die entwickelt und erweitert werden können.

Als nächstes folgt ein Beispiel, wie man Hausaufgaben auf einen spezifischen klinischen Kontext zuschneidet. Bei Sitzungen mit einem Paar trat das folgende Muster zutage: Wann immer der Mann sich seiner Frau in einer Weise näherte, die sie als „bedürftig, abhängig" bezeichnete, und wann immer er Zuneigung suchte, wurde sie unruhig und zog sich zurück; ihr Mann fühlte sich dann verletzt und mißachtet. Die Frau gab zu, sich bei Nähe und Zuneigung unbehaglich zu fühlen, da sie dies in ihrer Kindheit nicht oft erfahren hatte. Der Mann gab zu, Zuneigung und Aufmerksamkeit zu benötigen, und zwar immer besonders dann, wenn er unter Streß stand. Dieses Muster oder dieser Zyklus wurden als eine Kraft „externalisiert", die ihre beiderseitige Zufriedenheit und ihr Glück störte. Sie meinten übereinstimmend, dieses Muster würde ihre Beziehung negativ beeinflussen und sie wünschten sich etwas Befriedigenderes. Der Nutzen der Externalisierung des Musters in dieser Situation liegt darin, daß keiner der beiden Partner sich beschuldigt fühlt, da „das Muster" als der Schuldige gesehen wird.

Ich sagte dem Paar, ich hielte einen Fortschritt für möglich, wenn sie zusammen daran arbeiten könnten zu verhindern, daß dieses Muster ihren gemeinsamen Wunsch nach Glück beeinträchtigte. Ich schlug dann folgendes „Experiment" vor: Die Frau sollte sich bei ein oder zwei Gelegenheiten der eigenen Wahl dem Mann liebevoll nähern (ihn z.B. umarmen). Dies sollte geschehen, wenn der Mann gerade durch andere Dinge abgelenkt war. Der Mann sollte „sich zurücklehnen und sich dabei ganz entspannen", ohne sich aber seiner Frau in irgendwie zärtlicher Form zuzuwenden. Zusätzlich sollte der Mann bei mehreren Gelegenheiten zärtlichen Kontakt mit seiner Frau aufnehmen, und die Frau sollte es sich dabei ein- oder zweimal gestatten, „sich zurückzulehnen und sich dabei ganz zu entspannen", statt sich zurückzuziehen.

Beide stimmten zu, dies über einen Zeitraum von zwei Wochen auszuprobieren und dann über ihren Fortschritt zu berichten. Statt viel Zeit damit zu verbringen, wie sich diese Eigenarten bei jedem Partner entwickelt hatten, entwarf ich die Therapie als ein Labor, in dem mit neuen Mustern und Möglichkeiten experimentiert und das Paar ermutigt wurde, zu handeln und sich von den alten einengenden Verhaltensmustern zu befreien, die ihre Beziehung beeinträchtigten. In dieser besonderen Situation versetzte mein Experiment das Paar in die Lage, kleine Schritte aufeinander zuzugehen

Therapie als Labor für Veränderungen

Therapie kann ein Forum für KlientInnen darstellen, auf dem sie neue Verhaltensweisen einüben oder proben können, die dann in ihr Leben außerhalb der Therapie übertragen werden können. Wie Milton ERICKSON (in HALEY, 1967) schrieb: „Üben führt zur Vollkommenheit ... Einmal in Gang gekommenes Handeln wird meistens beibehalten (S. 369). Dieser Gedanke des Einübens oder Probens ist besonders wirksam bei der Paararbeit. Eine Möglichkeit, so zu arbeiten, besteht darin, jeden Partner aufzufordern, (1) eigene Stärken und Kompetenzen zu nennen, (2) Wünsche und Begehren auszusprechen und (3) ein konkretes Beispiel für ihr „Idealbild" zu geben, das dann in einer Szene „aufgeführt" wird, die „in vivo" im Büro entwickelt wird (Einzelheiten finden sich bei CHASIN, ROTH & BOGRAD, 1989; CHASIN & ROTH, 1990; ROTH & CHASIN, 1994). Es folgen Ausschnitte aus Sitzungen mit zwei Paaren, die Variationen zu diesem Ablauf aufzeigen.

Paar 1: Eine positive Zukunft spielen

Therapeut: Lassen Sie mich Ihnen sagen, wie ich gern vorgehen würde, was vielleicht anders aussieht als das, was Sie bisher in der Therapie erlebt haben ... Ich würde gern anfangen, indem wir nicht sofort über das Problem reden, sondern erst einmal über andere Dinge sprechen, die es meiner Meinung nach leichter und sinnvoller machen, über das Problem zu reden. Ist das in Ordnung? [Sie stimmen beide zu.] Womit ich gern anfangen möchte, ist etwas, was leicht übersehen wird, nämlich die Stärken der Menschen.

	Es würde mich interessieren, von jedem von Ihnen zu hören, was Sie für Ihre Stärke halten. Welches sind die Stärken und Fähigkeiten oder Dinge an Ihnen, die Sie mögen und mit denen Sie erfolgreich sind? Es ist gleich, wer von Ihnen anfängt.
Mann:	Also, ich bin ziemlich stark und gesund. Ich habe eine hohe Toleranzgrenze für das Verständnis anderer. Ich bin ein guter Zuhörer. Ich jammere nicht. Ich komme zurecht und mache mir nicht viel Sorgen. Ich bin sehr engagiert bei meiner Arbeit ... bin konsequent, mach´ meine Arbeit. Ich bin diszipliniert. Das sind die wichtigsten.
Therapeut:	Was würden Sie [Frau] dieser Liste hinzufügen?
Frau:	Er ist ein wunderbarer Vater. Er hat die Fähigkeit mitzufühlen. Das sind die zwei Sachen, die mir so einfallen.
Therapeut:	Vielleicht können Sie [Frau] mir etwas über Ihre Stärken erzählen.
Frau:	Ich glaube auch, daß ich eine gute Zuhörerin bin und ein gutes Empfinden für die Menschen um mich herum habe. An meinem Arbeitsplatz arbeiten sechs Menschen unter mir, und ich denke, ich habe ein feines Gespür dafür, worüber geredet werden muß. Ich habe meine Angelegenheiten äußerst gut im Griff ... Ich glaube, ich bekomme eine Menge geschafft im Laufe eines Tages ... einschließlich mich [um die Kinder] kümmern und sie versorgen. Ich glaube, ich schaffe das, weil ich gut organisiert bin. Ich bin auch sehr sozial eingestellt und gesellig. Ich habe ein paar wirklich gute Freunde, die ich sehr gern habe. Ich habe die Fähigkeit zu lernen und mich zu verändern und bin sehr flexibel. Ich möchte Probleme lösen und nicht für alle Ewigkeiten beibehalten.
Therapeut	[zum Mann]: Gibt es irgend etwas, was Sie hinzufügen möchten?
Mann:	Zu ihren eigenen Stärken, die sie nicht erwähnt hat?
Therapeut:	Ja.
Mann:	Sie hat erwähnt, daß sie eine gute Mutter ist. Sie hat gute Arbeit geleistet mit den Kindern.
Therapeut:	Ich würde jetzt gerne etwas über die Ziele hören, die jeder von ihnen in Hinblick auf die Beziehung hat. Ich möchte, daß Sie diese Ziele positiv ausdrücken, nicht, was Sie nicht möchten, sondern wie die Beziehung Ihrer Meinung nach aussehen soll. Wie stellen Sie sich die Situation nach Verbesserung der Lage vor?
Frau:	Ich glaube, am einfachsten wäre es für mich, wenn ich erzählen würde, wie ein normaler Tag aussehen würde, wie ein schöner Tag aussehen würde. Ich würde gern morgens mit Jim aufstehen und ein paar Minuten mit ihm darüber plaudern, was an dem Tag

anliegt, ihn umarmen und auf Wiedersehen sagen und dann meine eigenen Sachen machen. Was Jim anlangt, er würde am Ende des Tages die Dinge machen, zu denen er Lust hat, und dann würden wir uns zum Abendbrot zusammensetzen und über unseren Tag reden. Ich fände es schön, wenn Jim und ich die Verantwortung für den restlichen Tag teilen würden, für die Dinge, die noch gemacht werden müssen, damit wir die Zeit gemeinsam verbringen können, nachdem die Kinder ins Bett gegangen sind. Vielleicht ein Glas Wein trinken und zusammen sitzen und reden. Und auch außerhalb des Hauses Zeit zusammen verbringen, zum Beispiel einmal in der Woche ... Eine Partnerschaft, in der man viel gemeinsam hat und sich gegenseitig unterstützt. Ich habe auch Freude an einer guten sexuellen Beziehung und hätte da gern eine Basis, auf der wir uns beide wohlfühlen. Und ich mag gern viel Zärtlichkeit, umarmen, sich berühren ...

Therapeut [zum Mann]: Wie sehen Ihre Ziele aus?

Mann: Ich hätte alles gern spontaner. Vor allem glücklich sein ... Ich würde gern mehr Zeit mit den Kindern verbringen ... aber meine Arbeit läßt das nicht zu. Gemeinsam arbeiten und spielen. Ich würde die Dinge lieber spontan machen, statt alles zu planen. Früher waren wir mal sehr spontan – ich brauchte nicht darüber nachzudenken, was ich *tun* müßte, um sie glücklich zu machen ... es passierte einfach. Alles ging viel spontaner, bevor wir die Kinder hatten und all die andere Verantwortung. Jetzt müssen wir alles planen, es gibt keine Freiheit mehr.

Therapeut: Ich würde jetzt gern jeden von Ihnen bitten, mir eine Möglichkeit zu zeigen, wie die Dinge in Ihrer Beziehung besser sein könnten. [Zur Frau] Sie haben mehrere Dinge erwähnt, von denen Sie sagten, die würden einen positiven Tag ausmachen; und jetzt möchte ich, daß Sie eine bestimmte Sache auswählen und die zusammen durchspielen; entwickeln Sie die Szene so, wie Sie sie gern haben möchten und spielen Sie sie hier im Büro durch.

Frau: Kann ich etwas benutzen, was sich negativ entwickelt hat, was ich aber gern anders laufen lassen würde?

Therapeut: Sicher. So, wie Sie es gern hätten.

Frau: Bei der Unterhaltung, an die ich denke, geht es darum, daß ich zum Elternabend gehe. Wir setzten uns sogar zusammen an den Küchentisch. Und ich sagte: „Ich weiß, du gehst immer Mittwochabends aus, aber ich wollte dich fragen, ob du einmal im Monat diesen Zeitplan ändern könntest, damit ich zum Elternabend gehen kann." Was ich gern als Antwort von ihm hören würde, ist: „Der Elternabend ist wichtig für dich, also sag` mir, wann er ist ... welcher Mittwoch im Monat ... und ich tausche gern den Abend,

	damit es für dich möglich ist, dorthin zu gehen." Und ich würde sagen: „Toll, danke schön, Jim, das ist wirklich nett."
Therapeut:	Okay, probieren wir das mal aus. Jim, Sie sind jetzt die Person, die Marge sich wünscht, nur damit wir das hier mal durchspielen können. Sie legen sich nicht damit fest. [Lachen] Ich möchte eine Vorstellung bekommen, wie dieses Szenario in der Weise, wie Marge es sich wünscht, ablaufen kann. [Zur Frau:] Und wenn er es nicht so macht, wie Sie es sich wünschen, müssen wir anhalten und wieder von vorn anfangen. Sie [Frau] sind jetzt also die Regisseurin.

[Das Paar spielt dann die Szene: Die Frau ist nicht zufrieden mit dem Ergebnis, und die Szene wird mehrere Male wiederholt, bis sie zufrieden ist. Die Rollen werden dann getauscht, und der Mann fordert seine Frau auf, eine Szene zu spielen, die er sich als Regisseur ausgesucht hat. Danach frage ich sie, was sie zur Therapie geführt hat. Der Mann beschreibt eine immer größer werdende Distanz zwischen sich und seiner Frau und seinen Wunsch, einander näher zu sein; die Frau spricht von der Notwendigkeit, einen besseren Weg zu finden, mit gegenseitigem Respekt miteinander zu reden und den ganzen „Ballast" loszuwerden, der sich angesammelt hat. Ich benutze das Material, das beide im ersten Teil der Sitzung vorgestellt haben, um ihnen Hoffnung auf eine mögliche Veränderung zu machen und um den Fokus auf ein Ziel zu richten, das beide für wichtig halten.]

| *Therapeut:* | Nach dem, was ich gehört habe, haben Sie beide große Stärken und Ressourcen, die sie zur Verbesserung Ihrer Beziehung mit einsetzen können. Sie [Mann] sprachen über Ihre Toleranz, Ihr Verständnis, Ihre Fähigkeit, zuzuhören und selbst unter Druck die Ruhe zu bewahren. Sie [Frau] haben ihre Fähigkeit, zuzuhören, beschrieben, fürsorglich und verständnisvoll zu sein und Dinge zu Ende zu bringen. Und auch ihre Fähigkeit zu lernen, sich zu verändern und flexibel zu sein, ist wichtig, um diese Situation umzukehren. Beide sind Sie sich einig, daß Sie einige Veränderungen in Ihrer Beziehung wünschen, damit Spontaneität, Nähe und Kommunikation wiederkehren, die Sie beide zu einem früheren Zeitpunkt in Ihrer Beziehung erlebt haben. Leider ist es manchmal notwendig, genau das Gegenteil zu tun, um die Spontaneität zurückzugewinnen, das heißt, man muß mehr planen, die Dinge noch genauer betrachten.
Wenn Sie wiederkommen wollen, hätte ich einen Vorschlag. [Sie sind sich einig, daß sie zu einer weiteren Sitzung kommen wollen.] Es wäre schön, wenn Sie ein wenig über die Dinge nachdenken könnten, die Sie gemacht haben, bevor Sie die Kinder und all die Verantwortung hatten ... und wenn Sie sehen könnten, |
|---|---|

ob es eine Sache gibt, die Sie früher gern zusammen gemacht haben und die Sie nun nicht mehr machen, die Ihnen aber beiden Spaß machen würde; etwas, was Sie aus einer Zeit, die Sie als glücklicher und zufriedenstellender in Erinnerung haben, wieder hervorholen können. Es kann etwas Einfaches sein, wie z.B. ins Kino gehen oder tanzen. Sind Sie bereit, das zu tun?

Mann: Wir könnten uns 'mal wieder einige unserer alten Photos ansehen.

Therapeut: Ja, das hilft vielleicht.

Wir trafen uns über einen Zeitraum von zwei Monaten noch weitere fünfmal. Obwohl das Paar in dieser Zeit einige Höhen und Tiefen durchlebte, konnten sie ihre Nähe und Intimität vertiefen und etwas von der Spontaneität zurückgewinnen, die seit einiger Zeit gefehlt hatte. Sie besuchten gemeinsam einen Workshop für Paare und fingen an, die dort vorgeschlagenen Übungen durchzuführen. In der letzten Sitzung arbeiteten sie harmonischer miteinander und waren beide über den Fortschritt, den sie gemacht hatten, erfreut. Da in der Sitzung von ihren Stärken ausgegangen wurde, war der Boden für ihren eigenen Erfindungsreichtum vorbereitet, und sie konnten die Intimität und die Nähe, die sie beide suchten, wiedergewinnen. Am wichtigsten war, daß die Schritte, die sie außerhalb der Therapie unternommen hatten, wesentlich zur Erreichung eines erfolgreichen Ergebnisses beigetragen hatten.

Paar 2: Veränderung durch reflexives Zuhören erreichen

Dieses Paar kam in die Therapie, da die Frau den Eindruck hatte, sie würde keine emotionale Unterstützung von ihrem Mann erhalten, wenn sie im Umgang mit ihren drei kleinen Kindern frustriert und überfordert war. Die Frau sagte: „Ich brauche Unterstützung ... ich möchte, daß er meine Gefühle wahrnimmt." Sie nahmen beide an einem Elternkursus über die Technik des „reflexiven Zuhörens" teil, und die Frau hoffte, der Mann würde diese Fähigkeiten dazu benutzen, ihr zuzuhören. Dieses Paar bat ich darum, eine Szene zu spielen, in der die Erwartungen der Frau hinsichtlich der Unterstützung erfüllt wurden. Wir gingen diese Szene viele Male durch, bevor die Frau mit der Reaktion des Mannes zufrieden war. Die Frau drückte ihre Ziele in folgender Weise aus: „Ich muß lernen, ruhig zu bleiben – aber ich wünsche mir auch mehr Unterstützung von ihm."

Therapeut: Lassen Sie uns einen Augenblick dabei bleiben [bei dem Wunsch nach Unterstützung durch den Mann]. Sie wissen, was er sagen sollte, um Sie mehr zu unterstützen. Okay. Ich möchte jetzt von Ihnen, daß Sie diese Szene so, wie Sie sie gern haben würden, durchspielen. Nehmen wir an, Sie sind nach einem schwierigen Tag mit den Kindern frustriert und Sie werden Ihren Mann das wissen lassen. Ihre Aufgabe [zum Mann] besteht jetzt darin, Unterstützung in der Form zu geben, wie Ihre Frau sie sich wünscht. Sie müssen das in einer Weise machen, die glaubwürdig ist, sonst müssen wir das noch einmal durchgehen.

Frau: Ich soll also von den Umständen erzählen, was mich gerade geärgert hat, ist das richtig?

Therapeut: Ja. Lassen Sie ihn in derselben Weise, wie Sie das normalerweise tun, wissen, wie frustriert Sie sind.

[Die Frau fängt an, ihre Frustration und ihren Ärger über die Kinder auszudrücken.]

Mann: Es war richtig von dir, die Kinder nach oben zu schicken.

Frau: Aber sie hören nie auf. Sie rufen mich über die Sprechanlage an, und dann kann ich mich nicht beherrschen und schreie. Ich schreie sie ständig an.

Mann: Es ist schwer. Du mußt einfach versuchen, nicht zu schreien.

Frau: Ich weiß.

Mann: Sprich' mit leiser Stimme ...sprich' leise.

Therapeut: Augenblick. Er versucht, Ihnen Lösungen anzubieten. Ist es das, was Sie wollen? Was wünschen Sie sich?

Frau: Es ist komisch, daß Sie das erwähnen, denn ganz oft werde ich wütend, wenn er versucht, mir zu sagen, was ich tun soll, aber ich weiß, er versucht, mir so zu helfen. Ich möchte Lösungen, wenn ich mit meinen Freundinnen rede, aber von ihm wünsche ich mir Verständnis und Unterstützung.

Therapeut: Gut, machen wir weiter.

Frau: Ich möchte nur, daß du sagst: „Ich weiß, du bist frustriert ..."

Mann [ahmt die Frau nach]: „Ich weiß, du bist frustriert ... du machst es ganz toll."

Frau: „Du gibst dir große Mühe ... du fühlst dich überfordert." Du kannst zu mir sagen: „Ich sehe, du bist überfordert. Was kann ich tun, um dir zu helfen?"

Therapeut [wird auch frustriert]: Also, das wäre gut, nur das Stück: „Ich kann sehen, du bist frustriert, du fühlst dich überfordert ..."

Mann: Ich kann sehen, du bist frustriert. Was kann ich tun, um dir zu helfen?

[Gegen Ende der Sitzung.]

Therapeut: Ich schlage vor, Sie ergreifen jede Gelegenheit zu Hause, um dies [Unterstützung geben] zu üben. Ist das in Ordnung? Und halten Sie eine Münze bereit. Es scheint nur eine unbedeutende Sache zu sein, aber es kann helfen, den Kreis zu durchbrechen ... denn es gibt einen kritischen Punkt, an dem man entweder reagiert und sich hineinziehen läßt oder sich dagegen entscheidet. Je nachdem, was Sie wählen, wird das Resultat unterschiedlich sein. Mit der Münze, wenn „Zahl" oben ist, haben Sie die Freiheit, in der üblichen Weise auf die Kinder zu reagieren. Sie müssen nicht, aber sie können. Wenn „Adler" oben ist, machen Sie etwas anderes.

Mann: Ich glaube, das mit dem Hochwerfen der Münze ist gut.

Therapeut [zum Mann]: Und Sie müssen üben, Ihr Verständnis auszudrücken. Lassen Sie uns einfach anfangen und sehen, wie es läuft, okay?

[Nächste Sitzung, zwei Wochen später]

Frau: Wissen Sie, was ich gemacht habe? Ich sage ihnen [den Kindern], sie sollen in ihr Zimmer gehen, und im Nu spielen sie schön ruhig.

Therapeut: Wie haben Sie das gemacht?

Frau: Ich sage ihnen einfach, sie sollen oben bleiben und sie gehorchen. „Wenn ihr euch streiten wollt, geht nach oben und streitet euch da." Aber sie streiten sich oben nicht. Sie spielen. Wir haben auch den Fernsehapparat nicht mehr die ganze Zeit an, der hatte sie immer beim Zuhören gestört.

Mann: Es läuft alles viel besser.

Therapeut: Haben Sie Gelegenheit gehabt, die Münze zu benutzen?

Frau: Ich habe das irgendwie ohne die Münze gemacht. Zum Beispiel habe ich viel gelesen. Letzte Woche, als Joe nach Hause kam, herrschte ein völliges Chaos, und ich saß da und habe gelesen. Das war toll! Ich habe einfach gesagt, ich lese jetzt, und die Kinder haben völlig verrückt gespielt.

Therapeut: Sie haben einfach gelesen und sich entspannt? Wie haben Sie das in all dem Durcheinander geschafft?

Frau: Ich habe einfach gesagt, ich setze mich jetzt hin und lese und ignoriere sie. Und das habe ich gemacht!

Therapeut: Donnerwetter!

Mann: Es war schön, aber das Haus stand auf dem Kopf. Angela mußte an dem Abend weg, und ich saß da mit dem Chaos. Ich habe gesagt: „Oh, Mann, ich muß das alles aufräumen."

Frau:	Irgend jemand muß es ja machen. Am ersten Wochenende nach unserem letzten Besuch mußte ich zu einer Tante ins Krankenhaus, und er hatte also die Verantwortung. Und am Sonntagabend hat er sich genauso verhalten wie ich. Er hat gesagt: „Ich habe das Gefühl, ich rase hier mit über 200 Stundenkilometern ... meine Güte!" Er war wie ein Verrückter.
Therapeut:	Hat Ihnen das gefallen?
Frau:	Ich habe es genossen! [Alle lachen] Und er machte dieses reflexive Zuhören und ich mußte laut lachen. Es war am Morgen, und ich hatte mir große Mühe gegeben, [bei den Kindern] nicht auszurasten, und ich sehe ihn aus dem Bett hervorlugen. Er war an dem Morgen dran mit ausschlafen, und er fängt an: „Ich kann sehen, du bist richtig frustriert ..." und ich bin zum Bett gerast und auf ihn `raufgesprungen, und wir haben gelacht. Dann kamen die Kinder alle hereingestürmt, um zu sehen, worüber wir lachten. Als er es also schließlich sagte, bin ich losgeprustet vor Lachen.

Wie dieses Beispiel zeigt, kann die Wiederholung eines Verhaltensablaufs in der Praxis des Therapeuten zu einigen nützlichen und humorvollen Resultaten führen, die sich ganz spontan ergeben können. Wir wollen uns nun eine Vorlage für die Entwicklung von Aufgaben in der Therapie ansehen.

Hausaufgaben (er-) finden: Ein Potpourri an Ideen

BROWN-STANDRIDGE (1989) hat ein nützliches Muster für das Entwerfen von Hausaufgaben in der Therapie entwickelt.[1] Abbildung 3-1 zeigt meine Abwandlung ihres Paradigmas. Ich habe die Aufgaben nach der Handlungsbereitschaft der KlientInnen geordnet – d.h. es gibt die Position der KundIn, der Klagenden und der BesucherIn, die wir bereits erörtert haben. Die Aufgaben in jedem Quadranten können bei KundInnen eingesetzt werden; Aufgaben aus Quadrant B wären am effektivsten bei Klagenden und die aus Quadrant D bei BesucherInnen. Selbstverständlich sind die besten Aufgaben solche, die von KlientInnen selbst aus dem klinischen Gespräch heraus geschaffen werden. Zum Beispiel beschloß das eine Paar, Listen zu erstellen, in denen sie aufführten, wodurch sie sich beim jeweils anderen umsorgt fühlten. Dann tauschten sie die Listen aus. Statt nun also zu versuchen, „die Gedan-

---

[1] Ich möchte Simon BUDMAN, PhD., danken, der mich mit dieser Hausaufgabenstruktur bekannt gemacht hat.

ken des anderen zu lesen" und zu sehen, was sie voneinander brauchten, konnten sie sich einfach auf ihre Listen beziehen. Manchmal jedoch haben KlientInnen keine eigenen Ideen für ihr Handeln, und für diese Fälle möchte ich einiges vorschlagen, was auf unserer gemeinsamen Konversation aufbaut. Im Laufe der Zeit bin ich dazu übergegangen, immer weniger zu dirigieren und dafür Vorschläge und Ideen in eher beratender Funktion anzubieten, wobei ich die Art der Ausführung den KlientInnen überlasse. Ich bin auch „transparenter" bei meiner Darlegung der Ideen geworden und teile offen meine Gedanken mit, die hinter diesen Vorschlägen stehen.

	verhaltensbezogen (tun, handeln)	nicht verhaltensbezogen (beobachten, denken)
	A	**B**
direkt	direkte und klare Hausaufgaben	Beobachtungs- und Nachdenk-Aufgaben
	C	**D**
indirekt	therapeutische Vorschläge	Botschaften, Anekdoten, Geschichten

Abb. 3–1 Paradigma der Aufgabenkonstruktion

Mit Genehmigung abgeändert nach M. D. BROWN-STANDRIDGE, *Family Process*, 28, 1989, p. 477

Aufgaben können entweder der Kategorie „verhaltensbezogen" (etwas *tun*) oder nicht verhaltensbezogen (über etwas *nachdenken*) zugeordnet werden. Die Aufgabe, über etwas nachzudenken oder etwas „wahrzunehmen" kann nützlich für jemanden sein, der sich noch nicht in der Position der KundIn befindet, da sie die KlientIn nicht unter Druck setzt, irgendein neues Verhalten zu zeigen. Wenn Sie sich erinnern: im Transkript von Rose und Tony, das wir in Kapitel 2 vorstellten, wird Rose (die sich nicht in der Kundinnen-Position befand) aufgefordert, einfach *wahrzunehmen*, wann ihr Mann aus einem potentiellen Konflikt mit dem Sohn weggeht. Aufgaben zum Denken sind auch bei KlientInnen wirkungsvoll, bei denen Sie die allzu rasche Bewegung in eine bestimmte Richtung verhindern möchten. Sie erlauben es KlientInnen, ihre Gedanken zu mobilisieren und über ihre Entscheidungen nachzudenken. Aufgaben sind „direkt", wenn sie geradeheraus angeboten werden. „Indirekte" Aufgaben wecken einfach Ideen und werden als Möglichkeiten dargestellt, über die die KlientIn nachdenken kann. Sie erfordern kein Handeln seitens der KlientInnen. Direkte Aufgaben sind nützlich für Menschen, die sich im Stadium der KundIn befinden und bereit sind zu handeln. Indirekte Aufgaben sind nützlich für Menschen, deren Ziele und Motivation weniger klar definiert sind. Abbildung 3-2 liefert Beispiele auf jeder Ebene der Aufgabenkonstruktion.

Verhaltensbezogen / Direkt [A]. TherapeutIn schlägt ausgehend von der klinischen Konversation Handlungsschritte vor:

1. „Tun Sie jeden Tag eine gute Sache für sich selbst."
2. „Überraschen Sie Ihre Frau, indem Sie etwas Unerwartetes tun, das sie gern hat."
3. „Registrieren Sie an den Tagen, an denen Sie sich *nicht* [depressiv] fühlen, was geschehen ist (was Sie gemacht haben)."
4. „Gestehen Sie sich jeden Abend 20 Minuten zu, um sich Sorgen zu machen, und vergewissern Sie sich, daß Sie die ganzen 20 Minuten mit dieser Tätigkeit verbringen" (paradox).

Nicht verhaltensbezogen / Direkt [B]. TherapeutIn macht Vorschläge, die keine Handlung oder Verhaltensänderung erfordern:

1. „Überlegen Sie sich etwas, was Sie tun könnten, das völlig anders wäre als Ihre übliche Art, sich mit Ihrem Mann über sein Trinken auseinanderzusetzen, was Ihnen aber helfen könnte, sich weniger Sorgen zu machen."
2. „Achten Sie darauf, wenn Ihre Frau sich so verhält, wie Sie es sich wünschen."

Verhaltensbezogen / Indirekt[C]. TherapeutIn ermuntert KlientIn, ihre eigenen Lösungen zu finden:

„Ich überlege gerade, wenn Sie das Grab Ihres Vaters besuchen und ihn um seinen Rat zu diesem Problem bitten, was würde Ihr Vater sagen."

Nicht verhaltensbezogen / Indirekt [D]. TherapeutIn sät Ideen durch Anregungen:

[Frau kommt zur Therapeutin, nachdem sie ihr Haus, in dem sie 50 Jahre lebte, verloren hat.]
„Das Haus verlieren ist genauso, als ob eine Schildkröte ihren Schild verliert. Sie sind sehr verletzbar und allem ausgesetzt. Ich frage mich, wie eine Schildkröte es anstellen würde, einen neuen Schild zu bekommen."

Abb. 3–2 Paradigma der Aufgabenkonstruktion: Beispiele

Die Anregungen und Hausaufgaben, die als nächstes vorgestellt werden, sind als Beispiele für Aufgaben gedacht, die aus der klinischen Konversation heraus entstehen und *nicht als Formeln, die losgelöst vom jeweiligen Kontext angewendet werden können.* Ich erhoffe mir, daß diese Ideen als Anregung zu eigenem Denken und zu eigener Kreativität dienen. BROWN-STANDRIDGE (1989) macht auf folgenden Aspekt aufmerksam: „Wenn [KlientInnen] den Eindruck haben, Aufgaben würden einfach auf ihnen abgeladen, wie bei jeder anderen, die zufällig gerade an dieser Stelle steht, sind sie vielleicht höflich genug, den Wünschen der TherapeutIn zuzustimmen, aber sie kommen möglicherweise nicht zum nächsten Termin" (S. 472). Es folgen nun Beispiele für direkte und indirekte verhaltensbezogene Aufgaben (Quadranten A und C in Abb. 3-1). Wir möchten Sie, die LeserIn, auf die Arbeit von Milton ERICKSON hinweisen, in der sich zahlreiche Beispiele für indirekte, nicht verhaltensbezogene Aufgaben finden, einschließlich des Gebrauchs von Metaphern und Geschichten (s. zum Beispiel HALEY, 1973; ROSEN, 1982).

Erlaubnis geben

Manchmal brauchen KlientInnen einfach die Erlaubnis, um Schritte zu unternehmen, die sie auch nach ihrem eigenen besseren Wissen tun sollten, aber nicht getan haben. Bei einem Ehepaar zum Beispiel, das mit der Gewöhnung an das erste Kind zu kämpfen hatte (und Streit hatte, wenn der Mann nach einem arbeitsreichen Tag nach Hause kam), schlug ich vor, der Mann sollte sich überlegen, ob er sich nicht 20 bis 30 Minuten lang, nachdem er nach Hause gekommen war, Zeit nehmen sollte, um sich in einer Form zu entspannen, die ihm dann erlauben würde, sich uneingeschränkter seiner Frau und dem Kind zu widmen. Die Frau stimmte zu, daß dies sinnvoll wäre und daß es ihr lieber wäre, wenn er sich diese Zeit nähme, als wenn er sich an diesem wichtigen Übergangspunkt im Tagesverlauf wie ein Grobian verhielt. Wie sich dann herausstellte, berichtete der Mann, er habe diese Möglichkeit nur bei zwei Gelegenheiten innerhalb von zwei Wochen gebraucht, aber – wie er sagte – „zu wissen, ich könnte das tun, gab mir ein viel besseres Gefühl." Die Frau berichtete, ihr Mann sei ruhiger, habe mehr Zeit für sie und kümmere sich auch mehr um das Baby.

Ein anderes Paar, bei dem die Partnerin keinen Sex wollte, regte ich dazu an, „lustvolle Übungen" durchzuführen, die aber nicht zum Geschlechtsverkehr führten, sondern nur eine Möglichkeit zum körperlichen Kontakt boten, ohne an „schwerwiegende" Erwartungen geknüpft zu sein. In dieser Situation sollte die Partnerin, die keinen Sex wollte, die Übung einleiten (wann, wo und wie auch immer) und der daran eigentlich Interessiertere würde ihren Anweisungen folgen. Beide Partner fanden diese Übung sehr hilfreich, da sie ihnen das Gefühl der stärkeren Verbundenheit miteinander gab. In manchen Situationen bitte ich KlientInnen, Briefe an einen verstorbenen Elternteil zu schreiben mit dem Ziel, die Erlaubnis oder den Segen der Eltern für gewisse Schritte oder Veränderungen in ihrem Leben zu erhalten.

Rat suchen

Bei einigen Aufgaben bittet man KlientInnen, sich Rat bei der Familie oder FreundInnen zu holen oder das Grab eines geliebten Menschen aufzusuchen, um die Weisheit dieser Person zu nutzen. Diese Art Aufgabe ist besonders dann nützlich, wenn die KlientInnen schon wissen, welche Schritte notwendig sind, und sie nur die Erlaubnis zum Handeln brauchen. In manchen Fällen gestattet es den KlientInnen, eine Bestandsaufnahme von ihrer Lage zu machen und über ihre Bedürfnisse und Wahlmöglichkeiten nachzudenken.

Mobilisieren

Im oben vorgestellten Beispiel forderte ich Shirley auf, etwas zu tun, was ihren Mann überrascht und für sie selber gut sei. Ein Beispiel für eine mobilisierende Aufgabe. Andere Beispiele wären, Leute zu ermuntern, zu ein oder zwei Treffen der Anonymen Alkoholiker zu gehen, „nur um zu sehen, worum es da geht", oder etwas Neues und anderes in einer festgefahrenen Situation auszuprobieren. Das Ziel besteht darin, Menschen zum Handeln zu bewegen, indem man ihre Verspieltheit und Risikobereitschaft anregt, eine experimentierfreudige Haltung zu unterstützen und Ideen und Möglichkeiten hervorzulocken: „Ich frage mich, was wohl geschehen würde, wenn Sie ... machten; welchen Einfluß das auf Ihr Leben hätte?"

Sich selbst belohnen

Belohnende Aufgaben sehen folgendermaßen aus: „Tun Sie etwas, was gut für Sie ist." Menschen brauchen oft die Erlaubnis, sich selbst gut zu behandeln, und ich ernte von meinen KlientInnen immer ein Lächeln, wenn ich sie dazu ermutige.

Veränderungen markieren

In vielen Fällen können KlientInnen davon profitieren, wenn sie an strukturierten therapeutischen Ritualen teilnehmen, die einen wichtigen Übergang in ihrem Leben markieren (nützliche Erörterungen über den Einsatz von Ritualen in der Therapie finden sich bei IMBER-BLACK, ROBERTS & WHITING, 1988). Solch ein Ritual kann z.b. darin bestehen, zum Friedhof zu gehen und einen Verlust zur Kenntnis zu nehmen, durch eine Feier oder Party die Dauerhaftigkeit einer nicht durch Heirat sanktionierten Beziehung zu unterstreichen, das Ende einer Affäre zu kennzeichnen (z.b. durch das Verbrennen oder Vergraben von Überbleibseln) oder einfach Erfolge und positive Veränderungen auf irgendeine besondere Art hervorzuheben. Wie wir in Kapitel 4 sehen werden, kann der therapeutische Prozeß auch dazu dienen, Veränderungen zu „authentifizieren", indem man das Erreichte öffentlicher darlegt.

Ausnahmen entdecken

Manchmal besteht das Ziel darin, KlientInnen aufzufordern, darauf zu achten, ob Ausnahmen bei ihrem Problem auftreten. Da es häufig zu Ausnahmen kommt, die aber unbemerkt bleiben, erlaubt diese Aufgabe den Menschen, „Kompetenz-Detektive" in ihrem eigenen Leben zu werden. Manchmal fordere ich z.B. KlientInnen auf, darauf zu achten, wann „Zorn, Sorge oder Furcht nicht in der Lage waren, sie wider besseres Wissen handeln zu lassen". Dies kann einigen KlientInnen sehr effektiv helfen zu erkennen, wann sich „ihr besseres Wissen" einstellt. Einer Klientin, die Angst hatte, ihr Partner würde sie verlassen (was, wie sie wußte, unbegründet war), machte ich den Vorschlag, sie solle, sobald sie diese „Furcht" in sich hochkommen fühlte, eine „Beweissuche" beginnen, die „ihrer Furcht Widerworte bieten" und die starke Verbundenheit, die sie und ihr Partner füreinander empfanden, unterstützen würde.

Bei einem achtjährigen Jungen, der mit nächtlichen Ängsten zu kämpfen hatte, stellte ich laut Überlegungen an, ob er ein Buch über den „Angst-Zerstörer" zusammenstellen könnte, in dem er aufzeichnete, mit welchen Mitteln er die Furcht daran hinderte, sein Leben zu bestimmen. Zur nächsten Sitzung kam er mit einem kleinen Buch, das er gemacht hatte, mit dem Titel: „Buch vom Angst-Zerstörer: Schluß mit dem 'netten kleinen Jungen'!" Er zeichnete systematisch seine „Siege" auf und war bald frei von Angst.

Spielerische Experimente einsetzen

Das Durchführen kleiner Experimente kann eine sinnvolle Art sein, Menschen zu helfen, eine Veränderung zu bemerken (DE SHAZER, 1985,

1988, 1991). Die meisten Menschen, die ihren Blick völlig auf das Problem fixiert haben, erwarten allmählich immer „mehr desselben" (d.h. mehr „schlechte" Tage). Ein „guter" Tag ist infolgedessen ein überraschendes und Aufmerksamkeit heischendes Ereignis. Um gute Tage als Bausteine für weitere Veränderungen benutzen zu können, kann es hilfreich sein, KlientInnen aufzufordern, jeden Abend eine Voraussage zu treffen, wie der nächste Tag verlaufen wird, und dann das Ergebnis festzuhalten. Solche Experimente können KlientInnen soweit befreien, daß sie bemerken, wann die Dinge besser ablaufen.

Vor kurzem traf ich eine Familie, bei der der elfjährige Sohn sich weigerte, seine allabendliche Dosis eines stimulierenden Medikamentes einzunehmen. Statt den Eltern nun zu erlauben, sich mit dem Sohn auf eine Diskussion darüber einzulassen, wie nützlich dieses Medikament dafür sei, ihm dabei zu helfen, sich zu hinzusetzen und seine Hausaufgaben zu machen, schlug ich ein Experiment vor, mit dem die Wirkung der Medizin getestet werden sollte. Der Junge erklärte sich bereit, er würde die Medizin an vier der nächsten acht Abende innerhalb eines zweiwöchigen Zeitraumes (montags bis donnerstags) einnehmen, und zwar heimlich, ohne seinen Eltern davon zu erzählen. Seine Eltern sollten insgeheim raten, ob er seine Medizin genommen hatte oder nicht, und bei unserem nächsten Treffen nach dieser zweiwöchigen Periode wollten wir die Ergebnisse austauschen. Der Junge war einverstanden, das Medikament wieder regelmäßig einzunehmen, wenn seine Eltern richtig geraten hatten. Da der Junge dies als Experiment betrachten konnte, erhielt er bei dem ganzen Vorgang ein gewisses Gefühl des Einflusses und der Macht. Wenn er seine Eltern „an der Nase herumführen" kann, und sie glauben, er habe die Medizin genommen, wo das nicht der Fall ist (indem er nämlich seine Hausaufgaben schafft), dann wäre das ein gutes Ergebnis. Wenn er hingegen selbst feststellt, daß sein Verhalten durch die Einnahme der Medizin anders war, so ist das ebenfalls ein gutes Resultat.

Den Zyklus unterbrechen

Da es bei vielen der Themen, mit denen man es in der Therapie zu tun hat, um Menschen geht, die in unproduktiven Verhaltenszyklen oder -mustern untergegangen sind oder sich in ihnen verstrickt haben, geht es in der therapeutischen Arbeit zum großen Teil darum, Ideen und Handlungsschritte zu finden, mit deren Hilfe diese Muster unterbrochen und der Weg für neue und befriedigendere freigemacht wird. Diese Aufgaben sind als „Muster-Interventionen" bezeichnet worden (CADE &

O'Hanlon, 1994; de Shazer, 1985; O'Hanlon & Wilk, 1987; O'Hanlon & Weiner-Davis, 1989).´

Nehmen wir zum Beispiel die Klientin, die, wenn sie von der Arbeit nach Hause kommt, sofort frustriert und ärgerlich über das Spielzeug ist, das im Wohnzimmer verstreut liegt. Ich könnte ihr vorschlagen, durch die Hintertür ins Haus zu kommen, sofort in ihr Zimmer zu gehen, sich umzuziehen und dann das Wohnzimmer zu betreten.

de Shazers (1985) Aufgabe, eine Münze zu werfen, ist ebenfalls nützlich, um Leuten zu helfen, eine spielerische Haltung anzunehmen und dadurch alte, unproduktive Muster wirkungsvoll zu unterbrechen. Bei Eltern zum Beispiel, die mit dem „außer Kontrolle" geratenen Verhaltensweisen eines Kindes fertig weren müssen, würde ich vorschlagen, daß sie eine Münze hochwerfen – wenn das Wappen oben ist, müssen sie das tun, was sie normalerweise in dieser Situation machen, wenn die Zahl oben ist, müssen sie etwas anderes tun. Durch diese Art Aufgaben können KlientInnen sehr effektiv zur Kreativität ermutigt werden, während ihnen gleichzeitig „erlaubt" wird, noch ein wenig an ihrer alten Art und Weise festzuhalten, mit einer bestimmten Situation fertig zu werden. Schon allein das Unterbrechen der Handlung, um eine Münze zu finden, kann ausreichen, um eine Situation aus dem gewohnten Gleis zu bringen und so eine Veränderung hervorzurufen.

Der folgende Auszug spiegelt die Nützlichkeit des Münze-Werfens wider. In dieser Situation geht es um die Mutter (Sandy) und eine ihrer Töchter (Amy, 6 Jahre alt), die in zahlreiche Konflikte miteinander gerieten. Die Mutter und ihre beiden Töchter wohnten mit der Großmutter mütterlicherseits und der Schwester der Klientin zusammen. Ich lud die Mutter ein, ihre Mutter und Schwester zu einer Sitzung mitzubringen.

Therapeut: Ich hatte die Idee, eine Münze parat zu haben, okay? Und wenn es zu so einer Situation kommt [Amy regt Sie auf], dann werfen Sie die Münze hoch, bevor Sie irgend etwas anderes machen. Wenn das Wappen oben landet, tun Sie, was Sie normalerweise machen würden, ja? Wenn die Zahl oben ist, müssen Sie auf eine andere Art mit der Situation umgehen.

Mutter: Okay.

---

*) **Anm.d.Hrsg.**: Es könnte treffender sein, von *Musterunterbrechen-Intervention* zu sprechen. Dabei ist unschwer die Ähnlichkeit (oder Übereinstimmung) mit der „dritten Regel" des lösungsoriuentierten Ansatzes zu erkennen: „Wenn etwas nicht funktioniert – hör´ auf damit! Mach' etwas ander(e)s!"

Schwester	[lacht]: Das klingt wie eine gute Idee, denn es wird eine Weile dauern, in dem Augenblick eine Münze zu finden.
Großmutter:	Du [Sandy] bist sehr kreativ. Das wird interessant werden.
Therapeut:	In welcher Weise ist Sandy kreativ?
Großmutter:	Sie hat Einfälle, so wie Sie das eben gesagt haben ... Alternativen zu finden, um etwas zu schaffen. Darin ist sie gut.
Therapeut:	Na also, dies ist eine gute Gelegenheit, diese kreativen Energien in die Tat umzusetzen.
Mutter:	Das wird lustig. [Alle lachen.]
Schwester:	Ich kann es gar nicht erwarten, das zu erleben!

[Wir treffen uns einen Monat später wieder.]

Therapeut:	Hatten Sie im letzten Monat eine Gelegenheit, die Münze zu werfen?
Mutter:	Ja, sehr oft.
Therapeut:	Und wie ging es?
Mutter:	Meistens ziemlich gut. Das letzte Mal habe ich sie, kurz bevor wir hierherkamen, geworfen. Als Amy sah, wie ich die Münze warf, ist sie schnell in ihr Zimmer gegangen. Ich habe nicht einmal 'was gesagt ...
Therapeut:	Sie haben ihr den Freiraum gegeben, selbst damit umzugehen ... selbst die Verantwortung zu übernehmen.

[Die Mutter beschrieb danach mehrere andere Gelegenheiten, wo dieser Ansatz erfolgreich gewesen war. Ich wandte mich dann an die Großmutter, um ihre Sichtweise der Veränderungen zuhause zu erfahren.]

Therapeut	[zur Großmutter]: Gab es irgend etwas, das Ihnen aufgefallen ist – etwas, was anders zwischen Sandy und Amy war?
Großmutter:	Ich glaube am Anfang, besonders in den ersten zwei Wochen, habe ich eine deutliche Verbesserung gesehen, und ich glaube, ihre Schwester würde mir zustimmen. Es war fast angenehm, in unserem Haus zu leben.
Therapeut:	Was war anders, wodurch es besser wurde?
Großmutter:	Sandy hat sich große Mühe gegeben und war sich dessen sehr bewußt, was sie machte ... wie sie mit den Kindern arbeitete. Sie schien offener zu sein. Aber die letzte Woche war wieder schwierig. Aber die ersten zwei oder drei Wochen gingen gut. Und man konnte es den Kindern anmerken.
Therapeut:	Was ist Ihnen aufgefallen?

Großmutter: Ich würde sagen, in den ersten zwei Wochen hat Amy überhaupt nicht die Beherrschung verloren. Es machte den Eindruck, als ob Sandy eher agierte, statt zu reagieren. Sie ist viel einfallsreicher mit den Situationen umgegangen. Sie hat Amy gut zugehört ... nahm sich die Zeit zuzuhören, und das hat, glaube ich, den Unterschied in ihrem [Amys] Verhalten ausgemacht.

Therapeut: Welchen Unterschied haben Sie in Amys Verhalten bemerkt?

Großmutter: Statt wegzustampfen oder zu schreien oder sonst etwas Unpassendes zu machen, ist sie richtig auf alles eingegangen ... und war kooperativ.

Wie Sie sehen können, kann die Aufgabe mit dem Werfen der Münze dafür sorgen, daß der Ball in eine positive Richtung gespielt wird. In dieser Situation war der einmonatige Zeitraum zwischen den Terminen zu lang. Wir hatten tatsächlich einen Termin zwei Wochen später geplant, der aber abgesagt werden mußte, da die Mutter krank wurde. Hätten wir uns zu dem Zeitpunkt nach zwei Wochen getroffen, wäre es einfacher gewesen, die erreichten positiven Schritte auszuweiten und zu verstärken. Wie sich dann herausstellte, schaffte die Mutter es leichter, die positiven Veränderungen aufrecht zu erhalten, als sie aus dem Haus ihrer Mutter auszog.

Eine andere nützliche Art, einen Zyklus zu durchbrechen, besteht darin, KlientInnen aufzufordern, den Ablauf eines Falles öffentlich zu machen (z.B. die Auseinandersetzungen zwischen den Ehepartnern, die Wutanfälle des Kindes), indem diese auf ein Audio- oder Videoband aufgenommen werden, so daß die TherapeutIn „eine bessere Vorstellung davon bekommt, was passiert" (FRIEDMAN & FANGER, 1991; RIFKIN & O´HANLON, 1989). Wenn die Betreffenden diese Aufgabe ernstnehmen, gibt es ausnahmslos interessante Ergebnisse.

Zauber und Metaphern nutzen

Einigen Kindern, die lästige Angewohnheiten haben (z.B. Nägel kauen, masturbieren), gebe ich einen „Zauberstein", der die Macht hat, ihnen zu helfen, diese Angewohnheiten abzulegen.[2] Meine Sammlung von Zaubersteinen wird von einer KlientIn zur nächsten gereicht, und das ist es, was ihnen ihre Macht verleiht. Wenn eine KlientIn ihre Angewohnheit erfolgreich überwindet, gewinnt der Stein an Macht und kann dann

---

[2]) Ich möchte Steven FEINBERG, Psy.D., danken, der als erster zu dieser Idee angeregt und mit ihr experimentiert hat.

einem anderen Kind gegeben werden. Jeder Zauberstein verkörpert „gewonnene Erkenntnisse", die dem nächsten Kind in seinem Kampf helfen können, eine lästige Angewohnheit zu überwinden. Einer erwachsenen Klientin, die durch die Erinnerung an ein unangenehmes Erlebnis belastet und abgelenkt war, schlug ich vor, einen schweren Stein zu finden, den sie in ihrer Tasche mit sich herumtragen sollte. Wenn sie sich bereit fühlte, ihn „loszulassen", sollte sie einen besonderen Ort finden, den Stein zu vergraben. Nachdem sie mehrere Monate lang den Stein mit sich herumgetragen hatte, fand sie schließlich einen Platz, um ihn zu begraben, und berichtete, daß ihr dies einige Erleichterung verschafft habe.

Einem zehnjährigen Jungen, der bei einem Wutausbruch zuhause ein Loch in die Wand getreten hatte, schlug ich vor, er und seine Eltern sollten ein Photo von dem Loch machen, es vergrößern und an eine auffällige Stelle in seinem Zimmer stellen. Immer dann, wenn er merkte, daß er anfing, sich aufzuregen, sollte er das Bild betrachten, um die „Auswirkungen der Wut" zu sehen und sich daran zu erinnern, was er nicht tun wollte. In einer anderen Situation (FRIEDMAN, 1994) schlug ich den Eltern vor, ein Schild zu machen, auf dem „Wut-Gebiet" stand, um das Kind daran zu erinnern, daß Wut „gesichtet" worden war. In einem anderen Fall, in dem die Eltern sich Sorgen machten, weil der heranwachsende Sohn nicht über seine Sorgen sprach, wurde ein Plan für ihn ausgearbeitet, nach dem er einen bestimmten Gegenstand auf dem Küchentisch liegen lassen sollte, wann immer er sich „Sorgen machte" oder das Gespräch mit seinen Eltern brauchte. Sie sahen dann diesen Gegenstand und nahmen Kontakt mit ihm auf. Ich möchte die LeserInnen auf COMBS und FREEDMAN (1990) verweisen, bei denen viele nützliche Gedanken über das Erfinden von Metaphern und den Entwurf von Zeremonien in der Therapie aufgelistet sind.

Paradoxa nutzen

Ich benutze selten paradoxe Aufgaben und dann auch nur in Situationen, in denen jede Wahl, die die KlientIn trifft, zu einem positiven Ergebnis führt.[3] Zum Beispiel kann ich KlientInnen auffordern, Veränderungen wegen der möglichen Auswirkungen langsam vorzunehmen (z.B. „Shirley" in Kapitel 2). Wenn die KlientIn beschließt, sich langsam voranzubewegen, ist das in Ordnung; wenn sie sich gut dabei fühlt,

---

[3]) Paradoxe Aufgaben können, wenn sie in einer Atmosphäre gegenseitigen Verständnisses und Achtung voreinander eingeführt werden, besonders effektiv Raum für eine Veränderung der KlientIn schaffen.

schneller voranzugehen, ist das auch in Ordnung. Wenn ich Menschen nicht dränge, sich zu schnell zu verändern, gebe ich ihnen den Freiraum, in einem ihnen angemessenen Tempo weiterzukommen (FISCH, WEAKLAND & SEGAL, 1982).

Im Laufe der Zeit habe ich in meiner Praxis immer mehr die Haltung größerer „Transparenz" meinen KlientInnen gegenüber eingenommen. Statt einfach eine Idee oder paradoxe Anweisung ohne Erklärung zu geben, gewähre ich ihnen jetzt mehr Einblick in mein Denken über die Aufgabe. Zum Beispiel schlug ich einem jungen Mann, der nachts immer aufwachte und Probleme hatte, wieder einzuschlafen, vor, er solle für sich ein „Ordeal" [eine „Tortur", *Anm. der Übers.*] schaffen (s. HALEY, 1984), das ihm bei diesem Problem helfen könnte. Wenn er aufwachte und nach 20 Minuten noch nicht wieder eingeschlafen war, sollte er aufstehen, zu seinem Schreibtisch gehen und 30 Minuten lang Schulaufgaben machen, bevor er wieder ins Bett ging. Das sollte er so lange wiederholen, bis er einschlief. Ich erklärte ihm, daß, ganz gleich für welche Wahlmöglichkeit er sich entschied, etwas Gutes dabei herauskommen würde. Ich verweise die LeserInnen auf MADANES (1981), wo sich Beispiele für paradoxe Interventionen finden.

Manchmal kann man einfach einen Vorschlag machen und hoffen, daß die KlientIn sich überlegt, ob sie mit diesem Schritt möglicherweise aus einem unbefriedigenden Verhaltensmuster ausbrechen könnte. Zum Beispiel schlug ich einem Mann, der Schwierigkeiten sowohl mit seiner Frau wie auch mit seinem Stiefsohn hatte, vor, er solle sich in schwierigen Zeiten mehr seinem Stiefsohn nähern, dem er sich entfremdet fühlte, statt seiner Frau, die sein Bemühen um sie als „Bedürftigkeit" betrachtete. Ich erklärte ihm, er könne hierdurch nicht nur seine Beziehung zu seinem Stiefsohn verbessern, sondern auch die Anerkennung seiner Frau gewinnen. Er erkannte die Nützlichkeit meines Vorschlages an und war bereit, es auf einen Versuch ankommen zu lassen.

Eine praktische Übung

Der folgende Auszug stammt aus einer Konsultationssitzung mit einer Familie. Die Mutter machte sich Sorgen wegen der negativen Äußerungen ihres zehnjährigen Sohnes Ben, wie z.B. „Ich hasse mein Leben ... Ich wünschte, ich wäre tot." Im Laufe der Konversation mit Mutter und Sohn begann der Therapeut diese Äußerungen als etwas zu verstehen, was sich auf Bens Frustrationen in der letzten Zeit zu Hause bezog, und nicht als Absicht, sich etwas anzutun. Es folgte der nachstehende Dialog. *Welche Aufgabe oder Anweisung würden Sie als TherapeutIn auf Grundlage der vorangegangenen Diskussion vorschlagen?* Achten Sie auch darauf, wie der Therapeut den Prozeß der Externalisierung des Problems nutzt, um den Jungen in den therapeutischen Prozeß einzubinden.

Therapeut:	Wenn du Sätze sagst wie: „Ich hasse mein Leben" und ähnliches, wie weit spricht da die „Frustration" und wie weit spricht Ben? Wer sagt diese Wörter?
Ben:	Es ist Frustration.
Therapeut:	Die „Frustration" sagt es, nicht Ben. Und hast du eine Vorstellung – ich bin sicher, du hast ein paar Ideen –, was Ben sagen kann, wenn die „Frustration" anfängt, für ihn zu reden?
Ben:	Das habe ich nicht so gemeint.
Therapeut:	Du kannst also etwas zu dir selbst sagen ... wie z.B. du hast es nicht so gemeint.
Ben:	Ja.
Therapeut:	Fallen dir andere Sachen ein, wenn „Frustration" deine Stimme annimmt? Denn es klingt ja so, als ob die „Frustration" machmal vorbeikommt, und du weißt nicht, wann sie kommt. Gerade heute morgen tauchte „Frustration" einfach an deiner Tür auf. Vielleicht gibt es Möglichkeiten für dich, herauszufinden, wie du wissen kannst, daß „Frustration" sich in der Gegend aufhält, damit du deine Stimme davor bewahren kannst, von „Frustration" vereinnahmt zu werden. Als ich dir zuhörte, habe ich genau das gehört – diese Wörter, die aus deinem Mund kamen – das war „Frustration", die da sprach, das waren nicht Wörter, die Ben benutzen möchte.

Bevor Sie weiterlesen, nehmen Sie sich ein paar Minuten Zeit, um eine einfache Aufgabe für diese Familie zu entwickeln, die auf dieser Interaktion aufbaut.

In dieser Situation forderte der Therapeut Ben auf, sich all das zu merken, was er tat, um „Frustration" daran zu hindern, in sein Leben einzugreifen. Er und seine Mutter sollten eine Tabelle anlegen, auf der aufgeführt wurde, was Ben tat, um „Frustration" daran zu hindern, mit seiner Stimme zu sprechen. Als Ben sich seiner Fähigkeit, seine Handlungen nicht von „Frustration" beherrschen zu lassen, immer mehr bewußt wurde, kam es zu immer weniger negativen Äußerungen über sich selbst.

Jede Aufgabe funktioniert besser, wenn sie sich aus dem Kontext der Sitzung ergibt, statt nur mechanisch auferlegt zu werden. Obwohl es verführerisch ist, Techniken und Strategien einsetzen zu wollen, die andere erfolgreich ausprobiert haben, ist es wichtig, den Kontext nicht aus den Augen zu verlieren und sich nicht in die Idee zu verlieben, eine Standard-Zauberintervention zu schaffen, die Wunder wirkt. Ein Ziel der Aufgaben liegt darin, daß die KlientInnen etwas aus der Sitzung mit nehmen für ihr Leben in der Welt da draußen. Manchmal benutze ich einen Rezeptblock (ein einfaches 10 x 15 cm Format), um mehrere Handlungsschritte aufzuschreiben, über deren Nützlichkeit die KlientInnen und ich uns einig sind. Dann gebe ich ihnen das Original und behalte selbst die Kopie für meine Akte. Ein Brief an eine KlientIn ist ein anderes Mittel, um Ideen schwarz auf weiß festzuhalten, sodaß die KlientInnen im Laufe der Zeit darauf zurückgreifen können. Im nächsten Abschnitt werde ich untersuchen, wie Briefe effektiv in den therapeutischen Prozeß einbezogen werden können.

Briefe in der Therapie nutzen

Briefe von TherapeutInnen an ihre KlientInnen lassen sich sehr wirksam dazu einsetzen, in der Therapie diskutierte Ideen auszubauen und zu bestärken. Diese Ideen dienen als Auslöser für Handlungen, mit ihnen eröffnet man Möglichkeiten zum Experimentieren mit neuen Verhaltensweisen und Interaktionen. Menschen erhalten gern persönliche Briefe, und der Brief ist ein konkretes Dokument, auf das man sich später beziehen (oder das man notfalls noch einmal lesen) kann. Durch den Brief werden Ideen, die mit den KlientInnen diskutiert wurden, konkret, sie erläutern und unterstreichen noch einmal die Ausnahmen und öffnen die Tür für Handlungsmöglichkeiten (MENSES, 1986; WHITE & EPSTON, 1990). Obwohl Briefeschreiben sehr zeitaufwendig sein kann, stelle ich fest, daß es mir hilft, meine Gedanken klarer auszudücken. Da solche Briefe einen Aufwand an Zeit und Energie erfordern, schreibe ich nicht allen, die zu mir kommen. In einigen Fällen schreibe ich nur einen Brief nach dem ersten Treffen, um die angesprochenen Fragen zu vertiefen und zusammenzufassen. Ich schreibe am ehesten an KlientInnen, wenn ich das Gefühl habe, meine Gedanken am Ende einer Sitzung nicht klar genug ausgedrückt zu haben, oder wenn ich meine, daß es für die betreffenden KlientInnen hilfreich wäre, wenn sie die Möglichkeit hätten, zwischen den Sitzungen auf den Brief zurückgreifen zu können.

Obwohl es Zeit braucht, diese Briefe zu verfassen, können sie eine sehr zeiteffektive Art der Kommunikation mit KlientInnen sein. Eine neuere Untersuchung von NYLAND und THOMAS (1994) kommt zu dem Schluß, daß „der durchschnittliche Wert eines Briefes dem von 3,2 direkten Kontakten entspricht" (S. 39), bei einigen TeilnehmerInnen wurde der Brief sogar mit dem Wert von 10 Sitzungen verglichen! Über 50 Prozent der TeilnehmerInnen schrieben die in der Therapie erreichten Ziele allein den Briefen zu. David EPSTON (wie in WHITE, 1995, S. 200 berichtet) ermittelte, ein Brief habe den Wert von ungefähr 4,5 Sitzungen in „einer guten Therapie". Der besondere Vorteil eines Briefes liegt in seinem Wert als schriftlicher Bericht, der die Wünsche und Hoffnungen der KlientInnen dokumentiert und der nach Bedarf wieder und wieder gelesen werden kann. Er kann auch als öffentlicher und nicht herabwürdigender Bericht über die Sitzung gelten und anstelle anderer, privaterer Notizen verwendet werden. Wir verweisen die LeserInnen auf EPSTON (1994), EPSTON und WHITE (1990) und MENSES (1986), bei denen sich weitere Ideen und Praktiken des Briefeschreibens finden.

Wie wir in der klinischen Situation, die in Kapitel 6 diskutiert wird, sehen werden, war die Reaktion der Klientin auf meinen ersten Brief so positiv, daß ich mich genötigt fühlte weiterzumachen. Das ist nicht immer der Fall. Zusätzlich veranlaßte sie mein Schreiben dazu, sich wiederum schriftlich an mich zu wenden. Dies war etwas, was ich weder vorhergesehen noch anfänglich angeregt hatte. Ja, die Klientin begann außerdem, an ihren Sohn zu schreiben, um sich so die Möglichkeit zu verschaffen, gehört zu werden, ohne eine defensive Reaktion von ihm zu erhalten. Es folgen einige exemplarische Briefe, die an KlientInnen geschickt wurden, und ich umreiße das Wesentliche und die Struktur eines therapeutischen Briefes.

Brief an eine einzelne Person

Liebe Margie,

ich möchte Ihnen nach dem Treffen gestern schreiben, um Ihnen einige meiner Gedanken mitzuteilen. Anscheinend haben sich Trauer und Depression in Ihr Leben eingeschlichen und versucht, die Herrschaft zu übernehmen. Dennoch haben Sie in 70% der Fälle, wie Sie mir erzählten, Möglichkeiten gefunden, die Depression daran zu hindern, ganz in den Vordergrund zu treten. Wenn man sich einmal vor Augen hält, wie mächtig diese Gefühle sein können, bin ich von Ihren Bemühungen beeindruckt, Trauer und Depression davon abzuhalten, ganz und gar die Kontrolle über Ihr Leben zu gewinnen. Sie erwähnten auch, daß Sie glücklicherweise eine positive Beziehung zu Ihren Eltern haben, und mich haben die Bemühungen Ihrer Mutter um eine bessere Beziehung zu Ihnen wirklich beeindruckt.

Sie haben gesagt, es gab Zeiten, wo Sie wirklich glücklich waren, zum Beispiel als Ihre Kunst ausgestellt wurde und als die Literaturzeitschrift, die Sie privat zirkulieren ließen, schließlich herausgegeben wurde. Dies ist für mich ein Zeichen, daß Sie die Fähigkeit zu wahrer Freude besitzen. Zum jetzigen Zeitpunkt jedoch scheint die Freude zurückgehalten zu werden und vielleicht unmittelbar unter der Oberfläche zu stecken, wo sie vielleicht auf den richtigen Augenblick wartet, um sich zu zeigen. Ich überlege, wie Sie den Boden vorbereiten könnten, damit die Freude zum Vorschein kommen kann, die direkt unter der Oberfläche liegt. Bitte lassen Sie mich wissen, wenn Sie Ideen haben, wie dies geschehen könnte.

Als wir uns trafen, bat ich Sie, sich die Augenblicke zu merken, in denen Sie glücklich und zufrieden sind, selbst wenn sie recht kurz sind – und ich bat Sie, sich so lange wie möglich das gute Gefühl, das mit dieser Zufriedenheit einhergeht, zu gönnen. Dies wird vielleicht einige Mühe kosten, da Depression und Trauer sich wirklich ins Zeug gelegt haben, um sie zu überzeugen, daß Ihr Leben traurig und voller Probleme ist.

Ich habe Sie auch gefragt, ob Sie von einem Tag zum nächsten Ihren Glückszustand verfolgen könnten (auf einer Skala von 0 – 10: 10 = am glücklichsten; 0 = am wenigsten glücklich), damit wir am ehesten die Art und Weise verstehen, wie Sie die Depression daran hindern, Ihr Leben zu ruinieren. Eine andere Idee, die ich hatte und die helfen könnte, die Depression los zu werden, bestand darin, so zu tun, als sei ein „Wunder" geschehen (vielleicht an 3 von 7 Tagen in der Woche – Sie entscheiden, an welchen) und so zu tun, als ob Sie das Glück und die Energie empfinden, die Sie sich wünschen. Sie könnten dann die Unterschiede zwischen den „Wundertagen" und den anderen festhalten.

Ich freue mich auf unser nächstes Treffen am ...

Mit freundlichen Grüßen

Dr. Steven Friedman

Briefe an Paare

Liebe Cindy, lieber Bob,

ich schreibe Ihnen, um Ihnen einige Gedanken darzulegen, die ich nach unserem letzten Treffen hatte. Mir scheint, dieses Muster, sich gegenseitig zu beschuldigen, zu verdächtigen und zu mißtrauen, das sich entwickelt hat, wirkt sich verheerend auf Ihre Beziehung aus. Nach meinem Empfinden würden Sie beide ein Leben vorziehen, das von diesen Einflüssen befreit ist und das sich auf Respekt und Zuneigung auf beiden Seiten begründet. Wenn Sie sich von dem Einfluß dieser Muster befreien könnten, würden Sie Raum für neue und zufriedenstellendere Arten des Zusammenseins schaffen.

Männer und Frauen sind oft unterschiedlich sozialisiert. Zum Beispiel stellen Männer oft fest, daß sie Machtstrategien und aggressiveres Verhalten an den Tag legen, wenn sie unter Streß stehen. Frauen neigen dazu, leichter die Bedürfnisse anderer vor ihre eigenen zu stellen. Ich stelle mir die Frage, ob diese Art des Umgangs miteinander für Sie beide angenehm ist, oder ob Sie es vorziehen würden, sich diesen gesellschaftlichen Überzeugungen entgegenzustellen, damit sie einander näherkommen können.

Ich überlege, wie Ihre Beziehung aussehen würde, wenn Sie beide beschlössen, nicht dem Einfluß von Mißtrauen und Beschuldigungen und auch nicht dem der anerzogenen gesellschaftlichen Rollen zu unterliegen, die Sie in ihrer Kindheit gelernt haben. Sie haben beide angedeutet, daß Sie sich eine Beziehung wünschen, die auf Vertrauen und gegenseitigem Respekt beruht – statt auf Beschuldigungen und Einschüchterung. Wenn diese Muster von Beschuldigen und Verdächtigungen eine kleinere Rolle in Ihrem Zusammenleben spielten, welche Vorteile würde dies Ihrer Meinung nach für Sie und die Kinder haben?

Ich möchte Sie beide ermuntern, sich zu vergegenwärtigen, was Sie machen und was Ihr Partner macht, sich gemeinsam ein Leben zu gestalten, das nicht von den Kräften des Mißtrauens, der Beschuldigung oder der Einschüchterung bestimmt wird. Wenn Sie nicht Opfer dieser mächtigen und potentiell zerstörerischen Muster werden, können Sie sich eine neue Zukunft schaffen, die auf gegenseitigem Respekt und Mitgefühl basiert. Ich würde Ihnen vorschlagen sich zu merken, bei welchen Verhaltensweisen Sie <u>nicht</u> mit diesen Mustern einhergehen, sondern ohne diesen Einfluß auf Sie handeln.

Ich freue mich, von Ihnen zu erfahren, auf welche Weise Sie zusammenarbeiten, um sowohl für sich selbst wie auch für die Kinder ein zufriedenstellenderes Leben zu schaffen.

Mit freundlichen Grüßen

Dr. Steven Friedman

Liebe Lucy, lieber Mark,

ich möchte Ihnen von meinen Gedanken nach unserem letzten Treffen berichten.

Unter all den Verpflichtungen, die auf Ihnen, Lucy, lasten, spüre ich Gefühle von Freude und Freiheit hindurchdringen, die sich bisher versteckt gehalten haben. Die Last der Pflichten hat die unglückliche Wirkung gehabt, Sie auf eine Weise zu bedrängen, die das Hervorbrechen solcher positiven Gefühle nicht zuließen. Was Sie, Lucy, als ein Gefühl des „Totseins" in sich beschrieben haben, scheint die sich anhäufenden Auswirkungen der Pflichtenlast widerzuspiegeln, die Ihre Lebensfreude unterdrücken und einschränken und Ihre Gefühle von Intimität und Verbundenheit stören. Ich frage mich, was Sie diesen Bedrängnissen und Einschränkungen entgegenhalten können, die sie in die Falle der Verpflichtungen gelockt haben. Ich frage mich, was Sie bereits machen, wenn Sie dem Drang widerstehen und Ihr Leben nicht zu einem von Pflichten bestimmten werden zu lassen. Ich bin neugierig zu erfahren, wie Sie sich diesen Pflichten entgegenstellen (sich nicht ihren Forderungen beugen) und sich dadurch zugestehen werden, jene Gefühle von Freude, Aufregung und ein ruhigem Gewissen zu erleben, die alle unter der Oberfläche hervorkommen möchten.

Sie, Mark, beschreiben Ihren Wunsch, daß Sie und Lucy wieder gemeinsame Träume oder Ziele hegen. Ich frage mich, wie Sie beide Ihre Träume zurückgewinnen und eine neue Zukunftsvision entwickeln können. Ich möchte Sie beide auffordern, unabhängig voneinander etwa 30 Minuten dafür aufzubringen, Ideen über Ihre Träume zu formulieren und sie aufzuschreiben. Dann nehmen Sie sich etwa eine Stunde Zeit und teilen Sie dem anderen diese Träume mit. Ich möchte gerne von Ihnen hören, wie Sie es schaffen, Ihre Träume miteinander zu verweben, um einen Teppich von Hoffnung und Verbundenheit herzustellen.

Mit freundlichen Grüßen

Dr. Steven Friedman

Liebe Fran, lieber Bill,

ich möchte Ihnen einige Gedanken mitteilen, die mir nach unserer letzten Sitzung durch den Kopf gingen. Der gegenseitige Respekt, den ich in Ihrer Beziehung beobachtete, und die Unbeschwertheit und Leichtigkeit, mit der Sie miteinander umgingen, haben mich berührt. Obwohl Fran berichtete, daß Sie eine Auseinandersetzung gehabt hätten, gelang es Ihnen, „fair zu kämpfen". Ich würde gerne wissen, wie Sie sich diese Möglichkeit schafften, mit dem Konflikt auf nicht gewalttätige Art und Weise fertig zu werden.

Jeder von Ihnen scheint alte Dinosaurier aus der Vergangenheit mit sich herumzuschleppen. Als ich Ihnen zuhörte, Fran, schien es mir, als hätte sich in Ihnen die Erwartung gebildet, es würde immer etwas Schlimmes geschehen, wenn die Dinge zu gut laufen. In Bezug auf Ihren Mann ist es die Erwartung, Godzilla wird wieder auftauchen und ihr Leben verwüsten. Ich frage mich, was Sie erleben müssen, damit es Ihnen erlaubt ist, nicht mehr diese Last der Erwartung mit sich herumzutragen. An welchem Punkt wird dieser Dinosaurier ausgelöscht?

Bill, aus Ihren letzten Erlebnissen scheinen Sie die Vorstellung gebildet zu haben, daß Sie hart sein müssen, weil sonst jeder mit Ihnen macht, was er will. Hierdurch haben Sie die ruhige, sanfte und verständnisvolle Seite Ihrer Persönlichkeit erforgreich unterdrückt. Nach meinem Gefühl müssen Sie diese aus der Vergangenheit stammenden Beschränkungen überwinden, die Ihre ruhige und verständnisvolle Seite daran gehindert haben, sich vollständig zu entwickeln. Es würde mich interessieren, von Ihnen über Situationen zu erfahren, in denen Ihnen Respekt erwiesen wurde, als Sie Ihre sanfte Seite zum Vorschein kommen ließen, und in denen Ihnen auffiel, daß Sie sich dem alten Dinosaurier-Image widersetzten.

Wie ich aus Ihrer Bemerkung, Bill, bei unserem ersten Treffen weiß, ziehen sie es vor, wenn Ihre Frau sich von Ihnen respektiert und geliebt, statt eingeschüchtert und erschreckt fühlt. Sie haben Glück, solch eine loyale und liebevolle Frau zu haben, die durch Ihr Dinosaurier-Äußeres hindurch Ihre sanfte und verständnisvolle Seite sehen kann, die bereit zu sein scheint, vollständiger hervorzutreten. Vielleicht sind Sie bald bereit, Ihren Godzilla-Anzug gegen einen besser passenden einzutauschen.

Ich überlege, ob Sie, Fran, bereit wären, auf die Dinge zu achten, die darauf hinweisen, daß Godzilla Ihr Haus nicht mehr heimsucht, und ob

Sie Möglichkeiten finden könnten, seine Abreise mit Ihrem Mann gemeinsam zu feiern. Und bei Ihnen, Bill, überlege ich, ob Sie bereit wären, sich weiter bewußt zu machen, durch welches Verhalten es Ihnen möglich ist, mit Frustrationen ruhig, aber zugleich bestimmt umzugehen. Wenn Sie das machen, werden Sie nicht nur das Vertrauen Ihrer Frau gewinnen, sondern ihr auch helfen, die eigenen Dinosaurier zu entlassen. Wenn Ihr Leben mehr und mehr Ihr eigenes wird, werden Sie nicht mehr Sklaven der alten „ausgestorbenen" Erwartungen und Traditionen sein.

Mit freundlichen Grüßen

Dr. Steven Friedman

Briefe an Familien

Lieber Herr French und liebe Frau French, liebe Myra und lieber Sam,

ich möchte Ihnen nach unserem letzten Treffen schreiben, um noch einmal meine Gedanken darzulegen. Mir scheint, Spannungen haben über Ihre Familie eine totale Gewalt erlangt, die Distanziertheit, Gereiztheit, Zorn und Trauer verursacht. Es ist diese Spannung, die einen Keil zwischen die Menschen treibt und weder Nähe noch Fürsorge, Mitleid oder Rücksichtnahme zuläßt, die sonst in Familien existieren. Ganz deutlich möchte jeder in Ihrer Familie vom Druck dieser Spannung befreit sein.

Ich frage mich, wie Sie sich ein Leben schaffen können, in dem die dunkle Wolke der Spannung, statt zu wachsen und über jedem von Ihnen zu drohen, sich auflöst und jeden von Ihnen in die Lage versetzt, die Harmonie und Nähe, die Sie sich ersehnen, auch wirklich zu erleben. Es interessiert mich zu erfahren, wie Sie sich selbst daran hindern können, Sklaven der Spannung zu werden, und welche Möglichkeiten Sie haben, Wärme und Sonnenschein, die eine Familie bieten kann, zu erleben. Es hat mich auch interessiert, Sams Kommentar über Sie (Frau French) zu hören, daß Sie „kein Leben haben". Spannung lenkt uns normalerweise von wichtigeren Dingen ab. Spannung kann eine gewaltige Kraft sein, die Raum durch Entfremdung schafft, statt Raum zur Verfügung zu stellen, in dem die Menschen sie selber sein können. Ich überlege, wie Sie es schaffen können, sich zusammenzutun, um die Wolke der Spannung aufzulösen und Raum zu finden für Respekt, Fürsorge und Liebe, nach denen Ihre Familie sich sehnt.

Ich freue mich darauf, Sie am ... zu sehen und zu erfahren, welche Möglichkeiten Sie gefunden haben, sich aus der Umklammerung der Spannung zu befreien.

Mit freundlichen Grüßen

Dr. Steven Friedman

Einen Monat später

Lieber Herr French und liebe Frau French, liebe Myra und lieber Sam,

ich wollte Sie wissen lassen, wie beeindruckt ich von den ersten Anzeichen des Fortschritts war, die ich in Ihren Bemühungen erkannte, mit denen Sie verhindern, daß die Spannung Ihr Leben beherrscht. Sam, Du scheinst ein besonderes Talent zum Diskutieren zu haben – womit Du ganz sicher auf eine Karriere als Jurist oder Öffentlicher Rechtsbeistand zusteuerst. Dies ist sehr bewundernswert, obwohl diese Fähigkeit Dich manchmal kopfüber in Auseinandersetzungen mit Deinen Eltern und manchmal sogar mit Deiner Schwester stürzt. Du solltest wissen, daß ein guter Anwalt seine besten Argumente für die wirklich wichtigen Fälle aufbewahrt und es vermeidet, sich bei unwichtigen Dingen „zu verausgaben".

Myra, Du scheinst es gut zu schaffen, Dich von der Spannung nicht herumschubsen zu lassen. Das bedeutet jedoch manchmal, von zuhause fort zu bleiben, fort von der Familie. Ich überlege, wie Du ein integriertes Familienmitglied bleiben und dabei gleichzeitig Deine Interessen außerhalb des Hauses wahrnehmen kannst.

Angesichts des beginnenden Fortschritts, Herr und Frau French, bei der Vertreibung der Spannungswolke über Ihrem Haushalt würde ich Ihnen beiden vorschlagen, festzuhalten, wann und wie Sie es geschafft haben zu verhindern, Sklave der Spannung zu sein ... Ich bin neugierig zu sehen, welche Wege Sie einschlagen, um Ihr Glück aus der Umklammerung der Spannung zurückzugewinnen. Ich frage mich auch, was geschehen würde, wenn Du, Sam, oder Deine Eltern davon Abstand nehmen würden, sich ständig verteidigen zu müssen. Bitte halten Sie mich über den Fortschritt auf dem Laufenden.

Mit freundlichen Grüßen

Dr. Steven Friedman

Lieber Herr Jones und liebe Frau Jones, liebe Sharon,

ich möchte Ihnen schreiben, um Ihnen einige meiner Gedanken nach unserem Treffen letzte Woche mitzuteilen. Zunächst einmal war ich sehr beeindruckt, wie gut Du, Sharon, es geschafft hast, Dein Leben im Juni aus den Klauen des Asthma zu befreien. Es ist nicht leicht, Asthma daran zu hindern, einen Menschen herumzustoßen. Ich weiß, daß einige Monate vor dem Juni besonders schwer gewesen waren und daß Dich das Asthma hart bedrängt und wirklich auf die Probe gestellt hat. Jetzt, wo Du das Asthma hast wissen lassen, daß Du nicht aufgeben wirst, bist Du in einer noch besseren Position und kannst Dein Leben wieder selber in die Hand nehmen, um es so zu genießen, wie andere 13-jährige das tun. Anscheinend sind Aktivität (Sport) und Vorfreude auf etwas Schönes, wie im letzten August, gute Hilfsmittel, um das Asthma „in die Wüste zu schicken".

Ich bin auch beeindruckt von den Bemühungen, die Sie, Herr und Frau Jones, unternommen haben, um das Asthma daran zu hindern, Ihr Leben völlig zu beherrschen. Ich weiß, für Sie als Eltern, die um die Gesundheit der Kinder besorgt sind, wäre es leicht gewesen, alles Handeln und jede Aktivität vom Asthma bestimmen zu lassen und die Krankheit zum Mittelpunkt des Lebens zu machen. Sie beide haben es jedoch irgendwie geschafft, dem Asthma die Botschaft zu vermitteln, daß Sie sich nicht daran hindern lassen werden, Ihren eigenen Vergnügungen und Interessen nachzugehen.

Wie ich bei unserem Treffen erwähnt habe, bin ich daran interessiert, mehr davon zu erfahren, wie jeder von Ihnen es bewerkstelligt, sich aus der Umklammerung des Asthma zu befreien. Ich weiß, daß Asthma einer Familie das Leben schwer machen kann und es in der Vergangenheit Zeiten gegeben hat, in denen die ganze Familie sich zusammentun mußte, um das Asthma in seine Schranken zu verweisen (und dabei erfolgreich war). Sie wissen sicher, wie verschlagen das Asthma sein kann, wie es sich einschleicht, eine Familie übernimmt und ihr das Leben durch Sorgen und Aufregung zur Hölle macht. Ich bin froh, wenn ich sehe, wie Ihre Familie erfolgreich ihr Leben gegen die Umklammerung durch das Asthma verteidigt hat, ungeachtet dessen, wie schwierig es in der Vergangenheit gewesen ist.

Ich freue mich, Sie am ... zu sehen und zu erfahren, auf welche Weise Sie weiterhin Ihr Leben vor den Gefahren des Asthma bewahren.

Mit freundlichen Grüßen

Dr. Steven Friedman

Was haben alle diese Briefe gemeinsam? Zum einen betonen sie alle den Weg, den Individuen, Paare oder Familien gefunden haben, um ihr Leben von einer beherrschenden Kraft zu befreien, sei es nun von einem Krankheitszustand, sei es von einem Muster, das die Zufriedenheit eines Paares stört oder sei es von einem Gefühlszustand, der gelegentlich das Leben einer KlientIn regiert (WHITE & EPSTON, 1990). Als Therapeut suche ich ständig nach „Ausnahmen" zu der alten Geschichte oder dem problematischen Bild. Ich stelle in diesen Briefen auch Fragen, die die KlientIn ermutigen, sich bestimmte Aspekte ihres Verhaltens bewußt zu machen und besonders auf die Zeiten und Handlungen zu achten, bei denen sie nicht Opfer der alten Geschichte oder des alten „Skripts" werden. Durch diesen externalisierenden Prozeß wird das „Problem" zu einer objektivierten Kraft, die sich dem Leben und den Beziehungen der KlientInnen aufdrängt, und die KlientIn wird aufgefordert, Verhaltensweisen zu entdecken, die im Widerspruch zu dieser alten Geschichte stehen (und dann tatsächlich Handlungsschritte zu unternehmen, die sie in Richtung der gewünschten Zukunft führt). Außerdem dokumentieren die Briefe den Wunsch der KlientInnen, sich ein Leben zu gestalten, das von diesen beeindruckenden Kräften befreit ist – eine zukunftsorientierte Perspektive. Wie wir in Kapitel 6 und 7 sehen werden, sind Abwandlungen dieser Themen möglich. Ich möchte Sie ermutigen, mit einem eigenen persönlichen Briefstil zu experimentieren.

Praktische Übung

Denken Sie an eine KlientIn, mit der Sie zur Zeit arbeiten und entwerfen Sie einen Brief, der (1) das Problem als eine Kraft externalisiert, die die KlientIn unterdrückt oder unterwirft, (2) den Einfluß des Problems auf das Leben und die Beziehungen der KlientIn darlegt (Erörterungen, wie das Problem sich einmischt und sich auf verschiedene Bereiche im Leben der KlientIn auswirkt), (3) den Anfang einer neuen Geschichte umreißt und (4) Aufgaben erstellt (Handlungsschritte), die davon ausgehen, daß die KlientIn Verhaltensweisen bemerkt, die der problembeladenen Geschichte widersprechen und das Auftauchen einer neuen Geschichte bestätigen. Die hier aufgeführten Ideen stellen nur eine Möglichkeit dar, einen Brief mit Hilfe einer erzählenden Perspektive zu gestalten. Selbstverständlich werden Sie mehr Erfolg mit Ihren Briefen haben, wenn Sie in Ihrem eigenen persönlichen Stil schreiben, statt sich durch „Regeln" einschränken zu lassen. Dadurch wird Ihre Aufrichtigkeit und Glaubwürdigkeit der LeserIn offenbar.

Schlüsselideen dieses Kapitels

- Gehen Sie von der Erwartung aus, daß die KlientIn eine aktive PartnerIn im Veränderungsprozeß sein wird.

- Ermuntern Sie zu einer experimentierfreudigen, wißbegierigen Geisteshaltung in der Therapie, durch die neue Handlungen zu neuem Verstehen führen können (Wissen ist partizipatorisch, nicht belehrend).

- Machen Sie jede Sitzung zu einer wichtigen: „Was können wir heute erreichen?"

- Bauen Sie auf die Kompetenz, die Erfolge und Ressourcen der KlientIn. Ermutigen Sie die KlientIn, Ausnahmen aufzuspüren.

- Bieten Sie Möglichkeiten an, mit neuen Alternativen zu experimentieren und/oder lassen Sie die KlientIn in einer Weise handeln, die ihre eigene gute Urteilsfähigkeit unterstützt. Ermuntern Sie KlientInnen, „KonsultantInnen für sich selbst" zu sein (EPSTON, WHITE & Ben, 1995).

- Stellen Sie den Veränderungsprozeß als harte Arbeit dar. Loben Sie kleine Schritte in die positive Richtung. Wenn das Ziel nicht erreicht wird, fangen sie den Zyklus von vorne an.

- Wenn Probleme oder Sorgen von neuem auftauchen, greifen Sie auf den Erfindungsreichtum und die Expertise der KlientIn zurück, um wieder auf den richtigen Weg zu gelangen.

- Briefeschreiben ist zwar zeitaufwendig, hat aber zahlreiche Vorteile sowohl für KlientInnen wie auch für TherapeutInnen, da sie uns mit einem ständigen, nicht abfälligen Bericht über den Therapieverlauf versehen.

- Zeiteffektive Therapie innerhalb eines Rahmens von Möglichkeiten anstelle des Ziels der „Heilung" oder „Persönlichkeitsneuorganisierung" bereitet für die KlientIn ganz einfach den Boden, um kleine Schritte in eine erwünschte Zukunft zu machen, wobei sie Türen zu weiteren Veränderungen öffnet.

Kapitel 4
Talking Heads:
Das Reflektierende Team als Konsultant

> *Der kreative Akt ... schafft nicht etwas aus dem Nichts; er deckt auf, wählt aus, sortiert um, kombiniert, fügt bereits bestehende Fakten, Ideen, Kräfte und Fähigkeiten zusammen. Je bekannter die einzelnen Teile, desto überraschender das neue Ganze.*
>
> – Arthur KOESTLER

Sie haben gerade eine schwierige Sitzung mit einer Familie beendet, mit der sie bereits viermal Kontakt hatten, ohne Aussicht auf einen wesentlichen Fortschritt. Die MCC hat Ihnen sechs Sitzungen gewährt, um die Arbeit abzuschließen, und Sie fühlen sich jetzt „unter Druck", daß etwas geschieht. Wie Sie aus früherer Erfahrung wissen, führt Arbeit unter dieser Art von Druck normalerweise nicht zu einem erfolgreichen Erlebnis. Vielmehr wird Ihr Gefühl der Frustration die Therapie noch mehr ins Stocken bringen. Sie werden sich darüber klar sein, daß eine Konsultation Ihnen helfen würde, sich selbst und die Familie aus der festgefahrenen Situation zu lösen. Sie können natürlich immer eine KollegIn auf dem Flur anhalten und fragen oder Sie können auf der Suche nach neuen Ideen auf Ihre Bücher zurückgreifen und bei den Gurus nachschlagen. Eine andere Möglichkeit besteht darin, ein oder zwei KollegInnen zu finden und der Familie vorzuschlagen, zu einer Konsultation mit dieser Gruppe zu kommen. Ihre KollegInnen können sowohl Ihnen wie auch der Familie als Quelle für neue Ideen dienen.

Während es auf den ersten Blick ein teurer Weg zu sein scheint, Zeit und Ideen von zwei oder mehr Fachleuten in Anspruch zu nehmen, weisen immer mehr Ergebnisse darauf hin, daß solche Konsultationen zeiteffektiv sein können. Angesichts der Tatsache, daß man bei der HMO unter starkem Druck steht, produktiv zu sein und die Mittel gut zu verwalten, scheint gerade diese Institution wenig geeignet für die Durchführung solcher Art von Konsultation mit mehreren Fachleuten. Jedoch können diese Konsultationen nach meiner Erfahrung, werden sie selektiv und wohlüberlegt eingesetzt, den therapeutischen Prozeß sehr dramatisch vorantreiben. In dem Rahmen, in dem ich arbeite, sind

Team-Konsultationen zweimal im Monat innerhalb jenes Teils der Dienstzeit eingeplant, die eigentlich für die Verwaltungsarbeit des Teams vorgesehen ist. Tatsächlich wird also durch diese Sitzungen der therapeutische Teil unserer Arbeit um eine zusätzliche Stunde erhöht. Auch wenn nicht nach dem Angestelltenmodell innerhalb einer HMO gearbeitet wird, können TherapeutInnen sich zusammentun, um klinische Konsultationsmöglichkeiten zu entwickeln, die eine Zusammenarbeit in komplexen klinischen Situationen ermöglichen. Solche Konsultationsvereinbarungen erfordern zwar Zeit und Aufwand, bis sie etabliert sind, zahlen sich aber durch die effizientere klinische Praxis deutlich aus. Ein weiterer Vorteil dieser Konsultations-Sitzungen liegt im Aufbau von Vertrauen unter KollegInnen und in den Lern- und Entwicklungsprozessen, die aus dem Zusammenschluß in gemeinsamem Bemühen erwachsen.

In diesem Kapitel betrachten wir mehrere Wege, Konsultations-Teams in den therapeutischen Prozeß mit einzubauen. Die Betonung liegt auf dem Aspekt der *Zusammenarbeit*, wobei ein Reflektierendes Team eingesetzt wird. Die Diskussionen über KlientInnen werden in deren Gegenwart und nicht hinter geschlossenen Türen geführt (FRIEDMAN, 1995). Bevor wir uns mit den logistischen Einzelheiten der Team-Praxis befassen, werden einige theoretische Überlegungen vorangestellt.

Die theoretische Basis für Reflektierende Teams

Damit Menschen lernen und sich verändern können, ist neue Information notwendig (BATESON, 1972). Wie helfen wir als TherapeutInnen den KlientInnen, ihr Wahrnehmungsfeld in einer Weise zu erweitern, die neue Alternativen und Wege eröffnet? Als Therapeut mit der Ausrichtung auf Möglichkeiten achte ich stets auf neue Blickwinkel oder alternative Sichtweisen, von denen aus ich eine bestimmt Situation betrachten kann.

Sieht man eine Situation nur aus einem einzigen Blickwinkel, so erhält man eine begrenzte Sichtweise und Perspektive. Frühe Experimente über das menschliche Lernen zeigen, daß Menschen, die auf eine bestimmte Art der Lösungsfindung „fixiert" werden, merkliche Schwierigkeiten damit haben, effektivere und ökonomischere Strategien zu übernehmen, selbst wenn diese Alternativen ganz offensichtlich zu sein scheinen (s. WOODWORTH & SCHLOSSBERG, 1954). Die „Tunnel-Sicht" läßt

Menschen leicht vorhandene Hinweise und Alternativen übersehen. VARELA (1989) sagt dazu: „Einen festen Standpunkt aufgeben ... ist der Schlüssel zur menschlichen geistigen Gesundheit" (S. 22). TherapeutInnen müssen immer darüber nachdenken, wie sie Menschen helfen können, aus ihrem „Käfig" herauszukommen (und aus dem linearen Denken über ein Problem) und eine neue erweiterte Wahrnehmungs- und Handlungsebene zu erreichen. Zum Glück ist das menschliche Wesen im Grunde bestrebt, Information zu suchen und Andersartiges zu entdecken (FISKE & MADDI, 1961).

Die Forschung hat auch festgestellt, daß Menschen und andere Tiere große Veränderungen (die Einführung neuartiger oder unerwarteter Information) überwältigend und beunruhigend finden (BERLYNE, 1960; CARPENTER et al., 1970; HEBB, 1946); sie reagieren positiver auf kleinere Veränderungen. Menschen sind empfänglicher für Information, die weder zu vertraut ist, noch zu stark von ihren gegenwärtigen Erwartungen abweicht (FISKE & MADDI, 1961; HUNT, 1965). Führt man Konversationen durch, die den KlientInnen helfen, „die Neuigkeit eines Unterschiedes" zu sehen und anzuerkennen, so kann das zu Veränderung führen (BATESON, 1972). Der Einsatz eines Reflektierenden Teams, der einen „informationsschöpfenden" Ansatz darstellt, kann KlientInnen wirkungsvoll dazu aktivieren, neue Perspektiven und Möglichkeiten in Hinblick auf ihre schwierige Lage und auf die von ihnen in die therapeutische Praxis eingebrachten Probleme zu überdenken.

Tom ANDERSEN (1987), der in seiner Arbeit von der Vorstellung ausging, „feststeckende Systeme" brauchten neue Ideen, entwickelte eine Form der therapeutischen Konversation, die KlientInnen eine „polyokulare" Sichtweise ihrer Lage bietet. Bei diesem Ansatz beobachtet ein Team von Fachleuten ein Interview zunächst durch den Einwegspiegel. Nach etwa 20 bis 40 Minuten tauschen Beobachtungsteam und TherapeutIn/KlientIn ihre Plätze.TherapeutIn und KlientIn gehen hinter den Einwegspiegel und haben die Möglichkeit, einer nicht geprobten Konversation der Team-Mitglieder zuzuhören. Nach dieser Konversation tauschen die TeilnehmerInnen wieder die Plätze, und die TherapeutIn befragt die KlientIn nach Gedanken und Wahrnehmungen, die sie auf Grund der Konversation des Teams gewonnen hat.

Im Gegensatz zu einem strategischen Team, bei dem eine anonyme Gruppe von ExpertInnen Botschaften formuliert, die mit dem Ziel in den Therapieraum geschickt werden, die KlientIn zu unterstützen, zu aktivieren, herauszufordern oder zur Veränderung zu provozieren (PAPP,

1983), beobachten die Mitglieder des Reflektierenden Teams schweigend und hören dem Interview zu. Dann bringen sie ihre Ideen und Gedanken spontan vor und zwar in einer Form, die den Dialog öffnet und Raum für vielfältige Perspektiven läßt. Mitglieder eines Reflektierenden Teams bemühen sich nicht um einen Konsens oder einen „richtigen" Standpunkt, vielmehr versuchen sie, das Wahrnehmungsfeld mit Hilfe einer Spielbreite von Meinungen auszuweiten.

Auf diese Art entstandene Ideen können als „Saatkörner" betrachtet werden, von denen einige auf fruchtbaren Boden fallen und einige auf unfruchtbaren. Da die KlientInnen eine Zeitlang außerhalb des therapeutischen Kreises stehen, gewinnen sie eine neue Perspektive und sind den Ansprüchen des klinischen Interviews entzogen. Die Pause, die durch den Ortswechsel entsteht, schafft Raum, damit auf neue Weise gehört werden kann und damit man sich durch neue Information „gefangen nehmen" lassen kann.

Das Reflektierende Team als Konsultant

Wie kann das Reflektierende Team für eine zeiteffektive Therapie nützlich sein? Worin liegen die Vorzüge, so zu arbeiten? Während noch nicht alle Antworten auf diese Fragen gegeben werden können, untermauern immer mehr Daten die Nützlichkeit des reflektierenden Prozesses*, da er eine Hilfestellung bei der Beratung in unterschiedlichsten klinischen Kontexten und bei den verschiedensten Arten von KlientInnen bietet, einschließlich Institutionen wie psychiatrischen Krankenhäusern und Schulen, medizinischen Institutionen und ambulanten Kliniken (FRIEDMAN, 1995). Es folgen einige der Vorteile beim Einsatz eines Reflektierenden Teams:

- Ideen werden angeboten, die Raum schaffen für neues Verstehen und neue Handlungsmöglichkeiten.

---

*) **Anm.d. Hrsg.**: Tom ANDERSEN (1998), gewissermaßen der „Erfinder" des Reflektierenden Teams, bevorzugt mittlerweile auch diesen Begriff: „Ich spreche gegenwärtig weniger vom Reflektierenden Team, ich bevorzuge es, mit dem Konzept der 'reflektiereden Prozesse' zu arbeiten, von dem das Reflektierende Team eine Variante ist ... Diese reflektierenden Prozesse repräsentieren einen Sprung – weg vom Fachmann, der sich in einem inneren Dialog selber fragt: 'was werde *ich* tun?', hin zu einem offenen (öffentlichen) Fragen: 'was machen *wir*?'" (a.a.O., S. 7)

- Es wird eine unterstützende Struktur hergestellt in der Form, daß KlientIn und konsultierendes Team gleichwertig gemeinsam arbeiten.

- Heikle Fragen können leichter aus einer gewissen Distanz angegangen werden, wodurch der KlientIn die Möglichkeit bleibt, „das Gesicht zu wahren".

- KlientInnen werden als Menschen respektiert, die in der Lage sind, ihre eigenen Schlüsse zu ziehen und die Information auf ihre eigene einzigartige Weise zu deuten.

- Ideen entstehen auf ehrliche, offene und nicht geprobte Weise, wodurch auf seiten der KlientIn die Tür zu größerer Spontaneität geöffnet wird.

- Ideen und Optionen, die vom Konsultations-Team gesammelt werden, können als Grundlage für zukünftige Arbeit wieder in den therapeutischen Kontext eingebracht werden.

- Befinden Paare und Familienmitglieder sich in der Position der ZuhörerInnen, werden ihre konfliktreichen Interaktionen entspannter und alle Beteiligten gelangen zu einem besseren Verständnis der jeweils anderen Standpunkte.

Die Ergebnisse einer Studie von GRIFFITH und KollegInnen (1992) zeigen signifikante Veränderungen mehrerer Variablen in den 10 Minuten vor und nach der Konsultation durch ein Reflektierendes Team. Kommunikation innerhalb der Familie verschob sich in Richtung vertrauensvoller, tröstender und fürsorglicher Interaktion und fort von kontrollierenden, schuldzuweisenden und abschätzigen Verhaltensweisen. Informelle Untersuchungen von Michael WHITE (1995) ergaben, daß eine Sitzung mit einem Reflektierenden Team etwa 5 Sitzungen „einer guten Therapie" wert war! Obwohl die Zeit des Interviews sich etwa auf 90 Minuten verlängert, kann der Einsatz eines Reflektierenden Teams ein wertvoller und zeiteffektiver Weg sein, um das TherapeutIn/KlientIn-System für eine Veränderung zu öffnen.

Es folgen Kommentare, die von KlientInnen in einem Forschungsprojekt über ihre Erfahrung mit dem Reflektierenden Team erbeten wurden (aus SMITH, YOSHIOKA & WINTON, 1993; SMITH, SELLS & CLEVENGER, 1994): „Die Stärke liegt in der Vielfalt ..."; „... wenn man ihnen zuhört, ist es, als ob man sich selbst reden hört."; „ ... ganz gleich, wie schlimm etwas aussieht, es gibt immer eine gute Seite."; „... man erhält viel mehr

Feedback, unterschiedliche Blickwinkel"; „Ich denke, man erfährt von mehr Alternativen ... in allem, was die Therapeuten sagen, kann man eine Perle finden", „Es ist, als ob man sich außerhalb des Problems befindet und es anders betrachten kann." Ein anderer Klient erzählte nach seiner Erfahrung mit einem Reflektierenden Team folgendes:

> Wenn ich auf meine Erfahrung mit dem Reflektierenden Team zurückblicke, ist mir von diesem Erlebnis in Erinnerung geblieben, daß da viel Sicherheit war, Respekt, Ehrlichkeit, ein Gefühl der Gleichheit, ein Gefühl, daß ich Teil einer Gemeinschaft von Menschen war, die zusammenarbeiteten. Ich habe daher eine wunderbare Erinnerung an dieses Erlebnis zurückbehalten ... Das Erlebnis hat mich nie verlassen, und ich fühle mich irgendwie verändert." (JANOWSKY, DIKKERSON & ZIMMERMAN, 1995, S. 180)

Der reflektierende Prozeß, angepaßt an „managed care", kann als ein Vorgang verstanden werden, der die beiden interaktiven Elemente, die wir oben erörterten, umfaßt: ein Erweitern der therapeutischen Linse, um vielfältige Perspektiven und Ideen über die schwierige Lage der KlientIn einzubeziehen, und das schärfere Fokussieren, das diese Ideen zu funktionierenden Handlungsplänen macht. TherapeutIn und Konsultations-Team wechseln hin und her zwischen Erweitern des Blickwinkels, Raum schaffen für neue Erzählungen und Ideen und schärferem Fokussieren auf Lösungen und Handlungsschritte. Dieser kontinuierliche, fließende Prozeß der Anpassung der Linse erlaubt KlientIn und TherapeutIn sowohl neue Gedanken zu nähren wie auch von beiden bevorzugte Geschichten zu gestalten. Diese Aktivitäten können zwar auch von einer einzelnen TherapeutIn durchgeführt werden, gewinnen aber an Bedeutung und Einfluß, wenn KlientIn oder Familie in der Lage sind, die Konversation des Konsultations-Teams mit anzuhören, statt daß direkt zu ihnen gesprochen wird.

Dieses Kapitel ist in zwei Abschnitte unterteilt. Der erste Abschnitt betrachtet Richtlinien für die Durchführung des Reflexionsprozesses und stellt eine Vielzahl von Möglichkeiten vor, wie man diese Vorgabe in die eigene klinische Praxis übertragen kann. Im zweiten Abschnitt werden weitere Möglichkeiten diskutiert, ZuhörerInnen einzubeziehen. Am Ende des Kapitels wird der Ablauf vorgestellt, wie man mit dem Reflektierenden Team in der eigenen Praxis experimentieren kann. In Kapitel 5 werden ebenfalls Möglichkeiten aufgezeigt, wie die Konsultation durch ein Reflektierendes Team als Mittel eingesetzt wird, das in einer komplexen Familiensituation Hoffnung aufkommen läßt.

Das Reflektierende Team:

Beispiele aus der klinischen Praxis

Das Reflektierende Team dient als Sprungbrett für neue Ideen und Handlungsoptionen; es ist ein Forum, auf dem Möglichkeiten eröffnet werden und Hoffnung auf Veränderung entsteht. Das Ziel ist, eine nichthierarchische und eine transparente Einstellung zur Zusammenarbeit zu erhalten, indem man die Expertise der Familie bezüglich ihrer gelebten Erfahrungen anerkennt. Die Kommentare der Teammitglieder tauchen spontan auf, während sie das, was die KlientInnen (Familienmitglieder) sagen, aufnehmen. Abbildung 4-1 führt eine Reihe von Richtlinien auf, nach denen das Reflektierende Team in der Praxis eingesetzt werden kann.

Ziele
Mannigfaltige Perspektiven erstellen
Den Bestand an Ideen und Alternativen der KlientInnen vergrößern
Ideen anbieten, die das Interesse der KlientInnen wecken und „Neuigkeiten über Andersartiges" liefern.

Struktur
A   TherapeutIn und Team* treffen sich kurz bevor die KlientIn (bzw. die Familie) ankommt. TherapeutIn gibt knappe Hintergrundinformation über KlientIn, Diskussion bleibt dem Interview vorbehalten.
B   Teammitglieder beobachten schweigend die Konversation zwischen TherapeutIn und KlientIn. Nach etwa 30 Minuten fragt die TherapeutIn die KlientInnen, ob sie bereit sind, das Team anzuhören. Teammitglieder führen dann eine Konversation untereinander, wobei sie sich an die folgenden Richtlinien halten.

Richtlinien für Konversation des Teams
1. Seien Sie positiv: Finden Sie etwas, was zu Hoffnung Anlaß gibt; vermeiden Sie leere Komplimente; drücken Sie Zustimmung und Mitgefühl aus. Suchen Sie nach Möglichkeiten: Stärken, Ressourcen und Erfolgen.

---

*) Das „Team" kann einfach aus TherapeutIn und KollegIn bestehen, die ihre Konversation in Gegenwart der Klientin führen.

2. *Sprechen Sie miteinander:* Nutzen Sie das Interesse, das bei den KlientInnen durch die „Lauscher-Rolle" entsteht; wenn es sich um eine Familie handelt, sollte das Reflektierende Team jedes einzelne Mitglied in den Kommentaren erwähnen.
3. *Drücken Sie Ihre Kommentare vorsichtig aus,* nicht autoritär - z.B. „Ich überlege ... vielleicht ... ich bin neugierig, ob ... möglicherweise ...; Kommentare sollten nicht beurteilend oder wertend sein; übertragen Sie Ihre Neugier in Frageform.
4. *Sprechen Sie abwechselnd* - in Gesprächsform, nicht in Monologen; *greifen Sie die Ideen der anderen auf*; stellen Sie anderen Teammitgliedern Fragen, um so Ideen einzubetten und auszuführen (z.B. „Ich würde sehr gerne wissen, wie Sie dazu kommen, die Situation in dieser Art zu interpretieren ..."). Es geht nicht darum, eine Idee über eine andere zu stellen („entweder/oder"), sondern eine „sowohl/als auch"-Perspektive anzubieten; es ist nicht notwendig, Übereinstimmung zu erreichen.
5. *Suchen und betonen Sie Handlungsweisen der KlientInnen, wo sie dem Problem entgegengesetzt gehandelt haben* - Handlungsweisen, durch die sie Kontrolle über das Problem gewinnen.
6. *Benutzen Sie Metaphern oder Bilder,* die die KlientIn visualisieren kann und die einen Bezug zu ihr haben; verwenden Sie Metaphern, die von den KlientInnen im Gespräch eingeführt wurden und bauen sie auf diesen auf. Halten Sie Ausschau nach „Anknüpfungen" (Wörtern, Hinweisen oder Themen), die für die KlientInnen (die Familie) eine besondere Bedeutung haben.
7. *Sprechen Sie mit Ihrer eigenen Stimme*; sprechen Sie eher persönlich als objektiv. Stellen Sie Ihre Fragen/Kommentare in den Kontext Ihrer eigenen Lebenserfahrung. Seien Sie durchschaubar; benutzen Sie eine normale Ausdrucksweise statt eines Psychologenjargons.

Weiterer Verlauf

C Nach 5 - 10 Minuten der Reflexionen des Teams nehmen TherapeutIn und KlientIn ihre Konversation wieder auf, mit besonderem Schwerpunkt auf den Kommentaren des Teams. Dieser Ablauf kann ein oder mehrere Male während des Interviews durchgeführt werden, wodurch ein interaktiver Prozeß zwischen Team und KlientIn ermöglicht wird.

> **Zeitlicher Rahmen**
> Das Interview erfordert etwa 90 Minuten.

Abb. 4–1 Das Reflektierende Team: Struktur und Richtlinien (In abgewandelter Form nach ANDERSEN, 1991; HOFFMAN, 1989; JANOWSKY et al., 1995; LAX, 1995.)

Das folgende Beispiel illustriert, auf welche vielfältige Weise ein Reflektierendes Team in Ihrer Praxis arbeiten kann.[1]

Die Wahrnehmung eines Problems verändern

Das Reflektierende Team kann *Metaphern und Bilder hervorrufen, die die KlientInnenin in ihrem Problembewußtsein aktivieren, neugierig machen und schließlich zu Veränderungen führen*. Dazu gehört auch die Idee der Externalisierung des Problems (WHITE & EPSTON, 1990). Unser Beispiel zeigt eine Situation, in der eine 15-jährige (Nancy) der Brennpunkt der Ängste und Befürchtungen der Eltern geworden ist. Das Reflektierende Team besteht aus Sally BRECHER und dem Autoren.

Sally:	Eine Frage, die sich mir gerade stellt, ist die, ob die Familie von Angst gepackt ist und ob die Angst angefangen hat, ihr Leben in einer Weise zu beherrschen, deren sie sich nicht bewußt sind ... Ich überlege, ob es Zeiten gibt, zu denen die Ängste nicht so stark sind und die Familie sich nicht so sehr von den Sorgen um Nancy vereinnahmen läßt.
Steven:	Die Idee gefällt mir. Ich glaube, ich kann sehen, wie die Ängste zupacken, und das geht dann so weit, daß Detektive ausgeschickt werden, die versuchen, sie zu studieren, zu untersuchen und besser zu verstehen.
Sally:	Die Ursprünge aufzufinden.
Steven:	Die Ursprünge aufzufinden. Und dadurch geraten Menschen irgendwie in den Bann ihrer Ängste. Das ist Teil der Macht der Ängste, wodurch sie die Leute packt ... In gewisser Weise hat man das Gefühl, Ängste können so beherrschend sein, daß sie die Familie einfach verschlingen ... Und doch, wie du schon gesagt hast, hat es Zeiten gegeben, wo die Ängste nicht alles ver-

---

[1]) Für andere Beispiele verweisen wir die LeserInnen auf ANDERSEN, 1991; DOAN & BULLARD, 1994; FRIEDMAN, 1993, 1995; PARRY & DOAN, 1994 und WHITE, 1995.

einnahmt haben und Nancy nicht mit den Ängsten kooperiert hat. Und gibt es wiederum Möglichkeiten, wie sie das weiter tun kann, und andere Möglichkeiten, wie ihre Eltern ihr helfen können, nicht zu kooperieren? Obwohl es immer verführerisch ist, Detektiv zu sein, in Wirklichkeit sind die Ängste so verschlagen und hinterlistig und schwer zu verstehen, daß es ein nie endender Prozeß wäre, der sie immer weiter hineinzieht.

Sally: Ich hatte den Eindruck, die Eltern und Nancy werden immer verzweifelter wegen all der Arbeit, die sie auf den Versuch verwenden, die Ursprünge der Ängste zu verstehen und sich aus ihrer Umklammerung zu befreien. Ich frage mich, ob es jetzt so unerträglich geworden ist, daß sie wirklich anfangen wollen, sich gegen diese Ängste zu wehren, damit ihr Leben nicht völlig vereinnahmt wird, wie du es ausgedrückt hast, und sie in Richtungen gedrängt werden, die nicht besonders produktiv sind ... Mich interessiert auch sehr, wie diese Familie in die Sichtweise hineingezogen wurde, zu meinen, Ängste würden ihr Leben beherrschen ... Ich würde auch gerne wissen, was wohl nützlich wäre, um ihnen zu helfen, ein angstfreies Leben wiederzugewinnen und nicht mehr von der Sichtweise vereinnahmt zu werden, daß die Welt gefährlich ist und Angst jederzeit die Überhand gewinnen kann. Mich interessiert auch zu erfahren, welche Vorstellungen Nancy vielleicht hat, wie man sich gegen diese Angst wehren kann. Es wäre wunderbar, als Zuschauer ihr Leben betrachten zu können, wie es früher war, als sie viel jünger war, und spüren zu können, wozu sie in der Lage war und wodurch sie ihre Kräfte sammeln und stark sein konnte angesichts der schwierigen Probleme, die sich ihr stellten ... Es ist komisch, wenn wir eine Geschichte hören, die so von Angstgefühl durchdrungen ist, ist kein Platz mehr frei, um andere Geschichten über Nancys Stärken hervortreten zu lassen. Es wäre auch wichtig, davon etwas zu erfahren.

Diese Konversation, die stattfand, während die Familie hinter dem Einwegspiegel zuhörte, fesselte die Aufmerksamkeit der Familie und veränderte ihre Einstellung darüber, worauf sie ihre Energie richten müßte. Die Konversation des Reflektierenden Teams diente dazu, den Blickpunkt bei der Arbeit mit der Familie zu verschieben: aus Detektiven auf der Suche nach den Ursprüngen der Angst wurden Detektive auf der Suche nach Wegen, wie die Familie einen angstfreien Lebensstil führen könnte.

Ausnahmen betonen

Eine weitere Funktion des Reflektierenden Teams besteht darin, *Ausnahmen der problemorientierten Sichtweise der KlientIn von sich selbst und anderen zu bemerken und kommentieren.* In dem folgenden Beispiel hatte die zwölfjährige Tochter Wutausbrüche. Dieser Auszug aus der Diskussion des Reflektierenden Teams beinhaltet eine Konversation zwischen Sally Brecher und Amy Mayer. Der vollständige Bericht findet sich bei Friedman (1994).

Sally: Mir ging durch den Kopf, wie Rose sich von dem „Reden über Wut" fortbewegte und wie das „Reden über Rose" in den Vordergrund trat und wie die Wut immer weniger zu sagen hat bei dem, worüber sie spricht und was sie tut. Am Anfang hat die Wut ihr die Stimme gestohlen, und jetzt habe ich den Eindruck, sie stiehlt sich die Stimme zurück von der Wut. Ich frage mich, ob die Wut vielleicht ein bißchen unglücklich ist und sagt: „Ich verliere meine Stellung in dieser Familie ... und vielleicht mach` ich mal Theater und führe Rose wieder in Versuchung ... denn es macht mir Spaß, Leute herumzukommandieren." Wenn die Wut verzweifelt ist, versucht sie es mit einigen miesen Tricks, und ich denke, wir können alle auf eine trickreiche Wut hereinfallen.

Amy: Mich haben die Gelegenheiten beeindruckt, bei denen Rose die Wut nicht die Oberhand gewinnen ließ. Manches Mal ist ihr dies vielleicht nicht bewußt und da kann die Familie helfen ... die Gelegenheiten beachten und hervorheben, bei denen Rose die Zügel in der Hand hält. Die Situation mit dem Fernsehen war ein gutes Beispiel dafür, wie sie die Kontrolle hat – und nicht die Wut.

Sally: Nicht die Wut hat gesprochen, sondern Rose. Ich überlege, ob Rose und ihre Eltern sich zusammensetzen und besprechen könnten, wann die Wut Rose und deren Stimme nicht unter ihrer Kontrolle hat und wann es gute Zeiten für sie gibt. Denn ich glaube, die Wut läßt Rose Dinge sagen wie: „„Mir ist alles egal". Das klingt nicht nach Rose. Und Roses Eltern haben diese Woche Wege gefunden, die Oberhand in der Situation zu gewinnen, die man empfehlen sollte. Sie haben sich nicht von der Wut herumkommandieren lassen, und Rose läßt sich nicht von der Wut herumkommandieren. Nach meinem Gefühl haben wir es hier mit wirklichem Fortschritt zu tun ... mit wirklicher Veränderung.

[Das Reflektierende Team und die Familie tauschen die Plätze. Therapeutin ist Cynthia Mittelmeier und Konsultant ist der Autor.]

Therapeutin: Ich frage mich, was von dem, was das Team gesagt hat, für Sie paßt und was nicht. Wer möchte anfangen?

Mutter: Ich. Es ist schön, eine andere Sichtweise von dem, was man erlebt hat, zu sehen. Es ist schön, eine positive Botschaft zu hören. Eine Sache, die ich herausgehört habe, ist, daß die wirkliche Rose nicht die Rose ist, die wir sehen, wenn sie wütend ist.

	Es ist wichtig für mich, das nicht zu vergessen, da ich es persönlich nehme.
Vater:	Sie schienen beeindruckt zu sein von gestern abend, wie Rose kooperierte. Es war schön, und sie sahen das positiv, was gut ist. Das gibt mir Hoffnung.
Konsultant:	Sie erwähnen den Schritt, der dem Team bei der Fernseh-Situation auffiel. Diese Tatsache, daß Rose in dieser Situation ihre eigene Stimme behielt und nicht von der Wut beeinflußt war: was sagt Ihnen das über die Zukunft?
Vater:	Hoffnung! Vielleicht können wir was verändern. Es war ein schönes Gefühl. Ich bin mit einem ruhigen Gefühl ins Bett gegangen. Es hatte nicht wieder eine Stunde Geschrei gegeben ... Es war schön, „nein" sagen zu können und auf Kooperation zu stoßen.
Konsultant:	Und Sie haben gesehen, daß es möglich war.
Vater:	Ja. Das ist richtig. Das war es. Es war schön.
Mutter	[zu Rose]: Woran erinnerst du dich, was sie über deine Stimme und die Stimme der Wut gesagt haben?
Rose:	Sie haben gesagt, sie haben meine Stimme gehört und nicht die Stimme der Wut.
Konsultant:	Das Ziel ist hier, deine Stimme stärker werden zu lassen und die Stimme der Wut leiser und leiser. Einer deiner Vorteile ist, daß du wächst und stärker wirst, deine Wut aber gleich bleibt – also eigentlich wird die Wut kleiner und kleiner und deine Stimme wird stärker und stärker [zeigt dies mit den Händen] ... Ich überlege, ob es gut wäre, ein Zeichen zu haben. Wenn deine Eltern sehen, wie die Wut umherschleicht, können sie das Zeichen nehmen, es hochhalten, aufhängen – „Die Wut geht um".
Rose:	Das wäre ganz schön peinlich vor meinen Freundinnen.
Konsultant:	Ja. Also, man braucht es ja nicht immer hochzuhalten.
Rose [lacht]:	Wenn meine Freundinnen bei mir sind, kann ich mir so richtig vorstellen, wie meine Mutter mit diesem Schild anmarschiert kommt.
Konsultant:	Was meiner Meinung nach auch nützlich wäre, ist das Festhalten all der Zeiten, wo Roses Stimme gehört wird, unbeeinflußt von der Wut.
Mutter:	Ja. Ich würde gern nicht mehr auf die Wut hören. Denn ich habe das Gefühl, mir wird wirklich wehgetan, wenn ich die Stimme höre. Ich glaube, ich muß das jetzt sagen, zu diesem Zeitpunkt, für meine Selbstachtung und für unsere Beziehung: Ich will dieser Stimme nicht mehr zuhören, denn das bist nicht du, die da spricht. Ich werde an dem Punkt fortgehen.

Alternative Geschichten erfinden

Das Reflektierende Team kann *alternative Geschichten erfinden (also solche, die von der problembeladenen Sichtweise der KlientInnen abweichen), die Raum schaffen für neue Perspektiven.* Eine Mutter und ihre Tochter kamen zur ersten Sitzung, nachdem die Tochter wegen einer Überdosis von Aspirintabletten drei Tage in einem psychiatrischen Krankenhaus gewesen war. Maria (17 Jahre alt) lebte mit ihrer Mutter und dem Stiefvater zusammen. Die Mutter machte sich Sorgen wegen des Verhaltens ihrer Tochter und war gleichzeitig böse auf sie, weil sie zu Hause Unruhe stiftete. Maria hatte in der Schule „Dummheiten" gemacht und widersprach ihrem Stiefvater auf eine Art und Weise, die zu Hause zu Spannung und Ärger führte, wodurch die Mutter zwischen die Fronten Tochter – Ehemann geriet. Maria regte sich über die Mutter auf, weil diese sich vom Stiefvater herumkommandieren ließ.

Das Reflektierende Team bestand aus Edward BAUMAN, Naami TURK und Cynthia MITTELMEIER. Madeline DYMSZA und der Autor sprachen mit der Familie vor dem Einwegspiegel. Der Autor machte auch manchmal beim Reflektierenden Team mit. Es folgt die Diskussion des Reflektierenden Teams und ein Auszug aus der Konversation mit der Familie nach den Reflexionen des Teams. Achten Sie darauf, wie das Reflektierende Team eine alternative Sichtweise zu den dargestellten Fragen anbietet, die zu einem wohl definierten Ziel führt.

Edward: ... Ich habe überlegt, wieviel Veränderung möglich ist, ohne Marias Stiefvater hinzuzuziehen.

Cynthia: Ich denke, es könnte schwieriger sein, wenn nicht alle im selben Raum sind, aber ich glaube, einiges kann herausgearbeitet werden ... indem man auf Maria aufpaßt ... damit sie sich nicht wieder verletzt. Es ist für alle zu unheimlich, wenn Maria sich selbst einem Risiko aussetzt – ich denke daher, es ist wichtig für Maria und ihre Mutter, sich über die Frage der Sicherheit zu einigen. Was vielleicht erforderlich ist, sind einige Strategien, auf die Maria zurückgreifen kann, wenn sie verzweifelt ist. Das andere, woran ich dachte, waren Hoffnung und Erwartung. Ich war überrascht über das ruhige und hoffnungsvolle Verhalten der Mutter. Und Maria ist ihr größter Fan. Maria scheint eine unheimlich große Liebe für ihre Mutter zu empfinden, da sie sich so schützend vor sie stellt ...

Naami: Eine Sache, an die ich auch dachte, war, daß Maria jetzt 18 wird, und ich bin zwar auch der Meinung, sie sei der größte Fan ihrer Mutter, aber mir scheint auch, sie versucht „guten Tag" und „auf

	Wiedersehen" im selben Atemzug zu sagen. Maria und ihre Mutter könnten sich zusammentun, um Maria zu helfen, einen sicheren Weg zu finden, wie sie „guten Tag" und „auf Wiedersehen" sagen kann – einen Weg, der sie darin unterstützt, erwachsen und unabhängiger zu werden.
Steven:	Wie meinst du [Naami], könnten sie das tun? Hast du irgendwelche Vorstellungen?
Naami:	Ich glaube, im Moment gibt es einige dringende Probleme – Maria hat genug ... sie möchte aus dem Haus gehen. Wenn es schöner ist, im Krankenhaus zu sein als zu Hause, dann ist das eine ziemlich eindeutige Botschaft. Vielleicht könnten sie einen Plan auf dem Papier entwerfen, Plan A, Plan B – darüber, wie sie sich gegenseitig unterstützen könnten, und einige Möglichkeiten und Richtungen umreißen. Da Maria noch nicht achtzehn ist, ist es immer noch richtig, wenn die Mutter einige Sicherheitsvorkehrungen trifft, damit Maria sicher ist. Was können sie gemeinsam machen, um für ihre Sicherheit zu sorgen? Was kann Maria tun, um Verantwortung für sich selbst zu übernehmen?
Edward:	Ich stimme dir übrigens zu, was diese Vorstellung von dem größten Fan betrifft. Ich frage mich auch, ob Maria deswegen, weil sie solch ein großer Fan ist, die Idee hat, sie könnte alles mögliche machen, vielleicht mehr, als man vernünftigerweise erwarten könnte.
Cynthia:	Ich habe dieses Gefühl, daß Marias Mutter zwischen „meinem Mann oder meiner Tochter" wählen muß. Das ist eine sehr schwierige Lage. Ich glaube eigentlich nicht, daß sie diese Entscheidung treffen muß ... aber sie fühlt vielleicht diesen Druck.
Steven:	Wäre es Maria möglich, die Entscheidung ihrer Mutter für diesen Ehemann zu respektieren und gleichzeitig zu wissen, ihre Wahl eines Stiefvaters wäre er nicht – könnte sie ihre Mutter unterstützen und Verständnis dafür gewinnen, was er für ihre Mutter bedeutet?
Cynthia:	Ich denke, Maria hat einen Schritt in diese Richtung getan, als sie um ein Familientreffen bat. Sie hat gesagt: „Es gefällt mir nicht, aber ich werde versuchen, damit zu leben."Vielleicht muß Maria gar nicht die Kämpfe für ihre Mutter ausfechten. Ihre Mutter kann das allein.

Familie und Team tauschen die Plätze. Es folgt ein Auszug aus der Konversation, die nach den Reflexionen des Teams stattfand. Beachten Sie, wie die Kommentare des Teams das Verständnis der Mutter für das Verhalten ihrer Tochter verändert haben, was hier durch Kursivdruck hervorgehoben wird.

Steven:	Wir möchten bei einigen Dingen, die Sie gehört haben, nachhaken ... Dinge, die ins Ziel getroffen haben und die Sie sinnvoll fanden und solche, die Ihrer Meinung nach nicht paßten.
Maria:	Ich mach' das [die Kämpfe meiner Mutter austragen] nur, weil sie es nicht selbst machen will. Ich laß' es nicht zu, daß er sie wie Dreck behandelt ... so mit ihr umgeht ... ich fühle mich dann schlimmer, weil sie meine Mutter ist.
Steven:	Und sie ist dir nicht gleichgültig.
Maria:	Sie sitzt dann einfach da und läßt ihn machen. Sie denkt, er wird sich nach einer Weile beruhigen und am nächsten Morgen ist alles vergessen. Und ich will nicht, daß sie ins Bett geht und weint und so ... darum sage ich also was zu ihm.
Steven:	Das Team hat also den richtigen Punkt getroffen, du möchtest deiner Mutter helfen.
Maria:	Ja ... ich hab´ sie lieb.
Steven:	Aber anscheinend bekommst du gerade durch diesen Beistand Ärger.
Maria:	Das ist mir egal. Ich fühle mich besser, wenn ich weiß, daß ich für sie einstehe.
Steven:	Wie kannst du von zuhause fort wohnen, wenn du im Moment deiner Mutter zuhause hilfst?
Maria:	Ich kann nicht da bleiben, nur um sie zu schützen. Ich wäre viel glücklicher, wenn ich nicht dort wohnte. Wenn sie lernen will, für sich einzustehen, kann sie das ... aber das liegt an ihr. Sie hat das in der letzten Zeit angefangen [für sich einzustehen] ... und er ist wütend.
Madeline:	Du meinst, wenn du anfangen würdest, dich zurückzuziehen, würde sie [die Mutter] die Sache selbst in die Hand nehmen? Was versetzt deine Mutter deiner Meinung nach in die Lage, jetzt mehr für sich selbst einzustehen?
Maria:	Ich vermute, sie hat es satt. Ich weiß nicht.

[Etwas später]

Mutter:	Maria sollte nicht für mich einstehen. Ich kann meine eigenen Kämpfe austragen. Ich bin dankbar für ihre Sorge und was sie für mich tut, aber ich fürchte, es wird ihr wehtun ... wenn sie überall Unruhe schafft.
Maria:	Aber ich habe ein besseres Gefühl, wenn ich den Mund aufmache.
Mutter:	Aber es löst nicht alle Probleme.

Maria:	Einfach in sein Zimmer gehen, löst auch keine Probleme.
Madeline [zu Steven]:	Es ist interessant, wie jede von ihnen von der anderen möchte, daß sie die eigene Strategie versucht – Maria möchte, daß die Mutter sich mehr äußert, und die Mutter möchte, daß Maria ruhiger und diplomatischer ist.
Mutter:	Ich glaube, Maria braucht einen Job und sollte sich um die Schule und ihr eigenes Leben kümmern.
Steven:	Gab es irgendwelche Dinge, die Sie [Mutter] vom Team gehört haben, zu denen Sie sich äußern möchten?
Mutter:	*Mir war nie bewußt, daß Maria versucht, mir zu helfen. Ich dachte, sie versucht, die Situation schwierig zu machen. Ich kann das jetzt als ihr Eintreten für mich verstehen ...*
Madeline:	Hilft es Ihnen, sich das klar zu machen?
Mutter:	Auf jeden Fall. Es überzeugt mich davon, daß Maria sich auf ihr eigenes Leben konzentrieren muß.
Steven:	Also, bei dem Problem, wenn Maria zu Hause bleibt, geht es eher um Sorgen um Sie [Mutter] als um die Sorgen um Maria ... Was haben Sie [Mutter] dazu beigetragen, um Maria zu helfen, solch ein starke Meinung von sich zu entwickeln?
Mutter	[lachend]: Früher war sie still ...
Maria:	Ich stehe einfach für mich selbst ein ...
Steven:	Ich überlege, wie du das gelernt hast.
Mutter:	Ich war zehn Jahre lang eine alleinerziehende Mutter, habe zwei Jobs gehabt und bin noch zur Schule gegangen, sie mußte lernen, verantwortlich zu handeln ...
Steven	[kommt auf die Frage der Sicherheit zurück]: Wie wirst du mit der gegenwärtigen Situation fertig werden, ohne wieder das Bedürfnis zu haben, dir selbst etwas anzutun?
Maria:	Ich werde heute nachmittag mit meinem [richtigen] Vater über das sprechen, was geschehen ist, und ihn fragen, ob ich bei ihm einziehen kann. Er kann vielleicht helfen. Er weiß nicht einmal, daß ich im Krankenhaus war.
Mutter:	Wir müssen uns zusammensetzen und mit Maria einige Ziele herausarbeiten, mit dem Vater zusammen.

Am Ende der Sitzung sprachen die TherapeutInnen über die Stärken von sowohl der Mutter wie auch Maria, die mit schwierigen Umständen fertig geworden waren. Maria, ihr Vater und die Mutter trafen sich tatsächlich, um einen Plan auszuarbeiten, nach dem Maria für eine befristete Zeit bei dem Vater wohnen sollte, unter der Bedingung, einen Job zu finden und die Schule zu beenden.

Komplexität erkennen

Das Reflektierende Team kann *in einer Haltung voller Respekt vor der Komplexheit im Leben der Menschen dazu dienen, Aspekte zu erkennen und zu erläutern, die in der Person selbst verborgen liegen, geleugnet werden oder unbemerkt bleiben.* Oft haben Team-Mitglieder die Gelegenheit, Überlegungen anzubieten, durch welche die Komplexitäten des Lebens ihren Wert erhalten und normal erscheinen. In einem Fall hatte der Vater seine Beunruhigung und seinen Zorn in einer Sitzung zum Ausdruck gebracht. Eine aus dem Team legte ihre Gedanken dar, um ihn wissen zu lassen, daß sie seine Lage verstand und respektierte:

> Ich fühlte mich irgendwie in der Beschützerrolle dem Vater gegenüber, und ich denke, er versuchte uns zu erzählen, wieviel Verborgenes es noch gab und wie lang und kompliziert die Beziehung war, und vielleicht schätzten wir einige der unausgesprochenen Dinge, der versteckten Dinge nicht richtig ein; zum Beispiel das Ausmaß an Loyalität, das sie füreinander empfinden, und sogar die Stärke der Verbundenheit, die unter ihnen besteht, die aber nicht zum Vorschein kommt, während sie voneinander getrennt sind. Ich glaube, sein Kommentar war ein Signal seiner Wut für uns, weil wir irgendwie die vielen komplexen Bestandteile dieser Beziehung bagatellisierten. Wir sollten vielleicht an diesem Punkt anhalten und ihnen Zeit geben, einige der Dinge, die heute gesagt wurden, zu überdenken und aufzunehmen.

In einer anderen Situation normalisierte ein Team-Mitglied eine schwierige Übergangsphase in einer Familie, in der Mutter und Tochter in einen schwerwiegenden Konflikt verstrickt waren:

> [Dies] scheint ein gewisser Übergang zu sein, wo die Tochter nicht mehr Mutters kleines Mädchen ist ... wo die Mutter nicht sicher ist, wie sehr sie beschützen muß, beschützen sollte und wie sie loslassen und den Prozeß weiterlaufen lassen soll. Ich denke, es ist eine sehr schmerzliche Zeit ... in gewisser Weise. Es ist [auch] eine aufregende Zeit, weil die Tochter eine eigene Persönlichkeit wird ... Dies ist sehr aufregend, aber auch gleichzeitig traurig, weil die Mutter ihr kleines Mädchen verliert, das einmal abhängiger von ihr war. Es hat eine Verschiebung gegeben, und solch eine Zeit macht man nicht leicht durch. Nach meinem Gefühl aus meinen eigenen Erfahrungen ist der Versuch, offen über die Dinge zu reden, innere Gefühle mitzuteilen und sich weniger auf Regeln und Einschränkungen

zu konzentrieren, manchmal eine Möglichkeit, Kontakt und Nähe zu erhalten, während das Wachstum voranschreitet ... Ich denke, die Mutter hat sehr gute Arbeit geleistet, Jane bis zu diesem Punkt zu bringen. Aber es ist bitter und süß zugleich. Ich vermute, das ist es, was ich heraushören kann ... es ist bittersüß.

Veränderung authentifizieren

Eine wichtige Funktion des Reflektierenden Teams liegt darin, *Veränderung zu authentifizieren, indem Kommentare gemacht werden, die Veränderungen in das beobachtete Verhalten hineinlegen und einbetten.* Im folgenden Beispiel ist eine größere Fachzuhörerschaft daran beteiligt, Veränderungen zu authentifizieren, die eine Familie über einen Zeitraum von mehreren Monaten durchlief, während der Jugendliche sich in einem stationären Behandlungszentrum aufhielt. Wenn Sie die Niederschrift dieser Konsultation lesen, achten Sie auf die Art von Fragen, die der Therapeut den ZuhörerInnen stellt, die ihr helfen sollen, ihre Kommentare in einen eigenen persönlichen Erfahrungsbereich zu stellen. Dadurch fördert er Information zutage, die Veränderung verstärkt und Hoffnung schafft.

Beim Treffen waren die Mutter (Cindy) und zwei ihrer drei Kinder (Randy, 15 Jahre, und Lance, zehn Jahre) zugegen. Ebenfalls anwesend waren etwa 20 MitarbeiterInnen des stationären Programms, an dem Randy drei Monate lang beteiligt war und das er vor einiger Zeit „mit einem Abschlußexamen" beendet hatte, sowie mehrere Mitglieder des Teams meiner HMO, die als BeraterInnen des stationären Programms für Kind und Eltern fungiert hatten, bevor die Familie auf ambulanter Basis von der HMO betreut wurde. Der Autor und ein Mitglied der stationären MitarbeiterInnen waren die Therapeuten.

Steven	[zur Familie]: Ich dachte, wir könnten das Treffen vielleicht so gestalten, daß wir eine Weile reden und dann aufhören und uns die anderen anhören. Ich stelle ihnen vielleicht einige Fragen, und Sie können bei diesem Gespräch zuhören, und dann kommen wir wieder zusammen und sprechen miteinander. Ist das in Ordnung?
Cindy:	Sicher.
Steven:	Randy, vielleicht kannst du anfangen und uns erzählen, was du deiner Meinung nach bei dem Programm erreicht hast. Ich habe gehört, du bist kürzlich geprüft worden. Was hat man dir bei der Abschlußfeier gesagt?

Randy:	Was ich tun muß, ist, meinen Zorn unter Kontrolle halten und lernen, wie ich mit der Gewalt in meinem Leben umgehe. Was ich gehört habe, war, was die Leute darüber dachten, wie ich das so machte.
Steven:	Welche Veränderungen, die du durchgemacht hast, sind den Leuten aufgefallen?
Randy:	Ich konnte den Zorn kontrollieren ... aber manchmal sind mir hier und da Ausrutscher passiert ... aber diese gewalttätigen Sachen passieren nicht mehr wie früher.
Steven:	Was hast du gemacht, um das zu erreichen?
Randy:	Ich gehe spazieren oder gehe in mein Zimmer und höre Musik. Wenn ich genervt bin, gehe ich spazieren ...
Steven:	Du verschaffst dir Zeit ...
Randy:	Ja.
Steven:	Es klingt also, als ob du es im Laufe der Zeit geschafft hast, dein eigener Berater zu werden, und dir selbst Vorschläge machst, die geholfen haben. Hast du Veränderungen gesehen, Lance?
Lance:	Ja, ein paar. Er bricht mir nicht mehr die Nase.
Steven:	Das ist schön, du hast nämlich eine schöne Nase. Was noch?
Lance:	Er ist viel glücklicher jetzt. Er war früher immer wütend.
Steven:	Ist er jetzt ruhiger?
Lance:	Ja.
Steven:	Wie kommt ihr jetzt miteinander aus ... klappt das jetzt ganz gut mit euch beiden?
Lance:	Viel besser als früher.
Steven:	Was hat das Programm für Sie [Mutter] gebracht?
Cindy:	Viele Komplimente. Es ist schön zu hören, wie Randy die Komplimente annimmt. Ich finde es immer noch schwer, Komplimente zu bekommen. Ich glaube, sie [die Jungen] kommen eindeutig besser miteinander aus. Sie haben immer noch ihre Streitpunkte, aber Randy scheint sich besser unter Kontrolle zu haben.
Steven:	Wie zeigt sich das denn? Wie hält er sich unter Kontrolle?
Cindy:	Er geht weg, schafft sich Raum. Wir haben ein Schild auf dem Kühlschrank, auf dem steht: „Geh spazieren ... hör dir Musik an."
Steven	[zu Randy]: Gehst du zum Schild hin oder hast du das schon im Kopf?
Randy:	Ich kenne es.

Steven:	Ich überlege, ob wir von den Leuten, die mit dir gearbeitet haben, hören können, was sie denken. [Wendet sich an die Gruppe] Könnten Sie uns vielleicht einen Gedanken nennen, der hilfreich zu wissen wäre ... den Sie über Randy und seine Familie gehabt haben, als Sie in den letzten Monaten mit ihnen arbeiteten?
Mitarbeiter A:	Cindy hat mich eines Abends angerufen und erzählt, daß die Jungen sich prügeln. Sie war aufgeregt und sagte: „Ich weiß nicht, was ich tun soll." Ich sagte: „Was haben Sie gemacht?" Sie sagte: „Ich habe jeden von ihnen in sein Zimmer geschickt." Ich fragte: „Sind sie dahin gegangen?" und sie sagte: „Ja." Ich sagte: „Sie haben es also geschafft." Und sie sagte: „Ich kann es nicht fassen, daß ich nach all dieser Zeit Sie immer noch anrufen muß." Ich antwortete ihr: „Es scheint, Sie haben Grenzen gesetzt und alle haben zugehört." Wenn ich jetzt zurückblicke, hätte Randy auch wieder hier landen können. Aber statt dessen hat Cindy Grenzen gesetzt und die Kinder haben gehorcht. Ich sagte ihr, sie solle mich in einer halben Stunde anrufen. Das hat sie gemacht, und alles war in Ordnung. Das war eindrucksvoll zu sehen – wie Cindy Grenzen setzt und eine gute Reaktion bekommt. Das war ein guter Schritt.
Steven:	Wodurch wurde das ein großer Schritt?
Mitarbeiter A:	Weil wir daran gearbeitet hatten – Grenzen zu setzen und Randy muß die Grenzen respektieren, die seine Mutter setzt.
Steven:	Sie hatten also das Gefühl, Cindy hat irgendwie mehr Vertrauen bekommen, von ihren eigenen Kräften Gebrauch zu machen?
Mitarbeiter A:	Ja. Ich war richtig stolz auf sie. Denn in der Vergangenheit hatte sie kein Vertrauen in ihre Entscheidungen, und Randy hatte kein Vertrauen in seine Entscheidungen. Es war also richtig schön, ihr sagen zu können, wie toll sie das gemacht hatte.
Steven:	Sie wissen jetzt, daß Cindy diesen Schritt gemacht hat und etwas bewirkt hat: Was sagt Ihnen das über die Zukunft, also darüber, wie diese Familie zusammenarbeiten kann?
Mitarbeiter A:	Na gut, ich denke, sie fangen an, sich selbst und sich gegenseitig mehr zu respektieren. Sie arbeiten jetzt alle als Team zusammen und, wie Sie schon gesagt haben, es wird Entgleisungen geben, aber es werden nicht so schwerwiegende Entgleisungen sein wie die früheren. Es ist wirklich ermutigend.
Mitarbeiterin B:	Als ich die Familie zuerst getroffen habe, spielte Gewalt eine große Rolle. Ich bin äußerst beeindruckt, welche starke Hal-

	tung jedes Familienmitglied bewiesen hat, als es darum ging zu entscheiden, was zuhause geschehen soll, um der Gewalt Grenzen zu setzen.
Mitarbeiter C:	Eine Sache, die mir auffiel, war Randys Reifegrad. Vom Ausgangspunkt seiner Versuche, anderen Kindern mit gewalttätigem Gerede zu imponieren, hat er Fortschritte gemacht bis zu der Ebene, wo er anderen Kindern ein Beispiel dafür ist, wie man Gewalt unter Kontrolle bekommt. Er ist am Programm gewachsen und zu einem Vorbild geworden. Die anderen Kinder haben angefangen, ihn mehr und mehr zu mögen. Er konnte er selbst sein und brauchte sich nicht mehr hinter einer Maske der Gewalt zu verstecken. Er hat vielleicht 'mal einen schlechten Abend, aber der nächste Tag ist ein neuer Tag, eine Chance für einen neuen Anfang. Er hat das Loslassen also gut geschafft ... hat sich Raum verschafft und die Dinge ruhen lassen.
Mitarbeiterin D:	Obwohl das gewalttätige Verhalten sich von Zeit zu Zeit zeigte, mußten wir bei Randy nie tätlich eingreifen. Er hat auf Grenzen reagiert. Was mich auch beeindruckte, war, wie Cindy es schaffte, als Alleinerziehende mit diesen drei äußerst aktiven Kindern sehr wirksam fertig zu werden. Ich weiß, wovon ich rede, denn ich habe mich mal an einem Tag ein paar Stunden um sie gekümmert. Das war eine Aufgabe! Die können ganz schön anstrengend sein [alle drei sind „hyperaktiv"].
Steven:	Da Gewalt eine immer geringere Rolle in Randys Leben und dem Leben der Familie spielt, wie stellen Sie sich nun die Veränderungen in Randys Leben vor?
Mitarbeiter E:	Ich denke, sie werden ein schönes System entwickeln, in dem sie sich gegenseitig unterstützen und immer weniger auf Hilfe von außen zurückgreifen. Mir ist aufgefallen, daß die Kinder häufiger Freunde mit ins Haus bringen, ohne Angst zu haben, die Situation könnte außer Kontrolle geraten.
Mitarbeiter C:	Jetzt, wo Gewalt nicht mehr eine so herausragende Rolle spielt, ist Raum für bessere Beziehungen. Ich sehe für die Zukunft stärkere und engere Beziehungen, da die Gewalt nicht mehr im Wege steht.
Mitarbeiter E:	Die Lage sieht vielversprechend aus, sie ist nicht mehr so festgefahren. Sie kommen voran und lassen die Gewalt hinter sich.
Mitarbeiterin F:	Als die Gewalttätigkeiten etwas nachließen, hat Randy angefangen, sich für Basketball zu interessieren. Er hat sogar Basketball-Veranstaltungen organisiert und seine Energie in den Sport gesteckt.

Mitarbeiter G:	Ich habe etwas bemerkt, was die stationären Mitarbeiter vielleicht nicht zu sehen bekommen haben: nicht nur Randy hat sich von der Gewalt distanziert, sondern auch Lance. Er hat ebenfalls mehr Verantwortung für sich selbst übernommen und hält sein Zimmer ordentlich und sauber. Lance und Randy haben sogar sein Zimmer zusammen gestrichen. Gewalt hatte die ganze Familie im Griff, und obwohl wir nur Randy hier [im Programm] hatten und daran gearbeitet haben, Gewalttätigkeit abzulegen, hat Lance draußen auch Fortschritte gemacht.

[Steven wendet sich an das HMO-Team, um ihre Kommentare zu hören.]

Sally	[zu Cindy]: Meinen Sie, Sie werden immer schneller erkennen können, wann Sie erfolgreich mit den Kindern umgegangen sind, je mehr Sie sich von Gewalt entfernen?
Cindy:	Ich weiß, ich bin gewachsen. Ich habe Ziele.
Mitarbeiter G:	Die Gewalt hat Cindy dazu verführt, sich selbst und ihre Kompetenz anzuzweifeln. Obwohl sie oft sehr positiv als Mutter reagiert, kann die Gewalt, die Teil ihres Lebens war, sie zu dem Gedanken verleiten, sie habe etwas falsch gemacht ...
Sally:	... Oder sei nicht so effektiv gewesen, wie sie es tatsächlich war.
Mitarbeiter G:	Ja. Es ist wirklich ein großer Schritt für Cindy gewesen zu erkennen: „Obwohl ich nach dem Telefonhörer greifen und anrufen kann, weiß ich, ich habe das Richtige gemacht."
Cynthia:	Ich überlege, ob wir über den Impfstoff gegen Gewalt sprechen können, den die Familie entwickelt zu haben scheint, um Gewalt von sich fernzuhalten. Was hat ihnen dabei geholfen, diesen Impfstoff zu entwickeln?
Randy:	Es hat geholfen, zu den Anonymen Alkoholikern zu gehen. Ich glaube, das hilft mir dabei, mit meinem Bruder auszukommen. Es ist ein Zwölf-Punkte-Programm. Ich bekomme auch Medikamente, weil die Ärzte eine vorübergehende Sache an der Lunge entdeckt haben.
Mitarbeiter G:	Ich denke, die Tatsache, daß Cindy Grenzen abgesteckt hat, war auch ein Impfstoff gegen Gewalt.

Am Ende des Treffens erklärte Randy sich bereit, irgendwann in der Zukunft zum Programm zu kommen, um andere Kinder zu beraten, die mit demselben Problem zu kämpfen haben.

Abbildung 4-2 faßt die unterschiedlichen Möglichkeiten, ein Reflektierendes Team einzusetzen, zusammen.

1. Metaphern und Bilder schaffen, die aktivieren, neugierig machen und das Verständnis des Problems bei der KlientIn verändern.
2. „Ausnahmen" zur problemorientierten Sichtweise, die die KlientIn von sich und anderen hat, erkennen und kommentieren.
3. Alternative Geschichten erfinden (solche, die sich von der problem-gesättigten Sichtweise der KlientIn unterscheiden), die Raum für neue Perspektiven schaffen.
4. Aspekte des Selbst, die versteckt, ignoriert oder unbemerkt blieben, erkennen und kommentieren. Eine bescheidene Haltung gegenüber der Komplexität des Lebens einnehmen.
5. Veränderung „authentifizieren", indem man Kommentare macht, mit denen man die Veränderungen in das beobachtete Verhalten hineinlegt und einbettet.

Abb. 4–2 Funktionen des Reflektierenden Teams

Obwohl in dem hier vorgelegten Material mehrere Fachleute als Team beteiligt sind, ist es möglich, diese Arbeit mit nur einer anderen Person zusätzlich zur TherapeutIn zu leisten. In solch einer Situation kommen Therapeut oder Therapeutin nach 20 – 40 Minuten Interview mit der „KonsultantIn" zusammen und führen ein Gespräch, während die KlientIn zuhört. Der Vorteil einer größeren Gruppe (drei bis vier Personen) als Team liegt in der größeren Spielbreite an Sichtweisen und Perspektiven, die dargelegt werden. Dennoch ist der Prozeß des Reflektierens sogar möglich, wenn man allein mit einer Person oder einer Familie arbeitet (WANGBERG, 1991). Bei dieser Struktur unterbrechen Therapeut oder Therapeutin einfach das Interview an verschiedenen Punkten und bieten ihre Überlegungen an, während die KlientIn zuhört. Während dieser „reflektierenden Zwischenspiele" (LAX, 1995) kann die TherapeutIn die Augen von der KlientIn abwenden und zur Decke sprechen oder sich auf einen Gegenstand im Raum konzentrieren und dadurch Raum für die KlientIn schaffen, zuzuhören, ohne sie zu einer unmittelbarer Reaktion zu drängen. Allein arbeitende Fachleute können auch das reflektierende Element einsetzen, indem sie nach der Sitzung ihre Gedanken in Form eines Briefes zu Papier bringen, den sie dann an die KlientIn schicken. Das Verfassen des Briefes müßte nach denselben „Konversationsregeln" geschehen, wie sie in Abb. 4-1 für das Reflektierende Team aufgestellt wurden. Ein weiterer Punkt ist noch wert, erwähnt zu werden: Obwohl die Beispiele in diesem Kapitel aus der Arbeit mit Paaren und Familien stammen, kann derselbe Vorgang auf die Arbeit mit einzelnen KlientInnen angewendet werden (siehe z.B. JANOWSKY, DICKERSON & ZIMMERMAN, 1995).

ZuhörerInnen in den therapeutischen Prozeß einbinden:

Reale und virtuelle Gemeinschaften

Die Struktur des Reflektierenden Teams, wie sie hier umrissen wurde, ist nur eine von vielen Möglichkeiten, Teaminterventionen zu gestalten. In der letzten Zeit haben meine KollegInnen und ich mit einem neuen Ansatz experimentiert, bei dem jedes beobachtende Teammitglied den Beobachtungsraum während des Interviews verlassen, am Interviewraum anklopfen und TherapeutIn und KlientIn für kurze Zeit aufsuchen kann. Diese Form erlaubt den Teammitgliedern, spontan Ideen vorzubringen oder interessante Fragen aufzuwerfen. Vielleicht entscheiden sich nicht alle Teammitglieder, aktiv an jeder Sitzung teilzuhaben, aber diejenigen, die es tun, bilden ein Ideen schöpfendes „Team zur Benennung dieser Gedanken", ein Team, das vielfältige Perspektiven bereitstellt, die sich die KlientInnen zu eigen machen können.

In einem anderen Ansatz (SEIKKULA et al., 1995) werden den beobachtenden ZuhörerInnen „Stimmen" zugeordnet, von denen jede ein anderes Familienmitglied darstellt. Zum Beispiel hört ein Teammitglied auf die „Stimme" der Mutter, während ein anderes auf die „Stimme" des Kindes hört. Bei dem sich anschließenden Dialog der Teammitglieder (bei dem die Familie zuhört), können alle Familienmitglieder „gehört" und eine Vielzahl von Standpunkten vorgestellt werden.

Außer diesem direkten Beobachten und Kommentieren durch ein fachkundiges Team während des Interviews gibt es noch eine Reihe anderer innovativer Möglichkeiten, um neue Ideen in das klinische System einzuführen. Zum Beispiel spricht Ben FURMAN (persönliche Mitteilung, Juli 1994), ein Psychiater in Finnland, manchmal mit KlientInnen in Gegenwart einer Fachzuhörerschaft. Am Ende der Konsultation fordert FURMAN Mitglieder der Zuhörerschaft auf, schriftlich eine Idee anzubieten, die die KlientIn mit nach Hause nehmen kann. Letztere werden dann angewiesen, auf diese Briefe in Zeiten der Not zurückzugreifen und einen zur Zeit zu öffnen. Bei diesem Verfahren verlassen die KlientInnen die Sitzung reich beladen mit Ideen und Hilfsmitteln

Eine andere Idee gründet sich auf eine „virtuelle Gemeinschaft" früherer und gegenwärtiger KlientInnen, die über die TherapeutIn miteinander kommunizieren. David EPSTON, ein Familientherapeut in Neuseeland, hat diese Gemeinschaften oder „Ligen" seit mehreren Jahren entwickelt.[2] Eine dieser Gruppen nennt sich die „Anti-Anorexie, Anti-Bulimie-Liga". Mitglieder dieser Gemeinschaften treffen sich zwar nicht als Gruppe, werden aber aufgefordert, Briefe zu schreiben, in denen sie ihre Ideen darlegen, wie sie es geschafft haben, ihr Leben von Anorexie oder Bulimie zu befreien. Diese Briefe werden an die TherapeutInnen geschickt, die dann diese Information an die gegenwärtigen KlientInnen weitergeben. Die Ligen werden so zu Banken oder Archiven von Ressourcen von gesuchten Informationen, die von einer Person zur nächsten weitergereicht werden können. Auf diese Weise erhält man Zugang zu dem ureigenen Wissen der Gemeinschaft und erlöst die TherapeutIn aus der Rolle des Experten mit allen Antworten. Die Verbundenheit und Fürsorge dieser Gemeinschaften üben großen Einfluß auf den Veränderungsprozeß aus.

Eine andere Form der virtuellen Gemeinschaft ist das Internet Computer Netzwerk, das eine enorme Anzahl von Menschen in der ganzen Welt elektronisch miteinander verbinden kann. Eine meiner Klientinnen berichtete, während einer kürzlich aufgetretenen depressiven Phase in ihrem Leben habe sie sich im Internet über ihr Gefühl der Trauer mitgeteilt und am Ende Hunderte von Briefen erhalten, die sie unterstützten und ermutigten!

Gemeinschaftsrituale in der persönlichen Umgebung der KlientIn können auch dazu dienen, Veränderungen zu authentifizieren und Unterstützung zu bieten. NICHOLS und JACQUES (1995) haben diese Idee in einem Heim für stationäre Behandlung von Jugendlichen angewendet. Gegen Ende des Aufenthaltes eines Jugendlichen in diesem Heim wird ein feierliches Ritual geplant, um die Erfolge und den Fortschritt des Jugendlichen in dem Programm zu ehren. Dieser „Übergangsritus" fin-

---

[2]) Weitere Erörterungen der Ligen finden sich bei EPSTON, WHITE & „Ben", 1995; LOBOVITS, MAISEL & FREEMAN, 1995; MADIGAN & EPSTON, 1995.

det zu Hause bei dem Jugendlichen statt, und Freunde, Verwandte und Mitglieder der Gemeinschaft werden eingeladen.*

Eine praktische Übung

Denken Sie an eine klinische Situation, in der Sie nicht weiterkommen. Wie könnte ein Konsultations-Team hier helfen? Wen könnten Sie als Teammitglied hinzuziehen? (Denken Sie daran, ein Teammitglied muß keine FachkollegIn sein: Schwester, Bruder, Ehepartner, Eltern der KlientIn können ebenfalls zum Konsultations-Team gehören.) Sie könnten auch daran denken, frühere KlientInnen dazuzuholen, die bereit sind, den gegenwärtigen KlientInnen Gedanken und Erfahrungen entweder durch persönliche Beratung oder durch Briefe mitzuteilen (weitere Einzelheiten siehe EPSTON, WHITE & „Ben", 1995; MADIGAN & EPSTON, 1995; SELEKMAN, 1995).

Schlüsselideen dieses Kapitels

- Zeiteffektive Therapie ist anspruchsvoll und komplex. TherapeutInnen in einer „managed care"-Praxis können bei besonders schwierigen klinischen Situationen von periodischen Konsultationen profitieren. Zieht man eine oder mehrere KollegInnen zu einer Sitzung hinzu, bringt dies neue Perspektiven mit sich und öffnet die Türen zu neuen Ideen und Möglichkeiten.

- Für zeiteffektive TherapeutInnen, die immer auf der Suche nach Wegen sind, mehr Alternativen anzubieten und neue Perspektiven zu schaffen, kann der Einsatz eines Konsultations-Teams von großem Wert sein, besonders bei feststeckenden oder komplexen Fällen.

- Das Reflektierende Team bietet KlientInnen eine polyokulare Perspektive und eine Vielfalt von Ideen, die für das Dilemma oder die schwierige Lage der KlientIn von Bedeutung sein können.

- Neue Ideen (die BATESON „Neuigkeiten von Unterschieden" nennt) sind die Bausteine von Veränderung. Das Reflektierende Team öffnet durch das respektvolle und nicht bewertende Anbieten von Ideen die Tür zu Veränderungen.

---

*) **Anm.d.Hrsg.**: Michael DURRANT (1996) hat diese Ideen – Übergangsritual, Abschlußfeier, Ressourcenorientierung – auf die Arbeit in stationären Kontexten übertragen und praxisnah geschildert.

- Probleme haben die Tendenz, uns zu einer „Tunnel-Sichtweise" zu verführen; die vielfältigen Sichtweisen, die das Reflektierende Team anbietet, erweitern das Wahrnehmungsfeld der KlientInnen.

- Die magische Kraft des Reflektierenden Teams liegt in der Vorstellung, daß KlientInnen ein Gespräch über sich „belauschen". Dies gibt ihnen die Möglichkeit, Information, die zutrifft, zu übernehmen und anderes, was nicht zutrifft, wegzulassen, und ihre Fähigkeit, weise auszuwählen, wird anerkannt.

- Das Modell des Reflektierenden Teams läßt sich leicht übernehmen und ist auf eine große Bandbreite klinischer Kontexte anwendbar. Es kann auch von KlinikerInnen verwendet werden, die mit einer anderen KollegIn arbeiten oder auch, in abgewandelter Form, wenn man allein arbeitet.

- Das Reflektierende Team bietet Möglichkeiten für Fachleute, ihre Kreativität und Phantasie in einem kooperativen Kontext zugunsten einer Veränderung zu nutzen. Die Zusammenarbeit von Teams stärkt die Arbeitsmoral unter KollegInnen und verstärkt Kreativität, Lernen und Wachsen.

- Zuhörerschaften, die aus Fachleuten oder Peergruppen bestehen, können zusammengestellt werden, um Veränderungen zu bezeugen, zu unterstreichen oder zu festigen und um die neu entstehenden Geschichten der KlientInnen zu unterstützen.

Das folgende *Arbeitsblatt: Reflektierendes Team* dient als Werkzeug, das Sie für Ihre Praxis verwenden können. Zögern Sie nicht, das Blatt nach Ihrem Bedarf zu verändern.

Arbeitsblatt: Reflektierendes Team

1. Erleben Sie das klinische Interview neugierig und offen. Finden Sie dann ein Bild, eine Metapher oder eine Geschichte, die Ihre Beobachtungen einfängt.
   ....
   ....
   ....

2. Stellen Sie Ihre Kommentare und Fragen in Ihren eigenen persönlichen Erfahrungsbereich. Welchen Bezug hat diese Situation zu meinem eigenen Leben? Welchen Bezug hat sie zu meinen eigenen Kämpfen als Person/Vater/Mutter?
   ....
   ....
   ....

3. Wenn Sie ein Paar oder eine Familie sehen, bewahren Sie sich eine ausgewogene Haltung, indem Sie bei jedem Teilnehmer und jeder Teilnehmerin etwas Positives finden (hinsichtlich Motivation, Stärken, Bewältigungsfähigkeiten, Erfolgen usw.). Positive Kommentare:
   A: ....
   B: ....
   C: ....

4. Lassen Sie Ihre heftigste Reaktion auf das Interview an die Oberfläche kommen und verwandeln Sie das Gefühl dann in wertungsfreie, vorsichtige Gedanken oder Fragen, die in die Konversation des Reflektierenden Teams eingebracht werden können.
   ....
   ....
   ....

5. Überlegen Sie, auf welche Weise dargestellte Themen in eine Struktur des „sowohl - als auch" statt in eine des „entweder - oder" gestellt werden können.
   ....
   ....
   ....

Kapitel 5
Komplexität handhaben: Pragmatik der Ressourcenzuweisung

Steven FRIEDMAN, PH.D.
Harvard Community Health Plan

Cynthia MITTELMEIER, PH.D.
Harvard Community Health Plan

> *Wenn die Größe der Probleme hochgeschraubt wird ... nimmt die Qualität von Denken und Handeln ab ... [Wenn man] größere Probleme in kleinere, weniger bedrohliche unterteilt, können die Leute eine Reihe realisierbarer Möglichkeiten bescheidener Größenordnung ins Auge fassen, die erkennbare Ergebnisse produzieren und die zu synoptischen Lösungen zusammengefaßt werden können.*
>
> – Karl WEICK

Das Leben der Menschen ist komplex; das Ziel der Therapie liegt nicht darin, die Nöte des Lebens zu heilen, sondern einfach ein Mittel für die KlientInnen bereitzustellen, mit dessen Hilfe sie in begrenzten Themenbereichen kleine Schritte in eine positive Richtung tun können. Bei diesem Prozeß müssen Behandlungsalternativen auf jede ganz spezifische klinische Situation zugeschnitten werden. Um dies zu erreichen, müssen zeiteffektive TherapeutInnen Ressourcen klug aufteilen, wenn sie auf die Ziele der KlientInnen hinarbeiten.

Das Minimalziel einer Therapie besteht darin, als Katalysator zu dienen, Hoffnungen entstehen zu lassen und somit Veränderungen zu bewirken. Die Schwierigkeiten, die von den meisten Menschen in die Therapie getragen werden, sind kompliziert. Eine alleinerziehende Mutter mit vier Kindern, von denen mehrere Probleme in der Schule haben, die versucht, von einem schlechtbezahlten Job zu leben und die es mit einem Ex-Ehemann zu tun hat, der sie mißhandelt hat und sie immer noch manchmal bedroht, sieht in der Psychotherapie ganz sicher kein Allheilmittel für ihre Not, ganz gleich, wie oft sie dort hingeht. Psychotherapie immunisiert uns auch nicht gegen weitere Probleme, die uns eventuell begegnen, während wir uns auf unserer Entwicklungsreise befinden.

Jede Form der Therapie ist ein begrenztes Arrangement. Je eher wir diese Tatsache erkennen und uns sodann auf das Zustandekommen „kleiner Siege" konzentrieren, desto früher werden wir eine hohe Erfolgsrate und ein größeres Gefühl der Befriedigung erleben. Im Rahmen einer HMO müssen TherapeutInnen sich damit trösten, mit einer Reihe komplexer klinischer Situationen gleichzeitig zu jonglieren.

Das folgende wird als Beispiel einer komplexen klinischen Situation angeführt, für die es kein Zaubermittel gab. Die Therapeutin, Ko-Autorin dieses Kapitels, Cynthia Mittelmeier, hat dieser Familie viele Arbeitsstunden gewidmet, um ihr zu helfen, Wege aus dem problemgesättigten Morast zu finden, in dem sie versunken war. Ein großer Teil Energie war darauf ausgerichtet, Ressourcen auf zeiteffektive Weise innerhalb und außerhalb des HMO-Rahmens zu erschließen und zu verteilen. Wegen der Komplexität dieser Situation, wandte Cynthia sich an ihre KollegInnen, um diese Verantwortung ein wenig mit ihnen teilen zu können und um Unterstützung zu erhalten. Im Laufe von 28 Monaten gab es 66 Therapiesitzungen.

Wenn Sie dieses Transkript lesen, überlegen Sie sich, was „zeiteffektive Therapie" in einer Situation wie dieser bedeutet. Wie würden Sie die Ziele für die Therapie aushandeln? Welche Ressourcen könnten für Sie nötig werden, während Sie auf diese Ziele hinarbeiten? Wie würden Sie es anstellen, sich die Ressourcen in einer Weise zugänglich zu machen, die die vereinbarten Ziele unterstützt? In einer Situation wie jener, in der Nancy sich befand, kann eine Behandlungsstruktur nicht sauber im voraus organisiert werden. Ressourcen werden nach Bedarf erschlossen. Von überragender Bedeutung ist die Überlegung, welche Leistungen am sinnvollsten zu den verschiedenen Zeitpunkten im Behandlungsprozeß eingesetzt werden. Das Ziel ist immer darin zu sehen, die Intensität der Leistung effektiv auf den Bedarf einzustellen und dabei eine Verschwendung der Ressourcen zu vermeiden.

Die klinische Situation: Hintergrund und Interviews

Hintergrund

Nancy ist ein 16-jähriges Mädchen, das mit Mutter, Vater, Schwester und Zwillingsbruder zusammenlebt. Nancy wurde im Haus einer Freundin von zwei Jungen ihres Alters vergewaltigt. Sie hatten getrunken. Nach der Vergewaltigung stellten sich bei ihr Schlaflosigkeit, Kopfschmerzen, Ängste, Reizbarkeit und Konzentrationsstörungen ein. Sie war zeitweise auch suizidgefährdet und manchmal physisch aggressiv den Familienmitgliedern gegenüber. Nancy hielt sich nicht an regelmäßig angesetzte Termine und erschien nur in Krisensituationen. Zu diesen Zeitpunkten war es oft die Mutter, June, die um sofortige Untersuchung oder Einweisung in eine Klinik bat.

Nancy bewegte sich in einem Teufelskreis: Weglaufen, Drogen, unregelmäßige Termineinhaltung, ständiger Streit mit Familienmitgliedern und Schuleschwänzen. Sie zeigte ferner Symptome äußerster Angst/Paranoia, verschiedene somatische Beschwerden, Schlafstörungen, Bulimie, Suizidtendenz und Mißbrauch verschiedenster Drogen. Ihre Mutter nahm wieder Kontakt zur Gesundheitsbehörde auf, nachdem sie erfahren hatte, daß Nancy noch einmal im Haus einer Freundin vergewaltigt worden war. Obwohl es schon vorher Probleme gegeben hatte, wurde die Situation jetzt viel schlimmer.

Nancy verließ die Schule, lief häufig von zu Hause fort, trank, nahm Drogen und machte mehrere Suizidversuche. Sechsmal wurde sie in eine psychiatrische Klink eingewiesen. Es versteht sich von selbst, daß ihre Familie sehr in Sorge um sie war. Während mehrerer Nächte schlief June an der Haustür, um Nancy daran zu hindern, wegzulaufen. Ihre Schwester hatte mehrere Freundinnen, die herausfanden, wo Nancy sich aufhielt. Beide Eltern lebten in Angst; sie waren überfordert und erschöpft.

Im Sommer 1992 kam es zu einer Krise. Für eine KlinikerIn an einer sehr ausgelasteten HMO nach dem Angestelltenmodell war dies nur einer von vielen Fällen, mit denen die zu tun hatte. June wünschte für Nancy einen langfristigen stationären Aufenthalt wegen des Drogenmißbrauchs, während Nancy meinte, sie brauchte keine stationäre Behandlung. Die Therapeutin fühlte sich durch June sehr unter Druck gesetzt, für Nancy eine andere Behandlungsmöglichkeit zu finden, und machte sich auch große Sorgen um Nancys Sicherheit. Für die Therapeutin war es in gewisser Weise verlockend zu wissen, daß Nancy sicher in einer geschlossenen oder streng organisierten Institution aufgehoben sein würde, was nach all dem Streß und den Sorgen, welche die ambulante Behandlung mit sich gebracht hatte, allen in dieser Situation Erleichterung verschaffen würde. Der Gedanke daran führte jedoch sofort zu Schuldgefühlen, da die Therapeutin in der Pflicht stand, kosteneffektive Leistung zu liefern. Selbst mit den Krankenhauseinweisungen war die Situation nicht besser geworden. Vielmehr schien sich die Lage nach jedem Krankenhausaufenthalt nur zu verschlimmern. Auch bei den Eltern und der Therapeutin schien das Gefühl der Hilflosigkeit zu wachsen.

Die Familie wurde daraufhin angesprochen, zu einem Interview mit einem Reflektierenden Team zu kommen. Die anfängliche Konsultation mit dem Reflektierenden Team unterstrich den Gedanken, sich gegen „Furcht" und „Heimlichkeiten" zu wehren, die als Kräfte externalisiert wurden, die Nancy und ihre Familie umklammerten. Dieser Externalisierungsprozeß wurde während der gesamten Therapie durchgehalten. Dann wurde eine zweite Konsultationssitzung verabredet, um sich mit der Behandlungsplanung zu befassen. Zu diesem Zeitpunkt lief Nancy immer noch von zu Hause fort und nahm angeblich immer noch Drogen. June drängte auf einen Behandlungsplatz für Drogensüchtige; Nancy bestand darauf, daß sie keine weitere Unterstützung wollte oder brauchte. Die Therapeutin hatte das Ziel, den Zyklus der wiederholten und erfolglosen Krankenhausaufenthalte zu unterbrechen.

Zweite Konsultationssitzung

Es folgen Auszüge aus der zweiten Konsultation mit dem Reflektierenden Team, die etwa sechs Wochen, nachdem Nancy aus einem psychiatrischen Krankenhaus entlassen worden war, stattfand. Wir befinden uns etwa fünf Minuten nach Beginn der Sitzung.

Therapeutin: In welcher Weise kann die Konsultation Ihrer Meinung nach nützlich sein?

Mutter: Nancy war vorher in einem bestimmten Muster: Alle zwei Wochen oder so hat sie getrunken und Drogen genommen. Das Muster geht anscheinend immer so weiter. Es ist nur etwas schwerer für mich, es zu bemerken. Ich glaube, sie braucht im Moment eine strenge Ordnung. Ich muß arbeiten. Mein Mann muß arbeiten. Ich kann nicht zu Hause bleiben und bei ihr babysitten, bei ihr sein.

Nancy: Ich brauche keinen Babysitter.

Mutter: Das denke ich aber, Nancy. Ich meine, vorgestern abend geht sie zu den Anonymen Alkoholikern und gestern geht sie los und betrinkt sich.

Vater: Und sie hat bis vor kurzem zu niemandem darüber gesprochen [die zweite Vergewaltigung], so weit ich das verstanden habe. Ich finde, sie muß wegen des zweiten Vorfalls [Vergewaltigung] behandelt werden.

Konsultant:	Nancy, wie kam es, daß du deinen Eltern darüber [die zweite Vergewaltigung] erzählt hast?
Nancy:	Ich habe meinem Vater nichts erzählt. Ich habe es meiner Mutter gesagt.
Konsultant:	Okay. Wie bist du zu der Entscheidung gekommen, es ihr zu erzählen? Wie hast du diese Entscheidung getroffen?
Nancy:	Ich weiß nicht.
Vater:	Ich glaube, Nancy hat vielleicht das Gefühl bekommen, zu Hause wird alles wieder so, wie es einmal war, denn ...
Nancy:	Oh, ich weiß, warum! Ich wollte meine Eltern wissen lassen, was los war, was ich so machte. Damit sie nicht denken, ich bin verrückt oder so was.
Konsultant:	Wie kam es, daß du es allen erzählt hast?
Nancy:	Weil ich so schnell ausflippte und böse wurde, gegen die Wände geboxt habe und so. Ich bin wirklich total ausgeflippt.
Konsultant:	Ach so, okay. Und du wolltest, daß sie verstehen, was mit dir los war, damit sie dich besser verstehen und nicht fragen, was das ganze soll.
Nancy:	Ja.
Therapeutin:	Das klingt wie einiges, worüber wir früher gesprochen haben, also über die Furcht, die dich von der Familie wegzieht. Hier hast du versucht, mit der Familie zusammenzuarbeiten, indem du die Eltern hast wissen lassen, was los war.
Konsultant:	Ja. Die Ängste sollten dich nicht weiter machtlos machen. Das war also eine wichtige Sache. Ihnen das zu sagen, damit sie verstehen konnten, warum du dich so benahmst.

[Später in der Sitzung]

Nancy:	Ja ... Also, ich fühlte mich schrecklich bei ihr [Mutter] neulich. Die ganze Zeit ging es: „Erzähl ja niemandem von der Vergewaltigung" und blah, blah, blah. So wie etwas Böses, als ob es meine eigene verdammte Schuld war oder was. Und das ist es nicht. Gab mir das Gefühl, als sei ich ein Idiot, als müßte ich mich deswegen schämen oder so. Ich fühlte mich so blöd, als hätte ich überhaupt niemandem davon erzählen sollen.
Konsultant:	Was hättest du gern gehört? Was würdest du gern hören, wenn du darüber sprichst?
Nancy:	Ich wünschte, meine Mutter würde mit mir darüber reden. Mich umarmen oder so, statt mich völlig zu ignorieren und nicht mit mir zu reden. Das ist eine tolle Art, damit umzugehen. Sie benimmt sich genauso wie ich.

Mutter:	Entschuldige mal. Ich glaube, ich muß was dazu sagen. Ich bin einfach sehr wütend. Ich bin wirklich wütend. Und ich habe es satt, daß sie mich und meinen Mann manipuliert. Sie macht das die ganze Zeit, denn sie spricht immer mit meinem Mann. Dann kommt mein Mann zu mir, und sagt zu mir etwas darüber. Und ich habe es satt, von einer 16-jährigen manipuliert zu werden. Ich liebe sie, aber ich setze mich nicht länger hin und sehe zu, wie sie sich selbst zerstört [äußerst aufgebracht]. Ich kann das nicht. Es tut mir leid. [Nancy geht auf die Tür zu.]
Therapeutin:	Nancy, warum bleibst du nicht bei uns.
Nancy:	Nein [sie geht].
Mutter	[weinend]: Ich kann das nicht regeln. Sie wissen das. Ich kann sie nicht mehr beschützen. Ich weiß nicht mehr, wie ich sie retten soll.
Therapeutin:	Es scheint, Ihnen wird hier etwas klar.
Mutter:	Ich weiß, ich kann sie nicht beschützen. Ich weiß das. Ich weiß, so sehr ich es auch möchte, ich kann es nicht.
Therapeutin:	Es scheint, als Sie das mit der letzten Vergewaltigung gehört haben, war das ... ein furchtbarer Schlag.
Mutter:	Das stimmt. Sie setzt sich einfach diesem Risiko aus, die ganze Zeit, wenn sie trinkt.
Therapeutin:	Ich weiß.
Mutter:	Und wie kann ich sie daran hindern? Ich kann es nicht.

[Kurz danach]

[Nancy kommt zurück]

Konsultant:	Können wir uns darüber einigen, daß niemand hinausstürmt? Können wir uns darüber einigen, daß du hier bleibst, auch wenn Dinge angesprochen werden, die dir nicht gefallen? Ist das in Ordnung?
Nancy:	Ja.
Konsultant:	Okay. Deine Mutter hat uns erzählt, daß sie dieses Gefühl hat, dich nicht mehr so beschützen zu können, wie sie es möchte und wie sie es versucht hat.
Nancy:	Sie kann mich nicht beschützen. Niemand kann das. Sie sagt, ich bin nicht wirklich ehrlich mit ihr gewesen in der letzten Zeit. Ich weiß, ich habe früher gelogen, aber ich habe das verdammt lange nicht mehr gemacht. Ich habe ihr von all den Sachen erzählt, die ich gemacht habe, wenn ich getrunken hatte. Mein Vater hat mich gefragt: „Hast du gestern getrunken?" Es ist nicht so, daß ich lüge und sage: „Nein, habe ich nicht." Ich habe ihnen gesagt, ich habe getrunken.

Konsultant:	Du bist also ehrlich damit gewesen.
Nancy:	Mmm.
Konsultant:	Du gehst jetzt zu den Anonymen Alkoholikern? Gehen Sie [Vater] mit ihr?
Vater:	Ich habe sie hingebracht.
Konsultant:	Wie oft machen Sie das?
Vater:	Ich bin zweimal da gewesen. Sie sollte mit ein paar anderen Leuten gehen, aber das ist nie geschehen. Da habe ich mir also gedacht, die einzige Art, sie dahinzukriegen, ist, wenn ich mitgehe. Es hat mir nichts ausgemacht, dahinzugehen.
Nancy:	Ich gehe gern hin.
Therapeutin:	Es gibt also einige Dinge, die besser geworden sind: Nancy lügt nicht mehr, sie läßt sich nicht mehr völlig von den Ängsten überwältigen, und sie kann der Heimlichtuerei um diese letzte Vergewaltigung entgehen. Und trotzdem setzt du dich weiter in bestimmten Situationen dem Risiko aus, und mit den Schulbesuchen klappt es auch noch nicht. Und jedesmal, wenn dies passiert, ist das sehr beunruhigend und macht Sorgen.
Nancy:	Ich weiß, aber meine Eltern sprechen nicht mit mir darüber. Sie schreien mich an und reißen das Telefon aus der Wand, und ich kann mit niemandem reden. Und dann gehe ich nach oben und schneide mir die Pulsadern auf.
Mutter:	Ich denke, das stimmt nicht.
Nancy:	Doch, Mama, gestern abend wollte ich mit Katy sprechen. Ich war schrecklich aufgebracht. Du wolltest mich nicht mit Katy reden lassen. Du hast den Hörer aufgelegt und das Telefon mitgenommen.
Mutter:	Du kommst um halb neun ins Haus spaziert, richtig abscheulich und großspurig ...
Nancy:	Ich war nicht großspurig! Ich habe nichts zu dir oder Papa gesagt. Du hast telefoniert, als ich ins Haus kam.
Konsultant	[unterbricht]: Nancy, was wünschst du dir von deiner Mutter?
Nancy:	Vielleicht, daß sie mit mir redet, oder einfach ... sie kommt mit dieser blöden Einstellung an. Das macht mich verrückt. „Aha, ich hoffe, du hattest Spaß, blah, blah, blah." Wenn ich unheimlich sauer bin, sagt sie so: „Oh, ich hoffe, du hattest Spaß". Und ich sag dann so: „Ich hatte keinen Spaß". „Na, das ist aber schlimm."
Konsultant:	Was möchtest du von ihr hören?
Nancy:	Vielleicht, daß sie mit mir redet. Ich weiß, sie sieht aus, als sei sie glücklich, aber ich weiß, sie ist schrecklich unglücklich, aber so ist sie eben nach außen.

Konsultant:	Aha. Du weißt also, sie ist unglücklich.
Nancy:	Ja.
Therapeutin:	Du würdest also lieber das Unglücklichsein hören.
Nancy:	Ja. Und kein Anschreien und Brüllen. Vielleicht mit mir reden. Es geht um mich. Natürlich bin ich unglücklich, weil ich das gemacht habe. Ich bin nicht so: „Ach, ja, ich habe mich gestern betrunken. Ich bin so glücklich" [sarkastisch gesagt].
Therapeutin:	Ihr wart also beide unglücklich. Ihr wart alle drei unglücklich über das, was gestern passiert ist.
Konsultant:	Nancy, wenn du an Stelle deiner Mutter wärst, was würdest du Nancy sagen wollen? Du weißt also, sie kommt um halb neun nach Hause, sie war weggelaufen. Was würdest du ihr sagen wollen? Sie kommt hereinspaziert. Was würdest du deiner Tochter sagen?
Nancy:	Ähm ... Laß´ uns uns hinsetzen und reden. Oder sie könnte mich auch anschreien, wenn sie aufgeregt ist. Aber mich auch reden lassen.
Konsultant:	Okay. Also reden wollen, sie wissen lassen, wie unglücklich du bist.
Nancy:	Ja. Und sie sagen lassen, was sie zu sagen hat.
Konsultant:	Aha. Das würde helfen.
Therapeutin:	Was würdest du zu ihr sagen?
Nancy:	Wenn ich wer wäre?
Therapeutin:	Wenn du deine Mutter wärest. Was würdest du zu Nancy sagen?
Nancy:	Ähm ... daß ich schockiert war, als sie wegging und getrunken hat und von der Schule weggegangen ist.
Therapeutin:	Und?
Nancy:	Ich würde sie fragen, warum. Und ... sie kann nicht die ganze Zeit immer wieder anfangen zu trinken, sonst kann sie nicht mehr im Haus wohnen.
Konsultant:	Du meinst also, das wäre eine gute Idee. Das mal auszusprechen. Es deutlich machen.
Therapeutin:	Was denken Sie, June?
Mutter:	Ich war zu böse, um mit ihr zu reden.
Vater:	Außerdem hatten wir zahlreiche Anrufe von verschiedenen Leuten erhalten, nicht nur von einer Person, die sagten, sie hätte die ganze Zeit getrunken.
Nancy:	Das hatte ich gar nicht.

Vater:	Ich sage nicht, du hast das gemacht. Ich sage nur, das war unser Eindruck.
Konsultant:	Sie haben also viel Information erhalten, die sie aufregte, noch bevor Nancy nach Hause kam.
Mutter:	Na ja, doch, weil es ins Muster paßte. Es war immer das Muster, daß Nancy nicht in ihrer Klasse war. Sie geht zur Schule und läuft den ganzen Tag herum. So war das Muster letztes Jahr, und so ist es dieses Jahr. Das Muster letztes Jahr war, wenn sie den ganzen Tag umherlief, trank sie und nahm Drogen.
Konsultant:	Das klingt, als ob Sie in der Erwartungshaltung waren, das alte Muster würde wieder in vollem Umfang durchkommen. Sie haben die Anzeichen gesehen. Deine Mutter hat einige Anzeichen gesehen.
Nancy:	Wenn sie glauben, ich habe Marihuana geraucht, mach' ich einen Drogentest, wenn ich zu Dr. Jones gehe, denn das bleibt über einen Monat lang im Körper. Und ich habe kein Marihuana genommen seit der Zeit, als ich weglief. Da können Sie 'mal sehen.
Konsultant:	Aber die Wahrheit ist nicht so wichtig wie die Tatsache, daß Sie [Mutter] Anzeichen feststellten, die Sie zu dem Glauben veranlaßten, dasselbe alte Muster sei wieder da.
Mutter:	Ja.
Konsultant:	Und dann sind Sie wieder ganz unten. Verstehen Sie, was ich meine? Als ob alle Ihre Hoffnungen zerstört sind. An dem Punkt sind Sie jetzt. Dagegen hast du, Nancy, nicht das Gefühl, daß es wieder so weit ist, obwohl deine Mutter reagiert, als wäret ihr wieder da angelangt, wo ihr früher wart.
Nancy:	Das sind wir nicht! Es war nur ein einziger Vorfall.
Konsultant:	Gut. Die Frage, die sich mir jetzt für die verbleibende Zeit stellt, ist, welche Schritte werden jetzt helfen, das Vertrauen in deiner Mutter, deinem Vater und in dir selbst aufzubauen, daß ihr eine sichere Position erreichen und halten könnt? Denn deine Mutter ist verletzt, dein Vater ist verletzt und [du] bist verletzt.
Nancy:	Ich weiß nicht.
Konsultant:	Und die Wiederholung dieser Muster wird nur weiter jedem wehtun und alle entzweien. Statt dessen etwas in der Art, worüber du gesprochen hast, Nancy – Leute zusammenbringen, damit du reden kannst, und ihr euch näher seid und einander versteht.
Therapeutin:	Deine Frage war also, welche Schritte unternommen werden müssen. Welche Schritte Nancy machen muß.

Konsultant:	Ja. Um Vertrauen aufzubauen. Als wir uns vor fünf oder sechs Wochen trafen, waren alle optimistisch. Nancy war damals gerade ein paar Tage zu Hause [nach dem Aufenthalt in einer psychiatrischen Klinik]. Und es ist nicht überraschend, daß es ein, zwei Schritte voran und einen zurück ging. So laufen diese Prozesse ab. Es kann sich nicht über Nacht ändern. Man muß damit rechnen, daß es zwischendurch Ausrutscher gibt. Die Frage ist, wie man mit solchen Ausrutschern fertig wird, damit ihr wieder die besseren Situationen, die ihr schon gehabt habt, erreicht.
Mutter:	Ich habe immer noch ein echtes Problem mit ihr zu Hause im Augenblick. Vorher habe ich praktisch an der Haustür geschlafen. Das werde ich mir und der Familie nicht wieder antun. Vielleicht ein Entzug. Ich weiß nicht.
Nancy:	Ich werde nicht in solche Entzugsanstalt gehen, Mama. Mach nur und schick mich dahin. Du wirst schon sehen, was passiert. Du wirst mich verdammt nochmal nirgendwo hinschicken. [Nancy stürmt aus dem Zimmer.]

[Während Therapeutin und Konsultant sich mit ihrem Team besprechen, bleiben Mutter und Vater allein im Zimmer:]

Mutter:	Ich verstehe nicht, warum du das nicht siehst – als ich den Entzug erwähnte und sie rausging – warum du nicht sehen kannst, daß dies ein Muster ist, das sie im Krankenhaus zeigte, bei der ambulanten Behandlung und früher bei den Familientreffen. Warum erkennst du nicht, wie das Muster sich wieder einstellt? Als sie das Mal davor rausging, vor 2 Minuten, da war das nämlich, weil ich was gesagt hatte, das ihr nicht gefiel. Und zack – raus aus der Tür. Das ist es, was ich meine. Sie ist wieder genau so wie früher. Oder auf dem Weg dahin. Jeder hat mit das gesagt. Die Leute im Heim. Die Leute, die sie beurteilen – sie sagen alle, sie braucht eine langfristige Behandlung. Sie braucht Entzug. Und wo ist sie? Zu Hause.

Die Konversation des Reflektierenden Teams

Das Reflektierende Team bestand aus Edward BAUMAN, Ethan KISCH, Sally BRECHER, Amy MAYER und Madeline DYMSZA.

Edward:	Was mir am meisten auffällt, glaube ich, ist die Notlage, in der Nancys Mutter ist. Es ist offensichtlich, wieviel Schmerz sie wegen all dieser Dinge empfindet. Wirklich der Tochter auf jede mögliche Art helfen zu wollen und doch das Gefühl zu haben, daß alles wieder beim alten ist. Es klingt so viel Schmerz durch, daß es schwer ist, etwas Hoffnungsvolles zu hören. Wenn man da sitzt und Nancy zuhört, klingt es, als ob das, was in der letzten Zeit passiert ist, etwas anders ist als das, was in der Vergangen-

heit war. Es hat einen Ausrutscher gegeben, aber nicht notwendigerweise etwas Unwiderrufliches ...

Ethan: Um es mal von einem anderen Standpunkt aus zu betrachten – also von dem, an dem Nancy sich befindet – ihr eigenes Verhalten ist ihr ein Rätsel. Und sie gibt sich Mühe, es zu verstehen. Ich glaube, deswegen hat sie zu ihren Eltern gesagt: „Ich möchte, daß ihr mit mir redet. Ich möchte, daß ihr mich fragt, warum machst du das, warum trinkst du." Sie möchte nicht von ihren Eltern in einer Weise gefragt werden, die sie beschämt, als hätte man sie wieder ertappt oder als stellte man sie an den Pranger. Ich glaube, es liegt wirklich daran, daß Nancy damit zu kämpfen hat und sich einer Sache gegenüber sieht, die größer ist als sie. Sie weiß nicht genau, wohin sie sich wenden soll und wie sie das verstehen soll. Daher ist für mich die Tatsache, daß sie sich an die Familie wendet, von der Familie diese Fragen hören möchte, von der Familie Hilfe erwartet, ein sehr optimistisches Zeichen. Ich denke, die Situation wäre viel schlimmer, wenn Nancy genau das Gegenteil sagen würde. Also – laßt mich in Ruhe, das geht euch nichts an, dies ist mein Leben, ihr könnt mich nicht am Trinken hindern, geht weg. Sie sagt genau das Gegenteil. Sie sagt: „Helft mir, dies zu lösen. Ich weiß nicht, was ich tun soll."

Edward: Und gleichzeitig scheint Nancy zu sagen: „Ich möchte es allein machen, aber ich möchte wissen, daß jemand für mich da ist, wenn ich Dummheiten mache." Die andere Sache, die mir bei der Sitzung auffiel, war dieses Kommen und Gehen, was das Rein- und Rausgehen der Leute betrifft. Ich frage mich, was sie machen werden, wenn sie Nancy das nächste Mal sehen, wenn sie sie wieder begrüßen. Ich denke, das könnte etwas sehr Wichtiges sein, was man sich überlegen müßte – wie es ihrer Meinung nach anders laufen sollte.

Sally: Was würdest du vorschlagen? Welche Richtung schwebt dir vor?

Edward: Also besonders in bezug auf Nancy, da habe ich mir, glaub´ ich, überlegt, was sie gesagt hat und wie sie sehr wohl verstanden hat, daß die Leute wütend über sie sein werden. Aber sie hoffte, irgendjemand würde den Arm um sie legen oder zumindest froh sein, sie zu sehen, oder bereit sein, mit ihr zu reden, oder ihr Zeit lassen, den Ärger zu überwinden und eine Zeit zum Reden miteinander verabreden.

Amy: Ich glaube, die Frage, mit der jeder in dieser Familie kämpft, ist, wie können wir helfen. Und jeder will eine Antwort geben und weiß, irgendwie muß Nancy irgendwann einmal etwas erreichen. Jeder erlebt also so eine Art Hin und Her – einander helfen wollen, aber sich mit dem abfinden, was man wirklich tun kann. Selbst wenn man keine Antwort findet, kann man die Gefühle der

Leute unterstützen. Ich möchte auch noch erwähnen, wie wichtig es in meinen Augen ist, daß Nancy diese sehr schwierige Information mit ihrer Familie teilen konnte, und wie peinlich das ist. Und wie erschreckend es auch für die Familie sein muß, darüber nachzudenken, Nancy könnte in Situationen sein, in denen man ihr wehtut ... Alkohol ist eine Art, dieses Trauma von sich zu schieben. Ich denke, Nancy hat sich unseren Vorschlag zu Herzen genommen [in einem früheren Treffen], über ihre Ängste zu reden. Und jetzt spricht sie über ihre Ängste, und wir sehen den nächsten, sehr schwierigen Schritt, wenn man erst einmal anfängt, über die eigenen Ängste zu sprechen.

Madeline: Ich komme immer wieder auf Nancys Mutter zurück und wieviel Kummer ich dort gesehen habe. Die Beziehung hat sich geändert, und welch einen Kummer eine Mutter durchmachen muß, wenn sie sich klarmacht, sie kann ihrer Tochter, ihrem Kind nicht helfen.

Sally: Es muß sich anfühlen, als ob man ein Kind verliert; man hat sein Kind in gewisser Weise verloren. Nicht im wirklichen Sinne, aber insofern als man ein Kind nicht beschützen kann. Ich glaube, es erforderte viel Mut von dieser Mutter, sich klarzumachen, daß sie ihr Kind liebt – das ist klar –, aber es nicht beschützen kann. Sie hat es so sehr versucht und sie ist so umsichtig dabei gewesen, und doch sieht sie, daß dies etwas ist, was einfach nicht zu schaffen ist. Ich glaube, das ist eine sehr schwierige Situation. Es gibt kein so-tun-als-ob. Sie tut nicht so, als ob sie es kann. Sie sieht jetzt, was ihrer Tochter bevorsteht.

Edward: Und doch ist es meiner Meinung nach gleichzeitig wichtig für sie, nicht die Hoffnung zu verlieren. Es ist noch genügend Beziehung zur Mutter da, daß sie mit ihr über diese Sache reden will. Es gibt noch Hoffnung, und selbst wenn sie [Mutter] das Gefühl hat, sie nicht beschützen zu können, gibt es doch noch andere Möglichkeiten für sie, wie sie ihr vielleicht helfen kann.

Interview mit der Familie nach dem Reflektierenden Team

Konsultant: Wir haben noch ein bißchen Zeit. Ich möchte nur eine Sache aufgreifen – das Team hatte viele verschiedene Gedanken und vieles zu sagen – ob es irgendetwas bei dem, was das Team sagte, gab, was für euch zutraf.

Mutter: [weinend]: Ich denke, es stimmt – was sie gesagt haben.

Therapeutin: Was stimmte?

Mutter: Sie haben es sehr gut geschafft, auf den Punkt zu kommen.

Therapeutin: Sie haben einige Ihrer Gefühle angesprochen?

Mutter:	Ja. Aber ich vermute, es läuft immer wieder darauf hinaus zu versuchen, ihr Sicherheit zu geben.
Konsultant:	Ihr Sicherheit zu geben? Aber es klang so, als ob das Team sagt, es gibt Grenzen bei dem, was Sie machen können, obwohl Sie sich so sehr bemüht haben.
Mutter:	Ich weiß einfach nicht, was ich tun soll.
Konsultant:	Vielleicht wäre eine Umarmung eine gute Sache, auch wenn Sie aufgebracht sind. Die ganze Situation ist sehr bestürzend ... Aber gibt es einen Weg, der zumindest für diesen Augenblick daran vorbei führt, um ihr die Botschaft zu geben, daß Ihnen wirklich an ihr gelegen ist, was auch immer geschieht? Aber sie lieben und das Gefühl haben, man kann sie retten und beschützen, sind zwei verschiedene Dinge. Die einzige Botschaft, die eine Umarmung vermittelt, ist die Anteilnahme. Das ist alles. Und das ist eine Botschaft, um die sie offenbar bittet und die sie braucht, bei all dem, was hier geschieht.
Vater:	Also, ich glaube, die hat sie bekommen – diese Botschaft. Sie hat hier gesessen und gesagt, daß sie nicht mit Nancy redet, aber das macht sie doch.
Therapeutin:	Ich weiß das. Aus dem, was wir letztes Mal gehört haben. Ja.
Vater:	Als sie gestern nach Hause kam, war June böse mit ihr. Aber heute abend würde June vermutlich gesagt haben: „Nun komm, laß uns einen Kaffee trinken" oder so etwas ähnliches und würde zu ihr gehen und mit ihr sprechen. Das ist meistens das Muster, das ich bei June und ihr erlebe. Erst gibt es einen Krach, und dann sprechen sie über alles und reden sich alles von der Seele.
Konsultant:	Ja. Die Leute haben gesagt, Nancy bemüht sich darum, sich selbst zu verstehen. Sie versucht, das Ganze zu durchschauen. Es kann sich so anfühlen, als ob sie es Ihnen antut, als ob sie manipuliert, wenn sie Sachen macht. Aber ich glaube, sie fühlt wirklich Schmerz bei dem, was mit ihr passiert. Sie ist nicht gleichgültig oder abweisend, aber es ist schmerzlich für sie zu versuchen, die Dinge zu verstehen. Sie braucht ihre Eltern so sehr, wie es Ihnen möglich ist, für sie da zu sein.
Mutter:	Ich glaube einfach, ich bin müde. Ich versuche, alles wieder in Gang zu kriegen, und versuche zu organisieren und alles zusammenzuhalten. Es ist einfach furchtbar schwer für mich, das ist alles.
Therapeutin:	Vielleicht sind Ihre Mittel erschöpft. Sie sind überanstrengt. Das Ganze geht jetzt schon eine lange Zeit so. Diese Krisen, und dieses sich-keinen-Rat-mehr-wissen und die Ungewißheit.
Mutter:	Ich bin einfach müde. Ich weiß einfach nicht, was ich noch tun soll, und wo ich noch hingehen soll. Ich weiß es nicht.

[Die Sitzung endet damit, daß der Vater anbietet, mehr Verantwortung für Nancy zu Hause zu übernehmen, und es wird ein weiteres Treffen verabredet.]

Ziele festlegen/Ressourcen zuweisen

In einer späteren Sitzung einigen sich die Therapeutin, June und Nancy auf folgende Ziele hinsichtlich Nancys Verhalten: (1) Sie soll drogenfrei werden, (2) sie soll in der Lage sein, ihre Gefühle in einer Weise zu äußern, die andere Möglichkeiten offen läßt, als weglaufen oder sich selbst verletzen und (3) sie soll wieder ins Lot kommen, indem sie die Schule zu Ende besucht. Abbildung 5 – 1 umreißt die Ressourcen, die bei der Arbeit mit dieser Familie zur Verfügung gestellt wurden. Sie umfaßten sowohl „managed care"-Ressourcen wie auch Ressourcen von außerhalb. Mehrere Male wurden Treffen mit VertreterInnen anderer Hilfesysteme, Nancy und ihren Eltern verabredet, um die Planung zu koordinieren und die Ziele zu klären.

„Managed Care" Ressourcen	Zugang zu externen Ressourcen

Primär-Therapeutin
    Einzelherapie
    Familientherapie
    Krisenintervention
KlinikerInnen für Notfälle
    Krisenintervention (wenn die
    Primärtherapeutin nicht zur
    Verfügung stand)
Medizinisches Personal
    in bezug auf Vergewaltigung,
    Drogen, HIV Tests
Team für Kinder/Familien-Arbeit
    Konsultationen mit dem Reflektie-
    renden Team
Spezialist für Ressourcen der Gemeinde
    Zugang zu externen Ressourcen
    bekommen
PsychiaterIn
    Verschreiben und Beaufsichtigen
    psychotroper Medikamente
	Psychiatrisches Krankenhaus
	    „Bett-Reservierung"
	    Stationärer Aufenthalt
	    Tagesbehandlung
	    Traumagruppe
	Kurzzeitige stationäre Angebote
	    Einzel-/Gruppentherapie
	Sozialbehörde
	    Traumagruppe
	Gesundheitsamt
	    Nachsorge-Programme (6
	    Monate)
	Anonyme Alkoholiker/Anonyme
	    Drogensüchtige

Abbildung 5–1   Ressourcenverteilung: Nancy (1992 – 1994)*

---

*) Einige Leistungen wurden gleichzeitig in Anspruch genommen (z.B. Teilnahme an einer Trauma-Gruppe, Treffen der Anonymen Alkoholiker und ambulante Therapie. Die Intensität der Behandlung nahm im Laufe der Zeit ab und verschob sich von der stationären zur ambulanten.

Folgeinterviews

Nancy blieb weiter zu Hause wohnen, erklärte sich aber einverstanden, für eine kurze Zeitdauer in ein stationäres Behandlungszentrum für Alkohol- und Drogenabhängige zu gehen. Das folgende Gespräch fand kurz vor Nancys Entlassung aus diesem Zentrum statt. Beachten Sie, wie Nancy und ihre Mutter es nun schaffen, ein produktives Gespräch zu führen, das ihre Verbindung zueinander fördert.

Nancy: Ich weiß, ich werde nicht in der Lage sein, nach Hause zu gehen.

Therapeutin: Das verstehe ich nicht. Wie meinst du das, du wirst nicht in der Lage sein, nach Hause zu gehen?

Nancy: Weil meine Eltern sich nicht sicher fühlen mit mir zu Hause [weint]. Nein, ich gehe weg.

Therapeutin [zu June]: Sie ist sehr empfindlich, was Ihre Kommentare betrifft, also was Sie zu ihr sagen.

Mutter: Das stimmt. Ich habe das Gefühl, ich kann nicht sagen, was ich fühle, weil ich Angst habe, sie aufzuregen. So fühle ich mich zu Hause. Ich fühle mich so, als ob ich einen Eiertanz mache. Ich muß vorsichtig sein mit dem, was ich sage. Ich muß irgendwie alles noch einmal überlegen, bevor ich den Mund aufmache, weil ich sie nicht aufregen will.

Konsultant: Ich bekomme den Eindruck, jeder macht sich hier über jeden Sorgen. Verstehen Sie, was ich meine? Nancy, du machst dir Sorgen um deine Eltern und wie sie sich fühlen. Deine Eltern machen sich Sorgen um dich. Deine Mutter sagt mir gerade, sie muß vorsichtig sein mit dem, was sie sagt, weil sie Angst hat, sie beunruhigt dich, und doch hat sie auch ihre Gefühle bei allem. Jeder läuft also herum mit diesem Beschützergefühl, und dabei läuft es nur darauf hinaus, daß Ihnen allen sehr aneinander gelegen ist und Sie versuchen, diese sehr schwierige Zeit zu überstehen. Ich höre dabei heraus, Nancy, daß es wichtig für dich ist, deine Mutter für dich zur Verfügung zu haben.

Nancy: Ich weiß, aber ich möchte nicht nach Hause gehen. Es wird nicht normal sein. Ich hasse es, wenn meine Mutter sich merkwürdig mir gegenüber verhält.

Konsultant: Wie soll sie sich denn verhalten?

Nancy: Wie sie es normalerweise macht.

Therapeutin: Ich denke, seit einem dieser Vorfälle ist deine Mutter in einer Art Schock. Sie braucht eine Weile, um sich sozusagen wieder an den Gedanken zu gewöhnen. Sie macht eine Weile mit, und sie vertraut dir, und sie fängt an, wieder Mut zu fassen, und dann

	passiert etwas. Vielleicht versucht sie, sich selbst ein wenig zu schützen, wenn diese Dinge geschehen.
Konsultant:	Nancy, nimm' dir eine Minute Zeit und erzähl' deiner Mutter, wie du es gern zu Hause hättest, wie es zu Hause sein soll, wenn du jetzt nach Hause kommst.
Nancy:	Genauso, wie es war, bevor ich wegging.
Therapeutin:	Kannst du 'mal deine Mutter ansehen und es ihr sagen?
Nancy:	Genauso wie es war, bevor ich wegging. Ich weiß nicht ... genauso wie es war. Ohne daß ich Probleme kriege oder so was. Ich hasse es, wenn du dich merkwürdig mir gegenüber verhältst.
Mutter:	Es tut mir leid, daß ich mich merkwürdig dir gegenüber verhalten habe.
Therapeutin:	Können Sie das erklären?
Mutter:	Wenn man sich schneidet, ist es so, als ob ein Teil von mir einfach weggeht. Ich verschließe mich einfach. Ich weiß nicht, was ich tun soll. Ich weiß nicht, wie ich damit umgehen soll. Erinnerst du dich, wie wir gestern darüber geredet haben, was ist, wenn der Hund wegläuft, wenn wir ihn rauslassen?
Nancy:	Ja.
Mutter:	Jeder in der Familie ist überall 'rumgelaufen, hat nach ihm gesucht. Wir sind im Auto herumgefahren und haben versucht, den Hund zu finden. Also, versuch einfach, das mit einer Milliarde malzunehmen, Nancy. So fühlt es sich an, wenn du wegläufst, Nancy. Wir gehen zur Polizei. Wir füllen Formulare aus. Wir gehen zum Gericht und machen alles Notwendige, um zu versuchen, dich zurück zu bekommen.
Therapeutin:	Es ist wahrscheinlich das Schrecklichste, womit Sie jemals zu tun hatten.
Mutter:	Es ist ein furchtbares Gefühl. Ich habe Angst, ich bekomme nachts um zwei einen Anruf und mir wird gesagt, sie ist irgendwo tot gefunden worden. Das ist meine größte Angst. Wenn ich merkwürdig dir gegenüber bin, ist das fast schon Selbstschutz, Nancy. Ich möchte dir trauen, aber ich habe Angst, dir zu trauen. Ich verkrieche mich in mir selbst. Ich isoliere mich, wenn es mir schlecht geht, wenn ich große Sorgen habe oder beunruhigt bin. Ich weiß das. Ich gehe in eine Ecke. Nicht tatsächlich, aber im Geiste, glaube ich. Es ist so eine Art Schutz. Bis ich mich wieder im Griff habe, bis ich wieder aufgetankt habe und wieder genug Energie habe.
Nancy:	Ich möchte einfach normal sein. Wie wenn sie mich fragt: „Wie geht´s dir? Laß uns einen Kaffee trinken gehen oder so was."

Mutter:	Das mach ich ja, Nancy. Aber weißt du, erinnerst du dich an den Abend, als du nach Hause kamst und du sagtest: „Ich verstehe nicht, warum die Leute sich über mich aufregen." Du warst sechs Tage verschwunden gewesen. Wir haben all diese wilden ... weißt du, wenn man etwas nicht weiß, dann stellt man sich vor, was passiert. Alles, woran wir denken konnten, war, daß du irgendwo tot liegst oder eine Überdosis nimmst oder an irgendeinem gottverlassenen Ort in einem Krankenhaus liegst. Ich wußte nicht, wo du warst.

An diesem Punkt wurde eine Aufgabe ausgehandelt. Es wurde vorgeschlagen, daß June, wenn sie beunruhigt war und Raum brauchte, zu Nancy sagen würde: „Ich muß mich einen Augenblick in eine Ecke zurückziehen." Und Nancy würde zu ihrer Mutter sagen, wenn sie den Kontakt zu ihr brauchte: „Laß` uns einen Kaffee trinken." Sowohl Mutter wie auch Tochter erfüllten diese Aufgabe erfolgreich.

An einem späteren Zeitpunkt der Therapie bringt Nancy ihre Furcht zum Ausdruck, ein neues Leben ohne irgendwelche Unterstützung für sich selbst gestalten zu müssen. Die Therapeutin, der bewußt ist, daß sie Nancy nicht bei jedem Schritt begleiten kann, versichert ihr, weiterhin für sie zur Verfügung zu stehen, überträgt aber gleichzeitig diese Ängste auf den Familienkontext.

Nancy:	Wie lange werde ich Sie sehen? Den Rest meines Lebens?
Therapeutin:	Nun, bis wir uns einig sind, daß alles wieder im Lot ist. Und wenn es anfängt, wieder in die richtige Richtung zu gehen, werden wir uns nicht mehr so oft treffen. Du siehst mich dann vielleicht ein paar Monate nicht und dann kannst du wieder mal vorbeikommen.
Nancy:	Was ist, wenn ich vielleicht noch zwei weitere Jahre zu Ihnen komme?
Therapeutin:	Ich werde miterleben, wie du die Schule abschließt. Warum fragst du? Da bin ich neugierig.
Nancy:	Um sicher zu gehen, daß Sie mich nicht im Stich lassen.
Therapeutin:	Wirklich? Was meinst du denn?
Nancy:	Ich weiß nicht, denn ... Ich meine, Sie sind meine Beraterin und ich erzähle Ihnen alles, nicht?
Therapeutin:	Mm-mm.
Nancy:	Also, dann werden Sie eines Tages einfach verschwinden, und ich werde Sie nicht mehr sehen.
Therapeutin:	Ich werde nicht verschwinden, und ich glaube, du machst dir auch dieselben Sorgen wegen deiner Familie. Wird meine Fami-

	lie mich im Stich lassen? Bin ich ihnen wirklich wichtig? Werden sie da sein, wenn ich sie brauche? Und du scheinst zu sagen ... „Wenn ich auf diesem Pfad der Besserung bleibe, werden wir ihn alle gemeinsam gehen oder werde ich allein sein?"
Mutter:	Ich glaube, du bist noch nicht allein gewesen, Nancy. Nach all dem, was geschehen ist, haben wir dich noch nie im Stich gelassen.
Nancy:	Ich weiß.
Mutter:	Du hast das vielleicht gedacht, als du im Krankenhaus warst und all das, aber wir haben dich nie im Stich gelassen. Und ich kann mir das jetzt auch nicht vorstellen. Wenn man eine Mutter ist und du bist das Kind, ist das sozusagen für immer, verstehst du ...

[Mehrere Monate später]

Therapeutin:	Was meinst du, Nancy, wie du mit allem zurechtkommst, mit all den Ängsten, über die wir gesprochen haben, die dich dazu gebracht haben, fortzulaufen und Drogen zu nehmen und zu trinken und die deine Gefühle abgeblockt haben. Welchen Eindruck hast du, wie du mit deinen Ängsten fertig wirst?
Nancy:	Ich glaube, gut. Sehr oft, wenn ich unglücklich bin, sage ich so: „Also gut, ich rufe jetzt diese Person an und gehe die ganze Nacht aus und erzähle meinen Eltern nicht, wo ich bin."
Therapeutin:	Du hast also diese Stimmen in deinem Kopf.
Nancy:	Ja. Dann habe ich solche Gedanken. Gestern abend war das so.
Therapeutin:	Und was ist dann passiert?
Nancy:	Und dann denke ich so, was rede ich denn da? Weil ich dann über all die Folgen nachdenke, was dann geschehen würde. Meine Familie ist dann zum Beispiel wütend auf mich, und ich sitze fest. Und dann ist Joey [Bruder] wütend auf mich, wenn ich trinke oder Drogen nehme, und meine Schwester ist wütend auf mich.
Therapeutin:	Du bist also mit diesen Ängsten fertig geworden.
Nancy:	Mm-mm
Therapeutin:	Du wirst stark. Härtest dich ab gegen solche Ängste.
Mutter:	Ja, sie macht das ganz gut. Sie macht das gut, hämmert nicht mehr gegen die Wände und ähnliches. Sie hat das eine ganze Weile schon nicht mehr gemacht. Sie kommt richtig gut klar.

[Mehrere Wochen später]

Therapeutin:	Also, nimmst du noch Drogen?
Nancy:	Oh, nein!
Therapeutin:	Du bist also völlig clean.

Nancy: Ich bin heute seit, ich glaube, 64 Tagen clean.
Therapeutin: Toll! Das ist wunderbar!
Nancy: Ich habe meine 60-Tage-Schlüsselkette.
Therapeutin: Prima.
Nancy: Ich bin jeden Abend zu den Treffen gegangen.
Therapeutin: Wunderbar. Das klingt, als ob es wirklich schwer war, als ob es wirklich weh getan hat. Viele traurige, deprimierende Gefühle kommen hoch, aber du hast nicht auf Drogen und Alkohol zurückgegriffen.
Nancy: Nein.
Therapeutin: Beunruhigt dich das dann, daß du wieder anfangen könntest?
Nancy: Nein. Ich habe wirklich den Wunsch, trocken zu bleiben. Ich will trocken bleiben. Ich muß weiter bei den Treffen mitmachen. Ich gehe jeden Tag zu einem Treffen. Ich werde mich einer Gruppe anschließen, und ich werde einen Sponsor kriegen. Denn wenn ich nicht zu den Treffen gehe, werde ich nicht trocken bleiben. So einfach ist das.
Therapeutin: Was hat sich also geändert? Warum wolltest du plötzlich trocken sein? Denn ich weiß, früher warst du nicht wirklich überzeugt, und du hast irgendwie gedacht, du könntest immer noch ein bißchen auf Parties rumlaufen.
Nancy: Ja. Na ja, jetzt weiß ich, das kann ich nicht. Wenn ich wieder irgendeine Droge nehme oder Alkohol trinke, dann gibt's kein Zurück mehr. Das ist mein Ende. So wird es immer sein, bis ich sterbe. Außerdem möchte ich unbedingt, daß sich alles für mich zurechtläuft. Ich möchte alle meine Träume erfüllen, wie ich sein will, zur Schule gehen, klug sein. Ich weiß, ich bin klug. Und mich einfach intelligent verhalten, mit meiner Schwester und ihren Freundinnen ausgehen, die auch meine Freundinnen sind, und zum Bowling gehen und zum Strand und ganz normalen Spaß haben, der nichts mit Drogen oder ähnlichem zu tun hat. Einfach Spaß haben, richtigen Spaß. Und in der Lage sein, mit meiner Familie auszukommen, damit sie sich nicht um meine Sucht Sorgen machen müssen. Wenn jemand bei mir anruft, einer von meinen Drogenfreunden, sage ich einfach: „Ich kann nicht sprechen." Weil ich das nicht tue. Ich muß nicht Drogen nehmen. Früher habe ich Entschuldigungen benutzt, so wie: „Ich habe einen Riesenkrach mit meiner Mutter gehabt, ich muß mich betrinken." So was wäre meine Entschuldigung gewesen. Das ist nicht ihre Schuld. Es ist meine, denn es ist meine Entscheidung. Ganz gleich, ob ich Alkoholikerin bin oder nicht, es ist meine Entscheidung, ob ich wieder anfange. Also, wenn ich mein Leben

	ruiniere, ruiniere ich es. Ich werde mir niemanden im Wege stehen lassen, da kann kommen, was will. Wenn ich jeden Abend zu Treffen gehen muß, werde ich das machen. ...
Therapeutin:	Was brauchst du jetzt im Moment noch? Was wäre deinem Gefühl nach hilfreich?
Nancy:	Weinen. Denn ich weine viel, wissen Sie, wenn ich über die Dinge nachdenke. Ich weine und brauche einfach jemanden, den ich umarmen kann. Ich habe einiges wiedergutzumachen bei einigen Leuten. Ich denke da an so ein paar Leute. Ich muß mit den Leuten reden. Mit jedem reden. Selbst wenn jemand mich haßt. Selbst wenn Ruth [die Schwester] mich haßt, werde ich trotzdem mit ihr reden. Ich weiß, sie haßt mich nicht. Selbst wenn sie wütend ist auf mich oder Mama wütend ist auf mich, werde ich mich hinsetzen und so lange reden, bis ich das herausbringe, was gesagt werden muß. ...
Nancy:	Ich habe es satt, mit Leuten zu reden, die ich nicht einmal kenne. Ich habe es satt, daß andere Leute versuchen, mir zu helfen. Ich habe es satt. Ich gehe nicht noch zu anderen Stellen. Ich gehe nicht zur ambulanten Behandlung. Ich brauche keine Umarmungen von Angestellten. Ich brauche Umarmungen von meiner Familie, wenn ich unglücklich bin. Genauso wie Ruth von ihrer Familie Umarmungen braucht, wenn sie unglücklich ist. Und von meinen Freundinnen. Und jetzt kann ich auf mich selber aufpassen. Ich werde nicht wieder losgehen und mir die Pulsadern aufschneiden. Wenn die Entscheidung so aussieht, daß meine Eltern mich nicht zu Hause haben wollen, dann werde ich das tun, was ich für notwendig halte, um nicht auf die schiefe Bahn zu kommen, und werde auf mich aufpassen. Nicht, was andere Leute für mich für notwendig halten. Und ich werde nicht losgehen und wieder was nehmen. Wenn es für sie zu schwer ist, mit mir umzugehen, dann muß ich fortgehen.

Nachuntersuchung

Nancy traf sich weiter von Zeit zu Zeit mit ihrer Therapeutin und konnte friedlicher mit ihrer Familie zusammenleben. Sie blieb weiterhin trocken und drogenfrei, fand eine Teilzeitstelle und holte den Schulabschluß nach. Zur Zeit hat Nancy mit ihrem Freund zusammen eine Wohnung, geht regelmäßig zu Treffen der Anonymen Alkoholiker und hält eine enge Beziehung zu ihrer Familie aufrecht. Sowohl ihre Mutter wie auch ihre Ärztin haben mehrere Male der Therapeutin gegenüber bemerkt, wie froh sie über die Schritte sind, die Nancy unternommen hat, um ihr Leben wieder aufs rechte Gleis zu bringen. Es hat keine weiteren Vorfälle gegeben, in denen Nancy sich selbst etwas angetan hat. Beim letzten Kontakt vor nicht langer Zeit mit Nancy, die jetzt 19 ist, zeigte sich, daß sie jetzt seit zwei Jahren trocken und drogenfrei ist und Kurse an einem College in ihrer Umgebung besuchte.

Es folgt ein Brief, den Nancy während des Therapieverlaufs an sich selbst schrieb:

Liebe Nancy (eine Grußkarte an mich selbst),

Kopf hoch ... Du hast das Recht, unglücklich zu sein, wann immer du willst, so lange du nicht über Bord gehst und dir oder anderen etwas antust. Du machst das prima. Sieh auf die positiven Dinge.

1. *Du hast seit über 7 Monaten keinen Alkohol und keine Drogen angerührt. Aber du kannst nicht erwarten, daß deine Familie versteht, was für ein Kampf das jeden Tag für dich ist.*
2. *Du hast dir nicht mehr selbst etwas angetan. Herzlichen Glückwunsch! Toller Erfolg.*
3. *Du hast niemand anderen verletzt! (Applaus)*
4. *Du hast Mark und John vor Gericht gebracht (das war auch eine großartige Sache).*
5. *Du arbeitest an allen deinen Problemen.*
6. *Niemand anderes sieht, wie schwer das für dich war, und niemand sieht all die Arbeit, die du in dieser kurzen Zeit geschafft hast, das ist in Ordnung. Mach einfach weiter so. Und geh zu den Treffen.*

Liebe dich selbst,

Nancy

Schlüsselideen dieses Kapitels

- Um zeitsensible Therapie angesichts komplexer Probleme anbieten zu können, muß eine Reihe von Behandlungsalternativen zur Verfügung stehen (einschließlich Zugang zu psychiatrischen Krankenhäusern, Tagesbehandlungsprogrammen, Familienintervention zu Hause usw., siehe Abbildung 5-2). Die Planung für Behandlungsalternativen muß auf die Einzigartigkeit der jeweiligen klinische Situation zugeschnitten werden.

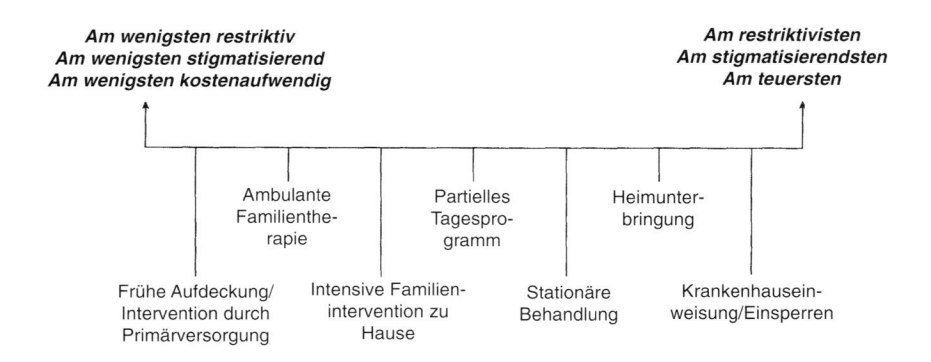

```
Am wenigsten restriktiv                          Am restriktivisten
Am wenigsten stigmatisierend                     Am stigmatisierendsten
Am wenigsten kostenaufwendig                     Am teuersten
```

	Ambulante Familientherapie		Partielles Tagesprogramm		Heimunterbringung	
Frühe Aufdeckung/ Intervention durch Primärversorgung		Intensive Familienintervention zu Hause		Stationäre Behandlung		Krankenhauseinweisung/Einsperren

Abbildung 5–2   Kontinuum von Interventionsmöglichkeiten

- Das Leben der Menschen ist komplex; das Ziel der Therapie besteht nicht darin, die Nöte des Lebens zu beheben, sondern einfach nur darin, ein Mittel anzubieten, mit dessen Hilfe die KlientIn in bezug auf festumrissene Problembereiche kleine Schritte in eine positive Richtung machen kann. Je eher wir dies erkennen, desto eher werden wir eine höhere Erfolgsrate und ein größeres Gefühl der Befriedigung erleben.

- Flexibilität ist notwendig, um ein institutionalisiertes Sicherheitsnetz zu schaffen, das aus einem Team von Fachleuten besteht, die die KlientIn „halten" können, während sie sich auf einem Kontinuum von stärker bis weniger strukturierten therapeutischen Settings bewegt. Dieses Sicherheitsnetz greift auf das Können mehrerer Fachleute zurück, einschließlich der PrimärtherapeutInnen, überweisenden ÄrztInnen, KinderfachärztInnen oder InternistInnen, NotärztInnen wie auch Fachleuten der Einrichtungen, mit denen die MCC Verträge für Leistungen geschlossen hat. Die Behandlung ist am zeiteffektivsten, wenn alle Beteiligten ähnliche Ziele und Behandlungsideen vertreten.

- Das Krankenhaus sollte als allerletzte Zufluchtsalternative betrachtet werden. Es wird nicht zum Zwecke der „Auswertung" benutzt oder als „Atempause", sondern nur als eine strukturierte Umgebung, die Sicherheit, Beaufsichtigung und die Möglichkeit einer koordinierten Behandlungsplanung bietet.

- Komplexe Probleme benötigen nicht unbedingt komplexe Lösungen. Die Arbeit der TherapeutIn besteht darin, gemeinsam mit der KlientIn kleine, „mach-bare" Ziele zu schaffen, die weiteren Veränderungen die Tür öffnen.

- Teamarbeit im Rahmen von „managed care" ermöglicht es, die Last der Verantwortung von einer KlinikerIn auf mehrere zu verteilen. Das Reflektierende Team kann sowohl für KlinikerInnen wie auch für KlientInnen (Familien) eine nützliche Hilfe für Beratung in komplexen Situationen sein. Zusätzlich zur Primärversorgung durch ÄrztInnen und andere MitarbeiterInnen im Rahmen von „managed care" können Angestellte anderer beteiligter Stellen zu den Interviews des Reflektierenden Teams eingeladen werden.

- Im selben Maße wie die Anzahl der Menschen, die in Krankenhäusern untergebracht werden, sinkt und die Aufenthaltsdauer abnimmt, muß man sich darum bemühen, Möglichkeiten für ambulante Behandlung bereitzustellen. Obwohl für ambulante Therapie unter Umständen umfangreiche Investitionen von Zeit und Ressourcen notwendig sind, ist sie bei weitem kosteneffektiver und deutlich weniger stigmatisierend als im Krankenhaus verbrachte Zeit.

- HMOs nach dem Angestelltenmodell bieten die Möglichkeit zu Kontakten mit KlientInnen über eine lange Zeitdauer. Therapeutische Beziehungen bilden sich sowohl zur Therapeutin wie auch zur Institution. Diese Kontakte sind zwar manchmal Monate oder Jahre unterbrochen, gestatten aber eine Kontinuität, die sich von Treffen zu Treffen wieder erneuert. Es ist viel zeit- und kosteneffektiver, dieselbe TherapeutIn wiederzusehen, als mit neuen von vorn anzufangen.

- Letztlich liegt die Verantwortung für Kinder und Jugendliche bei der Familie. Zu häufig haben wir „in loci parentis" gehandelt, im Glauben, wir als Fachleute hätten alle Antworten. Besonders in Situationen, in denen vielleicht mehrere Systeme mitwirken, kann das Behandlungsteam unbeabsichtigt die Familie zum Abgeben der Verantwortung bringen, dadurch die Situation „chronisch" machen und die Familie noch stärker demoralisieren.

- Will man als AnbieterIn psychosozialer Versorgung im Rahmen von „managed care" effektiv sein, muß man seine Haltung und Vorstellung über den psychotherapeutischen Prozeß deutlich verändern. Die TherapeutIn muß eine Haltung der Bescheidenheit gegenüber dem Veränderungsprozeß und der Wirkung formaler psychotherapeutischer Intervention auf das Leben der Menschen einnehmen. Sie ist BeraterIn und KatalysatorIn für Veränderung und spielt in dieser Eigenschaft nicht so sehr eine zentrale, als vielmehr eine stützende Rolle im Leben der KlientInnen.

Kapitel 6
Kooperative Praxis praktisch, I: Hoffnungsvolle Geschichten hervorbringen

> *Manchmal ist Veränderung direkt sichtbar, aber manchmal ist sie nur an der Peripherie des Blickfeldes erkennbar, wobei sie die Bedeutung des Vordergrundes verändert.*
>
> – Mary Catherine BATESON

Viele Leute, die wir sehen, haben ein ganz und gar problemgesättigtes Bild von ihrem Leben. Wie bereiten wir als TherapeutInnen den Boden, damit die KlientInnen Elemente in sich und ihrem Verhalten entdecken können, die Möglichkeiten für neue Perspektiven öffnen? Manchmal findet sich schon an der Peripherie eine Geschichte, die darauf wartet, erzählt zu werden. Indem zeiteffektive TherapeutInnen ihre KlientInnen in die Lage versetzen, „Kompetenz-Entdecker" zu werden, ebnen sie den Weg für Veränderungen. Die klinische Konversation wird ein Forum, wo KlientInnen ermächtigt werden, eine neue Geschichte von sich selbst zu beginnen.

In der hier vorgestellten Situation kämpft Barbara Reynolds, eine 42-jährige verheiratete Mutter von vier Kindern, mit Kräften aus ihrer Vergangenheit, die in ihr das Gefühl des Eingeengt- und Unterdrücktseins hinterlassen und sie daran hindern, die Person (und Mutter) zu werden, die sie zu sein hofft. Während ich ihrer Geschichte zuhöre, ziehe ich sie in eine Konversation hinein, die es ihr erlaubt, sich von diesen unterdrückenden und einschränkenden Kräften zu befreien.

Am Anfang: Barbaras Bild

Barbara stellt sich als einen Menschen dar, der aus einer „dysfunktionalen Familie" kommt:

> Ich bin schon einmal in Therapie gewesen, allein, vor etlichen Jahren. Ich glaube, ich stamme aus einem dysfunktionalen Zuhause ... Ich habe das in der Therapie erfahren. Es ist ein Teufelskreis, und ich möchte aus ihm ausbrechen [weint]. Ich fühle mich schuldig, weil ich bei der Arbeit bin, wenn die Kinder nach Hause kommen ...

wirklich. ... Ich wollte immer die perfekte Mutter sein ... ich weiß nicht ... [weint]. Vielleicht wenn er [Sohn John] böse mit uns wird und Sachen zu uns sagt, die er nicht wirklich meint, das glaube ich nicht ... denn ich weiß, ich sage Dinge, wenn ich kein gutes Gefühl von mir habe, die aus meiner Kindheit kommen. Ich muß mir immer wieder vor Augen führen, daß ich meinen Kindern nicht das antun darf, was meine Familie mir angetan hat [weint].

Ihr Mann, der bei dieser Sitzung auch anwesend ist, fügt hinzu: „Manchmal geht sie wegen der geringfügigsten Sache in die Luft ... und hat einen Wutanfall. Ich glaube, John hat das meiste von seinem Temperament von Barbaras Familie geerbt. Die kleinste Angelegenheit bringt sie manchmal in Wut [er nennt Beispiele]."

Frage: Ausgehend von dieser ersten Darstellung der Klientin, wie würden Sie diese Situation in der Therapie angehen? Nehmen Sie sich als kompetenzorientierte TherapeutIn 5 bis 10 Minuten Zeit, um eigene Ideen zu entwickeln, wie Sie effektiv mit Barbara arbeiten würden.

Zum Abschluß der Therapie

Es folgen Ausschnitte aus den Sitzungen 6 und 7 am Ende der Therapie (etwa vier Monate nach der ersten Sitzung). Während Sie dieses Transkript lesen, achten Sie auf die Veränderungen in Barbaras Darstellung und in den Berichten der anderen über sie. Wie hat Barbara diese Veränderungen bewerkstelligt? Welcher Ansatz mag ihr geholfen haben, die gemachten Fortschritte zu erreichen?

Barbara	[lachend]: Ich fühle mich anders, wissen Sie ... Ich trage Ohrringe ...
Therapeut:	Das ist mir aufgefallen. Normalerweise tragen Sie keine Ohrringe? [Barbaras Erscheinung hat sich deutlich verändert. Sie ist gut gekleidet, war beim Friseur und sieht auffällig anders aus als in all den vorangegangenen Sitzungen.]
Barbara	[fröhlich lächelnd]: Nein ... normalerweise nicht. Ich habe diese großen bei der Arbeit getragen, und sie konnten es alle nicht fassen ...
Therapeut:	Toll!
	...
Therapeut:	Ich habe Ihren Brief bekommen ... Sie haben getanzt (mit den Kindern) ...
Barbara:	Ja, das ist schon lange nicht mehr vorgekommen. Solche kleinen Dinge passieren. Manchmal ist es nur eine kleine Melodie im

Radio, und ich fühle mich gut. Es ist nichts irgendwie Großartiges, einfach kleine Sachen. Das sind Gefühle, wie ich sie vor sehr langer Zeit immer gehabt hatte. Vor ein paar Monaten war ich die ganze Zeit im Bett ... bin in mein Zimmer gegangen. Ein paar Mal ist es mit aufgefallen, wie ich ganz unglücklich wurde, wenn die Furien versuchten wiederzukommen ... dann habe ich mich aus der Situation entfernt. Statt auf mein Zimmer zu gehen – vor ein paar Monaten hätte ich das gemacht –, bin ich weggegangen, habe mich beruhigt und bin dann zur Situation zurückgekehrt und bin mit ihr fertig geworden.

Therapeut: Sie sind also zurückgekommen und haben es anders angepackt ...

Barbara: Ja, ruhiger ...

Therapeut: Das ist nicht einfach. Ich bin beeindruckt.

Barbara: Es erfordert viel Arbeit und Konzentration.

...

Therapeut: Dieser ganze Prozeß gibt einem das Gefühl, Sie hätten herausgefunden, wer Sie sind ... eine Person, die mehr Spaß haben kann, umgänglicher und fröhlicher sein kann ...

Barbara: Ich habe das in den vergangenen Wochen mehr und mehr so empfunden, fast so sehr, daß ich das Gefühl hatte, eines Tages wache ich auf, und alles ist weg. Diese Gefühle habe ich lange nicht gehabt.

Therapeut: Mit jedem Tag, an dem das so ist, haben Sie die Voraussetzung für mehr solche Tage geschaffen.

...

Barbara: Bei der Arbeit bin ich fröhlicher mit meinen Kolleginnen, lustiger. Ihnen ist das sogar aufgefallen. Eine hat gesagt: „Ich weiß nicht, ob es die neue Frisur ist oder was, aber du hast dich verändert ..." Ich habe eine neue Brille ... Und sie hat gesagt: „Du gehst sogar ganz anders ..." Sie sieht eine völlige Veränderung in mir ... Meine Schwester Sharon hat auch einen Unterschied gemerkt. Ich rufe sie nicht mehr so oft an. Früher habe ich sie jeden Tag angerufen – weinend. Jetzt rufe ich sie an, um hallo zu sagen, aber nicht Tag für Tag. Meine Nägel wachsen [sagt sie mit Stolz].

Therapeut: Tatsächlich.

Barbara: Sie [die Schwester] hat meine Fingernägel bemerkt ... solche kleinen Sachen. Sie glaubt nicht, daß ich wieder so werde [wie ich früher war].

Therapeut: Ich denke, Sie werden stärker, und die Furien werden nicht mehr solch eine Wirkung auf Sie haben wie früher. Ich bewundere es

	wirklich, wie Sie diese Schritte gemeistert haben ... so gewissenhaft. [Therapeut macht ein Kompliment.]
Barbara	[nickt zustimmend]: Es ist wirklich so, es ist Arbeit. Und mein Mann und ich sind uns näher, als wir es lange Zeit gewesen sind ...
Therapeut:	Sie sind auf dem richtigen Weg. Ich glaube, jetzt gibt es kein Zurück mehr.

Die mittlere Phase

Lassen Sie uns jetzt zur mittleren Phase der Therapie zurückkehren und uns ansehen, wie der gewählte Ansatz diese Klientin in die Lage versetzte, solche schnellen und dramatischen Veränderungen durchzumachen. Der hier gewählte Ausschnitt stammt aus einer Sitzung, die 3 Wochen nach dem ersten Treffen stattfand und auf Barbaras Wunsch die ganze Familie einbezog. Die Eltern kommen herein und berichten bereitwillig über die letzten positiven Ereignisse. Barbara erzählt mir, sie habe eine Veränderung in ihrem Arbeitsplan verlangt, damit sie nach Schulende zu Hause sein kann, und ihr Mann Matthew hat eine neue Stellung gefunden! Ich fördere dieses Reden über Veränderungen und konzentriere mich auf Barbaras Selbst-Wahrnehmungen.

Therapeut:	Welche anderen Veränderungen sind geschehen, seit wir uns zuletzt getroffen haben? Welche anderen Dinge sind Ihnen aufgefallen, die sich verändert haben?
Barbara:	Ich versuche, mich mehr in der Gewalt zu haben. Ich versuche, mich wirklich darauf zu konzentrieren. Am Tag nach unserem letzten Treffen mußte ich am nächsten Abend arbeiten und ich habe John [den älteren Sohn] gefragt, ob er babysitten kann, und er hat sich aufgeregt ... und ich nehme es ihm nicht übel. Er hatte seine Jugendgruppe ... und ich habe zu mir gesagt: „Ich werde ihn nicht zwingen, und ich werde mich nicht darüber aufregen."
Therapeut:	Ja.
Barbara:	Ich habe Matthew bei der Arbeit angerufen und [die Situation] erklärt. Wir mußten etwas austüfteln, und wir sind zu einem Kompromiß gekommen. Er hat die Kleinen mitgenommen.
Therapeut:	Sie haben etwas Neues ausgetüftelt ...
Barbara:	Ja.
Therapeut:	Wie haben Sie das geschafft? [Diese Frage gibt der Klientin die Möglichkeit, ihre Ressourcen zu „veröffentlichen".]
Barbara:	Es war früh am Morgen, und ich habe mir gesagt: „Ich werde nicht auf ihn wütend werden. Er hat das Recht, nicht babysitten

	zu wollen." Wir haben einen Kompromiß gefunden, und es hat funktioniert. Aber zu anderen Zeiten gehe ich einfach in die Luft ...
Therapeut	[zu den Kindern]: Wißt ihr, was eure Mutter meint mit „in die Luft gehen"?
Barbara:	Jane [die 17-jährige Tochter] versteht es.
Therapeut:	Letztes Mal haben wir über die Dinge in der Vergangenheit eurer Mutter gesprochen, die hochkommen und im Wege sind. Woran erkennst du [Jane], wann etwas von dem alten Kram im Wege steht?
Jane:	Sie ist meistens böse.

[Ich fange an, Fragen zu stellen, die die alten „Skripte" externalisieren sollen, von denen Barbara ünterdrückt wird.]

Therapeut:	Welche Wirkung hat das auf dich, wenn du siehst, wie diese alte Geschichte in ihr hochkommt ... wenn die alte Geschichte die Macht an sich reißt?
Jane:	Ich nehme die Sachen, die sie sagt, nicht ernst, wenn sie sich so benimmt.
Therapeut:	Du kannst also herauslesen, daß etwas anderes in ihr passiert ... außerhalb der Situation.
Jane:	Ja.
Barbara:	Sie gehen auf ihre Zimmer. Vor ein paar Wochen hatten wir Besuch, und ich bin am Morgen aufgewacht und fühlte mich überfordert, denn ich muß immer alles perfekt haben. Und da bin ich am Morgen aufgewacht und habe zu Matthew gesagt: „Ich werde mir wirklich Mühe geben, einen schönen Tag zu haben" [weint], und ... er hilft mir.
Therapeut:	Wie würde ein schöner Tag aussehen? [Ich versuche hier, die Aufmerksamkeit der Klientin auf die Zukunft zu lenken, in der Hoffnung, daß sie uns eine Zukunftsvision davon gibt, wo sie gern sein würde. Aber die Klientin konzentriert sich wieder auf die Vergangenheit.]
Barbara:	Alles ist perfekt. Ich kann mich erinnern, wie mein Vater mir sagte, ich würde nie wie meine Mutter werden.
Therapeut:	Hat Ihre Mutter das Haus perfekt in Ordnung gehalten?
Barbara:	Ja. Alles war einfach perfekt, alles. Und ich kann diese Botschaften hören und möchte sie überwinden ... Ich weiß einfach nicht.

Ich fange an zu untersuchen, wie die alten „Skripte" Barbaras Leben beeinflussen und beengen. Diese externalisierenden Konversationen stellen den Versuch dar, Barbaras einengende Erzählung zu dekonstruieren und die alten Skripte als einflußreiche Kräfte zu objektivieren,* die ihr Leben beeinflussen. Ich stelle Barbara Fragen, wie diese Kräfte ihre Wirkung in mehreren Lebensbereichen ausüben, und stelle fest, daß Barbara im Arbeitsbereich ihrem Einfluß am wenigsten unterliegt. Mit Hilfe dieser Information wird die „pauschalisierende" Beschreibung ihrer selbst infrage gestellt, und es öffnen sich allmählich neue Wege und Möglichkeiten zur Veränderung.

Therapeut: Diese alten Botschaften sind mächtig. Sie haben eine mächtige Wirkung auf das Leben der Menschen. Sie bleiben bei einem. Ich habe das Gefühl, daß Sie sich bemühen, sie zu überwinden und sie unter Kontrolle zu bekommen.

Barbara: Ich möchte zu mir sagen können: „Ich weiß, ich bin nicht perfekt."

Therapeut: Es ist schwer, sich von den Botschaften zu lösen, die einem sagen, daß man nicht genug tut, daß man es nicht gut genug macht.

Barbara: Matthew hilft mir. Er hilft mir viel. Ich möchte nicht so sein.

Therapeut [umreißt den Einfluß des Problems auf die Beziehungen der Klientin]: Wenn diese alte Geschichte hochkommt, wie beeinflußt sie Ihre Beziehung zu den Kindern?

Barbara: Ich fühle mich wie ein Außenseiter bei ihnen ... ihnen nicht so nahe, wie ich es hätte sein können [weint].

Therapeut: Die alten Skripte schaffen es also irgendwie, sich dem Nähersein in den Weg zu stellen. Die alten Botschaften schaffen es, Sie von den Kindern zu trennen ... daß Sie ihnen nicht so nahe sind, wie Sie es gern wären. Wie ist es mit den Beziehungen außerhalb des Hauses?

Barbara: Ich arbeite mit alten Leuten im Pflegeheim, und da bin ich nicht so wie zu Hause. Im allgemeinen habe ich viel Geduld bei der Arbeit.

Therapeut: Irgendwie haben Sie es geschafft zu verhindern, daß Ihre Arbeit beeinträchtigt wird.

Barbara: Ja, das stimmt.

[Später in der Sitzung]

---

*) **Anm.d.Hrsg.**: Gemeint ist „objektivieren" im Sinne von „vergegenständlichen" *und so das unerwünschte Verhalten – als Gegenstand – von der Person der Klientin trennen*

Therapeut: Sie haben zu Anfang ein Beispiel dafür gegeben, wo die alten Botschaften nicht siegen; es klingt demnach so, als ob es Zeiten gibt, wo Sie die Oberhand haben ... obwohl es einige Mühe kostet, das zu tun.

Hier verstärke ich die positiven Schritte, die sie unternommen hat, wobei ich gleichzeitig zeige, wie schwer sie es hat. Im weiteren frage ich dann nach anderen Erfahrungen, wo Barbara sich vom Einfluß der alten Botschaften befreit hat, und sie nennt andere Beispiele von Situationen, in denen sie von John weggegangen ist und sich auf die Unterstützung ihres Mannes verlassen hat, um anders und ruhiger zu reagieren. Ich setze einen Termin in einem Monat an mit Barbara und ihrem Mann und schicke etwa eine Woche nach dieser Sitzung einen Brief an Barbara.

Ein Briefwechsel

Es folgt ein Brief, den ich Barbara nach der letzen Sitzung schickte und ihre Antwort auf diesen Brief. In meinem Brief führe ich den Prozeß des Externalisierens und Objektivierens [i.S. von „Vergegenständlichen", *Anm.d.Hrsg.*] der Kräfte, die sie unterdrücken, fort und gebe ihnen den Namen „die Furien".

Liebe Frau Reynolds,

ich möchte einige Gedanken aufgreifen, die mir nach unserem letzten Treffen durch den Kopf gingen. Es hat mich gefreut, Ihre Kinder kennenzulernen und ihre Verspieltheit und Nähe zu sehen ... Ihr Bericht darüber, wie Sie es im Umgang mit John vermeiden, sich auf die „alten Skripte" einzulassen. Mich hat auch beeindruckt, wie sie es schaffen, die „alten Geschichten" aus Ihrem Arbeitsleben fernzuhalten. Mir scheint nach unseren Diskussionen, daß Ihr Mann Ihnen eine große Hilfe bei Ihren Bestrebungen gewesen ist, sich von der Last der „alten Skripte" zu befreien. Sie können sich glücklich schätzen, ihn an Ihrer Seite zu haben.

Ich habe über einen Namen für die „alten Skripte" nachgedacht, und was mir einfiel, war „die Furien". Die Furien sind Kräfte (aus der griechischen Mythologie), die Schuldgefühle darstellen. Sie sind Teil der irrationalen Welt, die wir manchmal in uns tragen. Die Furien sind die falschen, Schuld einflößenden Stimmen, die sich in Ihr Leben einmischen. Mir scheint, daß „die Furien" zu gewissen Zeiten in Ihren Beziehungen zu Ihren Kindern Verheerungen anrichten und ein befriedigen-

deres Zusammenleben zuhause verhindern. In dieser Form stellen „die Furien" eine sehr mächtige Kraft dar. Irgendwie haben „die Furien" den Eindruck, sie hätten bei Ihnen ein Zuhause gefunden. Das Ziel wird darin bestehen zu vermeiden, mit den Furien zusammenzuarbeiten, und somit Ihrer eigenen Stimme des inneren Friedens und der Ruhe Gehör zu verschaffen.

Ich überlege, ob Sie eine Liste erstellen könnten von den Methoden, wie „die Furien" versuchen, Ihr Leben zu steuern. Dadurch würde es möglich sein zu planen, wie man die Beherrschung durch die Furien infragestellen könnte. Indem Sie die Furien „rausschmeißen", schaffen Sie Raum für inneren Frieden und Heilung.

Bitte rufen Sie an oder schreiben Sie mir vor unserem nächsten Termin, wenn Ihnen hierzu irgendetwas einfällt. Ich freue mich darauf, Sie und Ihrem Mann wiederzutreffen [etwa einen Monat später].

Mit freundlichen Grüßen

Steven Friedman

Zwei Tage vor dem verabredeten Termin erhielt ich den folgenden Brief von Barbara:

Lieber Dr. Friedman,

seit unserem letzten Besuch habe ich sehr viel nachgedacht. Hier ist die Liste, die mir in bezug auf „die Furien" eingefallen ist.

Ich fürchte mich davor, außerhalb meiner Familie um Hilfe zu bitten. Weihnachten gab es eine Situation, wo ich mir etwas von meiner Schwester borgen mußte. Ich hatte wirklich Angst zu fragen, aber ich habe mir gesagt, ich würde keine Angst haben. Aber letztlich habe ich es doch nicht geschafft. Ich erinnere mich, wann immer ich meinen Vater um etwas gebeten habe, hat er mich meistens angeschrien und mich runtergemacht, auch noch als ich erwachsen war.

Bei allen Sachen im Haus finde ich irgendeinen Fehler. Weihnachten war ich nicht zufrieden, wie mein Haus mit all dem Weihnachtsschmuck aussah. Ich habe den Baum dreimal umgestellt und war immer noch nicht zufrieden. Dann passierte es mir einmal, daß ich ein paar Geschenke wieder auspackte, weil mir nicht gefiel, wie sie aussahen. Ich muß alles perfekt haben, wenn wir Leute einladen, aber ich schiebe es bis zur letzten Minute hinaus, die Arbeit zu machen. Im Kopf weiß ich, ich muß die Arbeit machen, aber ich bringe mich immer in Schwierigkeiten.

Vor ein paar Wochen hat mir jemand bei der Arbeit ein wunderbares Kompliment gemacht. Ich konnte nicht glauben, daß es tatsächlich stimmte, was sie gesagt hat.

Ich möchte, daß meine Kinder sich perfekt benehmen. Besonders, wenn wir Besuche machen. Ich werde sehr nervös, wenn die Jungen sich auf dem Fußboden balgen. Ich weiß das noch, weil meine Schwester mich darauf aufmerksam machte. Ich erinnere mich, wie meine Brüder, meine Schwester und ich uns früher immer tadellos benahmen. Das wurde von uns erwartet.

Dr. Friedman, dies sind nur ein paar Dinge, die mir einfielen. Ich hoffe, sie helfen Ihnen.

Mit freundlichen Grüßen

Barbara Reynolds

[Die nächste Sitzung (Nr. 3)]

Therapeut: Ich habe Ihren Brief erhalten ... und er gab eine sehr hilfreiche Beschreibung davon, wie „die Furien", wie ich sie nannte, Sie herumkommandieren.

Barbara: Wenn ich das zu Papier bringe, sieht es so dumm aus. Es ist so unwichtiger Kram.

Therapeut: Welche Gedanken hatten Sie bei meinem Brief ... was ich über „die Furien" gedacht habe? Es scheint so, als gäbe es diese Kräfte, die Ihnen Schuldgefühle vermitteln.

Barbara: Das stimmt, ja.

Therapeut: Traf das auf Sie zu?

Barbara: Ja, ganz bestimmt.

Therapeut: Ich weiß nicht, ob Sie irgendwelche anderen Ausdrücke haben, um diese Kraft zu schildern ... Es gibt da ein paar Dinge, die ich zusammengestellt habe, und ich werde Ihnen eine Kopie davon geben, das sind die „Gesetze der Furien".

Dann lese ich die Gesetze vor, die hier wiedergegeben sind:

Die Gesetze der FURIEN (nach Esler, 1987; White, 1986)

1. DIE FURIEN leben von der Aufmerksamkeit, die wir ihnen schenken.
2. DIE FURIEN finden gern ein Zuhause bei Menschen, die Experten in Selbstfolter sind.
3. DIE FURIEN versuchen den Orten zu entfliehen, an denen sie ignoriert werden.
4. Da DIE FURIEN immer hungrig sind, ist es möglich, sie verhungern zu lassen, indem man ihnen nicht erlaubt, die eigenen Gedanken zu beherrschen oder die eigenen Handlungen zu beeinflussen.
5. DIE FURIEN haben eine einzige Furcht (die sie versuchen, geheim zu halten). Diese Furcht besteht darin, daß die Leute aufhören könnten, an sie zu glauben. Wenn dies geschieht, verlieren sie ihre Macht und verschwinden.

Ich fange an, eine Reihe von Fragen zu stellen, die es Barbara erlauben, ihre Geschichte in einer Weise neu zu erzählen, die ihr und nicht den Furien die Macht gibt. Außerdem biete ich Barbara Gelegenheiten, mir zu erzählen, wie motiviert sie ist, Veränderungen in ihrem Leben vorzunehmen.

Therapeut: Was ich mich frage, ist, wann Sie Ihrer Meinung nach bereit sein werden, diese Furien aus Ihrem Leben zu verbannen.

Barbara: Ich will sie jetzt loswerden.

Therapeut: Was meinen Sie, wie das sein wird, wenn Sie Ihr Leben zurückerhalten haben und diese Furien Sie nicht mehr herumstoßen können?

Barbara: Wie Sie gesagt haben, innerer Frieden. Mich einfach so zu akzeptieren, wie ich bin, und die alten Dinge ruhen zu lassen ... Meine Schwester Sharon hat mir erzählt, sie erinnert sich, daß unsere Eltern zu ihr gesagt haben, aus ihr würde nie etwas werden, aber eine innere Stimme hat immer zu ihr gesagt, daß aus ihr etwas werden wird.

Therapeut: Sie hat es damals bekämpft, und Sie bekämpfen es jetzt ... und die Furien haben mehr Zeit gehabt, Fuß zu fassen. Versteht sie [die Schwester] es, wenn Sie ihr erzählen, was mit Ihnen passiert?

Barbara:	Sie versteht das. Wir waren eine dysfunktionale Familie, das weiß ich. Am Ender ihrer Kindheit hat sie mehr Dinge gehaßt als ich.
Therapeut:	Sie war zorniger.
Barbara:	Zornig ... schaffte es aber, das Haus zu verlassen, während wir [Barbara und ihr Mann] im Haus blieben.

[Barbara erklärt, daß sie ihren Vater, der Alkoholiker war, versorgte, nachdem er einen Schlaganfall gehabt hatte. Während dieser Zeit war er sehr zornig und gereizt.]

Therapeut	[auf der Suche nach „Ausnahmen"]: Welche Vorstellungen haben Sie davon, wie Sie die Furien daran gehindert haben, völlig die Oberhand zu gewinnen?
Barbara:	Ich weiß nicht.

[Barbara erklärt, wie ihr Mann ihr hilft, indem er sie auffordert, sich zu beruhigen, wenn sie sich aufregt.]

Therapeut:	Bei einigen Leuten würde ich damit rechnen, daß ihr ganzes Leben von Furien beherrscht wird.
Barbara:	Ja, das stimmt. Nein, bei mir nicht.

Um die Motivation zur Veränderung zu verstärken und auch um die Tatsache zu unterstreichen, wie weit schon eine Veränderung begonnen hat, erforsche ich mit der Klientin ein das schlimmste Szenario, falls sie ihr Leben den Furien überlassen sollte.

Therapeut:	Was würden Sie erwarten, falls Sie die Furien auch in Zukunft in Ihrer Nähe behalten?
Barbara:	Ein erbärmliches Leben. Er [Ehemann] wäre unglücklich.
Therapeut:	Was bedeutet das, ein „erbärmliches Leben"? Welche Vorstellung haben Sie davon, wenn die Furien Ihr Leben beherrschen?
Barbara:	Vielleicht wird man depressiver. Ich erinnere mich, als ich vor ein paar Jahren in Behandlung war, habe ich die ganze Zeit geschlafen [das war nach dem Tod ihres Vaters]. Aber jetzt habe ich eine Stellung. Ich muß arbeiten.
Therapeut:	Sie haben also positive Veränderungen vorgenommen.
Barbara:	Ja.
Therapeut:	Aber Sie könnten sich vorstellen, Sie würden wieder diesen Zustand erreichen, wenn Sie die Furien weitermachen lassen?
Barbara:	Das könnte sein.
Therapeut	[zu Matthew]: Was empfinden Sie dabei, wenn die Furien sie weiter herumkommandieren würden?

Matthew:	Also, wie sie gesagt hat, sie würde sich wieder in ihrem Schnekkenhaus verkriechen und den ganzen Tag schlafen und ihren Job verlieren.

Barbara beschreibt eine Veränderung, die sie in bezug auf ihre Arbeitszeiten erreicht hat und die ihr erlaubt, zu Hause zu sein, wenn die Kinder aus der Schule kommen. Dafür war es nötig gewesen, die Vorgesetzte zu fragen – was sie auch gemacht hatte. Diese Veränderung nimmt auch John einige seiner Babysitter-Verpflichtungen ab. Barbara berichtet von einer positiven Veränderung im Familienleben aufgrund dieses Übereinkommens.

Therapeut:	Welches Kompliment haben Sie [Barbara] erhalten, das Sie in Ihrem Brief erwähnten?
Barbara:	Ich war bei der Arbeit. Es war kurz vor Weihnachten, und eine von den Aushilfskräften hielt mich im Flur an und sagte: „Barbara, ich wollte Ihnen nur sagen, daß Sie eine wunderbare Person sind, wie Sie sich so um die Leute kümmern und wie Sie sie behandeln." Ich hatte Tränen in den Augen. Ich habe ihr gesagt, daß ich mich gar nicht so fühlte. Ich sehe mich selbst überhaupt nicht so, wie die Leute mich wahrnehmen. Ich bedankte mich und umarmte sie. Aber als ich nach Hause fuhr und darüber nachdachte, habe ich zu mir selbst gesagt: „Ich sehe mich selbst nicht so."
Therapeut:	Da kommen dann die Furien mit ihren negativen Botschaften. Verstehen Sie, was ich meine?
Barbara:	Mmm.
Therapeut:	Ein gutes Zeichen wäre es also, wenn Sie in der Lage wären, ein Kompliment anzunehmen ... und in gewisser Weise haben Sie ja das Kompliment angenommen.
Barbara:	Ja. Richtig, richtig.
Therapeut:	Aber Sie hatten gewisse Zweifel. Und das sind dann die Furien, die kommen und sich in den Weg stellen.
Barbara:	Zum Beispiel habe ich mich bei unserem letzten Treffen darüber aufgeregt, wie Joseph [das jüngste Kind] sich benahm. Denn in unserer Kindheit waren wir so. [Sie zeigt wie man sich aufrecht hinsetzt, sauber und ordentlich, „das perfekte Kind".]
Therapeut:	Das hat sich bei Ihnen festgesetzt. Ein Ereignis, an dem Sie erkennen werden, daß die Furien weggehen, ist, wenn Sie in der Lage sind, diese Situationen auf andere Art und Weise zu ertragen. Und diese Situationen werden wiederkehren. Ich habe vorhin gefragt, wie es aussehen würde, wenn die Furien bei Ihnen blieben. Ich bin auch interessiert daran, wie es aussehen wird,

	wenn die Furien verschwinden und Sie diesen inneren Frieden gewinnen. Wie wird das Leben zu Hause aussehen?
Barbara:	Ich denke, eine bessere Ehe.
Therapeut:	Wenn Sie aufhören, mit den Furien zu kooperieren, was wäre noch anders?
Barbara:	Die Beziehung zu meinen Kindern. Ich würde mich ihnen näher fühlen. Voller Freude und morgens glücklich aufstehen.
Therapeut:	Welche anderen Veränderungen wird es in der Familie geben, wenn Sie beschließen, nicht mit diesen Furien zu kooperieren?
Barbara:	Ich würde mehr Freude an meinen Kindern haben; sie so akzeptieren, wie sie sind.
Matthew:	Wahrscheinlich gäbe es viel weniger Geschrei und mehr Kooperation von den Kindern.
Therapeut:	Was jetzt geschehen muß, ist, Ihr Verhalten zu untersuchen, das Sie an den Tag legen, wenn Sie die Furien nicht gewinnen lassen – und ich weiß, das passiert jetzt. Ich denke, die Zeiten, wenn die gewinnen, hinterlassen einen großen Eindruck und es fällt Ihnen meistens auf, aber es gibt auch Zeiten, wo Sie die Situationen ruhig handhaben.
Barbara:	Ich denke, John ist sehr viel ruhiger geworden im letzten Monat, meinst du nicht auch, Matthew? Es hat nicht so viele Auseinandersetzungen gegeben.
Matthew:	Ich habe ihn schon eine ganze Weile lang nicht mehr angeschrien.
Therapeut:	Ich denke, das ist ein Zeichen, daß Sie irgendwie die Kontrolle über diese Furien gewinnen. Mich würde folgendes interessieren: Ich möchte Sie bitten, die Zeiten festzuhalten, wo Sie nicht mit den Furien kooperiert haben, wenn Sie und nicht die Furien Ihr Leben in der Hand haben. Das ist das Ziel hier, Sie sollen diesen inneren Frieden erleben; ein Kompliment entgegennehmen ...
Barbara:	Und es in mich aufnehmen.
Therapeut:	Richtig ... es einsinken lassen. Und dafür ist aktives Bemühen notwendig. Sie haben Ihre Schwester erwähnt, die „nein" zu den Forderungen Ihrer Eltern sagte und die sich sehr klar ausdrückte – Sie müssen das vielleicht zu den Furien sagen und nicht Kräfte von außen Ihr Leben bestimmen lassen. Denn Sie verdienen diese Art von innerem Frieden.
Barbara:	Ich weiß, ich habe vier wunderbare Kinder.
Therapeut:	Ja. Ich war sehr beeindruckt von ihnen.

Barbara:	Und da war es auch wieder so: Als Sie den Brief schickten, da stand am Anfang, wieviel Freude Ihnen ihre Verspieltheit gemacht hat. Und ich konnte das nicht akzeptieren ... ich dachte, sie haben sich nicht gut benommen.
Therapeut:	Ich habe Josephs Ausgelassenheit sehr positiv gesehen; er hat sich hier wohlgefühlt. Es braucht ein bißchen Arbeit, die Furien wissen zu lassen, daß sie nicht mehr gebraucht werden ... bei Ihnen nicht mehr erwünscht sind. Ihre Schwester ist Ihnen eine Stütze, ebenso wie Ihr Mann. Und vielleicht gibt es einige Dinge, die Ihre Schwester zu tun gelernt hat, die für Sie nützlich sein können, um Kontrolle über diese Kräfte zu bekommen.
Barbara:	Vielleicht.
Therapeut	[fordert einen Handlungsschritt]: Eine andere Idee, die ich habe, wäre, daß Sie aufschreiben, in einem Satz formulieren, wie die Botschaften aussehen, die von den Furien geschickt werden – zum Beispiel: „Stelle den Wert aller Komplimente in Frage", „Erwarte von den Kindern perfektes Benehmen", „Bitte andere nicht um Hilfe" und so weiter.
Barbara:	Okay, okay.
Therapeut:	Und daneben machen Sie mir eine Liste, auf welche Weise Sie *nicht* mit den Botschaften der Furien kooperieren. Wenn Sie ruhig sind, auch nur einen Augenblick, und inneren Frieden finden ...

Frage: Bevor Sie weiterlesen, nehmen Sie sich etwa zehn Minuten Zeit und entwickeln Sie vor dem Hintergrund dieser Sitzung in groben Zügen einen Brief an Barbara. Das Ziel besteht jetzt darin, die positiven Schritte, die von der Klientin unternommen wurden, zusammenzufassen und auszuführen und mögliche Handlungen zu überdenken, die ihren weiteren Fortschritt unterstützen.

Vier Tage nach dieser Sitzung schickte ich Barbara den folgenden Brief:

Liebe Frau Reynolds,

ich möchte Ihnen schreiben, um unsere letzte Sitzung noch einmal aufzugreifen. Ich war beeindruckt, wie engagiert Ihr Mann sich gezeigt hat, um Ihnen dabei zu helfen, Ihr Leben vom Einfluß der Furien zu befreien. Wenn man als Team zusammenarbeitet, wie das bei Ihnen wohl geschieht, ist das eine gute Möglichkeit, die Oberhand über die Furien zu gewinnen. Sie scheinen auch Hilfe von Ihrer Schwester

Sharon zu erhalten, die Verständnis für den Kampf hat, in dem Sie sich befinden, um inneren Frieden und Ruhe zu gewinnen. Ihre Schwester hat sich anscheinend früher in ihrem Leben den Furien gestellt, und vielleicht hat ihr Ärger irgendwie dazu beigetragen, diese zu besiegen. Es wäre möglicherweise interessant, mit ihr darüber zu sprechen.

Wenn ich bedenke, in welch sehr geordneten Verhältnissen Sie aufgewachsen sind, beeindruckt mich Ihre Flexibilität, mit der Sie eine ganz andere und offenere Familienatmosphäre schaffen als die, die Sie in Ihrer Kindheit kennengelernt haben. Dies ist nicht leicht zu bewerkstelligen, besonders in Hinblick auf Ihre große Loyalität Ihren Eltern gegenüber.

Die Veränderung der Arbeitszeit, durch die Sie nachmittags zuhause sein können, ist ein wunderbares Geschenk, das Sie Ihren Kindern machen, und hilft Ihnen selbst außerdem, inneren Frieden für sich und Ihre Familie zu gewinnen.

Sie haben Ihre Vorstellungen geschildert, was geschehen würde, wenn die Furien alles übernähmen (Sie würden depressiv werden, die ganze Zeit schlafen, „sich wieder in Ihr Schneckenhaus zurückziehen" usw.). Ich frage mich, wie Sie verhindert haben, daß es soweit kommt. Wie ich bei unserem letzten Treffen erwähnt habe, könnte es nützlich sein, eine Liste all der Situationen zu erstellen, in denen Sie nicht mit den Botschaften der Furien kooperiert haben, sondern eigene Entscheidungen getroffen haben. Dabei können Sie erfahren, wie Sie den inneren Frieden verspüren, nach dem Sie sich sehnen, glücklich sind, wenn Sie morgens aufstehen, größere Freude an den Kindern haben (die Sie so akzeptieren, wie sie sind), größere Nähe zu den Kindern und mehr Freude und Selbstvertrauen empfinden. Als erzählt wurde, daß John während des letzten Monats ruhiger geworden sei und Sie und Ihr Mann sich weniger anschrien, war das für mich ein Anzeichen Ihres Sieges über die Furien.

Außerdem könnte es nützlich sein, wie wir beredet haben, eine Liste der Botschaften zu machen, die von den Furien gesendet werden (z.B.: „Bitte Fremde nicht um Hilfe", „Stelle alle Komplimente als wertlos in Frage" usw.). Hierdurch bekommen wir eine bessere Vorstellung davon, wie man der Macht der Furien entgegenwirken kann. Im übrigen kooperieren Sie bereits nicht mehr mit einer der Botschaften der Furien, indem Sie zu mir kommen!

Ich freue mich darauf, Sie und Ihren Mann [in etwa drei Wochen] zu sehen und von den Schritten zu hören, die Sie unternommen haben, um inneren Frieden und Ruhe zu gewinnen.

Mit freundlichen Grüßen

Steven Friedman

In der nächsten Sitzung (Nr. 4), zweieinhalb Wochen später, begann ich mit Fragen, die Barbara die Möglichkeit eröffneten, ihre früheren einengenden Erzählungen zu erweitern und ein wachsendes Gefühl der persönlichen Handlungsfähigkeit zu empfinden und auszudrücken. Sie beginnt, mit sich selbst in einer Weise zu reden, die zu einem neuen Gefühl des Machtbewußtseins führt.

Therapeut: Sie haben meinen Brief erhalten.

Barbara: Und ich habe meine Listen gemacht [gibt dem Therapeuten die Listen, die sie erstellt hat].

Therapeut: Dies sind die Botschaften ... „Zorn, negative Gedanken, Selbstmitleid; wertlos als Person."

Barbara: Ich habe „Selbstmitleid" aufgeschrieben. Manchmal tue ich mir selbst leid und weine. Und ich denke, manchmal leben sie [die Furien] davon.

Therapeut: Ja. Das stimmt genau. Das macht Sie verletzlich ...

[Therapeut wendet sich der Liste der „Nicht-Kooperation" zu und verbringt die ganze Sitzung damit, Barbaras Erfolge durchzugehen.]

Keine Kooperation mit den Furien:

Ich setze mich ruhig mit einer Situation auseinander und behalte die Kontrolle.

Ich versuche mir zu sagen, daß ich ein wertvoller Mensch bin.

Ich habe an all die positiven Dinge gedacht, die ich für meine Kinder ihr Leben lang getan habe.

Mich gegen jemanden verteidigen, der mich herabsetzt.

Ich habe meine Verdienste.

Barbara [lächelnd]: Auf das erste bin ich am stolzesten.

Therapeut: Erzählen Sie mir davon.

Barbara:	Das war ein paar Tage, nachdem wir bei Ihnen waren. Und ich hätte einfach fortgehen können und ihn [Matthew] das machen lassen. Und ich habe zu Matthew gesagt: „Nein, Matthew, ich werde das machen." Und ich habe zu mir gesagt, noch bevor ich zu John gegangen bin: „Ich werde die Kontrolle behalten und das erledigen" und das habe ich dann gemacht!
Therapeut	[fordert die Klientin auf, sich als effektive Managerin der Veränderung zu sehen]: Wie haben Sie diesen Schritt geschafft?
Barbara:	Ich habe mir einfach gesagt: „Ich möchte damit fertig werden und ich werde ihn nicht bevormunden. Ich werde ihn nicht anbrüllen ... und das letzte Wort haben wollen." Und es hat funktioniert. Wunderbar. Wir haben einen Kompromiß gefunden.
Therapeut:	Es wurde ihm also nichts auferlegt ... es war eine Verhandlung.
Barbara:	Ich war so stolz auf mich.
Therapeut:	Wie haben Sie es geschafft, nicht den Furien die Macht über Ihr Verhalten in dieser Situation zu übergeben?
Barbara:	Ich wollte ihn nicht anbrüllen.
Therapeut:	Was haben Sie gemacht, wodurch Sie die Freiheit behielten, sich nicht von den Furien herumstoßen zu lassen?
Barbara:	Ich habe zu ihm wie zu einem menschlichen Wesen gesprochen. Ich weiß nicht. Es hat einfach geklappt.
Therapeut:	Sie haben mit ihm in einer Art und Weise gearbeitet, die sich wie eine Lösung anfühlte.
Barbara:	Statt Macht auszuüben und ihm vorzuschreiben: „Du mußt tun, was ich dir sage."
Therapeut:	Ich versuche zu verstehen, wie ...
Barbara:	Wie ich das gemacht habe ... Vor einem Monat hätte ich ihn wahrscheinlich aus dem Bett gezerrt.
Therapeut:	Welche Gedanken haben Ihnen geholfen, nicht mit den Furien zu kooperieren?
Barbara:	Ob ich ruhiger war oder mich besser fühlte? Ich weiß es nicht. Ich habe es auf der Stelle so gemacht.
Therapeut:	Sie fühlten sich bereit.
Barbara:	Richtig. Ich war entschlossen. Ich wollte nicht die Geduld mit ihm verlieren. Und ich habe es geschafft!
Therapeut:	Sie haben sich selbst damit überrascht.
Barbara:	Ich bin seit zwei Wochen stolz darauf.
Therapeut:	Das ist wunderbar! ... Diesen Schritt machen, in dieser einen Situation, ein positiver Schritt in einer Situation, in der Sie früher

	in Schwierigkeiten mit den Furien geraten waren. In welcher Weise gibt Ihnen also dieser Schritt mehr Zutrauen in bezug auf zukünftige Schritte? [Hier fordere ich Barbara auf sich zu überlegen, was dieser Schritt für die Zukunft bedeutet.]
Barbara	[mit freudigem Lächeln]: Ich kann mich in ihn hineinversetzen und habe eine bessere Beziehung zu ihm. Ich kann das schon fühlen.

[Dann beschreibt sie ein anderes Beispiel, wo sie ruhig mit John umgegangen war.]

Therapeut:	Das klingt für mich, als ob ein gewisser innerer Friede und Ruhe durchkommen. Sie finden zu beiden in Ihrem Umgang mit John. Wer wäre Ihrer Meinung nach am wenigsten überrascht, daß Sie diesen Schritt zu diesem Zeitpunkt gemacht haben?
Barbara	[sieht verwirrt aus]: Überrascht?
Therapeut:	*Am wenigsten* überrascht.
Barbara:	Ich weiß nicht. Das ist eine schwierige Sache. Vielleicht meine Schwester Sharon. Wie meinen Sie das?
Therapeut:	Wer wäre am wenigsten überrascht?
Barbara:	Daß ich das geschafft habe?
Therapeut:	Ja.
Barbara:	Sharon hat Vertrauen in mich.
Therapeut:	Was hat sie in Ihnen gesehen, was ihr erlauben würde, vorherzusagen, daß Sie erfolgreich mit John umgehen werden? [Indem ich diese Frage stelle, gebe ich Barbara Raum, eine neue Sichtweise von sich aufzubauen – eine Sichtweise, die sich auf gezeigten Verhaltensweisen begründet, die dem alten Skript widersprechen.]
Barbara	[nachdenklich]: Oh je ... ich weiß nicht. Sensibel?
Therapeut:	Sie hat also vielleicht Sensibilität gesehen, die Sie besitzen, Fürsorglichkeit ...
Barbara:	Tief im innersten weiß sie, daß ich ein fürsorglicher Mensch bin ... und ich bin sensibel. Wir waren uns als Geschwister nicht nahe. Sie hat mich wie Dreck behandelt. Und kürzlich hat sie sich entschuldigt, weil sie meine Sensibilität ausgenutzt hat. Und jetzt stehen wir uns nahe. Wir haben vor etwa einer Woche darüber gesprochen.
Therapeut:	Sie hält Sie vielleicht für sensibel, fürsorglich. Die Fähigkeit, etwas ohne Konflikt auszutragen, wäre vielleicht etwas, was sie in Ihnen sehen würde.
Barbara:	Ja.

Ich bitte Barbara, an Zeiten in ihrem Leben zurückzudenken, die vielleicht hatten vorhersehen lassen, daß sie in der Lage sein würde, so zu handeln, wie sie es jetzt tatsächlich so erfolgreich getan hatte. Sie erzählt mir, sie sei immer eine „Träumerin" gewesen. Ich benutze diese Vorstellung, um ihr zu helfen, die Veränderungen, die sie gemacht hat, weiter auszuführen und konkreter zu beschreiben.

Therapeut:	Wenn Sie auf Ihr eigenes Leben zurückblicken, was hätte Ihnen erlaubt, vorherzusagen, daß Sie die Situation mit John in dieser positiven Form handhaben würden?
Barbara	[denkt nach]: Ich bin immer eine Träumerin gewesen ... als Jugendliche. Ich wollte meinen Kindern erzählen [als sie die Kinder bekam], daß sie besonders und einzigartig sind.
Therapeut:	Als Träumerin waren Sie auch immer ein Mensch voller Hoffnung ...
Barbara:	Richtig, richtig.
Therapeut:	Und haben sich bemüht, bessere Zeiten zu schaffen.
Barbara:	Unsere Kinder waren nicht so, wie wir aufgewachsen sind. Ich glaube, das haben Sie in Ihrem Brief geschrieben. Eine Sache ist mir eingefallen, nachdem ich Ihren Brief gelesen hatte: Mein Vater kam früher praktisch jeden Abend betrunken nach Hause, und ich erinnere mich, wie ich mich immer im Schrank versteckt habe. Und ich war entschlossen, ich würde nie einen Vater für meine Kinder haben, der abends nach der Arbeit nicht nach Hause kommt. Und er [Matthew] kommt immer nach Hause. Das hatte ich also unter Kontrolle ... Ich ließ es nicht zu.
Therapeut:	Ja, das stimmt.
Barbara:	Matthew ist immer für mich da gewesen.
Therapeut:	Das ist etwas, was wirklich funktioniert bei dem Versuch, diese Muster zu ändern, und zwar sehr erfolgreich. Ich bin wirklich beeindruckt. Ich habe in dem Brief über Ihre Flexibilität geschrieben, die Sie besitzen; das ist etwas, was anders ist als Ihre Kindheitsfamilie.
Barbara:	Das ist anders. Wirklich. [Barbara beschreibt, wie sie früher zuhause niemals telefonieren durfte, bis sie in der höheren Schule war; nicht bei Freundinnen übernachten durfte usw.]
Therapeut:	Sie haben für sich und Ihre Kinder ein andersartiges Leben geschaffen ... Ich möchte gern auf diese anderen Dinge auf der Liste zu sprechen kommen.
Barbara:	Ich habe sie so aufgeschrieben, wie sie mir in den Sinn gekommen sind.

Therapeut	[liest den nächsten Punkt]: „Ich versuche mir zu sagen, daß ich ein wertvoller Mensch bin."
Barbara:	Ich habe in der letzten Zeit oft an jene Tage gedacht, als meine Kinder geboren wurden. Daß ich eine wunderbare Mutter war, als sie geboren wurden, als ich sie hielt ...
Therapeut:	Sie erinnern sich an all die Fürsorge, die Sie ihnen gaben.
Barbara	[stolz]: Ich bin eine gute Mutter! [lacht] Ich habe immer noch diese Gedanken über die Vergangenheit, aber ich muß damit aufhören. Ich bin fast 42.
Therapeut	[kehrt wieder zur Liste zurück]: „Ich habe an die positiven Dinge gedacht, die ich für meine Kinder ihr Leben lang getan habe."
Barbara:	Wie stolz ich auf unsere Kinder bin. Unsere Älteste geht im Herbst aufs College. Sie wurde an der Schule ihrer ersten Wahl angenommen und bekommt ein Stipendium. Sie ist ein wunderbarer Mensch. Sie entwickelt sich so, wie ich es mir in meinen Träumen ausgemalt habe. Etwas müssen wir also richtig gemacht haben.
Therapeut:	Sie haben offensichtlich etwas getan, was ihr ermöglichte, diesen Punkt zu erreichen, diese Schritte zu unternehmen.
Barbara:	Wir haben immer ihre Bedürfnisse berücksichtigt.
Therapeut:	Sie haben zugehört, und es hat sich gelohnt. Sie scheint Ihnen [Barbara] ähnlich zu sein mit ihrer Fürsorglichkeit.
Barbara:	Und sie ist motiviert. Joseph [der Jüngste] kommt von der Schule nach Hause mit einem Lächeln auf dem Gesicht, und ich sage: „Joseph, du lächelst immer. Wie kommt es, daß du so glücklich bist?" Er sagt: „Ich bin einfach glücklich", und ich sage: „Was ist so Besonderes an dir?" und er sagt: „Ich."
Therapeut:	Er hat also ein wirklich positives Selbstgefühl, und es gibt Dinge, die Sie beide getan haben, die den Kindern dies vermittelt haben. Gehen wir zurück zur Liste. „Verteidige dich". Erzählen Sie mir darüber.
Barbara:	Es gibt da eine Krankenschwester, mit der ich zusammenarbeite, und sie kann sehr herablassend sein. Und sie war so zu mir. Es hat eine Saite in mir berührt, und ich habe ihr sehr freundlich meine Meinung gesagt ... und das ist sehr untypisch für mich. Aber die Art, wie sie mit mir sprach, war dieselbe Art, wie mein Vater das machte. Und ich erlaube niemandem, mich so zu behandeln ...
Therapeut:	Sie haben sich selbstbewußt gezeigt, ohne die Furien an sich heranzulassen.
Barbara:	Oder zu weinen ... oder mich schlecht zu fühlen. Ich bin ein Mensch, der dann weint und sich in eine Ecke verkriecht und sich

	bemitleidet. Aber das habe ich da nicht gemacht. Ich lasse mich nicht von ihr herablassend behandeln.
Therapeut:	Sie haben ihr gegenüber Standfestigkeit gezeigt ...
Barbara:	Und ich glaube, sie hat es verstanden, denn sie war hinterher freundlicher.
Therapeut:	Sie haben das Wort „verdienstvoll" geschrieben [auf der Liste].

[Barbara beschreibt, wie sie an einem Abend bei der Arbeit Unterstützung von zwei Hilfskräften hatte, was ungewöhnlich ist, und wie sie bei sich dachte: „Ich habe das verdient ... ich arbeite sehr hart, ... was ich normalerweise nicht zu mir sage ... und heute abend muß ich mal nicht hart arbeiten."]

Therapeut:	Wunderbar! In welcher Weise haben diese Schritte – und Sie haben ja in den letzten zweieinhalb Wochen etliche unternommen – das Bild, das Sie von sich als Person haben, beeinflußt?
Barbara:	Man spürt das einfach. Heute fühle ich mich großartig [strahlt]. Ich habe positive Gefühle in bezug auf mich selbst. Ich kann nach Hause gehen und mit jeder Situation mit John oder den anderen fertig werden. Ich bin zuversichtlich.
Therapeut:	Was sagen Ihnen und Ihrem Mann diese Schritte und was sagen sie darüber, wie Sie sich Ihr Leben wünschen?
Barbara:	Glücklicher, näher ... Jane hat uns einmal in der achten oder neunten Klasse zu Weihnachten ein Buch geschenkt, das hieß „Die Familie". Und das war ein wunderschönes Gedicht darüber, was eine Familie ist. Sie vergeben einander, sie teilen ... So möchte ich, daß wir sind. Wenn sie uns das in der achten oder neunten Klasse geschenkt hat, muß sie gedacht haben, so ist unsere Familie.
Therapeut:	Ja.
Barbara:	Meiner Ältesten fiel auf, daß ich etwas anders bin. Ich habe sie danach gefragt.
Therapeut:	Was hat sie gesagt?
Barbara:	Ihr fällt die Ruhe in mir auf. Manchmal rege ich mich ein bißchen auf, aber ich fange mich wieder.
Therapeut:	Die Furien kommen herein, aber sie überwältigen Sie nicht.

[Barbara beschreibt dann eine Situation aus der letzten Zeit, wo sie Pute zum Essen gemacht hatte und alle Teller gestapelt zurückgelassen hatte. Früher hätte sie das beunruhigt. „Ich wäre wütend mit mir geworden, weil ich sie stehengelassen hatte." Aber dieses Mal lachte sie nur und betrachtete unbeschwert den Stapel Teller.]

Therapeut:	Sie haben die Furien nicht an sich herangelassen ...
Barbara:	Ich muß mich konzentrieren, besonders um Botschaften aus der Vergangenheit zu bekämpfen.
Therapeut:	Ich schlage vor, Sie machen mit der Liste weiter, in der Sie aufschreiben, wenn Sie mit den Furien nicht kooperieren. Schreiben Sie alles auf der Liste dazu. Dazu braucht man Konzentration, und Ihre Handlungen machen schon einen Unterschied aus. In wieviel Wochen hätten Sie gern den nächsten Termin?
Barbara:	Wie wäre es in vier Wochen?

Etwa eine Woche nach diesem Termin schickte ich Barbara den folgenden Brief:

Liebe Frau Reynolds,

ich möchte Ihnen schreiben, um Ihnen einige meiner Gedanken nach unserem letzten Treffen mitzuteilen.

Auf dem Zettel in einem „fortune cookie" [chinesischer Glückskeks, Anm. d. Übers.] erhielt ich kürzlich die Botschaft: „Der erste Schritt zu besseren Zeiten besteht darin, sie sich vorzustellen". Da Sie nach Ihrer eigenen Beschreibung eine Träumerin sind, haben Sie dadurch die Möglichkeit gehabt, sich ein besseres Leben für sich und Ihre Familie vorzustellen. Sie haben sich nicht nur diese positive Zukunft vorgestellt, Sie haben auch entsprechend gehandelt, um sie sich zu schaffen.

Ihre Fähigkeit, vom Selbstmitleid zur Selbstliebe zu gelangen, ist ein wesentlicher Schritt. Die Beispiele, die Sie bei unserem letzten Treffen darlegten – wie Sie ruhig eine Situation mit John in die Hand genommen haben; wie Sie sich als wertvollen Menschen erlebten; wie Sie die positiven Dinge, die Sie und Ihr Mann im Laufe des Lebens für die Kinder getan haben, sehen und akzeptieren konnten; wie Sie selbstbewußt reagierten, als Sie sich von einem anderen Menschen herablassend behandelt fühlten; und wie Sie sich selbst als einen verdienstvollen Menschen beurteilten, der ein Recht auf ein Leben ohne Selbstmitleid und Selbstquälerei hat – alle diese Beispiele zeigten mir, daß Sie sich von der Vergangenheit lösen und für sich und Ihre Familie eine neue Zukunft geschaffen haben.

Einfach um sicher zu gehen, daß die Furien auf dem Weg aus Ihrem Leben heraus sind, möchte ich Ihnen vorschlagen, weiter aufzuschreiben, auf welche Weise Sie nicht mit deren Forderungen kooperieren.

Hierdurch werden Sie sich befreien und sich noch eindeutiger auf die Zukunft einlassen. Indem Sie den inneren Frieden und die Ruhe dieses Schrittes erleben, wird Ihr Leben wieder Ihr Eigentum werden. Vielen Dank dafür, daß ich Sie auf dieser Befreiungsreise begleiten durfte.

Mit freundlichen Grüßen

Steven Friedman

Nachuntersuchung

In der fünften Sitzung, einen Monat später, hatte Barbara zwar einige Rückschläge während des Monats zwischen den Sitzungen durch die Furien erlitten, hatte aber auch positivere Tage erlebt, an denen sie das Gefühl hatte, Herr der Lage zu sein. Sie drückte es folgendermaßen aus: „Ich habe so ein Gefühl ... als ob ... ich kann es nicht erklären ... einfach ein Glücksgefühl tief in mir ... inneren Frieden ... ein Gefühl, als könnte ich mit allem fertig werden ... Es war ein gutes Gefühl." Sie berichtet auch von positiven Tagträumen über die Zukunft, in denen sie sich die Krankenschwesterausbilung machen sieht und sich vorstellt, wie sie und ihr Mann „gemeinsam alt werden" und die Kinder aus dem Haus gehen und selbständig werden. Ich stelle die Rückschläge als etwas Normales dar, wie „ein Schluckauf auf der Straße des Lebens" (ELMS, 1986) und ermuntere sie, weiter Buch zu führen über diese positiven Gefühle von Ruhe und innerem Frieden. Am Ende der Sitzung erzählt sie mir: „Was mir daran gefällt, hier von Furien zu sprechen, ist, daß dann niemand die Schuld bekommt ... Ich bin erwachsen und ich muß für mich verantwortlich sein."

Es folgen Auszüge aus zwei Briefen, die ich von Barbara nach der sechsten Sitzung erhielt.

Lieber Herr Dr. Friedman,

ich dachte, ich teile Ihnen einmal mit, wie es mir geht ... Ich habe das Gefühl, ich gehe mit jeder Situation ruhig um und unterstütze meine Kinder. Ich erlebe häufiger Zeiten des inneren Friedens und der Ruhe. An einem Tag hatten die beiden jüngeren Kinder und ich das Radio an, und wir fingen an, zusammen zu tanzen. Wir lachten und machten Spaß. An anderen Tagen habe ich einfach nur ein warmes und glückliches Gefühl, das mich durchströmt.

John benimmt sich sehr gut. Er scheint glücklicher und zufriedener zu sein. Einige Male hat er für mich auf die Kleinen aufgepaßt. Er hat das wirklich gut gemacht. Ich wollte etwas Besonderes für ihn machen und habe ihm daher eine neue Baseball-Steppdecke für sein Bett gekauft. Er war richtig überrascht. Ich wollte ihm zeigen, wie sehr ich zu schätzen weiß, was er für mich getan hatte.

Ein paar Mal versuchten die Furien, zum Vorschein zu kommen. Ich überließ ihnen nicht ganz und gar die Macht. Ich ging ein paar Minuten fort, beruhigte mich und kehrte dann zu dem, was ich gerade machte, zurück.

Matthew und ich kommen uns immer näher. Wir kommunizieren mehr miteinander. Ich habe wirklich Glück, einen Mann zu haben, der zu mir gehalten und nicht aufgegeben hat. Meine Familie ist das Wichtigste für mich. Eine Familie hat man nicht einfach, man muß an ihr arbeiten. Vielen Dank für all Ihre Hilfe.

...

Ich möchte Ihnen einige Gedanken und Gefühle mitteilen, solange sie noch frisch in meiner Erinnerung sind. Neulich wurde mir klar, daß ich jetzt eine ganze Weile lang nicht an meine Vergangenheit gedacht habe. Ich bin nicht mehr so emotional. Ich weiß, es wird Zeiten in meinem Leben geben, wo meine Gedanken und Gefühle an die Oberfläche kommen. Ich denke, ich habe gelernt, sie zu erleben und sie wieder gehen zu lassen. Sie sind ein Teil von mir ... Ich schreibe vielleicht noch einmal vor dem nächsten Besuch. Vielen Dank für Ihren Anteil an meiner Reise in die Freiheit.

Mit freundlichen Grüßen

Barbara Reynolds

Bei einer Nachuntersuchung zweieinhalb Jahre nach Abschluß der Therapie, machte Barbara deutlich, daß sie weiterhin gut zurechtkam.

Eine praktische Übung

1. Welche Vorteile sehen Sie darin, einen „externalisierenden" Ansatz zu verwenden, um Ihre Therapie zeiteffektiver zu machen?
2. Wie könnten Sie diesen Prozeß in Ihrer eigenen Praxis anwenden?

Schlüsselideen dieses Kapitels

- Respektieren Sie die Geschichte der KlientIn. Schaffen Sie Raum für die problemgesättigte Geschichte der KlientIn (internalisierte Beschreibung), ohne diese zum zentralen Punkt der Therapie zu machen.

- Etikettieren und externalisieren Sie die Problemgeschichte als eine einengende und einschränkende Macht, die andere Möglichkeiten und andere Sichtweisen des Selbst abgeschnitten hat.

- Erkunden Sie mit der KlientIn Erlebnisse, die der problemgesättigten Geschichte widersprechen. Heben Sie die weniger herausragenden Beschreibungen hervor, um der KlientIn zu helfen, eine neue Geschichte zu schreiben (die eine revidierte Sichtweise des Ichs fördert).

- Stärken Sie die neue Geschichte, indem Sie der KlientIn vorschlagen, Aktivitäten/Erfahrungen auszuprobieren, die die Möglichkeit bieten, sich selbst in neuem Licht zu sehen, um so das neu entstehende Bild zu verstärken.

Kapitel 7
Kooperative Praxis praktisch, II:
Zeiteffektive Lösungen erstellen

Ich denke, wir sind alle Helden, wenn man uns zum richtigen Zeitpunkt erwischt.

– ANDY GARCIA als „John Bubber" in dem Film HERO

Zeiteffektive Therapie mit Kindern und Jugendlichen macht es notwendig, sich mit der Familie als dem Medium der Veränderung zusammenzutun (HALEY, 1976; MINUCHIN, 1974). Obwohl eine gewisse Zeit allein mit dem Kind oder der Jugendlichen nützlich verbracht werden kann, konzentriert sich die meiste Energie auf die Familie als der Quelle der Kraft für das Kind. Wenn TherapeutInnen mit Kindern und Familien arbeiten, wird der therapeutische Prozeß zu einem Labor, in dem mit phantasievollen Ansätzen gearbeitet und experimentiert wird, die Raum schaffen für Veränderung. Statt sich in der Rolle der ExpertIn zu sehen, handelt die TherapeutIn als KonsultantIn, die Zugang zur Expertise und zum Wissen der Familie schafft. Dies ist besonders wichtig, wenn man mit Familien arbeitet, deren kultureller Hintergrund anders als unser eigener ist, wie es in der hier dargestellten Situation der Fall war. In diesen Situationen müssen die TherapeutInnen äußerst feinfühlig für die kulturellen Implikationen ihrer Methoden sein und sich ein Gefühl der Offenheit und Neugier bewahren, um den Kontext, in dem die Familie funktioniert, besser zu verstehen.

In den folgenden Interviews kommt die Familie zu zwei „Therapierunden", die im Abstand von etwa einem Jahr durchgeführt werden. Bei den ersten Kontakten lag das Hauptaugenmerk auf dem Verhalten des jüngeren Sohnes und bei den zweiten auf dem Verhalten des älteren Sohnes. Der Therapeut spricht zwar nicht Spanisch, stimmt aber seine Sprech- und Ausdrucksweise auf den Stil und Charakter der Sprache der Familie ab. Während diese Anpassung anfangs als Mittel zur ersten Annäherung an die Familie dient, bietet sie dann die Möglichkeit, sich enger mit ihnen zu verbinden und Ideen in einer Form anzubieten, die gehört und verstanden werden kann. Wenn Sie die Gelegenheit haben, sich selbst mit verschiedenen Familien auf Video- oder Tonband aufzunehmen, werden Sie feststellen, wie dieser Anpassungsprozeß auf einer Ebene außerhalb des Bewußtseins vor sich geht.

Die Familie Ramos

Zur Familie Ramos gehören der Vater Manuel, die Mutter Marie und ihre beiden Söhne Rico (16 Jahre) und Luis (9 Jahre). Die Eltern stammen aus Puerto Rico und immigrierten in die USA, als sie Teenager waren. Die Eltern sprechen zu Hause spanisch. Die Überweisung wurde von der Schule angeregt und Luis war der Anlaß. Man schilderte uns sein Verhalten als „aggressiv, impulsiv, unbeherrscht und von wenig Selbstachtung gekennzeichnet". Der pädagogische Berater der Schule meinte, „es wäre nützlich für ihn, irgendeine Art von Therapie zu erhalten". Dies war alles an Information, was mir vor dem ersten Kontakt zur Verfügung stand.

Das erste Treffen wurde mit den Eltern und Luis durchgeführt. Der ältere Sohn war nicht dabei, obwohl die Mutter das gewollt hatte. Der Vater hatte beschlossen, ihn an dem Morgen schlafen zu lassen, statt ihn mit zu dem Treffen zu nehmen. Beide Eltern arbeiteten und hatten sich einen freien Tag organisiert, um zum Erstinterview zu kommen. Während Sie diesem Abschnitt des Transkripts folgen, achten Sie darauf, wie der Therapeut sich mit den Familienmitgliedern gemeinsam mit *ihren* Sorgen befaßt; wie er das dargestellte Problem ernst nimmt und Fragen stellt, die Hoffnung schöpfen lassen und auf Veränderung hinweisen.

Die erste Sitzung

Frage: Dies ist die allererste Begegnung der Familie mit einem psychosozialen Fachmann, und normalerweise wird es in ihrer Gemeinschaft nicht unterstützt, außerhalb der erweiterten Familie um Hilfe zu bitten. Hinzu kommt, daß ich als weißer Mann der Mittelschicht nicht zur Kultur der Familie gehöre. Vor diesem Hintergrund stellt sich also die Frage, was insbesondere den Vater dazu befähigt, die Verbindung zu mir zuzulassen und sich in diesem Prozeß zu engagieren?[1]

---

[1] Dies ist eine interessante Frage, zu der die Mutter sich auch am Ende der dritten oder vierten Sitzung unserer ersten Kontaktrunde äußerte. Der Vater hatte den Raum verlassen, um eines der Kinder zu einem Arzttermin in einem anderen Teil des Gebäudes zu begleiten. Ich blieb mit der Mutter zurück, um den nächsten Termin zu verabreden. Die Mutter sagte, sie sei überrascht und erfreut, wie sehr ihr Mann sich bei der Therapie engagiere, und sie habe „nie erwartet, daß er weiterhin mitkommen würde." Was meiner Meinung nach einen Unterschied machte, waren meine frühen und aktiven Bemühungen, eine Beziehung zu ihm als einer wichtigen Person aufzubauen, deren Verhalten direkt das seiner Söhne beeinflußt. Ich respektierte, daß er sein Hauptaugenmerk auf Luis richtete, versuchte aber gleichzeitig vorsichtig, ihn in Gespräche über sein eigenes Leben hineinzuziehen. Ich versuchte, sensibel auf kulturelle Normen einzugehen, und formulierte meine Kommentare so, daß die Bedeutung seiner Rolle als Familienvater unterstrichen wurde.

Nach einigen Minuten Konversation über das Wetter, die Arbeit der Eltern und den abwesenden älteren Bruder, beginne ich offiziell das Interview.

[Ich fange mit meiner üblichen Eröffnungsfrage an, die einen Versuch darstellt, die Familie sofort von der Problemorientierung fortzuführen zu einer Orientierung auf die Ziele der Veränderung.]

Therapeut: Also, erzählen Sie mir ein bißchen darüber, was Sie hier zu erreichen hoffen. Woran hatten Sie gedacht, weswegen es vielleicht nützlich wäre, hierher zu kommen?

Vater: Einer der Hauptgründe, weswegen wir kommen, ist Luis, er benimmt sich schlecht, er macht Theater ... Manchmal, wenn wir was zu ihm sagen, wird er schnell böse ... er handelt vorschnell. Und die Schule sieht dasselbe Problem.

Therapeut: Mit wem wird er böse?

Vater: Also, wenn wir etwas zu ihm sagen, kann er zu schnell böse werden ...

[Ich versuche den Vater auf die Zeiten zu orientieren, zu denen Luis' Stimmung akzeptabel ist.]

Therapeut: Und manchmal ist seine Stimmung in Ordnung, und er hört zu, und es gibt keinen Ärger ...

Vater: Manchmal, ja. Aber meistens habe ich große Probleme mit seinen Reaktionen ... Wir haben ihn gerade auf eine andere Schule geschickt, weil er bei seiner ersten Schule viele Zornausbrüche bei den Lehrern hatte.

Therapeut [zu Luis]: In welcher Klasse bist du?

Luis: In der dritten.

[Als ich höre, daß Luis vor kurzem die Schule gewechselt hat, sehe ich darin die Möglichkeit, dies als „neuen Anfang" zu deuten, der das Problem nicht beinhaltet.]

Therapeut: Und wann war dieser Wechsel von der Schule?

Vater: Der Wechsel von der Schule war gerade letzte Woche.

Therapeut [zu Luis]: Du bist also jetzt in einer anderen Schule als vorher? Du bist jetzt seit einer Woche in der neuen Schule?

[Luis nickt: „Ja."]

Therapeut: Wie war diese Woche? War sie besser?

Mutter: Er mag sie.

Therapeut [zum Vater]: Was meinen Sie?

229

Vater:	Er hat es ein bißchen besser gemacht.

(Ich gehe sofort auf jede Erwähnung einer Verbesserung ein, die den Familienmitgliedern aufgefallen ist, und versuche, dies zu unterstützen und auszuweiten.]

Therapeut:	Sie haben also in der letzten Zeit Veränderungen bemerkt?
Vater:	In der Schule macht er es viel besser. Wir haben einen Brief bekommen, in dem stand, daß er sich ausgezeichnet betragen hat.
Therapeut:	Es ist jetzt erst eine kurze Zeit, aber trotzdem ein guter Anfang.
Vater:	Ja.

[Dann stelle ich die „Wunderfrage", um der Familie auf diese Weise zu helfen, mir ein klar umrissenes Bild von einem Leben *ohne* das Problem zu geben. Der Vater versteht nicht, was ich frage, also stelle ich die Frage in leicht unterschiedlicher Form.]

Therapeut:	Erzählen Sie mir, wenn ein Wunder geschehen würde und Sie eines Morgens aufwachen und alles ist so, wie Sie es sich wünschen, wie wäre das dann? Was würde Luis machen? Was würde passieren?
Vater:	Ich weiß nicht, wie ich das erklären soll.
Therapeut:	Was würde gut gehen? Wie möchten Sie die Dinge haben?
Vater:	Was ich gern hätte im Haus, ist, daß er uns so gehorcht, wie es sich gehört ... und macht, was er in der Schule tun soll, so richtig ... und sich im Haus benimmt. Wir sagen ihm was, und manchmal hört er zu und manchmal nicht. Meistens hört er nicht zu. Er wird böse.
Therapeut:	Und wenn er zuhört, wie läßt er Sie wissen, daß er zuhört?
Vater:	Seine Laune ist anders. Er ist ruhig und macht, was man ihm sagt.
Therapeut:	Er ist ruhig und nett und sagt „ja" und geht und macht es.
Vater:	Ja. Was wir auch sagen, er nimmt es richtig auf. Aber manchmal kommen wir zu einem Punkt, wo wir die beiden [Luis und seinen älteren Bruder] nicht zusammen haben können ... Sie streiten sich viel. Aber zwei Minuten später küssen sie sich wieder und vertragen sich.
Therapeut:	Mischen Sie sich da ein oder lassen Sie die beiden das allein aushandeln?
Vater:	Also, meistens versuche ich, sie daran zu hindern. Ich sage Rico „Hör auf damit, los jetzt, hör auf." Ich würde mich aber lieber nicht einmischen ...

Therapeut	[zu Luis]: Wirst du allein damit fertig, wenn dein Bruder sich mit dir anlegt? Oder brauchst du Hilfe von deinen Eltern?
Luis:	Ich geh´ woanders hin.
Therapeut:	Also, wenn du weggehst, schaffst du Platz zwischen euch und dann ist es besser. So machst du das also.
Luis:	Manchmal streiten wir uns, aber dann kommt er und sagt: „Es tut mir leid."
Therapeut:	Er entschuldigt sich hinterher. Weil er dich wirklich liebt ... aber manchmal geht ihr euch auf die Nerven oder sowas.
Therapeut	[zur Mutter]: Nimmt er [Luis] es ernst, wenn Sie ihm sagen, er soll etwas tun?
Mutter:	Er hört nicht auf mich.
Therapeut:	Auf wen hört er am meisten?
Mutter:	Sie hören nicht auf mich ... [lacht].
Therapeut:	Auf seinen Vater?
Mutter:	Ja, auf seinen Vater.
Vater:	Ja, das ist ein großes Problem im Haus. Wenn sie was zu ihnen sagt, geht es in ein Ohr ´rein und aus dem anderen wieder raus. Aber der einzige, der die Situation etwas unter Kontrolle hat, bin ich. Denn sie wissen, daß ich mir nicht alles gefallen lasse, was sie machen ...
Therapeut	[zur Mutter]: Wodurch schafft es Ihr Mann, Luis zum Zuhören zu bringen?
Mutter:	Ich glaube, wenn er laut spricht, hören sie zu.
Vater:	Das kann ich Ihnen genau sagen, warum sie auf mich hören. Weil ich ihnen das einmal mit meiner lauten Stimme sage. Wenn sie nicht zuhören, setzt es was. Ich laß mir von ihnen keine Dummheiten vormachen. Und sie [Mutter] ist zu sanft.
Therapeut:	Sie wissen also, daß Sie [Vater] es ernst meinen.
Vater:	Ich sag´ es ihnen einmal. Wenn sie nichts darauf geben, sage ich es ein zweites Mal. Ein drittes Mal sage ich es nicht. Ich tue das auch nicht gern, ich schlage sie nicht gern.
Therapeut:	Mit wem verbringt Luis die meiste Zeit am Abend?
Vater:	Sie arbeitet, und ich arbeite. Wenn wir nach Hause kommen, habe ich andere Sachen zu tun, darum verbringt sie ihre Zeit mit ihm. Ich komme nicht dazu, viel Zeit mit ihnen zu verbringen. Die einzige Zeit, die ich mit ihnen zusammen habe, ist vor dem Fernseher, wenn wir einen Film oder so was sehen.

[Im folgenden Abschnitt ermuntere ich die Mutter, ihre Vorstellung von einer Veränderung darzustellen.]

Therapeut:	[zur Mutter]: Wie hätten Sie denn die Dinge gern zu Hause?
Mutter:	Ich bin nicht der Boss zu Hause. Niemand hat Respekt vor mir, glaube ich. Wegen meiner Art zu reden oder irgendsowas.
Therapeut:	Die nehmen Sie nicht ernst?
Mutter:	Nein, mein Mann ist der starke Mann zu Hause. Wenn ich was sage, hat niemand Respekt davor [lacht]. Mein Mann ist ein netter Mensch, aber nicht wenn er trinkt ... das ist was anderes. [Die Mutter bringt das Alkoholproblem ihres Mannes zur Sprache.]
Therapeut:	Wer trinkt?
Mutter:	Mein Mann.
Vater:	Früher habe ich viel getrunken ... an den Wochenenden. Jetzt trinke ich nicht mehr. Aber meine Laune ist immer noch schlecht ... Wie bei jemandem, der mit dem Rauchen aufhört, verstehen Sie, ich weiß nicht, wie ich das erklären soll ...

[Statt mich auf das Trinken des Vaters zu konzentrieren, entscheide ich mich, die Zeit in den Mittelpunkt zu stellen, in der er nüchtern ist. Ich frage ihn danach, wer beschlossen hat, daß er aufhören sollte, und mache ihm zum Schluß ein Kompliment zu seinen erfolgreichen ersten Versuchen, nüchtern zu bleiben.]

Therapeut:	Wie lange haben Sie nicht getrunken?
Vater:	Etwa sechs Wochen.
Therapeut:	Wie kam es, daß Sie aufgehört haben?
Vater:	Weil ich mußte ... Ich dachte bei mir, daß es nichts Gutes ist. Ich sehe das so: Man gibt mehr Geld aus durch das Trinken ... Sehr oft, wenn ich den Kindern was sagen will, kann ich das nicht, wenn ich betrunken bin. Weil ich weiß, es ist kein gutes Beispiel, ihnen was zu sagen ... Ich sage irgendwas und am nächsten Tag, wenn ich nüchtern bin, sagen sie zu mir, du hast mir dies gesagt ... Ich sage: „Verdammt, nein, das habe ich nicht gesagt." Und dann gibt es Probleme. Außerdem will ich auch etwas Gewicht verlieren, und dann muß man mit dem Zeug aufhören.
Therapeut:	Hat Ihnen ein Arzt gesagt, Sie sollen aufhören?
Vater:	Nein, das habe ich beschlossen.
Therapeut:	Sie haben also beschlossen, etwas zu verändern. [Zur Mutter] Sind Sie glücklich darüber?
Mutter:	Oh, ja. Ich bin glücklich, aber ich sehe auch die andere Seite.
Therapeut:	Seine Laune ist ... er ist gereizter.
Mutter:	Er ist anders.
Therapeut:	Wie ist er anders?

Mutter:	Manchmal ist er glücklich, und manchmal ist er launisch.
Therapeut	[zum Vater]: Sie sind also auch launisch?
Mutter:	Ja, er und Luis haben die gleiche Veranlagung.
Therapeut:	Die beiden.
Mutter:	Ja, ich glaube ja. Sie sind solche Macho-Männer ... immer „Ich bin der Boss."

[Familien aus Puerto Rico sind traditionsgemäß patriarchalisch (Garcia-Preto, 1982), wobei von dem Mann erwartet wird, daß er Schützer und Ernährer seiner Familie ist. In diesem Abschnitt betont die Mutter ihr Gefühl der Machtlosigkeit angesichts der „Macho-Männer" in ihrem Haushalt.]

Therapeut	[zu Luis]: In der Beziehung ähnelst du also deinem Vater. Du meinst, du bist der Boss. Du bist aber erst neun Jahre alt ...
Mutter:	Rico ist auch so. Ich habe meinem Mann gesagt, ich wollte, daß er auch mitkommt. Aber mein Mann sagte: „Nein, laß ihn schlafen." Luis macht dasselbe wie Rico ... [Sie beschreibt, wie sie das Gefühl hat, daß die Brüder miteinander reden und Luis dabei in die Fußstapfen seines Bruders tritt und auch ein „Macho-Mann" wird.]
Therapeut	[zu Luis]: Du glaubst also, du bist ein Macho-Mann, Luis?
Luis:	Ich glaube nicht, daß ich ein Macho-Mann bin. Es ist einfach meine Einstellung.

[Ich frage Luis danach, wie er die Dinge gern hätte, und fordere ihn auf, genau die Veränderungen zu beschreiben, die ihm anzeigen würden, daß sich etwas verändert hat.]

Therapeut:	Was für eine Einstellung hättest du denn gern? Bist du glücklich mit deiner Einstellung?

[Luis schüttelt den Kopf.]

Therapeut:	Nein, du wärst gern anders. Wie würdest du denn gern sein – gib mir ein Beispiel. Was würdest du gern anders machen?
Luis:	Ich würde es gern besser machen.
Therapeut:	Was würde „besser" heißen? Wie würde das aussehen, was würdest du machen, was du besser findest?
Luis:	Auf meine Eltern hören.
Therapeut:	Wenn sie dich bitten, etwas zu tun, würdest du zuhören. Um welche Dinge bitten sie dich denn?
Luis:	Sachen aufzuheben.

Therapeut:	Ah ja, im Haus aufräumen. Wie würdest du ihnen gern antworten, wenn sie dich darum bitten?
Luis:	Es einfach machen.
Therapeut:	Einfach gehen und es machen. Und jetzt machst du es manchmal nicht. Du wirst böse, du sagst: „Nein".
Mutter:	Ich mache es, weil sie es nicht machen.
Therapeut	[zur Mutter]: Schließlich machen Sie es dann.
Mutter:	Ja.
Vater:	Wenn wir nach Hause kommen, sehen sie fern. Sie lassen alles überall 'rumliegen. Es sieht aus, als ob ein Tornado durch das Zimmer getobt wäre. Und ich sage: „Räumt das mal auf" .... Das kann man vergessen. Als ob man gegen die Wand redet. Sie wollen nicht zuhören. Dann schreie ich ... greife nach dem Gürtel und dann sehen sie zu, daß sie in die Gänge kommen.
Therapeut:	Dann bewegen sie sich endlich.
Mutter:	Wenn sie was tun wollen, tun sie es ... wenn nicht, kann man es vergessen ... ich versuche, mit ihnen zu reden ...
Therapeut	[zur Mutter]: Letztlich bleibt vieles an Ihnen hängen. Sie machen am Ende das, was die Kinder tun sollten.
Mutter:	Ja.
Therapeut:	Die Kinder haben die Vorstellung, sie brauchen nicht zu helfen, weil die Mutter alles macht. [Zur Mutter] Sie machen Überstunden. [Zu Luis] Deine Mutter kann nicht alles machen. Aber sie macht jetzt viel ... stimmt´s? Sie sorgt für das Haus ...
...	
Therapeut	[zum Vater]: Es klingt für mich, als hätten Sie angefangen, einige Veränderungen bei sich durchzuführen. Und du, Luis, hast in einer neuen Schule angefangen und hast auch einige Veränderungen gemacht. Es ist ein neuer Anfang, verstehst du, was ich meine? Es ist eine neue Schule, neue Lehrer ... Bist du glücklich darüber?
[Luis nickt.]	
Therapeut:	Luis, es hört sich an, als ob du angefangen hast, einige Veränderungen zu machen ... Und du hast Berichte über gute Fortschritte in der Schule bekommen?
Luis:	Ja.
Vater:	Ich habe sie gebeten, jeden Tag eine Notiz über sein Vorankommen in der Schule zu schreiben ... ob es schlecht oder gut oder ausgezeichnet ist, und dann unterschreibe ich das. Dann weiß

ich, wie er sich macht. Und bis jetzt habe ich eigentlich ganz schöne Berichte bekommen ...

[Wieder bemühe ich mich, Unterschiede und Veränderungen von einem Zeitpunkt in der Vergangenheit zu einem in der Gegenwart zu betonen.]

Therapeut:	Das ist ein toller Anfang! Ist Ihnen zu Hause irgendein Unterschied im Verhalten von Luis aufgefallen während dieser Woche in der neuen Schule?
Vater:	Doch, er macht sich ein bißchen besser.

[Vater beschreibt, wie er Luis vor etwa zwei Wochen eine Woche Stubenarrest gegeben hatte, in der er Luis nicht erlaubte, seine Freunde zu besuchen. Dies hatte einen Unterschied gemacht.]

Vater:	Also im Moment, wenn er nach Hause kommt, macht er seine Hausaufgaben, bevor er wieder weggeht. Ich muß gar nicht sehr streng mit ihm sein. Er versteht es. Letzte Woche mußte ich nicht streng mit ihm sein wie früher, als er noch in die andere Schule ging.
Therapeut:	Diese Woche war es leichter.
Vater:	Leichter, ein bißchen leichter.
Therapeut:	Hoffentlich wird es immer leichter und leichter. Und Sie brauchen nicht so hart zu arbeiten. [Zu Luis] Je härter du arbeitest, desto weniger hart muß dein Papa arbeiten. Du willst ihn nicht ständig im Nacken haben, oder?

[Luis schüttelt den Kopf.]

Therapeut:	Das habe ich mir gedacht. [Zur Mutter] Irgendwie nehmen die Kinder Sie nicht ernst genug. Sie respektieren Ihre Stimme nicht. Sie denken, sie sind Machos und werden nicht auf eine Frau hören, die ihnen sagt, was sie tun sollen, nicht? [Zu Luis] Weißt du, deine Mutter hat auch was zu sagen. Was sie sagt, ist wichtig. Es ist also wichtig, auch auf sie zu hören, nicht nur auf deinen Papa. [Zu Luis] Warum lächelst du?
Mutter	[zu Luis]: Du hörst auf Papa, nicht auf mich.
Therapeut:	Deine Mutter hat auch eine Stimme ... Gibt es jemanden in der Schule, mit dem ich sprechen kann, der Luis kennt?
Mutter:	Der Sozialarbeiter, der Direktor ...
Therapeut:	Vielleicht könnten Sie einen von ihnen bitten, mich anzurufen. Ich würde vorschlagen, wir verabreden einen Termin, zu dem Rico auch kommen kann, damit Sie alle vier hierherkommen können.
Mutter:	Gut.

Therapeut:	Ich denke, Sie haben alle in dieser ersten Woche einen guten Anfang gemacht. Es ist nur eine Woche, aber das ist gut. [Zum Vater] Es sieht so aus, als sind Sie mitten drin, Veränderungen für sich selbst vorzunehmen. Ihre Stimmungen ändern sich auch, und Sie werden sich das ansehen müssen und merken, wie jeder in der Familie davon betroffen ist.
Mutter:	[lächelnd] Ja.
Therapeut:	Es betrifft ganz sicher Ihre Frau. Und ich bin sicher, es betrifft auch Luis. Sie müssen also dafür sorgen, daß Sie es schaffen, auf sich aufzupassen und ruhig damit umzugehen. Sie machen da große Veränderungen. Ich mache nun eine kurze Pause, um meine Gedanken zu sammeln, und bin dann in ein paar Minuten zurück.

[Ich gebe mir selbst die Erlaubnis, zu diesem Zeitpunkt für etwa fünf Minuten aus dem Raum zu gehen, um meine Gedanken zu sammeln, bevor ich das Interview zum Abschluß bringe. Dadurch erhalte ich die Möglichkeit, Abstand und eine neue Sichtweise zu gewinnen, und die Familie bekommt eine Ruhepause. Aus der Intensität der Interaktion herauszutreten, ist sehr befreiend und erlaubt mir, Ideen zu schöpfen, die mir während der Sitzung nicht eingefallen wären.]

[*Übung*: Bevor Sie weiterlesen, nehmen Sie sich etwa fünf Minuten Zeit und überlegen Sie sich, wie Sie Ihre Gedanken für das Feedback an die Familie strukturieren würden. Neben den Kommentaren zu bereits erfolgten Änderungen sollen Sie auch nach Ideen suchen, die der Familie Wege öffnen, den Prozeß fortzuführen.]

Therapeut:	Ich möchte Ihnen [den Eltern] ein Kompliment dafür machen, mit welcher Fürsorge und welchem Engagement sie sich für ein besseres Leben für Luis eingesetzt haben. Es ist eindrucksvoll zu sehen, wie jeder in der Familie versucht, etwas in dieser Familie zu verändern. Sie [Vater] nehmen große Veränderungen vor, indem Sie den Alkohol aus ihrem Leben verbannen, damit Sie ein besserer Vater für Ihre Kinder werden können. Sie [Mutter] machen es klar, daß auch Ihre Stimme in der Familie respektiert werden muß. Und du, Luis, fängst an zu zeigen, wie gut du in der Schule sein kannst und wie gut du zu Hause kooperieren kannst. Dies ist alles sehr eindrucksvoll. Worum ich Sie bitten möchte, ist folgendes: Achten Sie auf die Zeiten, wo Luis das macht, was Sie möchten ... wenn er zuhört, die Dinge ausführt, seine Hausaufgaben macht, weiter gute Berichte von der Schule bekommt, wenn er so ausgeglichen ist, wie er es nach Ihrer Beschreibung durchaus sein kann [nicht so emotional]. Das sind gute Zeichen. Merken Sie sich die. Manchmal übersehen wir diese Dinge und lassen uns von

den Zeiten ablenken, wo er nicht kooperiert. Aber ich bin sicher, Luis, es gibt Zeiten, wo du die Dinge machst, die deine Eltern von dir wollen, und sie müssen darauf achten und dir sagen: „Das ist prima, Luis!" Versuchen Sie, sich nicht zu sehr in den Zeiten zu verstricken, wo Luis nicht macht, was er soll, sondern unterstützen sie die Zeiten, zu denen er es tut – denn ich weiß, das geschieht sehr oft. Wäre es außerdem möglich, die Zeiten festzuhalten, wo Luis Sie [Mutter] in der Art und Weise, wie Sie es gern möchten, ernst nimmt? Schreiben Sie kurz auf einem Stück Papier auf, was geschehen ist. [Die Mutter zeigt ihre Bereitschaft, dies zu versuchen.] Ich möchte gern einen weiteren Termin festlegen, wenn Rico zu einem Treffen mitkommen kann. Wie wäre es, wenn wir zwei Wochen verstreichen lassen, um zu sehen, wie die Dinge laufen? [Eltern stimmen zu.] Ich denke, es war gut, zu diesem Zeitpunkt zu kommen, und ich sehe Sie dann in zwei Wochen.

Ein Brief als Nachtrag

Um die Punkte, die ich am Ende der Sitzung aufgeführt hatte, hervorzuheben, lege ich meine Gedanken für die Eltern in einem Brief nieder, den ich vier Tage nach unserem Treffen abschicke.

Lieber Herr Ramos, liebe Frau Ramos,

ich habe mich gefreut, Sie und Ihren Sohn Luis letzte Woche kennenzulernen. Ich wollte Ihnen schreiben, um einige meiner Gedanken dieses Treffens zusammenzufassen. Nach einem Treffen kommen mir manchmal Gedanken, die ich gern persönlich mitgeteilt hätte, daher schreibe ich sie jetzt auf.

Ich war sehr beeindruckt davon, mit welcher Fürsorge und mit welchem Engagement Sie sich für ein besseres Leben für Luis und Rico eingesetzt haben. Es war aufregend für mich zu sehen, wie Sie beide Veränderungen durchmachen. Sie [Herr Ramos] arbeiten daran, große Veränderungen in Ihrem Leben durchzuführen, indem Sie den Alkohol aus Ihrem Leben verbannen, damit Sie ein besserer Ehemann und ein besserer Vater für Ihre Kinder sein können. Ich weiß, wie schwierig dieser Prozeß sein kann, und ich bewundere Ihren Mut und Ihre Stärke bei diesem Bemühen. Indem Sie den Einfluß des Alkohols aus Ihrem Leben verbannen, gehen Sie für Ihre Söhne mit gutem Beispiel voran. Für mich ist deutlich, daß Luis zu Ihnen aufblickt und Sie eine sehr wichtige Person für ihn sind. Wenn Sie ruhig bleiben und auf sich aufpassen, setzen Sie ein Beispiel für ihn, dem er folgen kann. Es ist mir immer noch ein Rätsel, wie Sie das geschafft haben. Können Sie mir Ihr Geheimnis verraten?

Sie [Frau Ramos] machen deutlich, daß auch Sie einige Veränderungen in der Familie wünschen. Ihre Stimme soll gehört werden. Als einzige Frau in einem Haushalt mit drei Männern ist Ihre Arbeit festgelegt. Nach unserem Treffen letzte Woche habe ich jedoch das Gefühl, Sie geben Ihrer Stimme bereits auf eine neue Art und Weise den gebührenden Platz. Ich frage mich, in welcher Form Sie Ihre Stimme weiter entwickeln möchten, und welche Ideen Sie dafür haben.

Ich bin auch beeindruckt von Ihrem Sohn Luis, der in seiner ersten Woche in der Corbin-Schule einen sehr guten Start hatte. Luis scheint ein sehr netter junger Mann zu sein, auf den Sie stolz sein können. Ich weiß ebenso wie Sie, daß Luis in der Lage ist, ruhig und kooperativ zu sein. Ich weiß, Sie beide haben diese Seite von ihm gesehen. Ich möchte Sie beide auffordern, sich die Zeiten zu merken, wo Luis tut, was Sie sich von ihm wünschen. Sie können all die Zeiten aufschreiben, wo er in positiver Weise kooperiert. Ich würde vorschlagen, daß Sie [Frau Ramos] all die Zeiten aufschreiben, zu denen Luis auf Sie hört [Sie ernst nimmt], so wie Sie es sich wünschen. Ich bin sicher, Sie werden viele Anlässe finden, bei denen Sie seinen Respekt erkennen. Bitte lassen Sie mich wissen, wie er seinen Respekt zeigt.

Ich freue mich darauf, bei unserem nächsten Treffen von Ihnen zu erfahren, wie Sie weiter auf den bereits vollzogenen Veränderungen aufgebaut haben. Eine kleine Warnung: Ich würde Ihnen raten, nicht zu viele Veränderungen auf einmal durchzuführen. Ich sehe Sie dann am _____ [etwa zwei Wochen später].

Mit freundlichen Grüßen

Steven Friedman

Die zweite Sitzung

Bei der zweiten Sitzung, etwa zwei Wochen später, waren alle vier Familienmitglieder anwesend. Als ich in das Wartezimmer ging, um die Familie zu begrüßen, lächelte die Mutter mich fröhlich an. Ich begann die Sitzung mit dem Satz: „Ich hoffe, Sie haben nicht zu viele Veränderungen auf einmal vorgenommen." Die Mutter fing dann an, einen Vorfall zu beschreiben, bei dem Luis nicht kooperativ gewesen und der Vater zornig auf ihn geworden war. Ich lenkte den Fokus zurück auf: „Was ist besser ... welche Fortschritte hat es gegeben?" Der Vater berichtete, er habe aufgehört, Luis für seine Kooperation zu „bestechen", indem er ihm etwas kaufte. Wir sprachen darüber, daß Luis seinen Vater auf die Probe stellte, ob er es wirklich ernst meinte.

Die Mutter zeigt mir dann Luis´ Heft mit den Berichten über seinen Fortschritt in der Schule, aus denen hervorgeht, daß der Lehrer sieben der letzten zehn Schultage als „gut oder hervorragend" beurteilte, was bedeutete, Luis hatte keine Ärger bekommen, weil er etwa in der Stunde geschwatzt hatte, und er hatte seine Aufgaben gemacht. Ich lese den Bericht des Lehrers laut vor und mache Luis ein Kompliment für diesen Fortschritt. Die Mutter eröffnet mir, daß jetzt sie und nicht der Vater die Bemerkungen des Lehrers unterschreibt und außerdem „hört Luis jetzt auf mich und nicht nur auf den Vater." Ich beglückwünsche die Mutter, weil es ihr gelungen ist, von Luis ernster genommen zu werden. Ich frage dann die Familie, ob sie meinen Brief erhalten und wie sie mit den Veränderungen weitergemacht haben. Der Vater spricht von seinem Kampf, sich vom Alkohol fernzuhalten [was ihm jetzt über zwei Monate lang gelungen ist]. Ich gratuliere ihm zu seinen erfolgreichen Bemühungen, nüchtern zu bleiben, und erkenne an, wie schwer dies ist.

Dann wird ein Vorfall beschrieben, bei dem der Vater sich über jeden in der Familie aufgeregt hatte, aus dem Haus gestürmt war, dann aber seine Fassung wiedergewonnen hatte und zurückgekehrt war. Der folgende Ausschnitt gibt den Ablauf wieder. Statt meine Aufmerksamkeit dem Hinausstürmen zu widmen, betone ich vielmehr die Stärke, die es den Vater gekostet hatte, nach Hause zurückzukehren. Ich stelle dies als ein Beispiel dafür dar, wie der Vater den Söhnen „die weiche Seite des Macho-Mannes" vorlebt. Mein Ziel ist es, nach Hinweisen auf Kompetenz und Einfallsreichtum zu suchen, statt nach Beschränkungen und Defiziten. Achten Sie darauf, wie diese Fokussierung den Vater in die Position des Vorbildes für seine Söhne bringt.

Vater: Ich bin einfach in die Luft gegangen ... ich hatte einen Termin ... und alle haben sich Zeit gelassen ... und ich will nicht zu spät kommen, wenn ich was zu tun habe ... ich werde wütend ... ich bin weggefahren, aber als ich auf die Autobahn kam, habe ich meine Meinung geändert ... ich habe mich beruhigt ... ich will nicht zugeben, daß ich unrecht hatte, aber ich glaube, ... meine Haltung hat gezeigt ...

Therapeut: Es ist gut, daß Ihnen das klar wurde, und es hat Luis und Rico gezeigt, wozu Sie in der Lage sind.

Vater: Im Grunde war es einfach so: ... ich fühlte mich hundeelend ... Seit ich aufgehört habe zu trinken, kann meine Laune ziemlich miserabel sein.

Mutter:	Wenn er [Ehemann] ein Problem hat, kriegen wir das alle zu spüren ...
Vater:	Mir geht viel im Kopf herum. Einmal habe ich zu meiner Frau gesagt, ich hätte gern ein Glas Wein oder Bier ... aber dann kämpfe ich mit mir ...

[Der Vater beschreibt, wie er früher unter Streß bis zur Bewußtlosigkeit getrunken hat. Jetzt ist er gereizter und regt sich leichter auf. Es wird auch deutlich, daß seine Frau ihn nach seinen Sorgen fragt und eine gute Zuhörerin ist.]

Therapeut:	Es wird schwer werden, aber Sie sind dabei zu siegen ... Ich möchte auf die andere Situation zurückkommen. Sie haben das Haus zornig verlassen, und dann sind Sie zurückgekommen ...
Vater:	Beim Fahren dachte ich, es war falsch, so zu handeln. Wenn wir Luis helfen wollen, muß ich mich entsprechend verhalten. Ich habe sein [Luis´] Gesicht gesehen, als er mich so zornig sah und ... das taugt nichts.
Therapeut:	Sie wollten ihm ein anderes Bild zeigen.
Vater:	Darum habe ich versucht, mich zu beherrschen. Ich war immer noch wütend, aber ich habe den Mund gehalten.
Therapeut:	Es war wichtig für Ihre Söhne, das zu sehen, Sie dabei zu sehen. Jeder kann 'mal den Kopf verlieren, und Sie konnten stark genug sein, um zurückzukommen und zu sagen: „Laßt uns noch 'mal von vorne anfangen" – das ist sehr wichtig. Verstehen Sie, letztes Mal haben Sie [Mutter] gesagt, Luis und Rico denken, sie sind „Macho-Männer" ... aber was Sie [Vater] da gemacht haben, als Sie zurückkamen ... es hat eigentlich allen gezeigt, daß Sie sagen können: „Ich habe einen Fehler gemacht." Wissen Sie, auch Machos haben eine weiche Seite. Verstehen Sie, was ich meine?

Dann frage ich Luis, was er tun will, um weiter „hervorragende Tage" vom Lehrer bestätigt zu bekommen. Er erzählt mir: „Meine Arbeit machen und nicht in der Klasse schwatzen". Ich frage, ob er irgendetwas sieht, was ihn daran hindern könnte. Er sagt: „Nein". Dann fordere ich jedes Familienmitglied auf vorherzusagen, für wie viele der nächsten zehn Schultage Luis ihrer Meinung nach ein „gut oder hervorragend" in seinem Berichtsheft erhalten wird. Luis sagt 10, der Vater 8, die Mutter sagt 7 voraus und Rico 5. Ich bitte sie, das Heft zur nächsten Sitzung wieder mitzubringen, damit wir sehen können, welche Fortschritte Luis macht. Dann beende ich die Sitzung, indem ich hervorhebe, wie beeindruckt ich von der Arbeit bin, die sie alle leisten. Ich sage zum Vater: „Je mehr Beherrschung Sie zeigen, desto mehr zeigen Sie Ihren Söhnen, daß sie das auch können." Und ich beglückwünsche die Mutter, weil sie Luis dazu gebracht hat, sie ernst zu nehmen, und bitte sie, weiterhin aufzuschreiben, wann er dies macht. Wir legen eine weitere Sitzung in drei Wochen fest. Alle vier Familienmitglieder geben mir beim Hinausgehen die Hand.

Ein Brief als Nachtrag

Drei Tage nach dieser Sitzung schicke ich den Eltern den folgenden Brief, um damit das Bild von ihnen als einer Familie auf der Suche nach einem besseren Leben zu festigen.

Lieber Herr Ramos, liebe Frau Ramos,

ich möchte Ihnen schreiben, um Ihnen meine Gedanken nach unserem letzten Treffen mitzuteilen. Ich bin weiterhin beeindruckt von der Liebe und Fürsorge, mit der Sie beide auf Ihre eigene Art und Weise Ihren Söhnen helfen, erwachsen zu werden. Irgendwie haben Sie beide beschlossen, den Kindern gegenüber unterschiedliche Rollen zu übernehmen – Sie, Herr Ramos, sind der „harte Typ" und Sie, Frau Ramos, sind die „Umgängliche oder Weiche". Ich weiß jedoch nach unserem letzten Treffen, daß Sie, Herr Ramos, auch eine „weiche Seite" haben und Sie, Frau Ramos, auf Ihre eigene Art auch hart sein können.

Ich bin beeindruckt davon, wie Sie beide versuchen, Ihre Söhne mehr von Ihrer verborgenen Seite sehen zu lassen. Dies zeigte sich darin, wie Sie, Herr Ramos, reagierten, als Sie an den Ausdruck auf Luis´ Gesicht dachten und beschlossen, nach Hause zurückzufahren, nachdem Sie so zornig gewesen waren. Man braucht wirkliche Stärke, um diese Fürsorge zeigen zu können. Gleichzeitig denke ich, daß Sie, Frau Ramos, stärker sind, als Sie zunächst durchblicken lassen. Ich bewundere die Art, wie Sie die Verantwortung für die Berichte über Luis Fortschritt in der Schule übernommen haben und wie Sie als liebevolle Ehefrau sich die Zeit nehmen, den Sorgen Ihres Mannes zuzuhören.

Mir gefällt Ihre Idee, Herr Ramos, das Geld, das Sie sonst für Alkohol ausgegeben haben, jetzt für Platten und Kassetten auszugeben. Ich überlege, ob Ihnen Ihre Liebe zur Musik irgendwie helfen könnte, wenn Sie anfangen, sich aufzuregen und Streß zu empfinden. Lassen Sie mich wissen, wenn Ihnen etwas einfällt, wie das funktionieren könnte. Ich denke, Luis hat irgendwie die falsche Vorstellung, daß Sie, Herr Ramos, von Zeit zu Zeit jemanden brauchen, den Sie anschreien können [verstehen Sie, jemanden „zum Dampfablassen"]. Er hat beschlossen, die Person zu sein, die Ihnen dafür zur Verfügung steht. Ich den-

ke, Sie brauchen eine derartige Hilfe nicht von ihm, sondern können mit Hilfe Ihrer Frau und Ihrer Musik mit Ihrem Ärger und Ihrem Streß fertig werden. Um Ihn wissen zu lassen, daß Sie ihn dafür nicht brauchen, würde ich vorschlagen, Sie versuchen, <u>Luis dabei zu erwischen, wie er etwas richtig macht</u>, und lassen ihn auch wissen, daß Sie es gemerkt haben. Ich glaube, wenn Sie die guten Dinge bemerken, die Luis macht, wird ihm das dabei helfen zu verstehen, wie unnötig seine weiteren Sorgen um Sie sind.

Luis nimmt Sie, Frau Ramos, jetzt ernster. Er begreift die Wichtigkeit Ihrer Stimme in der Familie. Bitte schreiben Sie die Male auf, die Ihnen auffallen, wenn Luis auf Sie hört, und was Sie gemacht haben, um dies zu bewirken.

Ich kann sehen, wie hart Sie beide arbeiten, um für Ihre Kinder ein gutes Leben und eine glückliche Zukunft zu schaffen. Ich denke, dies ist eine Übergangsphase im Leben der Familie, da jeder von Ihnen Veränderungen vornimmt, die die Familie stärken werden. Wenn ich an Ihre Familie denke, sehe ich das wunderbare Lächeln, das ich auf Ihren Gesichtern und denen der Kinder zu verschiedenen Zeiten bei unserem letzten Treffen gesehen habe. Lächeln sie gemeinsam miteinander und erzählen Sie mir, was geschieht. Ich freue mich darauf, Sie alle am Dienstag dem _____ um 18 Uhr zu sehen und von Ihren Fortschritten zu erfahren. Bitte bringen Sie die Berichte über Luis´ Verhalten in der Schule mit, damit ich „aus erster Hand" sehen kann, wie gut er sich macht.

Sie können Rico und Luis diesen Brief gern zeigen.

Mit freundlichen Grüßen
Steven Friedman

Nachfolgende Sitzungen

Zur dritten Sitzung brachte Luis eine Urkunde mit, die er in der Schule bekommen hatte, für den „Schüler des Monats". Außerdem hatte er in dem dreiwöchigen Intervall zwischen den Sitzungen *in den zehn Berichten zehnmal die Note „gut"* von seinem Lehrer erhalten! Beide Eltern waren überrascht und erfreut über sein Verhalten.

Bei der vierten Sitzung (drei Wochen später) präsentierte Luis´ Mutter mir stolz sein Berichtsheft. Zusätzlich zu den Verbesserungen in den Schulfächern waren *alle* Noten für „Verhalten" („zeigt Selbstbeherrschung", „übernimmt Verantwortung", „verträgt sich mit den Gleichaltrigen") vom „Minus" („Schwäche") ins „Plus" („Stärke") gekommen. Nach dieser Sitzung schickte ich der Familie einen Brief, in dem ich Luis' Besserung und Veränderung bestätigte.

Bei der 5. Sitzung (drei Wochen später) bemerkte Rico, ihm seien Veränderungen bei seinem Vater aufgefallen: „Statt zu schreien und trinken zu gehen, bleibt er hier und hört Musik." Obwohl der Vater bei einer Gelegenheit doch trank (wonach ihm furchtbar übel wurde), blieb er ansonsten weiterhin nüchtern (nun seit über fünf Monaten).

Bei der 5. Sitzung überreichte ich Luis die „Urkunde für den Sieg über schlechte Gewohnheiten" (Abb. 7 – 1), um seinen Erfolg bei der Rückeroberung seines Lebens von den schlechten Gewohnheiten zu bestätigen. Neben meiner Unterschrift beglaubigte der Vater den Vorgang, indem er die Urkunde ebenfalls unterschrieb. Mit solch einem Dokument kann man Veränderung anerkennen, bestätigen und feiern, was in einer Reihe von Situationen nützlich sein kann (andere Beispiele finden sich bei WHITE & EPSTON, 1990).

Urkunde für den Sieg über schlechte Gewohnheiten

Diese Urkunde wird _____ überreicht, da er es geschafft hat, schlechte Gewohnheiten daran zu hindern, ihn herumzukommandieren.

Da er jetzt so viel über das Besiegen schlechter Gewohnheiten weiß, kann jedes Kind, das Unterstützung im Kampf gegen schlechte Gewohnheiten braucht, _____ um Hilfe bitten.

Jedes Mal, wenn _____ an dieser Urkunde vorbeigeht, wird er stolz auf sich sein. Jedes Mal, wenn andere Menschen an dieser Urkunde vorbeigehen, wird ihnen bewußt werden, wie gut er es gemacht hat.

Herzlichen Glückwunsch _____ !

Überreicht am _____ Tag im _____

Unterschrift: _____

Dr. Steven Friedman

Beglaubigt: _____

Abbildung 7–1 Beispiel für eine Urkunde

Verändert nach *Narrative Means to Therapeutic Ends* von Michael WHITE und David EPSTON. Copyright © 1990 by Dulwich Centre, Adelaide, South Australia. Abdruck mit freundlicher Genehmigung der W. W. Norton & Company, Inc.

Ein Folgetreffen wurde verabredet und dann abgesagt, als der Vater nach Puerto Rico zurückkehren mußte. Nachdem ich über drei Monate lang nichts von der Familie gehört hatte, rief ich an und sprach mit dem Vater. Er sagte, Luis habe das Schuljahr sowohl mit ausgezeichneten Zensuren wie auch mit gutem Betragen abgeschlossen und zu Hause betrachteten sie sein Problem auch nicht länger als problematisch. Der Vater ließ durchblicken, er habe etwas Alkohol getrunken, seit wir uns das letzte Mal gesehen hatten, sich aber nicht „sinnlos betrunken" wie früher. Die Möglichkeit zukünftiger Verabredungen wurde offen gelassen.

Es folgen Auszüge aus Briefen, die nach der vierten und fünften Sitzung an Herrn und Frau Ramos geschrieben wurden.

Lieber Herr Ramos, liebe Frau Ramos,

ich war höchst erfreut, als ich von Luis´ Erfolgen in der Schule während der letzten Wochen hörte. Die Urkunde „Schüler des Monats" ist etwas, worauf Eltern sehr stolz sein können. Ich bin beeindruckt davon, wieviel Sie beide getan haben, um Ihren beiden Söhnen zu helfen, die richtigen Entscheidungen zu treffen.

Sie, Herr Ramos, zeigen Ihren Söhnen weiterhin, wie stark Sie unter Druck sein können. Indem Sie sich vom Alkohol und von den Wutausbrüchen befreit haben, zeigen Sie Ihren Söhnen, daß auch sie diese Stärke haben können, ihr Leben zu verändern. Ich bin auch beeindruckt von Ihrer Fähigkeit, Frau Ramos, Ihren Mann bei diesem Prozeß, sich selbst und der Familie zu helfen, zu unterstützen. Durch Ihr Vertrauen und Ihre Liebe zu Ihrem Mann und den Kindern haben Sie einen wichtigen Anteil daran, der Familie zu helfen, sich in positiver Richtung zu entwickeln.

Es war für mich interessant zu hören, auf welche unterschiedliche Weise Sie darüber nachdenken, wie Sie den Respekt Ihrer Kinder gewinnen können. Sie, Herr Ramos, scheinen sich an die Ideen der Alten Welt zu halten, während Sie, Frau Ramos, den Ideen folgen, die Sie von Ihren Großeltern gelernt haben. Ich habe das Gefühl, daß Sie beide Ihre Verantwortung als Eltern sehr ernst nehmen. Ich weiß, beide wollen Sie das beste für Ihre Kinder und das bedeutet, ihnen zu helfen, „respeto sin miedo" [Respekt ohne Furcht] zu zeigen.

.....

Ich sehe immer noch beeindruckt und mit Bewunderung Ihre Bemühungen, ein besseres Leben für Ihre Söhne und für Sie selbst zu schaffen. Indem Sie Ihr Leben von den schlechten Einflüssen befreit haben (z.B. vom Alkohol), zeigen Sie Ihren Söhnen, daß auch sie ihr Leben zufriedenstellender und lohnender gestalten können. Ich erinnere mich an etwas, was Rico bei dem letzten Treffen über Veränderungen gesagt hat, die er bei seinem Vater gesehen hat: „Statt zu schreien und wegzugehen zum Trinken, bleibt er zu Hause und hört Musik." Dies ist eine bedeutsame Leistung!

Es hat mich gefreut, über das Leben in Puerto Rico zu hören – und ich kann jetzt besser verstehen, wie sich bei Ihnen solch ein starkes Gefühl für Familie, Zusammengehörigkeit und Lebensfreude entwickelt hat. Ihre Söhne scheinen gute Jungen zu sein, die ihre Eltern und ihr kulturelles Erbe schätzen und respektieren. Ich denke, sie werden im Laufe ihres Lebens diese Werte treu bewahren.

Mit freundlichen Grüßen

Steven Friedman

Teil II: Die Familie kommt wieder

Etwa ein Jahr später erhielt ich einen Anruf von einem Kinderarzt, der den damals 17-jährigen Bruder Rico betreute und der mir seine Befürchtungen wegen Ricos Drogengebrauch mitteilte. Rico gab zu, mindestens drei Monate lang Marihuana und Kokain genommen zu haben. Er hatte Geld und Schmuck von den Eltern gestohlen, um die Drogen zu bekommen. Rico und seine Freunde hatten auch Autos gestohlen, um Geld für Drogen zu bekommen. Daß Rico Drogen nahm, kam ans Tageslicht, als die Eltern mißtrauisch wurden und den Eindruck hatten, im haus und auf ihrem Konto fehle Geld. Der Arzt ließ ihn einen Urintest machen, der sich als positiv für Kokain erwies. Rico gestand dem Arzt, daß er Kokain und Marihuana nahm, und ließ den Wunsch erkennen, damit aufhören zu wollen. Der Arzt bat mich, einen Termin mit der Familie zu vereinbaren, was ich auch tat.

Wie wir in dieser und auch in anderen klinischen Situationen sehen werden, haben KlientInnen unter Umständen schon Veränderungen vorgenommen (und Verbesserungen erlebt), bevor sie zum Erstinterview kommen (WEINER-DAVIS, DE SHAZER & GINGERICH, 1987). In solchen Fällen wird die Therapie ein Prozeß zur Verstärkung bereits unternommener Schritte auf ein positives Ziel hin. Die Familie Ramos wurde zu einer ersten Sitzung eingeladen, bei der Ricos Drogengebrauch im Mittelpunkt stand. Während der zwei Wochen, die zwischen Ricos Besuch beim Kinderarzt und dem Termin der Familie bei mir lagen, hatte Rico laut eigenen Angaben keine Drogen genommen. Es bestand daher die Möglichkeit, auf dieser positiven Entwicklung aufzubauen. Während Sie diesem Teil des Transkripts folgen, achten Sie darauf, wie der Therapeut sowohl auf den der Sitzung vorangegangenen Veränderungen aufbaut wie auch Skalierungsfragen einsetzt, um das Verhalten zu „quantifizieren" und um eine Richtung anzugeben.

Frage: Ist Rico ein „Kunde für Veränderung" und, wenn ja, worin bestehen dann die Anzeichen für seine Bereitschaft? Worin liegt der Vorteil, wenn man Rico und seine Eltern bei dieser Erstsitzung gemeinsam sieht? Worauf beruht unsere Zuversicht, daß die Veränderung bereits beginnt?

Die erste Sitzung:
Auf Veränderungen aufbauen, die der Sitzung vorausgingen

Therapeut:	Wissen deine Eltern, was los ist?
Rico:	Ich habe es ihnen gesagt.
Therapeut:	Welche Drogen hast du genommen?
Rico:	Kokain und Hasch.
Therapeut:	Wie hast du das Kokain genommen? Geraucht? Gespritzt?
Rico:	Nein. Gesnifft.
Therapeut:	Nicht Crack?
Rico:	Nein. Wir haben immer Kokain ins Hasch getan. Das nennt sich dann ein „Ouli".
Therapeut:	Wie lange ist das so gegangen ... daß du das genommen hast?
Mutter:	Entschuldigen Sie, möchtest du [Rico] erst ohne uns sprechen?
Therapeut:	Ich weiß, deine Eltern sind hier und es ist vielleicht unangenehm, aber ... es ist jetzt Vergangenheit und ich möchte es von dir hören.
Rico:	Ungefähr drei Monate lang immer 'mal wieder.
Therapeut:	Deine Freunde nehmen das regelmäßig?
Rico:	Ja. Bei Parties und so.

Therapeut:	Wie ist das 'rausgekommen?
Vater:	Na ja, es fehlten Sachen im Haus, also Geld und anderes Zeug. Auf diese Weise ist es 'rausgekommen, die ganze Situation. Und er hat es zugegeben, vor ungefähr, na sagen wir einem Monat oder so?
Rico:	Ja.

[Die Eltern beschrieben weiter, wie Ricos Drogengebrauch herauskam. Sie stellten fest, daß Geld und Schmuck von zu Hause verschwunden waren. Einmal nahm Rico die Kreditkarte seiner Mutter und hob $ 300 ab. Als die Eltern Verdacht schöpften, stellten sie Rico wegen des fehlenden Geldes zur Rede. Er gab zu, es genommen zu haben.]

...

Vater:	Ich war nahe dran, ihn zu verprügeln, weil ich so aufgebracht war. Er wußte, was ich tun würde. Darum hatte er keine andere Wahl, als es zuzugeben. Und er bat mich um Hilfe.
Therapeut:	Das hat er also gemacht.
Vater:	Ich habe mit einem Freund von mir gesprochen, der Polizist ist, und er hat versucht, mir so gut es ging zu helfen. Er hat mir gesagt, ich soll hier anrufen. Rico gab zu, daß er die $ 50 dazu benutzt hat, das Zeug zu kaufen. Sie haben ihn übers Ohr gehauen. Sie haben ihm nur Backpulver gegeben.
Therapeut:	Er ist also reingelegt worden.
Vater:	Zu dem Zeitpunkt, in dem Augenblick waren mir die Hände gebunden, weil er es zugegeben hat und mich um Hilfe gebeten hat.
Therapeut:	Das ist das Wichtige. Was machen Sie denn jetzt [um Rico zu helfen]? Ich versuche zu verstehen, was Sie jetzt machen. Sie passen auf, was das Geld angeht?
Vater:	Das müssen wir. Im Augenblick kann ich ihm nicht trauen. Auf keinen Fall. So, wie es jetzt steht. Okay, ich fühle mich schlecht, wie ich gesagt habe, aber ich muß das Geld verstecken. Ich muß meine Tür abschließen, denn – vielleicht versucht er auch, sich zu beruhigen und all das – aber wenn er mit seinen Freunden zu tun hat, muß ich mich vorsehen.

[Ich stelle das wachsame Verhalten der Eltern als hilfreich und im besten Interesse Ricos dar.]

Therapeut:	Das ist ein Teil dessen, was jetzt geschehen muß. Damit deine Eltern dir helfen können, müssen sie jetzt wirklich die Zügel fest in die Hand nehmen. Den Überblick darüber behalten, wohin du gehst und was du machst. Da kommt man nicht drum herum.

Vater:	Also, ich weiß nicht, ob er versteht, was ich ihm fast jeden Tag zu sagen versuche, aber ich wünschte, er würde 'mal anhalten und darüber nachdenken, was wir durchmachen. Rico, mein Sohn, es ist nicht leicht. Denn ob du es glauben willst oder nicht, ich würde dir gern in den Hintern treten, aber mir sind die Hände gebunden, weil du meine Hilfe haben willst. Wenn du mir also einfach die Gelegenheit gibst, dir zu helfen, wird alles okay werden.
...	
Therapeut:	Was machst du also, Rico, was dir dabei hilft, dem Drang zu widerstehen, dich darauf [auf die Drogen] einzulassen? [Ich gehe davon aus, daß Rico tatsächlich etwas Nützliches macht.]
Rico:	Ich bin zu Hause geblieben.
Therapeut:	Du versuchst einfach, mehr zu Hause zu bleiben, damit du nicht in eine Situation kommst, die dich verführt. Gut. Aber wie ist das in der Schule? Siehst du da einige von den Jugendlichen?
Rico:	Nein. Sie gehen nicht zur Schule.
Therapeut:	Da läufst du ihnen also nicht in die Arme.
Vater:	Das sind Jugendliche von außerhalb. Er hat sich ziemlich gut verhalten, seit der Drogentest gemacht wurde.
Therapeut:	Wann war das?
Vater:	Vor fast zwei Wochen. Wenn er das so weiter macht [nach der Schule nach Hause kommt und keine Drogen nimmt], kann er Selbstvertrauen aufbauen. Ich kann nicht sagen, daß ich jetzt zuversichtlich bin ... Das kann ich nicht sagen. Nein.
Mutter:	Ich gebe ihm weniger Geld. Vorher habe ich ihm fünf Dollar pro Tag gegeben, jetzt gebe ich ihm drei.
Therapeut:	Das ist sehr gut. Das sind die Sachen, die deine Eltern machen müssen.

Im folgenden Abschnitt benutze ich „Skalierungsfragen" (BERG & DE SHAZER, 1993; BERG & MILLER, 1992; KOWALSKI & KRAL, 1989), um zum einen festzustellen, wie groß Ricos Zuversicht ist, seinen Drogengebrauch überwinden zu können, und um ihm zum anderen eine Gelegenheit zu bieten, seine Gedanken über die Vorteile, sich ein drogenfreies Leben zu schaffen, weiter auszuführen. Wie in einem früheren Kapitel dargelegt, geben Skalierungsfragen Mittel an die Hand, festzustellen, wo die KlientInnen sich in bezug auf einen wichtigen Parameter selbst einordnen, und überdies stellen diese Fragen eine Art „sichtbare" Meßlatte dar, mit deren Hilfe der Fortschritt überprüft werden kann. Im folgenden Teil „outed" sich Rico (vor seinen Eltern als Zeugen). Indem er „an die Öffentlichkeit geht", formuliert er nicht nur die Schritte, die notwendig sind, um das Drogenproblem zu überwinden, sondern vermittelt seinen Eltern auch das Vertrauen in seine Fähigkeiten, sich selbst von den Drogen zu befreien.

Therapeut: Erzähl mir einmal folgendes, Rico: Ich versuche zu verstehen, wie zuversichtlich du in bezug auf deine Fähigkeit bist, stärker als diese Drogen zu sein. Nehmen wir einmal an, „10" heißt, du hast die größte Zuversicht, daß du nicht Sklave dieser Drogen sein wirst, und „1" heißt, du bist überhaupt nicht zuversichtlich. Okay? Wo würdest du dich selbst im Augenblick ansiedeln? Ich weiß, der [Umkehr-] Prozeß ist noch nicht weit gediehen.

Rico: Ich würde sagen bei „8".

Therapeut: Bei „8" – okay. Das ist ziemlich zuversichtlich, ziemlich zuversichtlich. Woher hast du dieses Gefühl der Zuversicht, daß du nicht Sklave der Drogen sein wirst? Was gibt dir das Gefühl, bei der „8" zu sein? Was spielt bei diesem Gefühl eine Rolle, bei der „8" zu stehen und nicht bei „5" oder „4"?

Rico: Ich hab´ dabei daran gedacht, wie ich vor einiger Zeit sagte, ich brauche Hilfe und mich fragte: „Was bringt es, das zu nehmen? Es bewirkt gar nichts." Das habe ich gedacht. Ich habe mit einem Freund meiner Mutter gesprochen, der mir gesagt hat, er hat sie [Drogen] früher in Puerto Rico genommen. Ich erinnere mich, wie er gesagt hat, man braucht sie nicht zu nehmen. Es führt zu nichts. Und das stimmt, wissen Sie. Ich habe viele von meinen Freunden gesehen, die erst vor kurzem aus dem Gefängnis gekommen sind, weil sie das Zeug genommen haben ... weil sie beim Verkauf erwischt worden sind.

Therapeut: Du hast also einige der Probleme gesehen, in die man mit ihnen [Drogen] geraten kann. Was hast du noch gedacht, was dich so zuversichtlich bei der „8" macht, wenn es darum geht, nicht mit der Macht der Drogen zu kooperieren?

Rico: Ich habe einfach aufgehört, bei diesen Leuten ´rumzuhängen.

Therapeut: Du hast also entschieden, nicht bei diesen Typen ´rumzuhängen, bei dieser Gruppe.

Rico: Mmm.

Therapeut: Wie kannst du das schaffen? Werden sie dich nicht anrufen und nach dir suchen?

Rico: Na ja, das haben sie gemacht. Ich sehe sie schon. Ich kenne sie schon so lange. Ich weiß, wann sie vorbeikommen, ich weiß, um wieviel Uhr, darum versuche ich, nicht da zu sein, wenn sie Geld haben. Ich erinnere mich, vor zwei Tagen hatten sie fünfzehn Gramm Grass. Ich kam gerade von der Schule nach Hause, und

	sie haben mich gefragt, ob ich was wollte, und ich habe gesagt: „Ich kann nicht ... ich will mit dem Zeug aufhören."
Therapeut:	Du hast ihnen das gesagt.
Rico:	Ich habe das allen gesagt, die ich kenne. Ein paar von ihnen haben gelacht. Ein paar haben gesagt, das ist gut. Ich habe ihnen gesagt, ich hab´ mich an so eine Stelle gewendet. Und ich habe ihnen einfach gesagt, daß jede Woche bei mir ein Bluttest gemacht wird. Einfach um sie loszuwerden.
Therapeut:	Richtig.
Rico:	Sie haben gesagt: „Bist du sicher?" – „Ja", habe ich gesagt, „ich bin sicher", und dann wollten sie eine Tour machen, und ich bin nach Hause gegangen. Ich wußte, daß sie wieder zurückkommen würden, und ich bin nach Hause gegangen, und mein Vater war da und hat gekocht und so, und ich habe zu ihm gesagt: „Ich habe Langeweile, laß uns ein paar Videos holen". Deswegen. Ich wußte, wenn ich nicht irgendwas mache, kriege ich den Drang, das doch zu machen [Drogen zu nehmen]. Ich würde es mir vielleicht doch noch überlegen.
Therapeut:	Richtig. Okay. Du hattest also das Gefühl der Langeweile, und wo du sonst in Versuchung gewesen wärest, in Richtung Drogen zu denken, hast du jetzt mit deinem Vater gesprochen.
Rico:	Ja. Ich habe gesagt: „ Laß` uns uns ein Video ausleihen. Ich habe Langeweile. Laß` uns irgendwo hingehen."
Therapeut:	„Laß` uns was machen." Ja.
Rico:	Ich wußte, wenn ich einfach im Haus bleibe und gelangweilt bin, sagt mein Vater irgendwann, geh' nach draußen oder geh' zu einem Freund oder so was. Ich wußte, er überlegt sich nicht, was ich dann tue. Aber ich würde mich dann fortschleichen und die rauchen wahrscheinlich Grass, Hasch, und ich mach' das dann schließlich auch. Darum habe ich also gesagt, sobald ich nach Hause kam und mein Vater anfing zu kochen: „Laß' uns uns ein paar Videos holen".
Therapeut	[zum Vater]: Wußten Sie, was mit Rico los war, oder dachten Sie, er wollte nur darum bitten, ein paar Videos zu auszuleihen?
Vater:	Nein, nein. Ich hatte das so im Gefühl, was los war. Darum habe ich gesagt: „Ja, okay. Kein Problem. Gehen wir [Videos holen]."
Therapeut:	Sie haben also reagiert. Das ist eine Möglichkeit, wie deine Eltern dir helfen können, verstehst du?
Vater:	Ein Beispiel, das mir dabei gerade einfällt ... Ich glaube, es war letzten Sonnabend. Ich bin nach Boston gefahren. Ich sehe eine große Gruppe von seinen Freunden in der Nachbarschaft und ich

sage zu meiner Frau: „Ich möchte eigentlich gar nicht nach Boston, aber ich werde hinfahren", und ich habe Rico und seinen Bruder mitgenommen. Mir gefällt die Atmosphäre da nicht. [Der Vater hatte das Gefühl, es könnte Ärger in der Nachbarschaft geben.]

Therapeut: Diese anfängliche Zeit ist die schwerste. Ich denke, du hast viele positive Schritte gemacht; diesen Jugendlichen zu sagen, daß du keine Drogen mehr nehmen willst, ist ein großer Schritt; in der Lage zu sein, aus solch einer Situation wegzugehen, wie du das gemacht hast; und auch auf die eigenen Gefühle in dir zu achten, daß du in Versuchung bist, und sich einen anderen Plan auszudenken, ist ein weiterer positiver Schritt. [Ich stelle den Umkehrprozeß als harte Arbeit dar und unterstütze und bestätige die positiven Schritte, die Rico bereits unternommen hat, um sein Leben von Drogen zu befreien.]

Vater: Ich habe zu Rico gesagt: „Ich nehme mir immer Zeit, zu jeder Zeit." Ich sage: „Rico, ich bitte dich nicht, dich von diesen Leuten für immer zu verabschieden. Das kannst du nicht tun. Ihnen zu sagen, du kannst nicht mehr ihr Freund sein, weil sie das machen. Aber wenn du siehst, daß sie was Falsches machen wollen, dann sieh zu, daß du wegkommst." Es ist schwer. Ich habe von ihm immer das Beste erwartet ...

Therapeut: Ja. Ich weiß. Du hast Glück, weil deine Eltern für dich da sind und versuchen, dir auf alle mögliche Art zu helfen. Zu diesem Zeitpunkt ist es am einfachsten, mit dem weiterzumachen, was du und deine Eltern angefangen haben. Ich denke, du wirst in der Lage sein, auf dieser Ebene damit fertig zu werden, und brauchst kein formales Programm. Aber es gibt andere Möglichkeiten. Ich habe ein optimistisches Gefühl, weil du in bezug auf deine Zuversicht bei der „8" bist. Was müßte deiner Meinung nach für dich geschehen, damit du dich bei „9" fühlst, um von der „8" zur „9" zu kommen?

Rico: Ich müßte den Punkt erreichen ... daß ich meine Freunde bitten kann, aufzuhören, mich zu fragen, bei ihnen mit herumzuhängen, wenn sie verstehen können, was ich versuche zu tun. Bisher haben einige schon aufgehört [mich unter Druck zu setzen] und zwei von ihnen überlegen, ob sie auch bei einem Programm mitmachen sollen.

Therapeut: Okay.

...

Rico: Weil einer von ihnen eine Überdosis genommen hat, und ich habe ihm erzählt, daß ich ein Programm mitmache. Und er hat gesagt: „Das möchte ich auch machen."

Therapeut:	Du hilfst diesen Leuten auch, weil sie sehen, wie jemand sagt: „Ich werde mir von diesen Drogen nicht mein Leben ruinieren lassen." Und dann sagen sie: „Wenn Rico das schafft, schaffe ich das vielleicht auch." Dein Interesse liegt natürlich darin, dir selbst zu helfen. Aber es wird wahrscheinlich einige Jugendliche geben, die weiter Druck auf dich ausüben.
Rico:	Ja. Die machen weiter.
Therapeut:	Weil sie das nicht als einzige machen wollen. Verstehst du? Also, um bei der „9" zu sein, hörst du auf, gefragt zu werden.
Rico:	Ja. Das, was ich dann mache, ... wenn sie vorbeikommen und wenn sie Geld kriegen ... und manchmal höre ich dann: „Heute abend lade ich mich richtig voll." Und dann frage ich: „Um wieviel Uhr?" Und dann gehe ich also nach Hause. Diese Woche haben sie sich mit all dem Zeug richtig die Birne dichtgezogen.
Therapeut:	Auf der einen Seite ist es eine Versuchung, von all dem zu wissen, aber auf der anderen Seite macht es dich stärker. Diese äußeren Kräfte werden immer da sein.
Vater:	Ja.

[Dann bitte ich die Eltern, ihr Zutrauen in eine drogenfreie Zukunft für Rico auf einer Skala einzuordnen. Da sie auf einer niedrigeren Ebene liegen als Rico, frage ich Rico, was er tun müßte, um ihr Zutrauen höher zu bringen.]

Therapeut:	Es wird also deine Aufgabe sein, herauszufinden, wie du es schaffen kannst, nicht wieder da 'reingezogen zu werden. Und du hast gezeigt, daß du dazu in der Lage bist. Dazu gehört schon ganz schön viel Willenskraft. Das macht mich also sehr zuversichtlich ... Wo würden Sie [Vater] sich auf einer Skala von 1 bis 10 einordnen? Wieviel Vertrauen haben Sie in Ricos Fähigkeit, sich nicht von Drogen herumkommandieren zu lassen, wenn „10" größte Zuversicht bedeutet?
Vater:	Ich weiß nicht. [Der Vater übersetzt meine Frage für seine Frau ins Spanische.]
Mutter:	„6"
Therapeut:	Sie sind also skeptischer. Sie sind etwas vorsichtiger.
Mutter:	Ja. Im Augenblick ist er gerade sehr gut. Er kann es. Aber er kann seine Meinung ändern wie nichts. Darum sage ich „6".
Therapeut:	Wie ist es mit Ihnen [Vater]?
Vater:	Etwa genau so.
Therapeut:	Eine „6"?
Vater:	Ja.

Mutter:	Ich bin sehr nervös gewesen wegen all dieser Dinge. Es ist die Anspannung. Wenn ich nach Hause komme und ihn dort nicht sehe, fange ich an, mir Sorgen zu machen.

Frage: Bevor Sie weiterlesen, nehmen Sie sich einen Moment Zeit, um sich eine Skalierungsfrage auszudenken, die man sinnvoller Weise zu diesem Zeitpunkt im Intervierw stellen könnte. Denken Sie daran, es gibt viele Optionen, von denen ich nur eine in dieser Situation benutze.

Therapeut:	Deine Eltern sind bei der „6", sie sind also nicht so zuversichtlich wie du. Was kannst du deiner Meinung nach tun, was ihnen helfen wird, zur „7" zu kommen, von der „7" zur „8"? Was werden sie sehen müssen, was ihnen helfen könnte?
Rico:	Ich bin wirklich nicht sicher. Wie ich das bisher gemacht habe ... ich denke nicht darüber nach, was morgen geschieht. Ich nehme jeden Tag so, wie er kommt.
Therapeut:	Das ist wichtig.
Rico:	Ich denke an meine Schularbeit, wenn ich in der Schule bin, nicht wo die sind. Ich denke nicht darüber nach, wo die jetzt sein werden.
Therapeut:	Okay. Und du warst immer abgelenkt von dem Zeug.
Rico:	Ja. Manchmal konnte ich Gott weiß wo sein, und dann habe ich angerufen und herausgefunden: „Oh, wir kriegen wieder Stoff", okay.
Therapeut:	Die Drogen standen damals an erster Stelle in deinen Gedanken, und jetzt denkst du nicht mehr so. Was kannst du tun, wenn du nach Hause kommst und dein Vater ist nicht da, so wie neulich. Was kannst du tun?
Rico:	Bisher hat er diese Woche Spätschicht gehabt. Das einzige, was ich dann mache, ist, ich bin mit diesen Leuten zusammen [ein Erwachsener und sein Freund]. Die sind in Ordnung. Ich rede mit ihnen, spiele Karten und dann gehe ich nach Hause.
Therapeut:	Statt also allein zu bleiben, gehst du zur Wohnung von einem Freund ... Das ist vernünftig.
Rico:	Diese Leute wissen, daß ich das früher genommen haben, und sie sagen zu mir: „Du solltest dich nicht mit ihnen [den anderen Jugendlichen] herumtreiben".
Therapeut:	Sie unterstützen dich. Da bist du sicher. Rico denkt sehr klar darüber. Ich bin beeindruckt. Ich treffe Jugendliche, die versuchen, von Drogen loszukommen und die nicht so klar darüber denken. Ich bin beeindruckt. Und du hast schon viele Schritte unternommen und viel nachgedacht.

Mutter:	Diese Woche ... bin ich glücklicher.
Vater:	Jede Nacht stehen entweder sie oder ich um ein oder drei Uhr nachts auf und sehen nach, ob er in seinem Zimmer ist. Es ist hart ... denn ich muß um fünf Uhr aufstehen [zur Arbeit].
Therapeut:	Ich glaube nicht, daß Sie das lange machen müssen, aber im Augenblick haben Sie, glaube ich, recht. Sie müssen das machen. Es ist ein Teil von dem, was Rico hilft. Ich finde, Sie beide machen das sehr gut, wie Sie Ihrem Sohn helfen. Ich würde gern ein weiteres Treffen verabreden. Okay?

[Ein Treffen wird für eine Woche später verabredet.]

Die zweite Sitzung

Den größten Teil der Sitzung bin ich mit Rico zusammen, wobei die Mutter ganz am Ende ein paar Minuten dazu kommt.

Frage: Wie wird in diesem Abschnitt des Interviews mit den Fragen umgegangen, daß Rico auf Drogen untersucht wird und daß er den Eltern Geld entwendet hat?

Therapeut:	Wie ist es dir in der letzten Zeit ergangen?
Rico:	Gut.
Therapeut:	Hat es in dieser Woche Situationen gegeben, wo du in Versuchung warst [Drogen zu nehmen]?
Rico:	Nein.
Therapeut:	Warst du manchmal gelangweilt?
Rico:	Ja. Aber nicht in Versuchung.
Therapeut:	Hat dich das überrascht?
Rico:	Ja. Denn gestern habe ich einen Film gesehen, einen spanischen Film. Und da haben Jugendliche Grass geraucht. Und ich habe gelacht und über sie gemotzt.
Therapeut:	Ja.
Rico:	Es hat mich schockiert. Ich dachte, ich würde ein Verlangen spüren, aber das passierte nicht. Ich dachte: „Das ist dumm. Mach` das nicht." Ich denke, ich komme gut mit meiner Situation zurecht. Der Film macht sie interessant [die Drogenszene] ... Es ist ein starker Film. Man sieht das Zeug richtig, und die sniffen es.
Therapeut:	Es war also genau vor deinen Augen.
Rico:	Ich habe nur gelacht.
Therapeut:	Du konntest einen Schritt zurück treten. Du hast dich nicht als Teil des Films gefühlt. [Ich betone Ricos Fähigkeit, die richtige Perspektive und Distanz zu wahren.]

Rico:	Ich fühlte mich nicht als Teil davon. Es war dumm. Ich habe gelacht.
Therapeut:	Bist du irgendeinem dieser Jugendlichen [die Drogen nehmen] begegnet?
Rico:	Gestern. Einem von denen, die früher gedealt haben, ich habe ihn gestern gesehen. Ich habe irgend so was gesagt wie: „Wie geht´s" ... und bin weggegangen.
Therapeut:	Sie lassen dich in Ruhe.
Rico:	So allmählich lassen sie mich in Ruhe. Früher haben sie angerufen, und wir sind dann zusammengekommen und haben einfach geklönt, waren einfach locker, haben ferngesehen, und plötzlich haben sie gesagt: „Wir kommen gleich wieder" und dann haben sie so Zeug mitgebracht ... Coke oder so was.
Therapeut:	Jetzt bringst dich einfach nicht mehr in solche Situation.
Rico:	Nein. Wie ich gesagt habe, ich lebe von einem Tag zum anderen ... Ich erzähle den Leuten, ich mache ein Programm mit und mein Blut wird überprüft. Ich versuche, sauber zu werden. Ein Freund von mir aus Puerto Rico hat mir gesagt, sobald sie 'rausfinden, daß man Drogen nimmt, ist dein Respekt einfach weg. Das hat mir wirklich wehgetan. Mir ist aufgefallen, wie einige Leute, die wußten, daß ich Drogen nehme, sich richtig an mir ausgelassen haben, mich „Vollidiot" und so was genannt haben. Ich habe nicht 'mal „Freebase" genommen [gereinigtes Kokain geraucht].
Therapeut:	Du verlierst also den Respekt in der Gemeinschaft [wenn du Drogen nimmst].

[Eine neue (bevorzugte) Geschichte kommt zum Vorschein, die auf Ricos Wunsch basiert, Respekt in seiner Gemeinschaft zu gewinnen. An dieser Stelle des Interviews wäre es nützlich gewesen, wenn ich diese neue Geschichte aufgegriffen und ihn aufgefordert hätte, über seine zukünftigen Hoffnungen und Ziele zu sprechen – dabei hätte ich Möglichkeiten, sein Leben auf neue Art und Weise zu definieren, betonen können.]

Rico:	Ja.
Therapeut:	Würde es dir helfen, von Zeit zu Zeit einen Urintest zu machen?
Rico:	Ja. Das wäre gut. Das würde beweisen, daß ich es schaffe.
Therapeut:	Gut. Ich vertraue deinen Worten, daß du jetzt diese Schritte unternimmst, es liegt also an dir. Wenn du meinst, es würde dir helfen zu wissen, du mußt kommen und dich überprüfen lassen ... das können wir arrangieren.
Rico:	Ja.

Therapeut:	Okay.
Rico:	Meine Eltern haben gesagt, es ist schwerer für sie, wieder Vertrauen in mich zu haben.
Therapeut:	Das würde ihnen also helfen, Vertrauen aufzubauen, wenn sie Testergebnisse sehen.
Rico:	Das fände ich schön.

[Um Ricos Plan für eine drogenfreie Zukunft noch weiter zu verfestigen, bitte ich ihn, mir zu erzählen, welchen Rat er einem Freund geben würde, der daran denkt, sich auf Drogen einzulassen.]

Therapeut:	Wenn du einen Freund hättest, der anfängt, Drogen zu nehmen, was würdest du ihm sagen? Welchen Rat würdest du geben?
Rico:	Ich habe das bei einigen Leuten gemacht. Ich würde ihnen alle Einzelheiten, die dazu gehören, erzählen. Man bekommt ein gewisses Verlangen und dann fünf Minuten später, will man mehr. Man findet was oder macht sich an jemanden ran, um es zu kriegen. So weit hatte ich mich immer unter Kontrolle. Ich habe nie jemanden verletzt. Ich erzähle ihnen also alles, was mit dazu gehört, und dann sagen sie: „Es macht einen zum Süchtigen, man will immer mehr." Und ich sage: „Ja, Mann ... es ist richtig schlecht für dich. Mach` das bloß nicht."
Therapeut:	Welche anderen Schritte, meinst du, mußt du unternehmen? Welche anderen Versuchungen könnten auftauchen?
Rico:	Parties. Wenn ich auf eine Party gehe – so oft gehe ich nicht. Mein Vater läßt mich nicht. Er weiß, was für Typen da sind. Wenn ich zu einer Party gehe, ist da immer eine Gruppe von Leuten, die Hasch rauchen. Die Hälfte der Leute im Raum gehen wahrscheinlich 'raus. Hoffentlich komme ich da durch.
Therapeut:	Die Hälfte der Gruppe geht 'raus. Was meinst du damit?
Rico:	Alle Jungs gehen wahrscheinlich 'raus und rauchen Grass. Sie gehen einer nach dem anderen 'raus, aber man weiß, was los ist.
Therapeut:	Und es bleibt eine Gruppe im Haus, die das nicht macht.
Rico:	Ja.
Therapeut:	Was würdest du machen?
Rico:	Ich glaube, ich kann damit umgehen.
Therapeut:	Es klingt, als ob du bei dir selbst und bei den anderen Respekt erntest, wenn du dich von Drogen fernhältst ... Haben deine Eltern dich aufgefordert, etwas von dem Geld zurückzuzahlen [das du genommen hast]?
Rico:	Nein. Aber ich möchte es. Ich fühle mich schlecht. Ich möchte ihnen jeden Cent zurückzahlen, den ich genommen habe.

Therapeut:	Das kannst du jetzt vielleicht nicht, aber zu einem späteren Zeitpunkt, wenn du arbeitest, kannst du es.
Rico:	Ich habe deswegen ein richtig schlechtes Gefühl. Ich gebe dem Zeug [den Drogen] die Schuld daran.
Therapeut:	Das [die Drogen] kann dich richtig 'reinziehen, Dinge zu machen, die du nicht tun willst.
Rico:	Meine Eltern möchten einfach, daß ich clean werde und gut in der Schule bin, aber damit bin ich nicht zufrieden.
Therapeut:	Es wird schön sein, wenn du in der Lage bist, ihnen das Geld zurückzugeben, zusätzlich dazu, clean zu sein.

[Ich entschuldige mich, gehe ins Wartezimmer und bitte die Mutter, zu uns zu kommen.]

Therapeut:	Rico macht es weiterhin gut, und es hat wirklich viel Energie und Mühe seinerseits gekostet. Wir haben früher darüber gesprochen, wie wichtig es für Sie und Ihren Mann ist, gut aufzupassen.
Mutter:	Ich wache immer noch mitten in der Nacht auf und sehe nach [ob Rico in seinem Bett ist.]
Therapeut:	Das ist gut.
Mutter:	Ich beobachte ihn sehr genau.

[Ich ermuntere die Mutter, weiterhin sehr wachsam bei Rico zu sein, und wir sprechen über Ricos Wunsch, in regelmäßigen Abständen zum Urintest zu gehen, damit er seinen Fortschritt dokumentieren und ein Vertrauensverhältnis zu seinen Eltern aufbauen kann. Ein weiteres Treffen wird in zwölf Tagen verabredet, um Ricos Fortschritt weiter zu verfolgen.]

Die dritte Sitzung

Therapeut	[zu Rico]: Wie ist es dir ergangen?
Rico:	Prima.
Mutter:	Prima. Ja. Ganz toll. [Sie klopft Rico auf die Schulter.]
Therapeut:	Erzähl mir von Situationen, die sich ergeben haben, wo du einen Weg finden mußtest, mit ihnen fertig zu werden.
Rico:	Vor ein paar Tagen – ich habe meinem Vater davon erzählt – ist eine Freundin von mir zu einer Party gegangen und sie brauchte jemanden zum Babysitten. Zwei andere Jungen haben gesagt, sie würden das machen. Und ich habe gesagt, ja [ich leiste ihnen Gesellschaft]. Später haben sie gesagt, sie würden sich Grass holen. Ich habe gesagt: „Warum macht ihr das?" Sie haben gesagt: „Es ist Wochenende, warum nicht?" Dann hat sie mich

	eingeladen, und ich habe gesagt: „Oh, nein, ich will nicht kommen ... die wollen Hasch rauchen, und ich nehme an einem Programm teil." Und sie hat gesagt: „Das ist in Ordnung." Sobald ich nach Hause gekommen bin, habe ich meinem Vater davon erzählt.
Therapeut:	Sind noch andere Situationen aufgetaucht?
Rico:	Nein. Das war das einzige Mal, wo ich nahe dran war. Ich habe meinem Vater gesagt, ich hätte auch gehen und schnell wiederkommen können. Aber ich bin weggegangen. Und am nächsten Tag habe ich sie [die Jungen] wieder gesehen, und sie haben mir gesagt, sie haben sich richtig abgefüllt. Und ich habe gesagt: „Gut für euch."
Therapeut:	Du konntest dir das also anhören ...
Rico:	Ich habe zugehört, aber es hat mir nichts ausgemacht.
Therapeut:	Das ist wunderbar. Das ist wirklich nicht leicht.

Nachfolgeuntersuchung

Ein weiterer Termin wurde mit Rico und seinen Eltern verabredet. Ich bekam jedoch kurz vor der Sitzung einen Anruf von Ricos Vater, in dem er mir erzählte, seine Versicherung sei jetzt eine andere und sie könnten jetzt nicht mehr zu mir kommen. Der Vater bat mich, ihm andere Anbieter zu empfehlen, die ihre neue Versicherung akzeptieren und bei denen sie mit der Therapie weitermachen könnten. Ein Anruf drei Monate nach unserem letzten Treffen zeigte, daß Rico weiter drogenfrei geblieben war, obwohl die Familie nicht mit einem neuen Therapeuten Kontakt aufgenommen hatte. Rico sah sich nun bei „mindestens 9", und seine Eltern erzählten, sie seien stolz auf seinen Erfolg. Rico hatte Verbindung zu einer kirchlichen Jugendgruppe aufgenommen und war mit einer jungen Frau befreundet, die ihn darin unterstützte, keine Drogen zu nehmen. Ungefähr ein Jahr später traf ich die Familie zufällig in einem Restaurant. Sie sagten mir alle sehr herzlich guten Tag, und der Vater berichtete mir, seine Söhne machten sich beide sehr gut.

Sehr interessant ist hier, daß die Familie nach unseren ersten drei Sitzungen die Therapie nie wieder aufnahm, die stattgefundenen Treffen aber ausgereicht hatten, um den Ball in eine positive Richtung ins Rollen zu bringen. Hätte ich die Gelegenheit gehabt, sie weiterhin zu sehen, dann hätte ich sicherlich noch mehrere zusätzliche Treffen angesetzt. Wie wir jedoch gesehen haben, hätte ich damit die Therapie unnötig über das hinaus verlängert, was tatsächlich notwendig war.

Eine praktische Übung

Denken Sie über Möglichkeiten nach, phantasievoll Skalierungsfragen in ihre Arbeit einzufügen. Für welche Situationen wäre dies besonders nützlich? Wie könnten Sie diese Ideen bei Ihrer Arbeit mit Kindern anwenden? Experimentieren Sie in Ihrer nächsten Sitzung mit Skalierungsfragen und sehen Sie, wie sie funktionieren.

Schlüsselideen dieses Kapitel

- Arbeit mit Kindern, Jugendlichen und ihren Familien kann sowohl eine Herausforderung darstellen, wie auch Spaß machen, da sie der TherapeutIn die Gelegenheit bietet, ihre Kreativität und Phantasie zu üben.

- Stimmt man den Gesprächsrhythmus und -stil auf den der Familie ab, erleichtert man sich dadurch die Verbindung zu ihr.

- Bei zeiteffektiver Therapie mit Familien muß man sich auf das konzentrieren, „was funktioniert". Man unterstellt Eltern und Kindern gute Absichten und unter den gegebenen Umständen ihr Bestes zu tun.

- Kompetenzorientierte TherapeutInnen sind KonsultantInnen, die Eltern als Ressource für das Kind oder den Jugendlichen nutzen (utilisieren). Die Rolle der TherapeutInnen besteht nicht darin, die Elternfunktion zu übernehmen bzw. die Erfahrung der Kinder mit ihren Eltern zu wiederholen, sondern sie besteht ausschließlich darin, die Ressourcen in der Familie zu erschließen, die sie aus Mustern (Geschichten) befreit, die ihre Nützlichkeit verloren haben.

- Briefe können ein wirkungsvolles Medium sein, um in der Sitzung erörterte Ideen zu konkretisieren und somit den Familien etwas in die Hand zu geben, worauf sie sich außerhalb der Therapie beziehen können.

- Macht man gegen Ende der Sitzung eine Pause, um seine Gedanken zu sammeln, so öffnet man sich damit die Tür zu phantasievollen Ideen und hilfreichem Feedback.

- Zertifikate, Diplome und Urkunden können ein besonders nützliches Mittel sein, um Veränderung zu erkennen, zu bestätigen und zu feiern.

- Skalierungsfragen bieten eine Möglichkeit, über Veränderung zu sprechen, die sowohl von Erwachsenen wie auch von Kindern leicht verstanden wird. Diese Fragen lassen sich bei den unterschiedlichsten KlientInnen in vielfältiger Form anwenden.

- Achtet man aufmerksam auf jede Erwähnung von Veränderung oder Verbesserung und erörtert dann diese Veränderungen eingehend, so führt dies eher zu einer produktiveren und zeiteffizienten Therapie, als wenn man sich in die Einzelheiten vergangener Probleme vertieft.

- Je nach unserer Sichtweise können wir uns entweder vom Strudel der Komplexitäten und Probleme hinunter ziehen lassen oder wir finden Einfachheit, indem wir uns auf die Stärken und Erfolge der Menschen konzentrieren, die wir vor uns haben.

- Familien sind erfindungsreich; manchmal reicht eine minimale therapeutische Intervention, um Bewegung in eine positive Richtung auszulösen.

Kapitel 8
Kooperative Praxis praktisch, III:
Konversationen verändern

[Das Paar] kommt in den Raum,
um sein Unglück darzulegen.
Ich schicke sie fort,
um ihr Glück aufzubauen.

– Milton H. ERICKSON

„[Stellen Sie sich vor, Sie tun] einen kleinen Tropfen rote Tinte in einen Becher mit Wasser ... Sie haben dann nicht einen Becher mit Wasser plus einem kleinen Tropfen rote Tinte. Das ganze Wasser verfärbt sich" (POSTMAN, 1976, S.234). Wörter und Beschreibungen sind wie dieser Tropfen rote Tinte; sie haben die Macht, unser Denken zu durchdringen und unsere Perspektive zu färben. Genauso können unsere Konversationen mit Paaren dazu dienen, Optionen zu öffnen, einen Kontext der Möglichkeiten zu schaffen, eine Vielzahl unterschiedlicher Sichtweisen und Ideen zu erzeugen, die jeden Partner auf positive und hoffnungsvolle Weise mit dem anderen in Verbindung bringen. Indem zeiteffektive TherapeutInnen eine kompetenzorientierte Sichtweise einnehmen, erzeugen sie Hoffnung. Innerhalb dieses Rahmens werden die PartnerInnen als die Hauptbaumeister ihrer Beziehung anerkannt.

TherapeutInnen sind in der einzigartigen Lage, Konversationen zu gestalten, die auf den Ressourcen der KlientInnen aufbauen, ihre Erfolge ausdehnen und ihre Stärken in einer Weise einsetzen, die Hoffnung auf Veränderung entstehen läßt. Diese Hoffnung begünstigt dann ein Gefühl von „Empowerment" und von persönlichen Mitteln und Möglichkeiten (FRIEDMAN & FANGER, 1991). An jedem Zeitpunkt einer therapeutischen Sitzung kann die KlinikerIn vor der Frage stehen, welche Richtung im Interview eingeschlagen werden soll. Je nachdem, für welche Richtung sie sich entscheidet, kann die Konversation TherapeutInnen und KlientInnen in einen Strudel von Problemen und Defiziten hinabziehen oder ein Meer von hoffnungsvollen Ideen und Möglichkeiten erzeugen.

Paartherapie stellt eine besonders komplexe Herausforderung dar. Im Gegensatz zur Arbeit mit einzelnen KlientInnen sind bei Paaren besondere Wendigkeit und Ausgewogenheit gefordert, um sich an den Geschichten jedes Partner anzukoppeln. Bei diesem Prozeß fungiert die TherapeutIn als FörderIn, die die therapeutische Konversation so leitet und strukturiert, daß sie einen Raum öffnet, damit das Paar *seine* Ziele erreichen kann. Die Intensität der Paarbeziehung vergrößert die Wahrscheinlichkeit von sowohl unbeständiger (polarisierter, konfliktreicher) wie auch liebevoller (leidenschaftlicher, emotionaler) Kommunikation. Die TherapeutIn muß mit diesen intensiven emotionalen Prozessen umgehen und sich dabei wohl fühlen können, während sie gleichzeitig einen kollaborativen Kontext schafft, der eine Bewegung in Richtung auf gemeinsam vereinbarte Ziele fördert. Es besteht hier die Möglichkeit, aus der emotionalen Energie in der Beziehung Kapital zu schlagen und konstruktive Ergebnisse zu erzielen.

Dieses Kapitel veranschaulicht die Anwendung eines zeiteffektiven, kompetenzorientierten Rahmens bei Paaren. Um diesen Rahmen ausführlicher darzulegen, werden Auszüge aus einer Reihe von Interviews mit einem Paar vorgestellt, zusammen mit Kommentaren zu den Abläufen (aus FRIEDMAN, 1996). In der hier geschilderten klinischen Situation hatte die Partnerin (Janice) sich anfangs allein mit einer Therapeutin getroffen, weil sie sich „depressiv" fühlte. Als klar wurde, daß ihre „Depression" ein Widerspiegeln des Durcheinanders in ihrer ehelichen Beziehung war, schlug der Therapeut ihr vor, sie solle ihren Mann zu einem Paartreffen mit mir einladen.[1] Vor dem Treffen mit dem Paar wußte ich nur, daß sie in Erwägung zogen, sich nach 39 Jahren Ehe zu trennen.

---

[1] Obwohl die KlientIn als Einzelperson zur Therapie erscheinen kann, ist es für TherapeutInnen nützlich, die Möglichkeit zu überdenken, ob die PartnerIn mit eingeladen werden sollte, um sich diesem Vorgang anzuschließen. Viele „individuelle" Probleme sind verkleidete Beziehungsschwierigkeiten. Manchmal übernimmt die Person, die zur Therapie kommt, die Verantwortung für ein Beziehungsproblem (z.B. „Es ist meine Schuld") oder leidet unter den Auswirkungen eines Beziehungsproblems (z.B. „Ich bin depressiv"). Trifft die TherapeutIn sich allein mit einer KlientIn, unterstützt sie vielleicht ungewollt den Gedanken, das Problem liege bei der KlientIn und nicht im System (FRIEDMAN, 1984). Zwar verweigert die PartnerIn möglicherweise die Teilnahme, doch ist es trotzdem nützlich, in der therapeutischen Konversation diese Möglichkeit offen zu halten. Man sollte jedoch festhalten, daß es in einigen Fällen durchaus möglich ist, eine effektive „Paartherapie" mit nur einer anwesenden PartnerIn durchzuführen (siehe z.B. DE SHAZER & BERG, 1985).

Die erste Sitzung mit dem Paar

Am Beginn gibt es einige Minuten höfliches Geplauder, bei dem es vor allem um die Arbeit der beiden geht. Ich erfahre, daß Janice eine „auf Menschen ausgerichtete" Arbeit hat, während ihr Mann Murray Autoausstattungen entwirft. Dann stelle ich eine recht übliche Eröffnungsfrage, die bestätigt, daß es erstens etwas gibt, was sie von dieser Konsultation erwarten; daß sie zweitens die Mitverantwortung für jede Veränderung, die eintritt, tragen; und daß drittens unsere gemeinsame Arbeit in einer Weise *zielgerichtet* sein muß, die für sie nützlich ist.

Therapeut: Vielleicht können Sie mir ein bißchen darüber erzählen, was Sie sich von Ihrem Besuch hier erhoffen; in welcher Weise könnte unsere Konversation nützlich für sie sein?

Janice: Vor etwa einem Monat war unsere Ehe fast am Ende, und ich verlangte die Trennung. Es wurde eine sehr getrennte Angelegenheit, mit wenig Gemeinsamkeiten und einem Unterton, der einfach nicht gut war. Ich hatte das Gefühl, es gab überhaupt keine Hoffnung mehr. Nach drei Tagen kam er zu mir und sagte: „Ich mach` alles, um diese Ehe zu retten." Während dieser drei Tage empfand ich viel Trauer und Kummer, was ich eigentlich nicht erwartet hatte. Nach all diesen Jahren hatte ich schließlich eine Entscheidung getroffen und ich war sehr überrascht, wie traurig ich war. Ich habe acht oder neun Jahre darüber nachgedacht [über die Entscheidung zur Trennung]. Ich hatte ein gutes Gefühl bei der Entscheidung, aber ich war überrascht über meine Traurigkeit. Als er zurückkam, war er damit einverstanden, zur Eheberatung zu gehen, und ich hoffe für mich selbst, daß wir hier bessere Kommunikationsfähigkeiten erwerben und auch die Fähigkeit zuzuhören, damit wir dies [die Beziehung] wieder kitten können, denn der Versuch lohnt sich.

Therapeut: Es war also vor einem Monat, als Sie die Entscheidung getroffen haben, sich zu trennen?

Janice: Etwa vor einem Monat erreichte dies alles seinen Höhepunkt.

[Meine Antennen sind immer auf jede Art Erwähnung von Unterschied oder Veränderung eingestellt. Ich bin besonders neugierig auf Bemerkungen, die auf „Ausnahmen" in dem vergangenen problemgesättigten Bild der Beziehung hinweisen.]

Therapeut: Und in dem vergangenen Monat, seit Sie beschlossen haben, nicht weiter in Richtung einer Trennung zu gehen ... und Sie, wie ich vermute, die Entscheidung getroffen haben, zur Aussöhnung beizutragen, was hat sich in diesen paar Wochen verbessert?

Janice:	Alles ... alles. Ich glaube, wir haben beide sehr, sehr hart daran gearbeitet, daß es funktioniert. Mehr Sensibilität ... mehr: „Wie war dein Tag heute?" Eine bessere Qualität in der ganzen Ehe.

[Ich betone, wie wichtig diese Veränderungen sind, und beginne dann mit dem Paar eine Konversation, in der ich Skalierungsfragen stelle.[2]]

Therapeut:	Diese Veränderungen, die Sie bereits vorgenommen haben, sind sehr wichtig. Sagen Sie, an dem Punkt, als Sie sagten: „So funktioniert das nicht", wo würden Sie sich da einordnen, wenn Sie sich eine Skala von 0 bis 10 ansehen würden, und 10 bedeutet die größte Zuversicht, daß die Beziehung funktionieren wird und die Ehe weitergeht, und 0 bedeutet keine Zuversicht.
Janice:	Null.
Therapeut:	Sie waren also bei Null. Und wie war es bei Ihnen [zu Murray]?
Murray:	Ich wußte nicht, daß es so schlimm war ... daß es Janice so weh getan hat, was ich getan habe. Denn ich bin einfach fröhlich meinen Weg gegangen. Ich könnte das am besten als sehr egozentrisch bezeichnen. Ich bin ein passiv-aggressiver Mensch.

[Murray hat sich hier in einer „totalisierenden" Weise beschrieben. Da mein Interesse und meine Neugier sich eher auf Kompetenzen statt auf wahrgenommene Defizite richten, lenke ich die Konversation um, indem ich so tue, als ob ich ihn nicht verstanden hätte.]

Therapeut:	Ich bin nicht sicher, was das bedeutet, aber reden Sie weiter.
Murray:	Und, wie ich gesagt habe, ich dachte nicht, daß es so schlimm ist. Aber da war ein gewisser Unterton, den ich heraushören konnte.
Therapeut:	Wo hätten Sie sich also zu diesem Zeitpunkt auf der Skala eingeordnet, bevor Janice zu Ihnen kam? Wo würden Sie auf dieser Skala sein, was Zuversicht und gutes Gefühl hinsichtlich Ihrer Ehe anlangt?
Murray:	Vermutlich bei „7".
Therapeut:	Sie fühlten sich also ziemlich okay und haben in gewisser Weise in Ihrer eigenen Welt gelebt.
Murray:	Das ist richtig.

---

[2]) Skalierungsfragen können ein besonders gutes Mittel sein, um bei beiden PartnerInnen festzustellen, mit welchem Engagement und mit wieviel Energie er oder sie an der Beziehung arbeiten will. Da in diesem Beispiel das Engagement beider für ihre Beziehung offensichtlich war, habe ich hier diese Richtung nicht eingeschlagen.

Therapeut:	Und dann, als Janice Ihnen gesagt hat, daß sie diese Entscheidung getroffen hat, wo waren Sie da?
Murray:	Da bin ich wahrscheinlich zur „0" `runtergesackt.
Therapeut:	Da sind Sie also sehr rasch gefallen.
Murray:	Ja. Janice hat gesagt: „Laß` uns spazieren gehen. Ich möchte mit dir reden." Und das haben wir gemacht, und sie hat gesagt, sie glaube nicht, daß unsere Ehe funktioniert, und sie würde sie lieber beenden. Und an dem Punkt habe ich gesagt: „Na gut, wenn du das so willst." Ich war praktisch jeden Abend aus und hatte mich in vielem zurückgezogen, um die Ehe zu erhalten. [Murray spricht über sein Engagement bei vielen Organisationen und darüber, wie er Janice „ignoriert" hat.]
Therapeut:	Als Sie [Murray] bei „7" waren, da sind Sie Ihren Weg gegangen ...
Murray:	... in meiner eigenen egozentrischen Weise.
Therapeut:	Wie war das, als Sie von Janice hörten, daß sie bereit war, die Beziehung zu beenden?

[Wieder beschreibt Murray sich in negativer Weise. Als Therapeut sehe ich wenig Nutzen darin, diese Selbstbeschreibungen, die auf Defizite oder Begrenzungen hinweisen, weiter zu untersuchen; ich lenke die Konversation weiter in eine positive Richtung.]

Murray:	Es war niederschmetternd. Ich weiß, ich war kein sehr einfacher Mensch, mit dem sich leben ließ ... Ich bin ehemaliger Alkoholiker, und ich bin ein Mensch, der alles unter Kontrolle haben muß. Wenn Janice zum Beispiel die Vordertür abschließt, muß ich das nachprüfen oder sie fragen, ob sie abgeschlossen hat.
Therapeut:	Sie sind also ein wachsamer Mensch, der auf viele Dinge achtet, was von anderen natürlich als Einmischung empfunden werden kann. Was würden Sie sagen, wo Sie jetzt sind hinsichtlich Ihrer Zuversicht in diese Beziehung ... zu diesem Zeitpunkt?
Murray:	Ich bin nicht sicher. Ich würde sagen bei „7". Janice sagte neulich, daß sie das Gefühl hat, es wird viel besser. Ich hatte nicht das Gefühl, so viel mehr versucht zu haben, es gut zu machen. Offensichtlich kommt da was von irgendwo her, das mich besser handeln läßt ... wodurch ich mich besser verhalte. Um ehrlich zu sein, das ist mir nicht hundertprozentig bewußt.
Therapeut:	Aber Sie fühlen sich wieder bei „7" in bezug auf Ihre Zuversicht, daß es noch was werden kann.
Murray:	Ja. Ich denke schon.
Therapeut:	Und wo sind Sie [Janice] jetzt auf dieser Skala?

Janice: Wahrscheinlich bei der „7".

Therapeut: Gut. Das ist also ein großer Sprung, von „0" zur „7" in relativ kurzer Zeit.

Murray: Ja.

Statt den Therapeuten als jemanden zu sehen, der ein privilegiertes Wissen darüber hat, wie man Veränderung bewirkt, ist es hilfreicher, unsere KlientInnen als die ExpertInnen zu betrachten. Therapie wird eher zu einem Prozeß der Zusammenarbeit, wenn wir ein Gefühl der Neugier und Wißbegier in bezug auf das Leben und die Beziehungen unserer KlientInnen entwickeln und pflegen (ANDERSON & GOOLISHIAN, 1988, 1992). In den folgenden Abschnitten bitte ich einfach beide Partner, mir Einzelheiten über die Schritte zu berichten, die sie unternommen haben, um die Beziehung zu verbessern. Da *Veränderung sich ständig vollzieht**, fokussiere ich auf diese Einzelheiten, um die Idee, daß Änderungen tatsächlich schon geschehen, zu verfestigen. Die Gelegenheit, diese Einzelheiten zu erläutern, läßt bis dahin nicht ausgedrückte „Auffälligkeiten" hervortreten und begründet ein Gefühl der Hoffnung.

Therapeut: Was ich gern von jedem von Ihnen hören würde, ist, was Ihnen aufgefallen ist (und es klingt, als ob Ihnen [Janice] in der letzten Zeit eine Reihe von Veränderungen aufgefallen sind) ... welches sind diese ganz kleinen Dinge, die Ihnen geholfen haben, Ihre Zuversicht von „0" auf „7" zu erhöhen?

Janice: Kleine Briefchen auf Aufklebern, die ich am Morgen vorfand ... kleine Liebesgrüße ... ein Anruf am Tag, um Hallo zu sagen und mich an Dinge zu erinnern, die er noch zu tun hatte, wo er früher einfach nach Hause kam und gleich wieder wegging ... ohne irgendeine Mitteilung. Sehr viel Kommunikation jetzt ... über seine Pläne. Ein gemeinsamer Spaziergang in Ruhe und Frieden, mit schönem Gespräch. Mehr Erkenntnis, daß einiges von diesen Dingen mich körperlich beeinträchtigt. Mein Blutdruck war in jenen Wochen hochgeschnellt. Jetzt sagt er: „Laß uns mal deinen Blutdruck messen ... ein Spaziergang wird dir gut tun" ... Aufmerksamkeit. Vielleicht ins Kino gehen, einen Film sehen, den ich sehen wollte ... das hat er gemacht, und es hat ihm überraschenderweise Spaß gemacht. Und wir haben uns schön über das Ende unterhalten, über die Gefühle der Leute und all diese Dinge geredet, was wir sonst nicht machen. Unsere Enkelin war

---

*) **Anm.d.Hrsg.:** Steve DE SHAZER und Insoo Kim BERG weisen immer wieder auf eben diesen Aspekt hin: *Change is a constant process – stability is an illusion.*

fünf Tage zu Besuch, und Murray hat sich zwei Tage frei genommen, was ganz ungewöhnlich ist. Ich mußte an einem der Tage arbeiten, und er hat gesagt, das macht nichts, denn „ich werde da sein". Ich habe eine Verbindung zwischen ihnen gesehen, die ich vorher nie bemerkt habe. Er hat richtiges Einfühlungsvermögen gezeigt .... Auch ein bißchen mehr Großzügigkeit mit Geld. Das war immer ein Streitpunkt zwischen uns. Viel freier und großzüger mit Geld. Das scheint eine völlige Kehrtwendung, was ich sehr positiv empfinde.

Therapeut: Ihnen sind sehr viele Dinge aufgefallen. Und Sie [Murray] sagen, Sie haben nicht bewußt versucht, das so zu machen.

Murray: Um ehrlich zu sein, ich kann nicht mit dem Finger darauf zeigen. Ich habe das unbewußt gemacht, und vielleicht war es besser, daß ich nicht bewußt allzusehr versucht habe, ihr zu gefallen. Aber das ganze erreichte seinen Höhepunkt im letzten April, als ich Janice ins Krankenhaus bringen sollte zu einem Test und ich noch drei andere Dinge in meinem Kalender hatte, und unglücklicherweise stand sie an letzter Stelle. Ich bat sie, ein Taxi zu nehmen und das war die Sache, die das ganze ins Rollen gebracht hat.

[Der Therapeut konzentriert sich auf die Einzelheiten, die jedem Partner aufgefallen sind und die den Gedanken, daß eine Veränderung stattfindet, weiter verstärken.]

Therapeut: Es interessiert mich, von Ihnen [Murray] zu hören, welche Veränderungen Ihnen in den letzten Wochen aufgefallen sind.

Murray: Also, Janice scheint dankbarer für jede Kleinigkeit, die ich mache. Ich hatte die kleinen Briefchen vergessen, die ich auf den Tisch lege. Aber ich habe darauf gewartet, hierher zu kommen, um mit dem Prozeß richtig anzufangen. Ich habe nicht das Gefühl, schon angefangen zu haben.

Therapeut: Mir scheint doch, als hätten Sie schon mit dem Prozeß angefangen. Sehr oft fangen Leute schon damit an, bevor sie hierher kommen, und darum bin ich so an den Schritten interessiert, die Sie bereits unternommen haben, auf denen man aufbauen kann und die man ausweiten kann, um diese Veränderungen zu fördern.

Janice: Vor dem letzten Monat ... nach irgend so einer Auseinandersetzung ... da gab es immer mehrere Tage mit Beschwichtigungsversuchen. Aber was jetzt in der letzten Zeit passiert, ist für mich keine Beschwichtigung. Das ist etwas anderes. Aber es ist völlig anders als das übliche Muster von Beschwichtigung und Herablassung.

Therapeut	[konzentriert sich weiter auf jede Erwähnung von Unterschieden, um so Veränderung in positive Richtung auszuweiten]: In welcher Weise ist das anders?
Janice:	Also, ich weiß nicht richtig, wie ich das anders erklären soll, als daß die Beschwichtigung sehr durchsichtig war. „Laß` mich dies für dich machen, laß` mich das für dich machen." Dies hier [das gegenwärtige Verhalten] war viel sensibler und ruhiger. Da war nicht so viel Besorgnis ... es floß irgendwie.
Therapeut:	Es fühlte sich also ruhiger an, fließender ...
Janice:	Und natürlicher. Es war nicht aufgesetzt.
Murray:	Das habe ich, glaube ich, gemeint, als ich sagte, es war nicht ein bewußtes Bemühen meinerseits.
Therapeut:	Die Sensibilität ist ganz natürlich geflossen.
Murray:	Mein Ziel ist, Janice glücklich zu machen und zu sehen, wie unsere Beziehung besser wird, als sie in der Vergangenheit war.
Therapeut:	Mir scheint, Sie sind von Janice wachgerüttelt worden, als sie sagte: „Das war´s, die Ehe ist zu Ende". Und Sie haben reagiert ... Ich möchte noch einmal auf das zurückkommen, worüber wir vor ein paar Minuten besprochen haben, die Veränderungen, die Sie während dieser letzten Wochen an sich selbst festgestellt haben, an Janice und an Ihnen beiden.
Murray:	Wenn ich sie umarme, macht sie sich nicht mehr so steif.
Therapeut:	Okay, sie geht also mehr darauf ein.
Murray:	Ich fühle mich wohler mit ihr im Bett. Ich fühle mich willkommener.
Therapeut:	Noch andere Dinge, die Ihnen aufgefallen sind?
Murray:	Einfach, daß Janice sagt, daß ich es besser mache ... Spricht sie von derselben Person, die ich bin? Ich habe mir gar nicht so viel Mühe gegeben. Ich vermute, ich habe nicht das übliche Beschwichtigungsgehabe an den Tag gelegt.
Therapeut:	Es klingt, als ob Sie jetzt etwas anders machen, was für Sie eine Überraschung ist. Es ist anders, als wie Sie sonst mit Janice umgegangen sind.
Murray:	Ja. Ich verhalte mich wie eine wirkliche Person.
Therapeut:	Sie bauen keine Fassade auf.
Murray:	Richtig.
Therapeut:	Es fühlt sich authentischer an.
Murray:	Ja. [Murray schildert auch, daß er weniger Aktivitäten außerhalb des Hauses hat. Und sie sind ein paar Mal zusammen essen gegangen und hatten viel Spaß.]

[Da der Therapeut die Wünsche des Paares ernst nimmt und seine Aufmerksamkeit auf die Veränderungen richtet, die sie sich wünschen, kann er das Paar in eine respektvolle und kooperative Konversation hineinziehen. Dies ist eine *anliegen-orientierte Therapie*, bei der die Priorität in dem von der KlientIn bevorzugten Ergebnis liegt. *Der Erfolg wird an der Zufriedenheit der KlientIn mit den erreichten Ergebnissen gemessen.*]

Therapeut: Was muß jetzt geschehen? Sie haben sehr viele wichtige Schritte beschrieben, die Sie beide unternommen haben, um die Beziehung innerhalb einer relativ kurzen Zeit zu verbessern, und dadurch ist in Ihnen beiden das Vertrauen in die Möglichkeiten der Beziehung gewachsen.

Murray: Janice ist diejenige, die auf diese Konsultation gedrängt hat, und ich bin sicher, sie hat gewisse Vorstellungen zu dieser Situation.

Therapeut: Worüber möchten Sie gern, daß sie spricht?

Murray: Über den Grund, warum wir hierher gekommen sind ... warum wir Hilfe brauchen.

Janice: Ich glaube, wir müssen beide besser zuhören lernen, mehr miteinander kommunizieren, bevor sich etwas zuspitzt. Bei mir staut sich alles an, und dann explodiere ich. Ich möchte gern herausfinden, wie ich weniger explosiv sein könnte.

Murray: Ich würde sagen, normalerweise explodiert Janice nicht. Sie spricht über Sachen und ich fühle mich ihr dann nicht gewachsen, wenn ich mit ihr rede. Um mich zu verteidigen, mach' ich mir dann mit Ärger Luft. Ich fühle sehr schnell den Ärger in mir hochkommen. Wahrscheinlich schon immer im Leben viel zu schnell. Innerhalb von zwei Sätzen kann ich Streit haben. Ich denke, es mangelt mir an Fähigkeit zu reden. Oder ich fühle selbstgerechte Wut – „Wie kann sie es wagen, sich in mein Ausgehen einzumischen!" Ganz gleich, was sie gesagt hat, ich habe ihr das Leben schwer gemacht. Es gehört viel dazu, Janice in Rage zu bringen.

Therapeut: Hat es in diesen letzten Wochen kritische Situationen gegeben, die aufgrund Ihrer Kommunikation zustande gekommen sind?

Janice: In vier Wochen hat es nur eine solche Situation gegeben. [Wir diskutieren über diese Situation, die, wie sich herausstellt, nur auf einem recht unerheblichen Mißverständnis beruhte.]

...

Murray: Wir haben nie eine gehaltvolle Auseinandersetzung. Für mich ist Janice meine schlimmste Gegnerin, und ich höre auf, zuzuhören und reagiere wütend.

| Therapeut: | Obwohl Sie wissen, daß man sich mit jemandem streiten kann und trotzdem Freunde bleiben kann. Das wäre vermutlich ein gutes Zeichen, wenn Sie [Murray] sich streiten könnten und trotzdem Freunde bleiben könnten, statt sich wie Feinde zu fühlen. Ich wollte noch einmal auf die Skala zurückkommen. Wenn Sie jetzt bei der „7" in der Zuversichtlichkeit bezüglich Ihrer Beziehung sind, was müßte geschehen, damit Sie sich bei „8" fühlen; was würde Sie ein kleines Stückchen von Ihrem jetzigen Punkt aus weiter bringen? Wovon müßten Sie mehr erleben, damit Ihre Zuversichtlichkeit noch mehr wächst? |

Im folgenden Abschnitt stellt Murray sich als denjenigen dar, der sich am meisten ändern muß. Ich akzeptiere zwar nicht seine Geschichte, in der er die „Ursache" des Problems ist, aber ich akzeptiere doch seine Bereitschaft, etwas zu unternehmen, um die Dinge zu verbessern. Nach dem Veränderungsmodell von PROCHASKA und DICLEMENTE (PROCHASKA, DICLEMENTE & NORCROSS, 1992), scheint Murray in dem Stadium der „Handlungsvorbereitung" zu sein. Er kann auch als „Kunde" (BERG, 1989) betrachtet werden. Mein Ziel liegt auch hier wieder darin, Optimismus bezüglich einer Veränderung hervorzurufen, und ich mache das, indem ich eine hoffnungsvolle, zukunftsorientierte Haltung einnehme. Da Veränderung unvermeidbar und allgegenwärtig ist, kann *Veränderungs-Sprache* gefördert werden, indem man sich auf zukünftige Erwartungen über weitere Veränderungen konzentriert.

Murray:	Der erste Gedanke, der mir in den Sinn kommt, ist, daß ich meine Haltung am meisten von uns beiden ändern muß. Tief in meinem Innersten glaube ich, daß ich der Mensch bin, der die Ursache für die meisten Probleme ist. Also müssen sich sowohl meine Einstellung wie auch meine Handlungsweise ändern.
Therapeut:	Was wäre ein Beispiel für eine Veränderung in Ihrer Einstellung?
Murray:	Wenn ich etwas zu tun habe, dann könnte ich es wenigstens mit ihr gemeinsam im voraus planen und sehen, ob es mit ihren Bedürfnissen und unseren Plänen übereinstimmt. Mehr Verhandlung. Ich muß erwachsen werden und mich nicht so kindisch anstellen ... die Mentalität eines Erwachsenen bekommen. Nicht Spiele spielen und verschiedene Tricks einsetzen, sondern geradeheraus erwachsen sein. Versuchen, meine Gefühle so gut es geht auszudrücken. Ich fühle mich völlig unterlegen, wenn ich versuche, Janice gegenüber meine Gefühle auszudrücken; und dann eskaliert das zu etwas Unangenehmen ... wo ich weiß, ich werde gewinnen.
Therapeut:	Welche Ideen haben Sie in bezug auf kleine Veränderungen, die Ihre Zuversicht für Ihre Beziehung vergrößern würden?

Janice: Ich würde sagen, schöne Zeiten miteinander verbringen. Ich brauche auch mehr Information über unsere finanzielle Lage. Murray geht in ein paar Jahren in Pension, und ich wäre gerne auf dem Laufenden bei unserer finanziellen Planung. Ich hätte gern ein paar Verbesserungen am Haus ... man muß viel Arbeit 'reinstecken. Ich bin glücklich darüber, was er über die Sache mit der Kontrolle gesagt hat. Das würde für mich die „10" ausmachen, glaube ich.

Gegen Ende der Sitzung fasse ich die besprochenen Punkte zusammen und gebe dem Paar Feedback. In diesem Feedback ist ein Kompliment für die Schritte enthalten, die sie bereits unternommen haben, um die Beziehung zu verbessern, außerdem mein Verständnis der Perspektive oder „Geschichte", die beide in dieser Sitzung vorgetragen haben, sowie eine Akzentuierung und Erweiterung der Veränderungen, die erkennbar waren und die meinen Optimismus bezüglich ihrer Fähigkeit, ihre Beziehung weiter zu verbessern, größer werden lassen.

Frage: Wenn Sie sich etwas Übung darin wünschen, eine zusammenfassende Aussage zu erstellen, nehmen Sie sich etwa 10 Minuten Zeit und entwerfen Sie einen Plan, wie Sie Ihre Ideen diesem Paar darlegen würden, indem Sie die hier erwähnten Elemente nutzen.*

Therapeut: Ich bin sehr beeindruckt von den Schritten, die Sie unternommen haben. Es klingt, als ob die Dinge sich in gewisser Weise über eine lange Zeit hin angehäuft haben. Sie sind getrennte Wege gegangen. Sie [Janice] haben immer mehr die Bürde dieser Beziehung empfunden und waren darüber unglücklich. Sie [Murray] haben sich mehr und mehr auf Dinge außerhalb Ihrer Ehe konzentriert und hatten nicht viel Sensibilität und Einfühlung für Janice und Ihre Beziehung. Und schließlich hatte Ihr [Janice] Unglück einen Punkt erreicht, an dem Sie meinten, es wäre das beste, Schluß zu machen ... Und irgendwie hat das auf Sie [Murray] wie ein Wachrütteln gewirkt ... Ihre Ohren öffneten sich ... Sie fingen an, anders zu hören, und haben offensichtlich anders reagiert – nicht in der üblichen Weise: „Sie hat sich aufgeregt, da will ich mal nett zu ihr sein" ... auch nicht in der Art des Alkoholikers: „Ich habe mich schlecht verhalten, jetzt muß ich mich mit ihr aussöhnen und besonders nett sein." Hier ist es anders. Eine andere Seite von Ihnen [Murray] ist in den letzten Wochen zum Vor-

---

*) **Anm.d.Hrsg.**: John WALTER & Jane PELLER (1994) geben eine umfangreiche Anweisung, wie Sie solche Botschaften, die aus drei Teilen besteht, erarbeiten können. Ähnlich umfangreiche Anleitungen finden sich auch bei Peter DE JONG & Insoo Kim BERG (1998)

schein gekommen. Sie [Murray] haben gesagt, es sei fast wie unbewußt geschehen, und jetzt kommt es an die Oberfläche und muß nicht wie früher erzwungen werden ... dieses ganze Besänftigen und so weiter. Da Sie beide in der Lage waren, von ganz unten bis zur „7" zu kommen, bin ich optimistisch, daß Sie auch weiterhin Ihre Situation bewältigen werden. Mir scheint, Sie haben beide ein neues Stadium erreicht, wo Sie eine neue Grundlage schaffen, auf der Sie wieder aufbauen können. Das soll nicht heißen, daß es nicht leicht ist, in alte Muster zurückzufallen. Sie müssen also sehr wachsam sein.

Janice: Ich hatte so große Zweifel, ob dies echt war. Im Geiste habe ich mir gesagt: „Ich werde hier manipuliert." Er war so gut, und dann habe ich den Termin hier abgesagt, und dann war alles wieder beim alten. Ich hatte große Zweifel, ob diese Veränderungen echt waren. Ich habe zu mir gesagt: „Dies ist wie ein guter Traum." Es ist so gut.

Therapeut: Sie rechneten damit, daß es in ein paar Tagen zu Ende sein würde, und das trat nicht ein.

Janice: Ja. Meine Zuversicht war ganz weit oben. Er meint es wirklich. Es ist nicht wieder Heuchelei.

[Da Murray der Kunde für eine Veränderung ist, mache ich ihm mehrere Vorschläge, was er tun könnte, um die Beziehung zu seiner Frau noch weiter zu verbessern. Ich beende das Interview mit einer positiven Note und sage ihnen, daß sie dabei sind, ein neues Kapitel ihrer Beziehung zu schreiben.]

Therapeut: Ich frage mich, ob Sie bereit wären, sich in der Zeit zwischen jetzt und unserem nächsten Treffen hinzusetzen und über einige der Dinge, über die wir hier gesprochen haben und auf die geachtet werden muß, zu sprechen, zum Beispiel über die Finanzen und vielleicht ein gemeinsam geplantes Wochenende. Und daß Sie [Murray] aufpassen müssen, ob das Kind in Ihnen wieder zum Vorschein kommt, und wie Sie aufrichtig zu Janice sein können. Und ich bin sicher, es wird Fragen geben, die auftauchen und die vielleicht eine Auseinandersetzung auslösen. Ich überlege, ob Sie [Murray] sich immer wieder vor Augen halten können, daß Sie sich mit einer Freundin auseinandersetzen ... sie ist keine Feindin oder jemand, die versucht, Ihnen weh zu tun. Sie werden in anderer Weise diskutieren müssen, als Sie es in der Vergangenheit getan haben.

Murray: Ja. Ich werde es versuchen.

Therapeut: Und ich habe den Eindruck, daß auch Janice schon auf neue Art und Weise diskutiert. Sie behauptet sich aktiver. Die Streitgespräche werden also anders sein ... ein Ausdruck Ihrer Unterschiedlichkeit und die Gelegenheit, sich hinzusetzen und einander zuzuhören und ein gegenseitiges Verständnis zu erreichen. Auch hier bin ich beeindruckt von den Schritten, die Sie unternommen haben, und davon, wie Sie es geschafft haben, eine deutliche Wende einzuleiten. Jetzt kommt es darauf an, auf diesen Dingen, die Sie bereits begonnen haben, aufzubauen und ein neues Kapitel Ihrer Beziehung anzufangen. Wenn Sie also daran interessiert sind, können wir einen neuen Termin verabreden.

Murray: Sicher.

Janice: Ja.

Murray: Nach welcher Zeit, zwei Wochen?

Therapeut: Das ist Ihre Entscheidung. Was, meinen Sie, wäre ein guter Zeitabschnitt zwischen jetzt und dem nächsten Treffen?

[Nachdem Murray und Janice sich beraten haben, legen wir den nächsten Termin auf zweieinhalb Wochen später fest.)

Die zweite Sitzung

Therapeut: Wie ist es bei Ihnen beiden gelaufen?

Janice: Anstrengend manchmal, aber ich glaube, wir haben uns beide große Mühe gegeben.

Therapeut: Gut. Sie haben also Ihr Bemühen bemerkt, aber auch einige rauhe Kanten.

Murray: Man gibt sich große Mühe, aber wenn ein Gefühl auftaucht, tritt es sofort in den Vordergrund.

Therapeut: Sie sind empfindsamer und sind sich jetzt im Moment Ihrer selbst und des anderen bewußter?

Murray: Richtig. Aber ich halte immer noch an dem fest, was meiner Meinung nach mir gehört ... damit meine ich das Geld ... die allerletzte Kontrollposition. Es ist schwierig für mich, das nicht zu tun.

Therapeut: Das Muster scheint in diesem Punkt tief zu sitzen.

Murray: Ja.

Therapeut: War das denn ein Grund für Spannungen?

Murray: Nein. Aber mir ist bewußt, daß es das sein könnte.

Janice: Ich habe ihn nach den Finanzen gefragt, um die Küche zu renovieren, und seine Antwort war: „Die Bank". Ich wußte nicht, welche Bank er meinte. Ich bin sicher, gemeinsam können wir den Kredit zurückzahlen, aber er hat sich sehr aufgeregt und hat gesagt: „Ich bin der einzige, der arbeitet, und ich [Murray] müßte das bezahlen." Das stimmt nicht ganz, denn ich arbeite ein paar Tage in der Woche und habe von Zeit zu Zeit noch einen anderen Job. Er denkt in einer Mentalität der 40er Jahre, daß diese Frau nicht arbeitet. Niemals heißt es: „Sie arbeitet auch."

Therapeut:	Irgendwie betrachtet er sich hier als die einzig verantwortliche Person.
Murray:	Richtig.
Therapeut:	Es scheint, es ruht alles auf Ihren [Murrays] Schultern.
Murray:	Das tut es auch. Es ist gut, daß dies jetzt zur Sprache kommt, denn sonst könnte es so wie ein ganz ruhiges Leben für uns aussehen ohne irgendwelche Probleme. Und dies hier ist ein Problem, an dem wir gut arbeiten können.

[Murray und Janice sind bereit, sich auf einen „Problembereich" zu konzentrieren. Statt gleich mitten in diesen Konflikt einzutauchen, lenke ich ihre Aufmerksamkeit noch einmal auf die positiven Veränderungen, die ihnen seit unserem letzten Treffen aufgefallen sind. Mein Ziel ist hier nicht, das Problem herunterzuspielen oder es zu ignorieren; ich möchte nur Raum schaffen für eine Diskussion in einer warmherzigen Atmosphäre, wo die Veränderungen, die sie beide gemacht haben, benannt und anerkannt werden. Im Laufe der Sitzung komme ich dann wieder auf diesen Bereich, der ihnen Sorgen macht, zurück.]

Therapeut:	Ja. Es berührt ganz sicher einige der Fragen, über die wir gesprochen haben. Bevor wir zu weit gehen, würde ich gern wissen, welche Dinge ... was die Veränderungen anlangt, die Sie seit unserem letzten Treffen gemacht haben ... wie die Dinge sich weiter in positiver Richtung entwickelt haben. Ich bin an den Veränderungen interessiert, die Sie vorgenommen haben, und wie Sie auf ihnen aufgebaut haben.
Murray:	Also, ich wollte mit Janice über Geldangelegenheiten reden, und dazu bin ich noch nicht gekommen. Ich glaube nicht, daß ich das zurückhalte, aber es ist noch nicht der richtige Zeitpunkt gekommen, wo ich alle Information zusammen hatte.
Therapeut:	Gut.
Murray:	Es gab noch etwas anderes, woran wir gearbeitet haben und was wir gut gemacht haben, aber es fällt mir jetzt nicht ein.
Janice:	Eine konkrete Sache, die ich als positiv empfand, war, als Murray sagte: „Laß` uns mal über die Küche nachdenken ... und laß` uns mal gehen und Ideen sammeln" ... das war richtig schön zu hören. Bevor wir über die Finanzen redeten, hatten wir Spaß, als wir über die Möglichkeiten in der Küche redeten. Unser Ge-

schmack ist ziemlich ähnlich. Aber es wurde sehr gereizt, als es um den möglichen Hauskredit ging – da sind wir ganz bis zur „0" zurückgerutscht, was mich anlangt. Ich war etwas entmutigt, denn es hatte so schön angefangen. Ich denke, was mir machen müssen, ist, irgendeinen gemeinsamen Weg finden, um zu bereden, wie wir die Dinge anpacken wollen. Ich finde es nicht so schlimm, daß wir noch nicht zu den Finanzen gekommen sind. Murray hat bei der Arbeit an einigen Projekten zu tun, wodurch er immer ziemlich lange dageblieben ist, und er ist müde, wenn er nach Hause kommt. Und ich erwarte keine sofortige Besserung bei den konkreten Dingen, die ich mir wünsche.

Therapeut: Gut.

Janice: Schön war, daß wir ausgingen und wunderbar gegessen haben. Wir haben gespeist ... und es war herrlich. Wir haben über einige Gefühle und über interessante Beobachtungen geredet, die wir gemacht hatten. Er sprach darüber, welche Gefühle er hatte, als er mich am Sonntag allein in der Kirche sitzen sah, während er vorn dem Pastor half.

Murray: Also, nach dem, was wir alles besprochen hatten, bestand die Möglichkeit, daß du allein sein würdest, und ich hatte kein gutes Gefühl, dich da zu dem Zeitpunkt allein in der Kirche sitzen zu sehen. Es hat mich bedrückt, daß du allein warst.

Janice: Ich fand, es war sehr einfühlsam, was du da gesagt hast.

Therapeut: Ja. Sie [Murray] hatten ein Bild von Janice vor sich ...

Murray: ... als eine verwitwete oder geschiedene Person, die allein sitzt. Sie war nicht traurig oder irgendsoetwas.

Therapeut: Aber es hat Sie traurig gemacht?

Murray: Ja. Mein Herz ... Sie kennen das Gefühl, das man manchmal in sich hat ... es ist eine körperliche Sache ... ein Gefühl. Davon habe ich ihr also beim Essen erzählt.

Janice: Es kam zu einem sehr schönen persönlichen Gespräch, und es war ein sehr glückliches Abendessen. Es war sehr entspannt. Wir hatten geplant, so ein paar schreckliche Einkäufe im Einkaufszentrum zu machen, und Murray sagte: „Laß` uns einfach essen gehen und entspannen und dann nach Hause fahren." Es gab keinen Druck und keine Spannung. Es hat Spaß gemacht.

Therapeut: Wie lange, meinen Sie, haben Sie da gesessen?

Murray: Zwei oder drei Stunden.

Janice: Es war ein Essen bei Kerzenschein. Das machen wir einfach nicht oft.

Murray:	Es war eine Sache, die wir ganz kurz entschlossen gemacht haben.
...	
Therapeut:	Welche anderen positiven Dinge sind passiert?
Janice:	Murray hat in der letzten Zeit lange gearbeitet und er hat mich früh am Tag angerufen, um mich wissen zu lassen, wann er nach Hause kommt. Sonst hat er immer spät angerufen.
Therapeut:	Er denkt also an Sie.
Janice:	Ja. Ich würde sagen, in den letzten zwei Wochen sind viel mehr positive Dinge passiert als negative. Jeder achtet auf den anderen. Wir leben bewußter.
Therapeut	[kehrt zu dem Konfliktbereich zurück, den das Paar zu Beginn der Sitzung angesprochen hatte]: Und es ist wichtig, sich das immer wieder vor Augen zu halten angesichts der Belastung, die es geben wird, wenn Sie etwas verändern; und es ist auch wichtig, sich auch immer wieder das Positive vor Augen zu halten, damit die Belastung Sie nicht wieder zurückwirft und Sie das Gefühl haben, am Nullpunkt zu sein ... das kann passieren, wenn Ihre Erwartungen auf sehr hoher Ebene angesiedelt sind. Ich denke, es ist Teil eines natürlichen Prozesses, wenn Sie es als Belastung empfinden, diese Veränderungen durchzumachen und sich voranzubewegen ... Was jetzt die Küche betrifft, was müssen Sie da herausarbeiten und in welcher Weise möchten Sie es anders herausarbeiten, als Sie es früher gemacht haben?

[Wir machen uns nun daran, ihre Pläne für die Renovierung der Küche zu besprechen. Dieses Projekt dient in interessanter Weise als Ausgangspunkt für eine Diskussion über ihre Beziehung. Das Paar hatte sich geeinigt, das Projekt nicht zu überstürzen, sondern sich Zeit zu lassen, alles richtig zu planen. Janice sagt, das Wichtige sei gewesen, daß „er sagte, laß` es uns machen, und das war ein sehr sehr großes Plus." Wir sprechen darüber, daß Janice nicht mehr „leisetreten" und bei Murray keinen „Eiertanz" mehr aufführen würde. Janice sagt: „Ich glaube, ihm gefällt das nicht". Murray gibt zu, Veränderungen nicht leicht zu nehmen ... „Ich mag eigentlich Altes ..." Ich stelle dies Gefühl als etwas Normales hin, indem ich ihnen sage, die meisten Leute würden sich an das Vertraute gewöhnen, wodurch Veränderung etwas erschreckend wirken kann. Murray beschreibt dann, wie er die ursprüngliche Küche selbst in seiner perfektionistischen Weise zusammengebaut hat und sehr an ihr hängt. Murray sagt, es gibt Bereiche, in denen Janice die Expertin ist, wie z.B. in der Farbgebung, und er wiederum kann helfen, wenn es um den Bodenbelag geht, wo er systematisch

Information über Alternativen einholen kann. Ich sage ihnen, sie hätten anscheinend die Möglichkeit, sich bei diesem Prozeß zu ergänzen. Dann sprechen wir darüber, welche Auswirkung die Finanzen angesichts Murrays Sorge wegen seiner bevorstehenden Pensionierung auf dieses Projekt haben. Im folgenden Abschnitt kommen wir speziell auf ihre Beziehung zurück, und dann stelle ich eine zukunftsorientierte Frage. Die Zukunft ist wie eine leere Leinwand, auf der ein neues Bild der Beziehung gemalt werden muß.]

Therapeut: Welche Ideen haben Sie, wie Sie gern die Sache mit der Küche anpacken würden? Oder würden Sie lieber nicht gemeinsam daran arbeiten?

Janice: Ich möchte mir nicht alles aufbürden. Ich möchte gern, daß wir dafür die Verantwortung teilen. Ich mache mir Sorgen, weil es bei dieser Sache große Krachs geben kann.

Therapeut: Sie stellen sich das so vor?

Janice: Ich vermute, ich projiziere da etwas, aber so ungefähr läuft es normalerweise.

Therapeut: Krachs in welcher Art?

Janice: Ich weiß nicht. Vielleicht einen Bodenbelag, den ich auswähle und den Murray kritisiert.

Therapeut: Er könnte einen kritischen Kommentar zu Ihrer Auswahl abgeben.

Janice: Richtig. Ich habe große Angst davor, das zu machen. Zu versuchen übereinzustimmen ... was Farben, Auswahl, Geschmack usw. angeht, damit haben wir nie ein Problem. Da haben wir großes Glück. Und, wie gesagt, ich brauche nichts Ausgefallenes, um glücklich zu sein. Aber das Ganze in Gang zu setzen, das ist schwer, z.B. zu entscheiden, wen man für welche Jobs heranzieht ...

Therapeut [stellt eine zukunftsorientierte Frage]: Was müssen Sie beide tun, um bei dieser Angelegenheit den Ball ins Rollen zu bringen?

Murray: Wir müssen uns hinsetzen und einige Entscheidungen treffen ... und mit unseren Zielen weitermachen ... und einfach zusammenarbeiten.

Therapeut: Welche Vorstellung haben Sie davon, wie Sie es gern bei diesem Projekt hätten ... Ihre Rollen bei der Zusammenarbeit?

Janice: Ein schönes Gespräch, in dem wir die Dinge diskutieren ... nicht sich abschotten. Ich weiß bei einigen Sachen nicht so gut Bescheid, und er hat das praktische Empfinden für Qualität und Konstruktion und diese Dinge, während mein Auge sich auf Far-

	ben und warme Ausstrahlung und diese Dinge richtet. Wir müssen vor allem kommunizieren. Ich muß besser auf das hören, was er sagt, und ich möchte, daß er besser auf das hört, was ich sage.
Therapeut:	Und woher wüßten Sie, daß Sie besser zuhören? Was würden Sie dann machen?
Janice:	Das irgendwie wiederholen.
Therapeut:	Zuhören, statt zu reagieren.
Janice:	Ja.
Therapeut:	Und was Murrays Zuhören bei Ihnen betrifft, wonach würden Sie Ausschau halten?
Janice:	Im Gespräch bleiben, statt wegzugehen.
Therapeut:	Haben Sie den Eindruck, es könnte Situationen geben, wo Sie [Murray] am liebsten aufgebracht weggehen würden?
Murray:	Ja. Aber ich mache mir Sorgen, daß ich nicht weiß, wie ich mich bei Janice behaupten kann, ohne auszurasten. Meine Kommunikationsfähigkeiten bei Janice enden immer damit, daß ich nichts mehr sage oder versuche, sie niederzumachen.
Therapeut:	Sie suchen also nach etwas, das in der Mitte liegt.
Murray:	Ich habe das in der letzten Zeit ein paar Mal geschafft, wo ich mich nicht zurückgezogen habe, aber auch nicht versucht habe, dich niederzumachen. Ich fühlte mich gut dabei. Mir fallen keine speziellen Beispiele ein, aber ich hatte das Gefühl, daß ich die Auseinandersetzung zwar nicht gewonnen hatte, mich aber gut fühlte, weil ich meinen Standpunkt klargemacht hatte. Es war etwas, was in der Vergangenheit zu etwas Ernstem hätte eskalieren können. Das eine Mal fühlte ich mich ganz unbeugsam in einer Situation, aber ich wurde nicht wütend oder habe versucht, dich niederzuschreien. Ich habe das Gefühl, ich fange an zu lernen, wie ich mich auf höherer Ebene richtig mit dir auseinandersetzen kann.
Janice:	Das ist vielversprechend.
Therapeut:	Es muß also eine gewisse Befriedigung verschafft haben ... Ihnen ist eindeutig aufgefallen, daß Sie etwas anders gemacht haben.
Murray:	Ja. Vielleicht war es eine 30-prozentige Verbesserung gegenüber der alten Art.
Therapeut:	Sie haben also mit einer anderen Art experimentiert ... anders als weggehen oder versuchen, Janice Ihre Art aufzuzwingen.
Murray:	Richtig.

Therapeut:	Und Sie werden vielleicht verschiedene Dinge ausprobieren müssen, um zu sehen, was sich am besten anfühlt. Aber es ist ein Schritt in die richtige Richtung.
Murray:	Ja.

...

Therapeut:	Sie sind wirklich mutig, sich dieses Küchenprojekt zu diesem Zeitpunkt vorzunehmen, denn das ist ein Bereich, der Sie beide vor eine wirkliche Herausforderung stellt. Er enthält die Möglichkeit, Sie entweder in die alten Verhaltensweisen zurückzuziehen, die nicht sehr angenehm sein werden, oder Sie herauszufordern, etwas Neues zu entwickeln, was Sie zu etwas viel Befriedigenderem führen wird.

Etwas später im Interview sprechen wir darüber, wie eine Veränderung in der Küche (Auswechseln des Abwaschbeckens) sich auf die Notwendigkeit auswirkt, andere Veränderungen durchzuführen (die Bodenfliesen und Schränke zu ersetzen), wobei wir feststellen, daß dies eine Metapher für den Prozeß ist, den das Paar gerade durchlebt. Dies führt zu einer Konversation darüber, wie notwendig Flexibilität und Offenheit bei Murray und Janice sind. Wir diskutieren dann, wie einige Menschen Bauprojekte haben, die sich jahrelang hinziehen, während andere die Arbeit zügig hinter sich bringen. Sie sagen beide, daß sie die Arbeit schnell und mit der geringsten Störung für ihr Leben abgeschlossen sehen möchten. Ich bemerke dazu, sie beide wünschten zu diesem Zeitpunkt in ihrem Leben zügige Veränderungen, wo andere Menschen oft jahrelang über Dinge nachdenken, die verhältnismäßig schnell erledigt werden könnten.

Therapeut:	Während ich Ihnen zuhörte, kamen mir einige Gedanken. Wie Sie wissen, gibt es mehrere Wege, eine Küche umzubauen: den langsamen, bei dem man etwas von dem Alten gegen Neues austauscht, oder den schnellen, wo man jemanden kommen läßt, der die Arbeit in drei Tagen erledigt. Sie beide scheinen nach großen Veränderungen zu suchen. Sie möchten nicht, daß dies ein allmählicher Prozeß wird mit ein wenig Altem und ein bißchen Neuem. Sie wollen das Alte loswerden. Sie wollen das Neue.
Janice:	Ja.
Murray:	Ja. Das ist ein toller Blickwinkel.
Therapeut:	Und Sie beide scheinen sich dafür entschieden zu haben, eine neue Beziehung anzustreben.

Murray und *Janice* [zusammen]: Ja ...

[Wir legen einen Termin für eine Sitzung in zwei Wochen fest.]

Die dritte Sitzung

Therapeut: Also, mich interessiert zu hören, wie es mit der Neugestaltung Ihrer Beziehung geht.

Murray: Sehr gut [mit Ausnahme einer unangenehmen Episode].

Therapeut: Es gab also einen Konflikt?

Janice: Das ist ein passendes Wort.

Murray: Ja. Und es ging wieder um Geld.

[Wieder liegt mein Ziel nun nicht darin, mich mit dem Paar erneut in das Problem zu vertiefen, sondern sie anfangen lassen zu überlegen, wie sie es zur „Auflösung" bringen können.]

Therapeut: Statt mir von Ihnen die Einzelheiten über das, was passiert ist, erzählen zu lassen, würde es mich interessieren zu hören, wie Sie daran vorbeikamen, es überwunden haben, wie Sie das ganze aufgelöst haben. Welche Handlungen haben dazu beigetragen, diesen Konflikt zu lösen?

Murray: Nur ein bißchen Bemühen meinerseits. Nichts Großartiges.

Therapeut: Manchmal machen diese kleinen Dinge den Unterschied aus. Also, mich interessiert zu hören, wodurch dies beigelegt wurde.

Murray: Das Ganze lauert immer noch im Hintergrund und kann vermutlich jederzeit wieder ausbrechen.

Therapeut: Es ist also irgendwo im Hintergrund. Was meinen Sie denn, was Sie tun müßten, um es aufzulösen, damit es nicht weiter im Hintergrund lauert?

Murray: Ich würde sagen, uns ein bißchen aussprechen und zu einer Einigung kommen.

Therapeut: Hat diese Aussprache angefangen, bevor Sie hierher kamen?

Murray: Nein. Ich denke, ich versuche, das Ganze zu ignorieren, in der Hoffnung, daß es dann verschwindet. Aber ich weiß, es ist noch da.

Therapeut: Welche Art Gespräch darüber würde helfen, es mehr in den Hintergrund zu drängen?

Murray: Ein gutes, direktes Gespräch mit Janice darüber. Aber das ist schwer für mich.

Therapeut: Was wäre also der beste Weg, wie man vorgehen könnte, um das Ganze verblassen zu lassen? Denn mir scheint, dies passierte einmal in zwei Wochen ... und ich frage mich, wie – abgesehen davon – die Dinge gelaufen sind.

Janice: Ich glaube gut. [Murray stimmt zu.]

Therapeut:	Wie sehr hat dieser Vorfall alles andere durchdrungen?
Janice:	Er ist einfach im Untergrund verschwunden, als sei nichts geschehen, und wir haben einfach weitergemacht. Ich würde gern einige Einzelheiten darüber anführen ... da es die eine Sache ist, die immer wieder ihr häßliches Haupt erhebt.
Therapeut:	Gut.
Janice:	Was, glaube ich, dahinter steckt, ist ein grundlegender Groll bei Murray, weil ich1992 offiziell aufgehört habe zu arbeiten und meine Sozialversicherung in Anspruch nehme. Das ist nie ausdiskutiert worden und das ist für ihn immer ein wunder Punkt. [Janice nennt Beispiele aus der Vergangenheit zu diesem Problem, das mit Murrays Einstellung zu Geld und seinem Ärger über Janices vorzeitige Pensionierung zu tun hat. Sie stimmen beide überein, daß dies beredet und gelöst werden muß.]

[Ich ziehe das Paar in dieses Thema hinein, indem ich sie ermuntere, gleich hier in der heutigen Sitzung ein befriedigendes Gespräch darüber zu führen.]

Therapeut:	Was ich überlege, was vielleicht nützlich für Sie wäre, wenn Sie dieses Gespräch über das, was Sie diskutiert haben, führten, es aber in einer Weise führten, wie Sie es gern hätten ... in einer Weise, die nicht zu Konflikten führt ... bei der Sie beide am Ende das Gefühl hätten, gehört worden zu sein und Ihre Ideen offen auf den Tisch gelegt zu haben, ohne den anderen verletzt zu haben. Glauben Sie, Sie könnten das Thema aufgreifen und mit dem Gespräch weitermachen und es zu einer Art von Abschluß bringen?
Janice:	Während wir jetzt hier so reden?
Therapeut:	Ja. Direkt jetzt. Abschluß bedeutet nicht, daß Sie jetzt eine Entscheidung treffen müssen ... spielen Sie einfach das Gespräch noch einmal in zufriedenstellenderer Weise durch.

[Murray und Janice führen ein zehnminütiges Gespräch, wo jeder die Gelegenheit hat, sowohl zu reden wie auch sein Verständnis für die Position des anderen darzulegen. Nach diesem Gespräch konnte Murray Janice Forderung ohne Schwierigkeiten zustimmen, das Thema von Janices vorzeitiger Pensionierung nicht wieder aufzubringen, also es ihr nicht „ins Gesicht zu schleudern", wenn sie über Geldangelegenheiten sprechen.]

Im folgenden Abschnitt definiere ich Fortschritt als etwas, was nicht notwendigerweise glatt und ohne Ecken und Kanten verläuft, um auf diese Weise die Erwartungen des Paares und ihre Rückschläge zu normalisieren. Zusätzlich lege ich ihnen meine Ansicht dar, daß Therapie kein unendlicher Prozeß ist, obwohl ich klarstelle, daß *sie* diejenigen sind, die entscheiden, wann sie mit ihrem Fortschritt zufrieden sind und die Treffen beenden wollen.

Janice: Ich bin heute sehr entmutigt hierher gekommen wegen des Gesprächs, das wir über das Geld hatten. Ich bin schweren Herzens hergekommen, aber nach dem Rollenspiel kann ich sehen, daß es einen anderen Weg gibt, sich intelligent und auf nette und ruhige Weise zu einigen.

Therapeut: Ich denke, Sie haben beide hart an diesem Prozeß gearbeitet und machen Fortschritte. Manchmal fühlt es sich vielleicht an wie zwei Schritte vor und einen zurück, oder als ob der Fortschritt nicht schnell genug geht, aber Sie arbeiten beide sehr gewissenhaft daran, und ich sehe hier keinen unendlichen Prozeß für die Zukunft. Vielleicht werden noch ein oder zwei Treffen notwendig sein, bevor Sie in der Lage sein werden, Ihren Weg zu gehen. Wir brauchen vielleicht eine kleine Sitzung zur Auffrischung nach zwei oder drei Monaten. Aber Sie werden mir sagen müssen, wie zufrieden Sie mit dem Fortschritt sind, den Sie machen. Ich glaube wirklich, Sie bewegen sich in die richtige Richtung. Also, lassen Sie uns was verabreden.

[Wir legen einen Termin für fünf Wochen später fest.]

Die vierte Sitzung

Therapeut: Wie ist es Ihnen ergangen?

Janice: Ich glaube gut.

Murray: Da würde ich zustimmen.

Therapeut: Was hat zu Ihrer Überzeugung beigetragen, daß es gut läuft?

Murray: Wahrscheinlich, weil es keine Spannung gibt.

Therapeut: Wodurch wurde die Spannung ersetzt?

Murray: Ich glaube, einfach durch das Miteinanderauskommen ...

Therapeut: Nehmen wir an, „0" bedeutet, man ist im Keller gelandet, vielleicht so, wie es damals im August war [als Janice über eine Trennung sprach], und „10" heißt, die Dinge sind super toll ...

Murray: Ich würde sagen „6,5" vielleicht „7".

Therapeut: Und was hätten Sie vor drei Wochen gesagt?

Murray: Vermutlich dasselbe. Aber es ist jetzt beständiger. Es geht nicht mehr ständig so viel auf und ab. Mir fällt kein größerer Konflikt ein, der passiert wäre.

Therapeut:	Was für ein Empfinden haben Sie, wie es jetzt ist?
Janice:	Die Weihnachtszeit bedeutet immer Streß und viel Arbeit ... aber diese Art Spannung hat es einfach nicht gegeben. Es war vermutlich die schönste Weihnachtszeit, die ich in den 40 Jahren, die ich verheiratet bin, kennengelernt habe. [Janice beschreibt dann, wie gut alles in den Ferientagen lief; wie ihr Mann ihr eine wunderschöne Karte schickte und „wieviel Gedanken er sich über die Geschenke, die er mir gekauft hat, gemacht hat."] Im August hätte ich der Ehe Null Chancen für ihren Fortbestand gegeben. Als allerletzten Versuch sagte Murray, er würde zur Beratung gehen, etwas, wogegen er sich immer gewehrt hatte. Bis vor etwa fünf Wochen hätte ich gesagt: „Er versteht es einfach nicht. Es funktioniert einfach nicht. Er hört immer noch nicht, was gesagt wird." Ich war vielleicht bei „5", vielleicht „4,5". Aber er kriegt doch was mit. Da sind wunderbare Veränderungen, seine Überlegtheit, seine Kommunikation mit mir ... ich hatte aufgegeben. Ich dachte: „Er wird es nie begreifen". Aber er begreift es doch, und ich habe große Hoffnung.
Therapeut:	Wo würden Sie sich also jetzt sehen?
Janice:	Vielleicht bei „7".
Therapeut:	Sie sind also beide an derselben Stelle. Was würde dazu gehören, zu einer „7,5" oder „8" zu gelangen? Oder haben Sie das Gefühl, eine „7" ist für Sie beide akzeptabel?
Murray:	Ich weiß nicht, was dazu gehören würde. Ich würde sagen, vermutlich in stärkerem Maße so weitermachen ... beständiger sein würde es zur „8" hoch bringen.
Janice:	Sie haben mich gefragt, ob ich über die „7" hinausgehen könnte. Ich habe überlegt, wir sind fast 40 Jahre jetzt verheiratet – wieviel besser als „7" könnte es werden? Denn so ist das Leben. Wer könnte eine „10" erwarten? Und da habe ich gedacht: „Dies ist ein ziemlich gutes Leben."
Murray:	Ich habe auch gedacht, wieviel Glück wir haben. Wir sind gesund ... wir haben wirklich Glück. Es ist ein Segen.
Janice:	Wieviel mehr als „7" kann man haben? Das ist ziemlich gut.

[In diesem Abschnitt akzeptiere und respektiere ich einfach das Gefühl der Zufriedenheit bei beiden KlientInnen mit dem von ihnen erreichten Fortschritt, statt ihnen meine Ansicht davon aufzuzwingen, wieviel Veränderung notwendig ist.]

...

Therapeut:	Es scheint, daß Sie [Murray] sehr auf die Rückmeldungen, die Sie im Laufe der Zeit von Janice bekommen haben, eingegangen

	sind. Anfangs klang es so, als ob Sie [Janice] mehr von Ihrem Mann verlangten, als Sie [Murray] von Ihrer Frau verlangten, was die Veränderungen betraf. Sie haben sogar zugegeben, daß es gewisse Dinge gab, die Sie an sich selbst verändern müßten. Sie haben das also akzeptiert und aktiv und erfolgreich eine Reihe sehr positiver Schritte unternommen, die Janice bemerkt und anerkannt hat. Und es ist schön, daß Sie [Janice] diese Veränderungen bemerkt und aktiv Ihre Anerkennung gezeigt haben.
...	
Therapeut:	Sie [Murray] haben gesagt, Ihre Zuversicht würde größer werden, wenn Sie mehr von dem machen, was Sie bereits tun ... dann würden die Dinge sich an der Skala etwas weiter bewegen. Und gibt es andere Dinge, die Sie sich für Sie beide wünschen, die Ihre Zuversicht auf „7,5" oder „8" bringen würden? Oder, wie Sie gesagt haben, Sie sind seit 40 Jahren verheiratet, Sie sind gesund und dankbar für das, was Sie haben, und eine „7" ist in Ordnung ... ohne neue Höhen anzustreben oder die Erwartungen über das Realistische hinaus höher zu schrauben. Und das ist eine individuelle Entscheidung, wie die Menschen darüber denken. Wenn das weiter geht, was jetzt geschieht, wenn Sie wissen, daß es immer Bereiche mit gewisser Spannung geben wird, gewisse Konflikte, Sie aber im großen ganzen ein Gefühl der Zufriedenheit behalten, so wie Sie es in der letzten Zeit erlebt haben: Wäre das befriedigend?
Murray:	Ich denke, wenn wir so weitermachen, wird das immer besser und größer, so wie aus einem Schneeball eine Lawine wird.
Therapeut:	Die Dinge würden sich als ganz natürlich zu etwas Besserem entwickeln.
Murray:	Ja.
Janice:	Ich bin sehr glücklich.
Therapeut:	Anscheinend haben Sie wirklich eine Wende vollzogen ...
Murray:	Ich denke, es geht uns wirklich besser.
Janice:	Ich bin sogar letzte Woche zum Arzt gegangen, und mein Blutdruck ist normal, und ich denke, das sagt viel aus. Die Ärztin meinte, ich sei viel entspannter.
Therapeut:	Ich bewundere wirklich die Arbeit, die Sie beide geleistet haben.
Janice:	Es hat sich gelohnt.
Murray:	Das denke ich auch.

[Wir setzen den nächsten Termin einen Monat später an.]

Die fünfte Sitzung

Therapeut: Beim letzten Treffen haben wir darüber gesprochen, diese Sitzung für eine Beurteilung unserer Arbeit zu nutzen. Ist das in Ordnung? Gibt es irgend etwas Dringendes, was Sie ansprechen möchten, bevor wir uns daran machen?

Murray: Eigentlich nicht.

Janice: Nichts Dringendes. Es war ein sehr guter Monat.

Therapeut: Sie konnten also mit dem bisherigen Fortschritt weitermachen.

Murray und Janice sind sich einig, daß sie mit ihrem Fortschritt weitergemacht haben. Bei der Besprechung ihres Fortschrittes fange ich an, die „Muster" zu externalisieren (WHITE & EPSTON, 1991), die sie in ihrer Beziehung entwickelt hatten, als Kräfte von außen – die sie beeinflußt hatten. Diese Muster und nicht das Verhalten der beiden Partner waren das „Problem" geworden. Der Externalisierungsprozeß dient dazu, „die Person vom Problem" zu trennen. Indem sie zusammenarbeiten, befreien sie sich vom Einfluß dieser Muster und heben ihre Beziehung auf eine neue Ebene. Dann fange ich an, „Fragen nach einmaligen Ereignissen und Neubeschreibungen" (EPSTON & WHITE, 1992) zu stellen, um so ihr Gefühl ihrer persönlichen Mittel und Möglichkeiten zu stärken und die Veränderung zu festigen.

Therapeut: Lassen Sie mich einige Dinge ansprechen, so als ein Überblick über das, was wir gemacht haben. Ich habe auch einige Fragen, die ich Ihnen stellen kann, um noch einmal rückblickend zu sehen, wo wir stehen. Als Sie das erste Mal hierher kamen, hatten Sie [Janice] darüber gesprochen, daß Sie einen Punkt erreicht hatten – ein paar Wochen zuvor – wo Sie das Gefühl hatten, die Beziehung würde nicht mehr funktionieren und daß sich dieses Gefühl schon seit einer Reihe von Jahren in Ihnen verstärkt hatte. Zur gleichen Zeit meinten Sie [Murray] weiterhin, alles sei in Ordnung, wobei Sie sich zur selben Zeit bei Aktivitäten und Organisationen außerhalb des Hauses engagierten, weniger Zeit damit verbrachten, sich auf Janice einzustellen, und mehr Zeit damit, Interessen außer Haus zu verfolgen. Und dann traf Sie der „Weckruf" von Janice: „Ich habe genug ... es funktioniert nicht" wie ein Schlag. An dem Punkt wurde Ihnen sehr schnell klar, Sie waren nicht auf einer Wellenlänge ... irgendetwas lief sehr verkehrt. Im Laufe jener paar Wochen, vom Zeitpunkt Ihres Spaziergangs mit dem Gespräch bis zum ersten Termin, hatten Sie bereits angefangen, einige Veränderungen vorzunehmen. Und anfangs trauten Sie [Janice] den Veränderungen nicht, die Sie wahrnahmen, da Sie in der Vergangenheit erlebt hatten, wie Murray immer häufiger die Taktik des Besänftigens angewendet hatte, wo Sie [Murray] dann versucht haben, nach solch einer Episode nett zu sein, dann aber das alte Muster bald wieder auftauchte. Aber zu diesem Zeitpunkt fingen Sie [Janice] an zu denken, dies ist nicht derselbe alte Stil, er ist authentischer, echter, und Sie wurden zuversichtlicher ... Über einen sehr langen Zeitraum hinweg, bis Sie [Janice] sich der Situation stellten, gab es Spannungen, Rückzug und dieses überwältigende Verhalten, das nicht funktionierte. Und jetzt sind Sie in der Lage gewesen, sich von diesen alten Mustern zu befreien. Hier nun frage ich mich, was Sie gemacht haben, um den Einfluß dieser alten Muster von Rückzug, Übermächtigkeit, Isolation und falscher Wellenlänge zu verkleinern ... damit diese Muster es nicht mehr schaffen, Ihr Leben wie in der Vergangenheit zu beherrschen. Wodurch hat jeder von Ihnen verhindert, daß diese Muster weiterhin Ihr Leben in der Art, wie es bisher geschehen war, bestimmen?

Murray: Ich denke, ich trage die größere Schuld bei dieser Angelegenheit. Ich habe keine Rücksicht auf Janice genommen. Alles, was ich gemacht habe, habe ich ohne Janices Zustimmung gemacht, ich habe mich nicht mit ihr beraten oder irgendwas. So habe ich meine Sachen eigentlich immer geregelt. Und Janice stand im Hintergrund. Ich traf Entscheidungen für uns beide, und sie hat mitgemacht. Ich habe zum Beispiel gesagt: „Laß uns heute abend essen gehen", aber Janice habe ich dabei eigentlich gar nicht gefragt.

Therapeut: Das war also das vorherrschende Muster. Sie [Murray] haben entschieden, und Sie [Janice] haben die Entscheidung akzeptiert. Da steckten Sie beide tief drinnen und haben mit dem Muster kooperiert, statt es anders zu machen.

Murray: Das war die Grundlage meines Umgangs mit Janice. Dagegen versuche ich jetzt, ein bißchen mehr an Sie zu denken. Es ist immer noch ein weiter Weg. Alte Angewohnheiten legt man schwer ab. Es ist schwierig, Veränderungen durchzuführen, wenn man sein Leben lang in bestimmter Weise erzogen wurde. Als ich aufwuchs, konnte ich überhaupt nichts entscheiden. Bis zu dem Zeitpunkt, wo ich heiratete und aus dem Haus ging, wurden alle Entscheidungen für mich getroffen.

Therapeut: Das Muster war also Teil Ihrer Vergangenheit, die Sie mit eingebracht haben.

Murray: Ja.

Therapeut: Das war Ihr Gepäck, das Sie mitführten.

Murray: Ja. Ich dachte, es ist in Ordnung, die Ehefrau anzuschreien, und ähnliche Sachen. Aber dann wird man doch erwachsen und lernt

	um. Ich glaube, ich mache Veränderungen ... und ich will weiter versuchen, sie zu machen.
Therapeut:	Wie haben die Veränderungen, die Sie vorgenommen haben, Ihr Bild von sich selbst als Person verändert?
Murray:	In früheren Zeiten wäre das eine Schwäche, da hieß es: Sei der Boß in der Familie, sei der Boß für deine Frau. Ich hätte es als Schwäche betrachtet, wenn ich nicht stark genug gewesen wäre, bei meiner Frau das Sagen zu haben ... aber ich kann verstehen, daß dies verkehrt ist. Man muß auf die andere Person Rücksicht nehmen.
Therapeut:	Wenn Sie sich anders verhalten als nach den alten Mustern, welche Wirkung hat das darauf, wie Sie über sich selbst denken?
Murray:	Ich würde sagen, ein bißchen schwächer ...
Therapeut:	Sie tragen also immer noch diese alten Regeln mit sich herum, Vorstellungen aus der Vergangenheit, nach denen ein richtiger Mann im Haus das Sagen haben sollte ...
Murray:	... und nicht weinen darf ... und so ein Zeug.
Therapeut:	Welche Auswirkungen hat das, wenn Sie sich selbst für schwächer halten?
Murray:	Also eigentlich keine schlechten. Es ist ein gutes Gefühl zu wissen, man ist rücksichtsvoll einem anderen Menschen gegenüber ... anrufen und Bescheid sagen, wenn man später kommt ...
Therapeut:	Ich kann mir vorstellen, daß diese Schritte verändern werden, was Sie über sich selber denken. Besonders angesichts der Stärke der alten Muster überrascht es nicht, wenn Sie immer noch irgendwie das alte Gefühl hegen, Rücksichtnahme ist gleich Schwäche und nicht Stärke, wenn man dem anderen Menschen Beachtung schenkt.
Murray:	Richtig.
Therapeut:	Die Schritte, die Sie unternommen haben, was sagen sie Ihnen darüber, was Sie sich von Ihrer Beziehung zu Janice wünschen?
Murray:	Dinge zusammen unternehmen, Spaß haben, über alles reden, rücksichtsvoller sein, sich gegenseitig in schlechten Zeiten trösten ... unterstützen. So etwas.
Therapeut:	Seit dem Zeitpunkt, wo Janice mit Ihnen geredet hat, Sie den Spaziergang gemacht haben und sie Ihnen erzählt hat, wie unglücklich sie war, was haben Sie in diesem Zeitraum über sie gelernt, was Ihnen neue Zuversicht für Ihre Beziehung und Achtung vor Janice gegeben hat?
Murray:	Ich achte sie dafür, wie sie mit ihrem Job fertig wird ... dafür bewundere ich sie.

Therapeut:	Was sagt das über sie aus, daß sie bereit ist, zu Ihnen zu halten ...
Murray:	Ja, richtig. Sie hat die Familie zusammengehalten, die Kinder erzogen ... dafür bewundere ich sie. Und daß sie hingenommen hat, was ich ihr geboten habe ... mein Trinken und das alles.
Therapeut:	Janice, wie empfinden Sie das ... was haben Sie früher von Murray gewußt, was Ihnen die Gewißheit gegeben hätte, daß er in der Lage sein würde, diese positiven Schritte zu machen, diese Veränderungen durchzuführen?
Janice:	Im Grunde genommen war er ein guter Mensch ... Bevor ich ihn heiratete, wußte ich, daß er ein ein Gentleman und aufrichtig war, ein guter Mensch, ein harter Arbeiter, ehrgeizig, jemand, der für seine Familie sorgen würde. Er hat tatsächlich in all den Jahren, in denen er getrunken hat, keinen Tag bei der Arbeit gefehlt ... Er hatte eine große Festigkeit in sich, er war ein sehr moralischer Mann ... Zu wissen, er war ein guter Mensch ... Er hatte eine Krankheit [Alkoholismus], und ich habe das als Krankheit gesehen. Aber darunter gab es etwas, was besonders war und gut.
Therapeut:	Sie haben in ihn hinein gesehen, wie er als Mensch war.
Janice:	Im Grunde genommen war er ein guter Mensch, dem sehr viel anderes im Wege stand.
Therapeut:	Sie konnten sich das also immer vor Augen halten, in all den schweren Zeiten, sie wußten, eigentlich war er ein guter Mensch.
Janice:	Ja.
Therapeut:	Daran haben Sie selbst angesichts der Schwierigkeiten festgehalten. Das ist nicht leicht zu schaffen ... Was für ein Empfinden haben Sie [Janice] bezüglich der Zukunft?
Janice:	Ich habe ein sehr positives Gefühl, was die Zukunft betrifft ... Früher, wie ich schon gesagt habe, hätte ich nicht gedacht, daß die geringste Chance besteht. Daß er es nicht kapiert. Aber er hat es doch begriffen. Und es sind wirklich sehr, sehr gute Dinge geschehen ... Zärtlichkeit: In den letzten paar Jahren kam da nicht allzuviel. Aber jetzt, einen Arm um mich legen, eine Umarmung, ein Kuß. Und am Sonntag hat er zu mir gesagt ... Das fällt mir jetzt schwer [sie beginnt zu weinen] ... daß er froh ist, weil ich all die Jahre dabei geblieben bin. Und das hatte ich noch nie von ihm gehört. Und das war etwas ganz Besonderes. Ich weiß nicht, wie es dazu kam ...
Therapeut:	Es kam ganz unerwartet?
Janice:	Er ist von hinten an mich herangetreten und hat das gesagt. Das hat er noch nie zu mir gesagt. Es ist einfach sehr entspannt jetzt. Ich kann zu ihm gehen und ihn umarmen oder umgekehrt. Es

	geht langsam, aber es kommt. Fast jeden Abend umarmen wir uns jetzt, das ist für mich sehr positiv. Das erste Jahr [der Ehe] war wunderbar ... und ich habe das Gefühl, da war immer etwas da, was abhanden gekommen ist wegen dieser verdammten Krankheit, aber ich fühle eine große Stärke, daß es zurückkommen könnte. Vielleicht nicht mit der Intensität einer jungen Liebe, aber wie ein bequemer Sessel ... weich und entspannend.
Therapeut:	Hat Murrays Bemerkung, wie sehr er es anerkennt, daß Sie zu ihm gehalten haben, Sie überrascht?
Janice:	Ja, weil wir eigentlich nie über diese Jahre sprechen.
Murray:	Das geht wieder auf diese Sache mit der Schwäche zurück. Dir etwas sagen, was mich wiederum schwach erscheinen läßt.
Therapeut:	Dies ist ein weiteres Beispiel dafür, wie Sie Ihr Verhalten und Ihr Leben nicht von alten Mustern und Manuskripten bestimmen oder beherrschen lassen.
Murray:	Ja.
...	
Janice:	Ich sehe jetzt Bewußtheit ... Das Licht der Erkenntnis dämmert auf. Ich vermute, es war immer da, aber was einer für Schwäche hält, mag ein anderer für Stärke halten. Für mich ist es sehr männlich, ein ehrenhafter Mensch zu sein, und ich sehe in Murray jetzt große Ehrenhaftigkeit. Er kann einige dieser Dinge jetzt ausdrücken.
Therapeut:	Sie sehen also Stärke in dem, was er für Schwäche halten mag.
Janice:	Ja.
Murray:	Das ist gut.
Janice:	Ich fühle keinen Zorn mehr, so wie ich ihn früher gefühlt habe. Ich fühle diesen inneren Frieden. Ich bin in der Lage gewesen, viel davon [vom Zorn] loszulassen. Die Veränderungen sind ansteckend, und man wird dem anderen Menschen gegenüber bejahender.
Therapeut:	Ich bewundere wirklich, was Sie beide geschafft haben.
Janice:	Es funktioniert!
Therapeut:	Ja.

Ich habe Murray und Janice fünf weitere Male innerhalb von vier Monaten gesehen. Obwohl sie einige „Holperer" in der Zeit erlebten (als eines der alten Muster wieder auftauchte und Janice sich „entmutigt und besorgt" fühlte), waren sie beide in der Lage, auf der Stärke ihrer Beziehung aufzubauen und neue und angenehmere Möglichkeiten zu finden, um sich zu ergänzen.

Schlüsselideen dieses Kapitels

- Obwohl weder TherapeutIn noch Paar vorhersagen können, wohin der therapeutische Prozeß führen wird, kann die TherapeutIn die Richtung angeben, indem sie Raum schafft für neue Ideen, Perspektiven und Möglichkeiten.

- Paartherapie stellt besondere Herausforderungen und bietet besondere Möglichkeiten. Durch Zurückgreifen auf die emotionale Energie der Paarbeziehung schafft die TherapeutIn einen Kontext der Zusammenarbeit, der die Bewegung in Richtung der gemeinsam erstellten Ziele unterstützt.

- Zeiteffektive Paartherapie erfordert eine beträchtliche Beweglichkeit seitens der TherapeutIn und Offenheit für multiple Sichtweisen. Die TherapeutIn muß die Therapiesitzung aktiv strukturieren, damit die Stimme jedes Partners gehört und anerkannt werden kann. In gewisse Weise fungiert die TherapeutIn als ein Reflektierendes Team und bietet verschiedene Sichtweisen für die schwierige Lage des Paares – d.h. „erweitert den Blickwinkel" und „stellt den Fokus scharf ein", wobei sie sich auf die Ziele der KlientIn zubewegt.

- Indem sie immer auf die momentane Interaktion in der Sitzung eingestimmt bleibt, ist die TherapeutIn in der Lage, Hinweise für Liebe, Loyalität, Bindung und Engagement bei jedem Partner zu bemerken, zu erweitern und zu unterstreichen. Die TherapeutIn dient als ErmöglicherIn oder KatalysatorIn, die durch das Medium der Konversation die KlientInnen in die Lage versetzt, sich von problemgesättigten Erzählungen zu befreien und alternative Geschichten zu schaffen, die Wachstum und Verbundenheit unterstützen.

- Therapeutische Konversationen können Ausnahmen vom Problem unterstreichen (z.B. Vorfälle, in denen die KlientIn einen dem Problem entgegengesetzten Standpunkt eingenommen hat) und/oder das Problem externalisieren. Eine externalisierende Konversation kann KlientInnen von negativen, internalisierenden Dialogen befreien und einen Weg öffnen, um bevorzugte Geschichten zu entwickeln, daß z.B. die KlientIn (und nicht das Problem) ihr Leben lenkt. In der Paartherapie kann es nützlich sein, ein Muster zu externalisieren, das das Paar „gefangen" hält und das eine Bewegung in Richtung des bevorzugten Bildes oder der bevorzugten Geschichte begrenzt oder einengt. Auf diese Weise wird eine Person vom Problem getrennt, und die Partner sind in dem gemeinsamen Bemühen verbunden, ihre Beziehung aus diesem unterdrückenden und unbefriedigenden „Muster" zurückzufordern.

- Zeit ist eine Verbündete; sieht man die Paare mit Unterbrechungen (indem man z.b. zwei oder drei Wochen zwischen den Sitzungen verstreichen läßt), kann man sich die alltäglichen Ereignisse zunutze machen, die sich auf Veränderungen in ihrer Beziehung auswirken. Der therapeutische Prozeß erhält eine katalysierende Funktion, indem er Veränderung fördert und verstärkt.

Kapitel 9
Oft gestellte Fragen

> *Die eigentliche Schwierigkeit*
> *bei der Kursänderung irgendeines Unterfangens*
> *liegt nicht darin, neue Ideen zu entwickeln,*
> *sondern den alten zu entrinnen.*
>
> – John Maynard K<small>EYNES</small>

Während der Workshops und Übungen im Laufe der letzten Jahre haben die Leute mich oft gefragt, wie der in diesem Buch diskutierte kompetenzorientierte Ansatz in den Rahmen von „managed care" paßt. In diesem Kapitel antworte ich auf diese Fragen, wobei ich in diesem Buch bereits dargelegte Ideen weiter ausführe, mich aber auch auf Punkte konzentriere, die bisher noch nicht angesprochen wurden, die jedoch Beachtung verdienen.

Frage: „Managed care-" und Versicherungsgesellschaften verlangen oft nach dem ersten Interview sowohl eine psychiatrische Diagnose wie auch Daten über den sozialen Werdegang und über psychische Verhaltensweisen der KlientIn. Wie gehen Sie mit dieser Frage um, wenn Sie einen kompetenzorientierten Ansatz vertreten?

Zeiteffektive Therapie ist nicht so sehr ein Prozeß, der sich bei der Entscheidung über Behandlungsoptionen auf diagnostische Kriterien verläßt, sondern sie ist auf die Anliegen und Ziele der KlientInnen ausgerichtet und wird durch diese strukturiert. Wendet man diagnostische Kategorien auf das sich stets ändernde und mit vielen Möglichkeiten versehene Leben der Menschen an, so führt das letztlich dazu, daß eine Person festgelegt und oft abschätzigen und verallgemeinernden Definitionen unterworfen wird. Wendet man eine Diagnose an, die auf Defiziten und Krankheitsbeschreibung beruht, wird der Prozeß der Psychotherapie so medikalisiert, daß Menschen stigmatisiert und demoralisiert werden. Diese Sichtweise verfehlt das Wesentliche der Therapie – nämlich Menschen zu befreien, damit sie ihre Ressourcen einsetzen können, um Hindernisse zu überwinden und in ihrem Leben weiterzukommen.

Das psychiatrische Establishment hat eine einflußreiche Mythologie geschaffen, die sowohl die professionelle Therapiekultur wie auch die Vorstellungen der Laien über diesen Prozeß durchdringt. Die Vorherrschaft des medizinischen Modells zeigt sich in der Art und Weise, wie wir über unsere Arbeit reden und denken. Verhält man sich in einer Weise, die nicht diesen Rahmen unterstützt, gilt dies als radikal, naiv oder geradezu subversiv, da es Zweifel an der „Wahrheit" dieser Formulierung aufkommen läßt. Jedes Klassifikationssystem stellt nur eine begrenzte Sichtweise eines Verhaltens dar, nicht notwendigerweise die einzige oder die „richtige". Als TherapeutInnen müssen wir die Implikationen eines jeden Modells, das wir anwenden, kritisch infrage stellen und dürfen uns nicht verpflichtet fühlen, eine Sichtweise ungefragt als die Wahrheit akzeptieren.

Trotzdem gibt es Zeiten, wo TherapeutInnen verpflichtet sind, diagnostische Information vorzulegen, um für Leistungen bezahlt zu werden oder die Vorschriften der MCC zu erfüllen. In diesen Fällen versuche ich, eine möglichst wohlwollende und dennoch möglichst „genaue" Diagnose zu finden, die den Voraussetzungen für eine Vergütung Genüge leistet. Vom ethischen Standpunkt aus gesehen finde ich es auch ratsam, mit der KlientIn über diese Diagnose und ihren verwaltungstechnischen Zweck zu sprechen. Dann legen wir die Diagnose beiseite und machen mit der eigentlichen therapeutischen Arbeit weiter.

Manchmal verlangen MCCs oder andere Aufsichtsbehörden auch eine umfassende Beurteilung der KlientInnen, für die eine Erforschung vieler Bereiche notwendig ist (z.B. Drogen- oder Alkoholmißbrauch, Vorkommen von Depression in der Familie usw.), die möglicherweise gar keine Beziehung zu den Gründen haben, weswegen die KlientIn den Kontakt gesucht hat. Auch dieser Punkt zeigt den Unterschied des Möglichkeiten-Ansatzes zu den traditionellen Modellen. Wenn man über das, was KlientInnen verlangen und bereden möchten, hinausgeht, verletzt man dadurch meist ihr Recht auf Privatsphäre und definiert den Prozeß als einen Vorgang, in dem ein Experte das diagnostische Profil und die Lebensgeschichte der KlientIn erkundet, um dann einen Behandlungsplan zu erstellen. Während dies durchaus funktionieren mag, wenn man mit Krankheitssymptomen zu einem Arzt geht und dieser nach der Krankengeschichte fragt, so ist es für den psychotherapeutischen Prozeß nicht von Bedeutung.[1] Das medizinische Modell weist der KlientIn eine passive Rolle zu, in der sie auf den Arzt als Experten blickt, der diagnostiziert und verschreibt. Im Bereich der Psychotherapie sehe ich diesen diagnostischen Prozeß eher als voyeuristisch, denn als hilfreich. Wenn diese Information jedoch von der MCC verlangt wird, kann man diesen Teil des Interviews als Verwaltungsarbeit hinstellen, die schnell und effizient erledigt werden muß, und dann mit der Therapie weitermachen.

Einige Geschichten der jüngsten Vergangenheit haben Besorgnis über die Privatheit und Vertraulichkeit von in der EDV erfaßten medizinischen Berichten hervorgerufen (Bass, 1995a; Lewin, 1996). Zur Frage steht hier, welche Information über KlientInnen und ihre psychosoziale Gesundheit einbezogen werden soll und wer Zugang zu diesen Daten hat. Ganz eindeutig kann das, was schriftlich festgehalten ist, erhebliche Erschütterungen im Leben unserer KlientInnen auslösen (Gaines, 1995; Lewin, 1996). Gaines (1995) fand heraus, daß Frauen, die geschlagen wurden, später eher eine Erstattung von Behandlungskosten verweigert wurde! Lewin (1996) berichtete von vielen Menschen, denen die Anerkennung einer Behinderung und anderes verweigert wurde, nachdem die Versicherungsgesellschaften Zugang zu den Informationen über deren psychosoziale Gesundheit in den persönlichen Krankenakten erhalten hatten. Nach meiner Überzeugung sollte alles, was in einer medizinischen Akte festgehalten wird, mit der KlientIn besprochen werden. Wenn TherapeutInnen zum Beispiel die Diagnose „borderline" in der Akte festhalten, sollten sie bereit sein, dies offen mit der KlientIn zu besprechen. Einer der Vorzüge des Briefeschreibens (wie in Kapitel 3 erwähnt) ist die Erstellung eines nicht-abwertenden Berichtes über die Sitzung, der der KlientIn zur genauen Überprüfung zur Verfügung steht. Als TherapeutInnen müssen wir zwar der MCC gegenüber Rechenschaft ablegen, aber wir müssen auch für unsere KlientInnen offen und „transparent" sein.

Eine Möglichkeit, mit diesem Dilemma ethisch vertretbar umzugehen – also auf der einen Seite die Forderungen der MCC zu erfüllen und auf der anderen Seite die Privatsphäre der KlientIn zu wahren – besteht darin, die KlientIn über das mögliche Risiko zu informieren, das aufgrund der Einbeziehung der MCC besteht. Eine Psychiaterin (Dr. Jennifer Katze, zitiert bei Tamar Lewin in *The New York Times*, 22. Mai, 1996,

---

[1]) Es gibt Umstände, bei denen ich Fragen stelle, die nicht speziell auf die Anliegen der KlientIn bezogen sind. Wenn zum Beispiel ein Paar zu mir kommt, und die Frau zu eingeschüchtert und befangen scheint, um in Gegenwart ihres Mannes frei zu sprechen, treffe ich die Frau allein und frage direkt nach dem Bereich körperliche Gewalt/Mißhandlung durch den Ehemann. Wenn Jugendliche zu mir kommen, frage ich normalerweise nach Drogen und Alkohol. Bei Kindern stelle ich unter Umständen Fragen nach Problemen zu Hause, die sie vielleicht beunruhigen, um das Verhalten des Kindes aus dem Kontext heraus verstehen zu können. Manchmal frage ich auch nach sexuellem Mißbrauch.

S. D1) gibt ihren KlientInnen folgende Warnung: „In den letzten zwei oder drei Jahren ... sind die Anfragen der Versicherungsgesellschaften nach „Behandlungsplänen" gestiegen, die sie dafür benutzen, um über die „medizinische Notwendigkeit" der Behandlung zu entscheiden ... Behandlungspläne, so wie sie von den GutachterInnen der Managed Care verlangt werden, sind ... ausführliche Dokumente, in denen persönliche Fragen gestellt werden sowohl in bezug auf Krankheitsgeschichte und Symptome, wie auch in bezug auf Diagnose und den Inhalt der Behandlungssitzungen. Sie stellen eindeutig einen Eingriff in die Vertraulichkeit der Psychotherapie dar. Obwohl jede PatientIn bei ihrer Versicherung eine Einverständniserklärung über die Weitergabe von Information unterschreibt, die es den ÄrztInnen rechtlich erlaubt, solche persönlichen Fragen zu beantworten, schätzen möglicherweise nur wenige das Ausmaß der verlangten Information richtig ein. Wenn der Behandlungsplan an die Managed Care Company abgeschickt ist, kann er Teil eines Papierschwalles werden, der völlig außerhalb der Kontrolle von PatientIn oder Ärztin liegt. Jede Gesellschaft hat ihre eigenen Methoden, wie sie diese sensiblen und vertraulichen Papiere behandelt und verwahrt, und ich kann Ihnen keinerlei Versicherung geben, daß mit äußerster Diskretion verfahren wird."

Das Thema der Vertraulichkeit der Akten wird weiterhin bei den Praktiken von „managed care" im Vordergrund stehen. Im Idealfall kann eine Art Gleichgewicht gefunden werden, bei dem zwar Zugeständnisse an die Rechenschaftspflicht der KlinikerIn gegenüber den MCCs gemacht werden, das Recht auf Wahrung der Privatsphäre der KlientIn jedoch nicht verletzt wird. Wenn KlientInnen nicht darauf vertrauen können, daß sensible Information von den MCCs diskret behandelt wird, kann natürlich der psychotherapeutische Prozeß unterminiert werden.

Frage: Stimmen Sie der Idee zu, daß eine gleich am Anfang stattfindende Begrenzung der Zahl der Sitzungen, die eine Person erhalten kann, die Chancen einer zeiteffektiven Therapie vergrößert?

Obwohl gegenwärtig viele „managed care companies" die Zahl der bewilligten Sitzungen begrenzen, hat dieses System entscheidende Nachteile. Eine von vornherein bestehende Beschränkung der Leistungen bringt die TherapeutIn in eine unmögliche Lage und untergräbt den Entscheidungsprozeß zwischen TherapeutIn und KlientIn.* Wie bereits

---

*) **Anm.d.Hrsg.**: Robert HUTTERER (1996) stellt in seiner Übersicht über die Consumer Reports Studie dazu fest: „Bemerkenswert ist ferner das Ergebnis, daß Patienten, deren Versicherung u.a. die Dauer der psychotherapeutischen Behandlung begrenzte, geringere Besserungswerte zeigten als Patienten ohne Begrenzung" (a.a.O., S, 5)

erläutert, werden die Ziele der Therapie am besten in Zusammenarbeit mit der KlientIn und auf der Grundlage ihrer Anliegen erstellt. Die Zeit, die notwendig ist, um die Arbeit zu beenden, kann nicht einfach von ökonomischen Faktoren oder von den Ergebnissen eines verwaltungstechnischen Aufnahmeinterviews auf der Grundlage diagnostischer Kategorien bestimmt werden.

Lenkt man die Aufmerksamkeit der KlientIn auf Leistungsbegrenzungen, statt sich einfach auf ihre Anliegen zu konzentrieren, fördert man wahrscheinlich eine Abwehrreaktion. Wenn wir KlientInnen in eine Situation bringen, in der sie ihren Bedarf nach mehr Therapie verteidigen müssen, zwingen wir sie ungewollt, ihre Probleme zu dramatisieren. TherapeutInnen finden sich häufig in derselben Lage, wenn sie der MCC gegenüber „einen Fall" daraus machen müssen, wie ernst das Problem einer KlientIn ist, um auf diese Weise mehr Sitzungen bewilligt zu bekommen. Dies ist kein der zeiteffektiven Therapie zuträgliches Verfahren. Ich ziehe ein System vor, das sich darauf konzentriert, der KlientIn zu helfen, das zu bewältigen, weswegen sie zur Therapie gekommen ist und zwar auf möglichst zeiteffektive Weise. Wie in Kapitel 1 erwähnt, verhandeln MCCs jetzt mit Anbietergruppen, die autorisiert werden, eine begrenzte Menge an Ressourcen nach eigenem Ermessen zu verteilen und zu verwalten. Während einige klinische Fälle vielleicht 8, 10 oder 15 Sitzungen benötigen, reichen für andere eine oder zwei.

Nach meiner Erfahrung in einer HMO nach dem Angestelltenmodell, in der seit über 25 Jahren eine sozialgruppenspezifische Philosophie praktiziert wird, ist es sowohl möglich wie auch vorzuziehen, qualitätsorientierte und zeiteffektive psychosoziale Gesundheitsleistungen anzubieten, ohne darauf zurückzugreifen, künstliche und willkürliche Begrenzungen bei der Anzahl der Sitzungen, die eine KlientIn erhalten kann, aufzuerlegen.[2] Bei sozialgruppenspezifischer Praxis mit einem „pro Kopf Zahlungssystem" für eine erfahrene Gruppe von KlinikerInnen, die für zeiteffektive Therapie ausgebildet sind, erübrigt es sich, die Ressourcen bis ins Detail von oben zu verwalten. KlinikerInnen in solch einem System tragen zum einen mehr Verantwortung für die effiziente Verwaltung der Ressourcen und sind zum anderen autonomer bei Entscheidungen über die Verteilung der Ressourcen – in Zusammenarbeit

---

[2]) CUMMINGS (1986) stellte außerdem fest, daß ein „zielorientierter Behandlungsansatz", der sich auf bestimmte, von den KlientInnen dargelegte Probleme konzentriert, eine Begrenzung der Leistungen unnötig macht.

mit individuellen KlientInnen – die am besten den Bedürfnisse jener KlientInnen gerecht werden.

Mir ist bewußt, daß viele KlinikerInnen in Systemen arbeiten, die von ihnen Verhandlungen mit GutachterInnen über die Anzahl der zu bewilligenden Sitzungen erfordern. Dieser Verhandlungsprozeß kann komplex und frustrierend sein. Statt jedoch den Sachbearbeiter des Falles oder die GutachterIn als „Feind" zu betrachten, müssen KlinikerInnen ihre Überredungskünste darauf anwenden, sich für die benötigten Leistungen einzusetzen, und sie müssen dabei gleichzeitig ihre Fachkenntnisse unter Beweis stellen, indem sie effizient und effektiv arbeiten. Obwohl diese Verhandlungsprozesse eine recht große Herausforderung darstellen, besonders für diejenigen unter uns, die bisher die Freiheit gehabt haben, alles selbst bestimmen zu können, wird hier verlangt, unsere Befähigung für die kollaborativeTherapie in die Praxis umzusetzen. Ich halte die Nutzungskontrolleure tatsächlich für lernfähig, und unsere Bemühungen, das Anliegen unserer KlientInnen zu vertreten, können etwas bewirken.

Frage: Welche Ansicht vertreten Sie über psychotrope Medikation bei KlientInnen?

Der Einsatz psychotroper Medikation ist eine erfolgversprechende Alternative, wenn andere Wege ohne Erfolg eingeschlagen wurden. Während ich nicht bestreite, daß es biologische Einflüsse auf das Verhalten gibt, liegt mein Ziel dennoch darin, den Einsatz von Medikamenten, wenn er notwendig wird, als nur einen Teil des „Behandlungsplanes" darzustellen und die Rolle, die das Individuum beim Veränderungsprozeß spielt, hervorzuheben. Medikamente können eine Hilfe für das „Funktionieren" sein, nicht so sehr ein „Heilmittel für eine Krankheit".

Manchmal kämpfen Menschen tapfer darum, die „Depression" in Schranken zu halten, und haben keinen Erfolg. In diesen Fällen kann eine Überweisung zu einer PsychiaterIn, um Medikamente verschrieben zu bekommen, nützlich und wirksam sein. Natürlich ist es am besten, wenn TherapeutIn und PsychiaterIn sich darüber einig sind, in welchem Rahmen die Medikation erfolgen soll. Aber selbst wenn die PsychiaterIn das Problem aus einer biologischen Perspektive sieht, ist es für die TherapeutIn möglich, bei der Arbeit mit der KlientIn die nichtbiologischen Faktoren zu betonen, die eine Veränderung fördern.

Zu anderen Zeiten können KlientInnen die Notwendigkeit, Medikamente zu nehmen, als Beweis ihres persönlichen Versagens sehen. In solchen Situationen stelle ich die Medikation als eine zeitlich begrenzte Hilfe dar, durch die die Dinge wieder ins Lot kommen sollen. Ich befürworte Medikation zwar nicht als Allheilmittel, ermuntere aber einige KlientInnen dazu, diese Möglichkeit in Erwägung zu ziehen, statt zu meinen, sie müßten weiterhin leiden. Bei Kindern und Jugendlichen zum Beispiel, die in der Schule mit Ablenkbarkeit und Konzentrationsschwäche zu kämpfen hatten, war ich beeindruckt von der günstigen Wirkung stimulierender Medikamente. In solchen Situationen überweise ich sie, nachdem ich mit der Schule Kontakt aufgenommen habe, an eine ÄrztIn, damit Eltern und Kind die Nutzen und Kosten einer medikamentösen Behandlung mit ihr erörtern können. Letztlich liegt die Entscheidung, ob ein Medikament genommen wird oder nicht, bei der Familie (der KlientIn) und kann nicht durch die TherapeutIn aufgezwungen werden.

Während Medikation zwar weder am Anfang der Arbeit mit KlientInnen steht, noch ein primärer Faktor sein sollte, kann ihre wohlüberlegte Verwendung ein effektiver Zusatz zur Therapie sein und in das Modell der Möglichkeiten-Therapie integriert werden. Natürlich muß sie aufmerksam überwacht werden (SARGENT, 1986), da psychotrope Medikamente starke Auswirkungen mit möglicherweise ernsthaften Nebenwirkungen haben können (z.B. tardive Dyskinesie durch anhaltenden Gebrauch einiger Antipsychotika [BUTZ, 1994]). Ebenso wie Psychotherapie mißbraucht werden kann, indem man Menschen länger als notwendig in der Behandlung hält (JACOBSON, 1995; MOULD, 1994), können pharmakologische Wirkstoffe allzu rasch eingesetzt oder anstelle von gleichwertigen oder wirkungsvolleren Formen der Psychotherapie verwendet werden.

Eine wichtige Frage, die mit KlientInnen diskutiert werden muß, betrifft die weiterreichenden Implikationen der Medikamenteneinnahme. Zum Beispiel bat einmal eine Frau, die zu mir in die Paartherapie kam, um eine Überweisung für eine Evaluation mit dem Ziel einer möglichen medikamentösen Behandlung. In unserer gemeinsamen Arbeit war deutlich geworden, daß sie bedeutende Kompromisse gemacht hatte, mit großen Kosten für sich selbst, um die Beziehung aufrecht zu erhalten. Sie hatte viel Gewicht verloren, war am Tag meist traurig und den Tränen nahe und hatte Schwierigkeiten, ihre tägliche Routinearbeit zu erledigen. Ihr Ausmaß an Verzweiflung und Unglück brachten sie soweit, sich zu überlegen, ob sie in der Beziehung bleiben wollte, und sie brachte dies ihrem Mann gegenüber zum Ausdruck, der mit ihr zusammenbleiben wollte, da er dadurch „Bequemlichkeit und Vorhersagbarkeit" gewann. Da ihr Mann am meisten zur finanziellen Unterstützung der Familie beitrug, war die Überlegung, ihn zu verlassen, eine beängstigende Aussicht.

Einige Jahre zuvor hatte sie unter ähnlichen Umständen einen Psychiater besucht und Antidepressiva verschrieben bekommen. Sie fragte mich danach, wie sinnvoll es zum gegenwärtigen Zeitpunkt sein würde, Medikamente zu nehmen, da sie sich so depressiv und unglücklich fühlte. Wir diskutierten darüber, ob ein „sich besser fühlen" mit Hilfe von Medikamenten tatsächlich ein sinnvoller Weg ist, um mit dieser schwierigen Situation fertig zu werden, oder ob dies einfach dazu dienen würde, notwendiges Handeln, mit dem die Lebensumstände verbessert würden, aufzuschieben. Meine Rolle bestand darin, ihr zu helfen, sich die verschiedenen Implikationen ihrer Handlung zu überlegen, nicht darin zu entscheiden, was das Beste für sie wäre. Sie entschied sich, Medikamente zu nehmen und in der Beziehung, so wie sie zur Zeit war, zu bleiben. Die Psychiaterin, zu der sie ging, meinte, daß sie „deprimiert" war, verschrieb ihr Antidepressiva, ermunterte sie aber gleichzeitig, weiter zur Paartherapie zu gehen. Da ihr Mann jedoch die Sitzungen „zu beunruhigend" fand und nicht den negativen Nachhall, der den Sitzungen zu folgen schien, ertragen wollte, wurde die Therapie beendet. Obwohl ich als Therapeut nicht für die Menschen entscheiden kann, was am besten für sie ist, kann ich Fragen aufwerfen, die ihnen erlauben, ihre Entscheidungen in einem weiteren sozialen Kontext zu sehen.

Vor kurzem haben GRIFFITH und GRIFFITH (1994) einen „ethologischen" Ansatz zur Pharmakologie vorgeschlagen, der eine „sowohl- als auch"-Perspektive vertritt. Unter Berücksichtigung der Medikation im Kontext von Sprache und Bedeutungssystem der KlientInnen zeigen die AutorInnen, wie Psychotherapie und Medikation einander ergänzen können. Zum Beispiel kann ein Medikament dazu dienen, Erregungssysteme des Gehirns zu beruhigen, sodaß eine Person nicht so sehr durch ihre körperlichen Empfindungen (z.B. Panikreaktionen) abgelenkt ist, wodurch dann Möglichkeiten eröffnet werden, reflektiertere und nützlichere therapeutische Konversationen durchzuführen.

Es wird das Beispiel von einer Frau genannt (GRIFFITH & GRIFFITH, 1994), die Angst davor hatte, zu einer Geschäftskonferenz zu gehen, in der 20 Männer um den Tisch sitzen würden. Sie berichtete ihrer Therapeutin (Melissa GRIFFITH), daß sie früher von mehreren Männern in ihrem Leben mißbraucht worden sei und Panik und Furcht empfand, sich in einen geschlossenen Raum mit mehreren Männern zu begeben. Die

Therapeutin schlug nach etlichen Sitzungen eine Beratung in Hinblick auf Medikation vor. Es wurde Xanax (ein Anti-Angst-Wirkstoff) verschrieben, um für einen begrenzten Zeitraum „das Alarmsystem ihres Körpers zu beruhigen, damit sie ihre eigene Stimme hören und nach eigenem besseren Wissen handeln könnte" (S. 200). Diese Frau war in der Lage, zu der Geschäftsbesprechung zu gehen und ihre Arbeit erfolgreich zu erledigen. Die folgende Konversation fand nach der Konferenz statt (GRIFFITH & GRIFFITH, 1994, S. 200):

Sarah: Xanax hat mich zu der Konferenz gebracht und jetzt verschafft es mir eine Beförderung! Jetzt kann ich im Beruf weiterkommen und die Arbeit machen, die ich leisten kann. Ich sitze schon so lange auf diesem Posten, nur weil ich nicht zu Männern sprechen konnte. Es ist erstaunlich, was Xanax für mich bewirkt! ...

Melissa: Augenblick! Ich weiß, daß Xanax hilft, aber was hat es gemacht und was haben Sie gemacht?

Sarah: Xanax hat alles gemacht! Ich wäre unter den Tisch gekrochen ... wäre in Ohnmacht gefallen ... umgekippt.

Melissa: Okay, es hat Sie also davor bewahrt, ohnmächtig zu werden. Als Sie dann am Tisch sitzen konnten, was haben Sie da gemacht?

Sarah: Also, ich habe zu dem Mann neben mir geredet. Das habe ich gemacht. Ich habe eigentlich, als ich mit ihm sprach, beschlossen, daß ich mit meinem Chef reden könnte.

Melissa: Donnerwetter! Was ist Ihnen an sich selbst aufgefallen, was Ihnen gesagt hat, Sie könnten mit Ihrem Chef reden?

Sarah: Daß ich vernünftig rede ... Ihm ist das aufgefallen, dann ist es mir aufgefallen. Er war wirklich an meinen Ideen interessiert. Verstehen Sie, ich habe wirklich gute Ideen, was die Firma machen kann. Ich habe sogar mehr Ideen als die meisten Leute, weil ich sie schon so lange in einem Speicher gesammelt habe.

Melissa: Sie hatten sie also im Speicher und brauchten nur die Tür aufzumachen?

Sarah: Na ja, Xanax hat die Tür aufgemacht.

Melissa: Okay. Und dann, als die Tür offen war, hat Xanax da die Ideen herausgebracht oder Sie?

Die Therapeutin erforscht weiter mit der Frau „Entscheidungspunkte" in ihrem Leben, bevor diese Xanax genommen hatte, und deckt dabei viele Beispiele auf, wo die Frau sehr effektiv Entscheidungen selbst getroffen hatte. Xanax wurde dann einfach nur als ein nützliches Hilfsmittel dargestellt.

Frage: Sie vertreten zwar eine hoffnungsvolle, optimistische Perspektive in der Therapie, aber gibt es nicht Zeiten, in denen ein Risiko besteht, daß KlientInnen sich oder andere verletzen und eine stationäre Unterbringung notwendig ist? Welche Rolle spielt die Unterbringung in einem psychiatrischen Krankenhaus bei Ihrem Ansatz?

Obwohl ein Vergleich von Untersuchungen gezeigt hat, daß „in keinem Fall die Ergebnisse einer Krankenhausunterbringung positiver waren als alternative Behandlungen" (KIESLER, 1982, S. 349), ist es manchmal notwendig, diese Möglichkeit zu wählen. Unter gewissen Umständen (z.B. bei Menschen, die drohen, sich umzubringen und wo keine Sicherheit garantiert ist) habe ich kaum andere Möglichkeiten, als mich für eine Krankenhausunterbringung zu entscheiden. Wird ein Krankenhausaufenthalt in Betracht gezogen, schlagen DURRANT und KOWALSKI (1993) vor, daß die TherapeutIn offen ihre „rechtliche und berufliche Verantwortung" darlegt, damit die KlientIn die Position der TherapeutIn besser verstehen kann. Das Krankenhaus bietet eine strukturierte und kontrollierte Situation, die der KlientIn ein gewisses Gefühl des Trostes und der Sicherheit bieten kann. Die Einweisung kann auch die Gelegenheit bieten, einen Behandlungsplan zu entwickeln, der das soziale Gefüge der KlientIn koordiniert.

Manchmal kommt es nur aus dem einen Grund zur Krankenhauseinweisung, weil zum gegenwärtigen Zeitpunkt keine anderen Alternativen offensichtlich oder verfügbar sind. Nimmt man sich die Zeit, systematisch Alternativen zu überprüfen, so kann ein teurer Krankenhausaufenthalt erspart werden, was sowohl finanzielle Ausgaben wie auch das psychische Stigma verhindert. Oft, wenn der Aufenthalt zu lange dauert, werden Abhängigkeit, Passivität und regressives Verhalten der KlientIn gefördert – Faktoren, die einem positiven Kontext für Veränderung im Wege stehen. In Zeiten der Krise ist es eindeutig vorzuziehen, eine natürliche, förderliche Struktur zu schaffen, statt mit einer Einweisung zu intervenieren. Ist dies nicht möglich, kann manchmal der Krankenhausaufenthalt notwendig sein, um KlientInnen daran zu hindern, sich oder anderen etwas anzutun. Es ist zwar möglich, Prinzipien der lösungsorientierten Therapie im Rahmen der stationären Unterbringung einzuführen und dieser Situation anzupassen (LIPCHIK, 1988) und dabei auch zielorientierte Behandlungsplanung zu verwenden (NURCOMBE, 1989), aber die meisten Krankenhausstrukturen sind recht traditionell und problemorientiert ausgerichtet und fokussieren auf Defizite und Krankheit statt auf Stärken und Widerstandsfähigkeit.

In diesen Zeiten von „managed care" fällt die Rate der Krankenhauseinweisungen ebenso rasch wie die durchschnittliche Aufenthaltsdauer. Die Bewegung der „managed care" hat tatsächlich die Entwicklung von weniger extremen und teuren Behandlungsoptionen angeregt. Vor Jahren gab es nicht viele Alternativen auf dem Versorgungskontinuum (d.h. ambulante Behandlung, Tagesbehandlung und Krankenhauseinweisung). Heutzutage umfassen die meisten „managed care"- Programme eine Reihe von Strukturen mit teilweiser Krankenhausunterbringung: verfügbaren Betten, Not- und Kurzzeitunterbringung (D´Agostino, McCabe & Sclar, 1995). Diese neuen Angebote verringern im Vergleich zur stationären Unterbringung Kosten und bieten den KlientInnen gleichzeitig weniger stigmatisierende Alternativen mit gleichwertigen oder besseren Ergebnissen (Gudeman et al., 1985). Einige HMOs haben sogar Verträge mit Verbänden abgeschlossen, um intensive Leistungen zu Hause anbieten zu können (z.b. zweistündige Besuche zweimal in der Woche), um auf diese Weise Einweisungen bei Familien mit komplexen sozialen Problemen zu vermeiden.

Das Thema Krankenhauseinweisung bringt uns zu dem größeren Thema der TherapeutIn als Ausführungsorgan der sozialen Kontrolle. Wenn ich der Sozialbehörde einen Elternteil wegen des Verdachts der Kindesmißhandlung melde – wozu ich von Rechts wegen verpflichtet bin – begebe ich mich in das Reich der sozialen Kontrolle. In einigen Fällen ist das absolut notwendig, um die Sicherheit des Kindes zu gewährleisten. In anderen Fällen ist die Notwendigkeit, etwas zu unternehmen, eher eine „Grauzone", die der TherapeutIn Möglichkeiten offen läßt, Entscheidungen zu treffen, die die Unabhängigkeit und Urteilsfähigkeit der Menschen unterstützten, statt andere hineinzuziehen, die dann für das Leben dieser Menschen die Verantwortung übernehmen.

Zum Beispiel berichtete mir ein Siebzehnjähriger, der zu mir in Behandlung kam, er habe vor kurzem von einem Freund eine Machete erstanden. Dieser junge Mann hatte eine Vorgeschichte mit unkontrolliertem Verhalten und schulischen Problemen, obwohl er nie in ernsthaften Schwierigkeiten gesteckt hatte. Als er mir von der Machete erzählte, bat er mich darum, seiner Mutter nichts davon zu erzählen, weil sie ihm das Messer wegnehmen würde und er „gutes Geld" dafür bezahlt hatte. Ich bat ihn, mir zu erzählen, was er mit dieser Machete vorhabe und ob er meinte, es sei eine gute Idee, sie zu besitzen. Er dachte einen Augenblick darüber nach und sagte: „Ich sollte sie vermutlich lieber nicht im Haus haben" und versprach dann, eine Möglichkeit zu finden, sie loszuwerden.

Sollte ich aus Sicherheitsgründen seiner Mutter davon erzählen oder sollte ich seiner Aussage trauen, er würde selbst die Verantwortung übernehmen? Handle ich als Ausführungsorgan der sozialen Kontrolle und betrachte ihn als verantwortungslosen Menschen, dem von einer externen Autorität die Kontrolle aus der Hand genommen werden muß, oder lasse ich ihn wissen, daß ich seinem gesunden Urteilsvermögen traue? Ich wählte letzteren Weg. Als er etwa drei Wochen später wieder zu mir kam, erzählte er unaufgefordert, er habe die Machete der Sozialarbeiterin gegeben, als sie ein paar Tage nach unserem letzten Treffen einen Hausbesuch machte. Ich komplimentierte ihn für seine gute Entscheidung und nutzte dies als Anlaß, um ihn in seiner wachsenden Reife und seinem vernünftigen Denken zu bestätigen. Natürlich gibt es Umstände, die es von mir erfordern, solch eine Information aufzudecken. Wenn in diesem Fall der junge Mann eine Vorgeschichte mit Gewalttätigkeiten gehabt hätte, hätte ich mich gezwungen gefühlt, die Mutter zu benachrichtigen.

Frage: Unterstützen und ermuntern Sie KlientInnen, sich in Selbsthilfegruppen zu engagieren (z.B. Anonyme Alkoholiker, Overeaters Anonymous, Mißhandelte Frauen usw.)?

Allzu häufig überschätzen wir den Einfluß der Therapie und unterschätzen den Einfluß äußerer Kräfte auf Veränderungen (BENNETT, 1984). Als Möglichkeiten-Therapeut bin ich immer auf der Suche nach anderen Ressourcen im alltäglichen Leben der KlientInnen, die eine Veränderung unterstützen würden.* Da ich dies vor Augen habe, unterstütze ich das Engagement in Selbsthilfegruppen. Diese Gruppen können in schwierigen Zeiten wichtige Stützpfeiler für diese Menschen sein. Ich habe viele kennengelernt, die mit Sicherheit von diesen Gruppen profitiert haben und zögere daher nicht, sie zu empfehlen. Das Verfahren des Geschichtenerzählens in diesen Gruppen ähnelt in vieler Weise ERICKSONS Stil, bei dem die KlientIn einer Reihe von Geschichten ausgesetzt wird, zu denen sie assoziieren kann, ohne direkten Rat zu erhalten, was sie tun oder wie sie sich verhalten sollte. Wenn man seine Geschichte in einer wohlwollenden Atmosphäre erzählen kann, ist das eine positive und bestätigende Erfahrung. Auf der anderen Seite können Menschen sich auch so tief in diese Gruppen versenken, daß sie anfangen, sich auf der Grundlage dieses einen problematischen Bereichs in ihrem Leben völlig einseitig zu definieren.

---

*) **Anm.d.Hersg.:** MILLER et al. (1997) verweisen unter Bezugnahme auf die Forschung darauf, daß die sog. „extratherapeutischen Faktoren" zu etwa 40% zum Therapieerfolg beitragen.

Zusätzlich zu Selbsthilfegruppen empfehle ich manchmal auch Sport oder Lesen als nützliche Aktivitäten. Lesen oder „Bibliotherapie" kann besonders vorteilhaft sein.[3] Für Menschen, die für eine längere Zeitdauer kontinuierlichen Kontakt brauchen (z.b. Menschen, die mehrfach in ein Krankenhaus eingewiesen wurden), kann die Form einer therapeutischen Gruppe eine besonders nützliche und effiziente Art des Hilfsangebotes sein (SABIN, 1978). Gruppen, die auf kurze Zeiträume abzielen und entsprechend strukturiert sind, können sowohl bei Kindern wie auch bei Erwachsenen zeit- und kosteneffektiv sein (BRANDT, 1989; BUDMAN & GURMAN, 1988; DALEY & KOPPENAL, 1981; DONOVAN, BENNETT & McELROY, 1981; HOYT, 1993); sie dienen als Forum für KlientInnen, um Bewältigungsmechanismen zu lernen (MITTELMEIER & MEYER, 1994) und schaffen neue Geschichten über ihr Leben und ihre Beziehungen (ADAMS-WESTCOTT & ISENBART, 1995).

Frage: In welchen Situationen ist ihr Ansatz nicht wirksam? Was machen Sie dann?

Kein einziger Ansatz funktioniert bei allem; Flexibilität ist von großer Wichtigkeit (ALEXANDER & FRENCH, 1946). Wenn mein Ansatz nicht zu funktionieren scheint, ist es am besten, wenn ich meine Loyalität zu dem Modell, das ich benutze, aufkündige und dann während einer Phase des Zuhörens eine neue Einstellung gewinne. Keine noch so nützliche Technik sollte blind angewendet werden, sondern durch ein Gefühl des „Timings" und durch Konzentration auf die Beziehung zwischen TherapeutIn und KlientIn im Hier und Jetzt angepaßt werden. Als Therapeut muß ich vermeiden, mich ausschließlich einer Art zu verschreiben, in der ich mich an eine Situation heranbegebe, und ich muß meine Bereitschaft erhalten, in einen anderen Gang zu schalten, wenn mein Ansatz nicht zu den Erfahrungen meiner KlientIn paßt. Wie es so schön heißt: „Wenn das einzige Werkzeug, das du besitzt, ein Hammer ist, fängt alles an, wie ein Nagel auszusehen." Psychotherapie wird, wie

---

[3]) Zu den Büchern, die meine KollegInnen und ich oft den KlientInnen empfehlen, gehören unter anderem: D. BURNS (1980), *Feeling good: The New Mood Therapy*, New York: Penguin Books; D. GREENBERGER und C. A. PADESKY (1995), *Mind Over Mood: A Cognitive Therapy Treatment Manual for Clients*, New York: Guildford Press; H. G. LERNER (1989), *The Dance of Intimacy*, New York: Harper & Row; E. MAZLISH und A. FABER (1980), *How to Talk So Kids Will Listen and Listen So Kids Will Talk*, New York: Avon Books; H. C. PARKER (1988), *The ADD Hyperactive Workbook*, Plantation, FL: Impact; D. TANNEN (1990), *You Just Don´t Understand: Women and Men in Conversation*, New York: Ballantine Books; J. WALLERSTEIN und J. B. KELLY (1980), *Surviving the Break-up: How Children and Parents Cope with Divorce*, New York: Basic Books; und M. WEINER-DAVIS (1992), *Divorce Busting*, New York: Fireside/Simon & Schuster.

ERICKSON uns das so erfindungsreich demonstrierte, in der therapeutischen Konversation erfunden. Sprache ist generativ (ANDERSON, 1993); wenn die TherapeutIn auf die Konversation und die Geschichte der KlientIn eingestimmt bleibt, werden Ideen und Lösungen auftauchen.

Vor mehreren Monaten traf ich eine siebenköpfige Familie: sechs Kinder und die Mutter. Jedes der Kinder – im Alter zwischen 10 und 18 – hatte viele Jahre lang in unterschiedlichen Pflegeheimen gelebt. Die Mutter brachte die Familie zur Therapie, da es, seit sie wieder vereint waren, beträchtliche Konflikte unter den Kindern gegeben hatte. In den ersten beiden Sitzungen mit dieser Familie wurde ich in diese geschwisterlichen Konflikte hineingezogen und fühlte mich relativ ineffektiv. Nachdem ich erfolglos eine Reihe von lösungsorientierten Ideen (z.B. die „Wunderfrage") eingebracht hatte, beschloß ich in der dritten Sitzung, den Gang zu wechseln und fragte die Mutter einfach, welche Schritte sie unternommen hatte, um ihre sechs Kinder zurückzugewinnen. Ich brachte meinen Respekt dafür zum Ausdruck, was für eine schwierige Aufgabe das gewesen sein mußte. Als sie davon sprach, wie es ihr gelungen war, das Sorgerecht für ihre Kinder zu erhalten, schien sie zuversichtlicher und selbstbewußter zu werden. Aus ihren Äußerungen sprachen eindeutig ihre Liebe zu ihren Kindern und ihr Wunsch, ein gemeinsames Leben mit ihnen zu gestalten. Während ich ihr eine Frage nach der anderen darüber stellte, wie sie die verschiedenen Hindernisse überwunden hatte, um ihr Ziel zu erreichen, wurden die Kinder immer aufmerksamer und interessierter. Im Gegensatz zu den vorangegangen Sitzungen hörten die Kinder respektvoll zu. Diese Sitzung brachte den entscheidenden Wendepunkt für eine Veränderung in der Familie. Die kurze Antwort auf diese Frage lautet also: „Wenn du feststeckst, erkunde Kompetenzen und höre der KlientIn zu."

Frage: Wie funktioniert diese Art positiver Ansatz, den Sie umrissen haben, bei KlientInnen, die gerade einen großen Verlust erlitten haben und aktiv trauern?

Trauer ist nicht so sehr ein Problem, das gelöst, sondern ein Prozeß, der durchlebt werden muß. In der traditionellen Sichtweise der Therapie ist Trauer etwas, was „verarbeitet werden muß", indem man die Bindung an den verstorbenen Menschen löst und mit dem Leben weitermacht (STROEBE et al., 1992). Dennoch ist Trauer ein Prozeß, der kulturabhängig ist. In vielen Kulturen bleibt die Beziehung zu dem verstorbenen geliebten Menschen sehr eng und „lebendig", und der Betroffene betrachtet den Vorfahren als Quelle von Weisheit, Wissen und Rat

(STROEBE et al., 1992). KlientInnen brauchen vielleicht nur die Erlaubnis zu trauern und das Verständnis, daß dies ein Prozeß ist, der Zeit braucht. Manchmal schlage ich KlientInnen vor, auf den Friedhof zu gehen oder andere Rituale durchzuführen, die den Tod des geliebten Menschen verdeutlichen und gleichzeitig ihre Verbindung zu ihm unterstreichen (siehe z. B. FRIEDMAN & FANGER, 1991, S. 176-178). Wie immer ist Flexibilität gefragt. Das Ziel besteht nicht darin, Trauernde „aufzumuntern", sondern Trauer in einen Kontext zu stellen und gleichzeitig den KlientInnen zu ermöglichen, ihr Leben weiterzuleben.

Frage: Wie gehen Sie mit der Situation um, wenn eine KlientIn kommt und wöchentliche Therapiestunden verlangt?

Ich führe eine ausführliche Diskussion mit der KlientIn über die Ziele der Therapie und die Schritte, die notwendig sind, diese Ziele zu erreichen, und dabei definiere ich den Prozeß als ein Geschehen, das umfassender ist als das, was hier in diesem Raum bei mir geschieht. Wenn die KlientIn beginnt, dies zu verstehen, verliert der Gedanke der wöchentlichen Behandlung seine Anziehungskraft. Wenn Sie zeiteffektive Behandlung machen, müssen Sie die KlientIn bewußt umerziehen und ihr verdeutlichen, wie sich dieser Prozeß der Psychotherapie von der traditionelleren Therapie unterscheidet. KlientInnen müssen von Anfang an wissen, daß Therapie im Rahmen von „managed care" keine kondensierte oder gar verkürzte Form dessen ist, was man in einer Privatpraxis erhalten würde, sondern daß hier eine Verschiebung von einem Modell mit offenem Ende zu einem Modell hin stattfindet, das eine kurzzeitige Fokussierung auf spezielle Themen betont.

Vor kurzem wurde von einem anderen Therapeuten ein Siebenjähriger zur wöchentlichen Einzelherapie zu mir überwiesen, da das Kind, wie er mir sagte, eine beständige wöchentliche Beziehung zu einem fürsorglichen männlichen Wesen brauche, um sich von traumatischen Erlebnissen zu erholen, die es vor mehreren Jahren erlitten hatte. Diese Ansicht von Therapie paßt nicht zur zeiteffektiven Arbeit im Rahmen von „managed care". Mein Ziel ist nicht, bei diesem jungen Menschen die Elternrolle zu übernehmen, sondern mit ihm und seiner Mutter zu arbeiten, um ihm zu helfen, sein Leben weiterzuführen und nicht vor Dingen zu kapitulieren, die ihm in der Vergangenheit widerfahren sind.

Wie es sich in dieser Situation ergab, traf ich mich dreimal mit dem Kind und seiner Mutter (im Laufe von zwei Monaten), und dabei fokussierten wir auf die Möglichkeiten, die das Kind gefunden hatte, um erfolgreich mit den vergangenen Ereignissen fertig zu werden. Ich forderte weder ihn noch die Mutter auf, detailliert zu berichten, was geschehen war, sondern überließ es ihnen, mir das zu berichten, was sie mir mitteilen wollten. Als die Mutter zu einem bestimmten Zeitpunkt während der ersten Sitzung anfing, über einige der traumatischen Ereignisse zu berichten, die sie beide erlebt hatten (z.B. körperliche Mißhandlungen der Mutter durch den Vater vor den Augen des Kindes), bemerkte der Junge interessanterweise, er habe das Gefühl, es sei schon zu viel Zeit damit verbracht worden, über Probleme und Ereignisse der Vergangenheit zu reden, und das sei keine Hilfe für ihn (er habe das bereits mit seinem vorigen Therapeuten gemacht). In der dritten Sitzung war offensichtlich, daß der Junge äußerst gut zurechtkam, keine Verhaltensprobleme zeigte und tatsächlich mit großer Kraft die vergangenen traumatischen Ereignisse hinter sich gelassen hatte. Wir einigten uns, die Treffen zu beenden mit dem gegenseitigen Einvernehmen, daß die Mutter mich zu jeder Zeit anrufen könne, sollte es sich als notwendig erweisen.

In meinen Augen hat sich intermittierende Therapie, bei der man KlientInnen über einen gewissen Zeitraum hinweg trifft, unterbrochen von Intervallen ohne persönlichen Kontakt, als ein sehr effektives Modell erwiesen. Trifft man die Menschen wöchentlich oder/und schließt langfristige Verträge über eine bestimmte Anzahl von Stunden, wird dadurch von vornherein angenommen, die Therapie würde lange Zeit in Anspruch nehmen, und es werden die falschen Botschaften in bezug auf mögliche rasche Veränderungen ausgesendet. So haben es auch ALEXANDER und FRENCH (1946) verstanden, als sie sagten: „Es ist nicht logisch, anzunehmen, nur ein einziges Unglück könne eine dauerhafte Wirkung auf die Persönlichkeit haben. Ein einziges, vergleichbar intensives positives Ereignis kann ebenfalls seine Spuren hinterlassen" (S. 164).

Frage: Wie wenden Sie einen kompetenzorientierten Ansatz bei Familien an, die mit komplexen sozialen Problemen wie Armut, Gewalt, Alkoholismus, Drogenmißbrauch usw. zu tun haben?

Die in Kapitel 5, 6 und 7 diskutierten klinischen Situationen gehörten zu denen, wo multiple Streßfaktoren eine Rolle spielten, und doch konzentrierten die TherapeutInnen ihre Energie auf eine Weise, die kleinen Erfolgen den Weg freimachte. In komplexen Situationen liegt das Ziel darin, Bewegung in eine positive Richtung zu erreichen, in der Hoffnung, daß dann ein Erfolg zum nächsten führen wird. Zeiteffektive Therapie im Möglichkeitsmodell ist kein Allheilmittel für die Unbilden des Lebens; sie bietet einfach einen Rahmen, der sowohl KlientInnen wie

TherapeutInnen helfen kann, sich nicht von einer Vielzahl von Fragen und Problemen überwältigen und demoralisieren zu lassen. Die Aufgabe der TherapeutIn besteht nicht darin, die Lebensstruktur eines Individuums oder einer Familie in Ordnung zu bringen und neu zu organisieren, sondern vielmehr darin, kleine Veränderungen in Bereichen zu ermöglichen, die der Betreffende am ehesten bereit ist, durchzuführen.

In besonders komplizierten Situationen wird die Frage der Hoffnung noch vordringlicher. Aufgrund dieses Wissens bemühe ich mich, mich auf die Anliegen der KlientIn zu konzentrieren, meine Erwartungen realistisch zu halten und Konversationen zu schaffen, die der KlientIn erlauben, auf Stärken, Ressourcen und Fähigkeiten zurückzugreifen, die Teil ihrer persönlichen Geschichte oder ihres kulturellen Erbes sind. Ich bin ständig auf der Suche nach Anzeichen von Hoffnung, die gefördert werden können und die es der KlientIn ermöglichen, ihr Leben mit einem neuen Gefühl von Optimismus und wachsender Eigenständigkeit weiterzuführen. In Situationen, die überwältigend komplex scheinen, besteht das Ziel darin, „kleine Gewinne" zu erzielen (WEICK, 1984). „Die Kunst des Arbeitens mit kleinen Gewinnen liegt zum größten Teil darin, mehrere kleine Veränderungen, die vorhanden sind, aber unbemerkt blieben, zu erkennen, zu sammeln und zu benennen" (WEICK, 1984, S. 43-44). Indem die TherapeutIn Hoffnung und Kompetenz unterstreicht und beharrlich ihren Fokus beibehält, kann sie für ihre KlientIn die Möglichkeit schaffen, daß diese sich als Mensch erlebt, die effektiv und aktiv Veränderungen in ihrem eigenen Leben bewirkt.

Als zeiteffektiver Therapeut sehe ich meine Rolle darin, Konversationen in Gang zu setzen, die die Anpassungsfähigkeiten und Überlebensstrategien der KlientInnen betonen. Wenn wir KlientInnen als widerstandsfähig und stark betrachten, statt als mit Mängeln behaftet und unfähig, dann können wir ihnen dazu verhelfen, ein Gefühl von Hoffnung zurück zu gewinnen. Ganz gleich, wie überwältigend eine Situation auch erscheinen mag, es gibt immer Möglichkeiten für Hoffnung und Veränderung. Eben diese Überzeugung versetzt Möglichkeits-TherapeutInnen in die Lage, selbst angesichts der Komplexität und der Hindernisse, denen KlientInnen sich in ihrem Leben gegenüber sehen, noch effektiv zu tätig zu sein. Durch das Fokussieren darauf, wie Menschen mit Widrigkeiten fertig werden, statt ihnen zu unterliegen, öffnen wir die Tür zu Hoffnung und zukünftigen Möglichkeiten.

In den Vereinigten Staaten leben wir in einer Kultur, in der armen Menschen das Gefühl vermittelt wird, für ihr schweres Schicksal selbst verantwortlich zu sein, was zu einer sich abwärts bewegenden Spirale von Demoralisierung und Hoffnungslosigkeit führt. Wie Mario Cuomo, der frühere Gouverneur von New York, zugab (in der Fernsehsendung „60 Minutes" am 12. März 1995), haben die gegenwärtigen konservativen politischen Trends in den Vereinigten Staaten „das Verweigern von Mitleid respektabel gemacht". Wir als TherapeutInnen müssen es vermeiden, für diese Ansicht rekrutiert zu werden, wir müssen uns unser Mitleid erhalten, wir müssen Überlebensstrategien und anpassungsfähiges Verhalten in unseren KlientInnen suchen und erschließen, damit sie in die Lage versetzt werden, trotz äußeren Druckes weiterzumachen und widerstandsfähig zu bleiben.

Frage: Welche Rolle spielt die Vorgeschichte in Ihrer Therapie? Wann würden Sie die Vergangenheit einer KlientIn erkunden?

Manche Menschen haben das Bedürfnis, ihre Geschichte zu erzählen, und dann ist es natürlich für die KlinikerIn wichtig, zuzuhören. Es stellt sich dann die Frage, welchem Aspekt der Konversation die TherapeutIn sich zuwenden soll – den Problemen der Vergangenheit oder den Möglichkeiten der Zukunft? Man versinkt leicht im Sumpf der problembeladenen Sichtweise der KlientIn, wenn man nicht aktiv auf die Teile der Geschichte hört, die im Gegensatz zum vorherrschenden Bild stehen. Es sind diese „Ausnahmen", die das Baumaterial für Veränderung bilden. Es ist zwar wichtig, der Geschichte der KlientIn Gehör zu schenken und Mitgefühl für vergangene Kämpfe und schmerzliche Lebenserfahrungen zu zeigen, der Inhalt der Therapie besteht jedoch nicht darin, daß die KlientIn über ihre schwierige Vergangenheit klagt oder Familienmitglieder für den gegenwärtigen Zustand verantwortlich macht.

Der hier vorgestellte Ansatz fokussiert auf einer Ausweitung von Erfolgen und Kompetenzen, statt auf das Ausgraben vergangener Verletzungen und Schmerzen. Therapie im Möglichkeitsrahmen sieht im „ständigen Reden über Probleme" kein Modell zur Förderung der Katharsis, denn dies hat nur die Wirkung, KlientInnen in eine problemgesättigte Realität einzutauchen, die zu Gefühlen der Hilflosigkeit führt und das Finden von Lösungen behindert. Die Untersuchung vergangener Kämpfe und ihrer erfolgreichen Auflösung bereitet den Boden für Bewegung in der Gegenwart vor. Eine andere Möglichkeit, die Vergangenheit zu nutzen, damit KlientInnen in der Gegenwart Fortschritte machen können, besteht darin, diese zu fragen, welchen Rat ein Verwandter oder Freund, der verstorben ist, ihnen gegeben hätte (MITTELMEIER & FRIEDMAN, 1993). Auf diese Weise wird die bedeutende Person, der

KlientInnen sich verbunden fühlen, eine Quelle von Weisheit und Rat und ein Archiv des Wissens. Wenn KlientInnen tatsächlich das Bedürfnis empfinden, über die Vergangenheit zu sprechen, frage ich sie manchmal, wie die erörterten vergangenen Ereignisse ihr gegenwärtiges Leben und ihre Beziehungen beeinflußt haben. So wird die Vergangenheit in einer Form in die Gegenwart gebracht, mit der man sich dann auseinandersetzen kann

Frage: In vielen klinischen Strukturen ist es notwendig, zeiteffektive Therapie mit Leuten durchzuführen, die als „chronisch feststeckend" charakterisiert werden könnten – sie befinden sich in einem ständigen Zyklus vom psychiatrischen Krankenhaus zur Tagesklinik und zurück zum Krankenhaus. Wie kann man die Prinzipien der kompetenzorientierten Therapie auf diese Gruppe anwenden?

Milton ERICKSON war einer der ersten, der zeigte, wie selbst sogenannte chronische Probleme der zeiteffektiven Intervention zugänglich waren (zahlreiche Beispiele finden sich bei HALEY, 1973). Zum Teil gründete sich ERICKSONs Erfolg auf seiner unerschütterlichen Überzeugung, daß Veränderung möglich und sogar unvermeidbar im Leben derjenigen Menschen ist, mit denen er arbeitete. Außerdem konnte er, weil er den KlientInnen sorgfältig zuhörte, ihren Bezugsrahmen dazu nutzen, eine Veränderung auszulösen. Nun war ERICKSON zwar ein besonders „ungewöhnlicher Therapeut", dennoch sind viele seiner Gedanken auf unsere Arbeit im Rahmen von „managed care" anwendbar.

Ein kompetenzorientierter Rahmen kann besonders bei den KlientInnen hilfreich sein, die eine lange Vorgeschichte von Beziehungen zu psychosozialen Gesundheitsdiensten haben. Die Herausforderung liegt darin, die Hoffnung zu wecken, daß Veränderung nicht nur möglich, sondern bereits im Entstehen ist. Die TherapeutIn muß das Gefühl einer positiven Bewegung innerhalb des Zeitablaufs hervorrufen, indem sie die Aufmerksamkeit darauf ausrichtet, wie sich die Gegenwart von der Vergangenheit unterscheidet. AGNETTI und YOUNG (1993) weisen auf folgendes hin: „Wenn die zeitliche Dimension in unserer Sichtweise der Welt verlorengeht, ist auch die Möglichkeit von Hoffnung, Wachstum und Veränderung verloren" (S. 69). Indem noch der geringfügigste Unterschied zwischen Vergangenheit und Gegenwart im Leben der KlientIn verstärkt und hervorgehoben wird, werden Gelegenheiten geschaffen, um zu Hoffnung und Bewegung anzuregen. Zukunftsorientiertes Fragen wie die „Wunderfrage" öffnen die Möglichkeit zu Veränderung, indem man sich von der Gegenwart auf eine Zukunftsvision hin bewegt.

Da Veränderung konstant und immer gegenwärtig ist, sollte die Therapeutln ihre Klientln ermuntern, die Veränderung zu bemerken. Außer der Verwendung von Aufgaben zur „Veränderungsaufdeckung", wie sie in Kapitel 3 erörtert wurden, ist es nützlich, darauf zu fokussieren, wie das Überwinden von Widrigkeiten in der Vorgeschichte der Klientln ihren gegenwärtigen Zustand beeinflußt hat. Man könnte zum Beispiel fragen: „Wie haben – trotz allem, was Sie erleben mußten – Ihre doch erfolgreichen Bemühungen in den letzten Jahren, das Leben zu meistern, Ihr Selbstgefühl beeinflußt?" – oder: „Welche Erfahrungen sind aus all den Jahren des Kampfes und der Härten erwachsen, die Sie zu einem verständnisvolleren und hoffnungsvolleren Menschen gemacht haben?" – oder: „Wenn Sie die Veränderungen bedenken, die Sie bereits in Ihrem Leben durchgemacht haben, und wir haben ja bereits über mehrere gesprochen, was sagt Ihnen das über mögliche zukünftige Veränderungen auf Ihrem Lebensweg?"

Vor nicht langer Zeit führte ich eine Konsultation bei einer Klientin durch, die seit einer Reihe von Jahren den Zyklus von Krankenhaus- und Tagesklinikbehandlung durchlaufen hatte. Man hielt sie außerdem für einen Menschen mit beschränkter Intelligenz, die beträchtliche Unterstützung benötigte. Wir trafen uns vor einer Gruppe von etwa 80 Leuten, von denen viele sie kannten. Ich ging an diese Klientin mit einer naiven, „nicht wissenden" Haltung heran (ANDERSON & GOOLISHIAN, 1988) und richtete meine Aufmerksamkeit auf die Zeiten in der Vergangenheit, in denen sie sich im Widerspruch zur dominierenden, problemgesättigten Geschichte ihres Lebens verhalten hatte. Während wir redeten, wurde deutlich, daß diese Frau viele Stärken (zum Beispiel hatte sie die Höhere Schule mit Einsen und Zweien abgeschlossen und war offensichtlich nicht geistig behindert) und eine Reihe guter Ideen darüber hatte, was für sie notwendig war, um mit ihrem Leben voranzukommen. Wie sich herausstellte, hatte sich früher niemand die Mühe gemacht, nach ihren Ressourcen, Kompetenzen und vergangenen Erfolgen zu fragen. Gegen Ende der Konsultation waren die Vorurteile der Zuhörerschaft gründlich erschüttert, und man war so beeindruckt von ihr, daß erörtert wurde, sie zu einem Mitglied der Direktion der Einrichtung zu machen! Die wesentlichen Faktoren bei der Arbeit mit Menschen, die für chronisch beeinträchtigt gehalten werden, sind also folgende: (1) Man erhält sich eine offene und naive Einstellung, die Sichtweise des „Nichtwissenden", und lauscht auf alternative Geschichten; (2) man gerät nicht in den Bann der Geschichte der Klientln von „Dysfunktion" oder des Umfangs der Akten über ihre psychosoziale Gesundheit; und (3) man erhält sich eine Sichtweise, die Hoffnung erweckt, indem man sich darauf konzentriert, wie KlientInnen Hindernisse überwunden und ihren Weg im Leben gemacht haben. Wenn wir nicht Opfer einschränkender oder beengender Annahmen werden, können wir auf das Leben der Menschen, die zu uns kommen, eine positive Wirkung ausüben.

In vielen Fällen kann das Hin- und Herpendeln zwischen Zuhause und Krankenhaus dadurch unterbrochen werden, daß man Familienmitglieder hinzuzieht, die dann bei der Sorge um den Einzelnen eine bedeutsamere Rolle spielen. In einem nicht weit zurückliegenden Fall kämpfte eine 26-jährige Frau, die zuhause bei ihren Eltern lebte, mit den Nachwirkungen vielfacher traumatischer Ereignisse in ihrer Kindheit und Jugend. Die plötzlich auftauchenden Erinnerungen und die Alpträume nahmen so bedrückende Formen an, daß Angie ernsthaft suizidgefährdet war. Sie verbrachte ein Jahr – mit Ausnahme von sechs Wochen – entweder in einem Krankenhaus, einer Tagesklinik oder einer anderen stationären Unterbringung. Während diese stationären Unterbringungen ihr zwar einen sicheren Aufenthaltsort boten, hatten sie doch – und nicht nur finanzieller Hinsicht – einen hohen Preis: Mit jeder Einweisung wurde Angie demoralisierter und hoffnungsloser und sah sich als unfähig an, ein normales Leben zu führen.

Es wurde ein Treffen mit den Anbietern abgehalten, um in Zusammenarbeit mit Angie und ihren Eltern einen neuen Behandlungsplan zu entwickeln. Der neue Plan umfaßte folgende Punkte: (1) Angie und ihre Eltern erhielten die Verantwortung für Angies Sicherheit; (2) eine erfahrene Krankenschwester wurde hinzugezogen, die nach Bedarf zur Verfügung stand (sowohl per Telefon als auch persönlich), sollten Angie oder ihre Eltern in einer Krise Hilfe benötigen; (3) familientherapeutische Sitzungen sollten zweimal pro Monat stattfinden; (4) Angie würde wöchentlich an einem Treffen von Patientinnen mit Kindheitstraumata teilnehmen; (5) Angies Interesse an Reiten, Gitarrespielen und Kochen galt es zu fördern und zu unterstützen; (6) regelmäßige Termine bei einem Psychiater wurden geplant, der die Medikamenteneinnahme überprüfen sollte; und (7) wurden Einzeltherapiesitzungen vorgesehen, in denen das Trauma direkt behandelt werden sollte.

Über einen Zeitraum von sechs Monaten, als dieser Plan durchgeführt wurde, ist Angie nicht in ein Krankenhaus eingewiesen worden und benötigte auch keine Unterbringung in irgendeiner alternativen Pflegestation. Zwar hat es Krisen gegeben, in denen die Krankenschwester sie täglich zuhause besuchte, aber Angie schaffte es mit Hilfe ihrer

Eltern erfolgreich, damit außerhalb des Krankenhauses fertig zu werden. Diese Fähigkeit, zuhause zurecht zu kommen, war sowohl für Angie wie für ihre Eltern ermutigend und gab ihnen Hoffnung. Wichtig ist hier, daß es möglich ist, effektive Behandlungspläne zu entwickeln, durch die kostspieligere Alternativen sich erübrigen, und daß dies in einer Weise geschehen kann, die die persönliche Handlungsfähigkeit und Wirksamkeit von KlientIn und Familie unterstützt.

Frage: Welchen Raum nehmen normative Modelle oder Entwicklungsmodelle in Ihrem Ansatz ein?

Normen spiegeln den Glauben an einen bestehenden Satz von objektiven Kriterien wider, an denen eine Person gemessen werden kann. Normen werden als objektive „Wahrheiten" aufgestellt. Verhalten variiert deutlich zwischen Kulturen und sogar innerhalb einzelner Kulturen; daher müssen normative Modelle genau unter die Lupe genommen werden. „Unterschiedliche Gruppen von Menschen legen unterschiedliche Handlungsmuster an den Tag und teilen unterschiedliche Bedeutungssysteme, innerhalb derer ihre Handlungen verstanden werden. So können also Verhaltensweisen, die in der einen kulturellen Umgebung abwegig, unangepaßt oder pathologisch erachtet werden, in einer anderen völlig akzeptabel sein" (STROEBE et al., 1992, S. 1210). Statt normative Werteskalen auf die Frage anzuwenden, was gute Anpassung ist oder nicht, stelle ich fest, daß ich effektiver bin, wenn ich meinen Ansatz auf die für meine KlientInnen spezifischen kulturellen Werte und Realitäten zuschneide. Die Ziele oder Ergebniskriterien der Therapie werden direkt aus den Forderungen der KlientInnen entwickelt.

Stellt man allumfassende Kriterien für „gesundes Funktionieren" auf, geht man völlig an der Mannigfaltigkeit menschlichen Verhaltens vorbei und versucht, dem Verhalten kategoriale Definitionen aufzuzwingen. Diese Frage steht in Beziehung zu der bereits früher diskutierten, ob eine umfassende Beurteilung eine Möglichkeit ist, „objektiv" zu entscheiden, was getan werden muß. Hierbei geht man von einem Modell aus, in dem TherapeutInnen als BauingenieurInnen betrachtet werden, die eine Situation erfassen und einen Plan für Veränderung erstellen. Wie Sie sehen, ist dieses Modell einseitig dirigistisch und nicht wechselseitig und weist den TherapeutInnen die Rolle von ExpertInnen zu. Bleibt man auf der Grundlage der Forderungen, geht Therapie auf die Position der KlientInnen ein und vermeidet es, ihnen objektiv hergeleitete Annahmen aufzuzwingen.

In einigen Fällen kann es jedoch „Menschen aus ihrer Isolation befreien" (FRAENKEL, 1995, S.115), wenn man auf „Expertenwissen" oder normative Information zurückgreift (z.b. bezüglich der Auswirkung auf Kinder, wenn Eltern sich scheiden lassen), da man ihnen hilft, ihre Situation in einem erweiterten Kontext zu sehen. Unter diesen Umständen biete ich guten Gewissens Information an, um Ängste zu verringern, Verständnis zu erweitern und Handlung zu fördern.

Frage: Wie würden Sie den Prozeß der Externalisierung des Problems in Situationen anwenden, in denen ein Kind aufgrund sexuellen Mißbrauchs Furcht zeigt und Wutausbrüche hat.

Manchmal stellen Kinder ein Verhalten zur Schau, das eine Reaktion oder einen „Protest" auf etwas reflektiert, was gegenwärtig in ihrem Leben geschieht – zum Beispiel sexueller Mißbrauch, körperliche Mißhandlung, Alkoholmißbrauch bei einem Elternteil, Zeuge sein von Gewalt oder Trennung der Eltern. In solchen Situationen müssen TherapeutInnen das Verhalten des Kindes im Kontext dieser Streßfaktoren verstehen. Die Handlung fokussiert in diesen Fällen zunächst darauf, die Auswirkung des Stresses in einer Weise zu reduzieren, die die Sicherheit des Kindes gewährleistet und den Einfluß von „Sorge" auf das Leben des Kindes mindert. Dies sind Situationen, in denen ich anfänglich nicht das Problem externalisiere, sondern in denen ich die Bemühungen des Kindes, mir zu signalisieren, daß etwas nicht in Ordnung ist, respektiere und auf sie reagiere. Dann arbeite ich mit der Familie, um die negative Auswirkung dieser quälenden Ereignisse auf das Kind zu verringern und stelle die Reaktion des Kindes als etwas unter diesen Umständen Normales hin. Es ist für Eltern und Kinder sehr hilfreich und erleichternd, wenn sie ihre Erlebnisse als normale Reaktion auf eine Reihe von äußeren Ereignissen sehen können.

Frage: Welche Möglichkeiten gibt es, das Telefon dazu zu benutzen, um mit KlientInnen zwischen den Sitzungen in Verbindung bleiben zu können?

Das Telefon kann bei bestimmten Themenbereichen ein wirksames Kommunikationsmittel mit den KlientInnen sein. Es dient als Überbrückung zwischen den Treffen und bietet in Krisenzeiten die Möglichkeit rascher Konsultation. Im allgemeinen rufen in Krisenzeiten KlientInnen von sich aus an oder wenn ein abgesprochener Handlungsplan nicht zu funktionieren scheint. Manchmal rufen sie an, wenn sie sich entmutigt fühlen oder Hilfe brauchen, um sich wieder auf das zu konzentrieren, „was funktioniert", statt auf das, „was nicht funktioniert". Telefonischer Kontakt kann auch dabei hilfreich sein, KlientInnen zu erlauben, ihre Gedanken zu ordnen und die Dinge wieder in den richtigen Relationen zu sehen.

Manchmal bitte ich KlientInnen, mich zwischen den verabredeten Terminen anzurufen, um über ihren Fortschritt zu berichten. In einigen Situationen schlage ich KlientInnen am Telefon vor, mit einem bestimmten Ansatz oder einer bestimmten Strategie zu experimentieren (z.B. wenn es um ein Kind geht, das Schlafstörungen hat), und ich ermuntere sie dann, danach wieder telefonischen Kontakt aufzunehmen. In einigen Fällen kann eine ganze „Therapie" durch eine Reihe von relativ kurzen (5-15-minütigen) Telefonkontakten abgeschlossen werden und so wertvolle Bürozeit ersparen. Da die psychosoziale Gesundheitspraxis, in der ich arbeite, innerhalb eines Ärztekomplexes angesiedelt ist, sind die KlientInnen es bereits gewohnt, anzurufen, um sich Rat zu holen. Sorgfältig zuhören, worum gebeten wird, den KlientInnen die Möglichkeit bieten, über Fragen oder Ereignisse zu reden, und dann praktischen Rat geben – das ist oft schon alles, was notwendig ist, um die AnruferIn zufriedenzustellen. Ich zögere nicht, einen Rat zu erteilen, wenn mir klar ist, daß die AnruferIn ernsthaft meine Ansicht hören möchte und erpicht darauf ist, sie in Handlung umzusetzen. Ich stelle meine Vorschläge als „experimentell" dar und ermutige die KlientInnen, diese Ideen nach Bedarf zu modifizieren und abzuwandeln. Manchmal bekomme ich sogar Anrufe von verzweifelten Eltern, die mich bitten, direkt mit dem Kind zu sprechen, was ich im allgemeinen tue, wenn das Kind so zugänglich ist, daß es auch mit mir reden will.

Während das Telefon zwar ein nützliches Kommunikationsmittel zwischen KlientIn und TherapeutIn darstellt, rechne ich damit, daß bei der schnellen Entwicklung der elektronischen Kommunikation („e-mail") andere Formen des nicht unmittelbaren Kontaktes ebenfalls verfügbar sein werden und sowohl KlientInnen wie auch TherapeutInnen zusätzliche Möglichkeiten bieten werden, außerhalb des Therapieraumes Verbindung aufzunehmen. TherapeutInnen können auch zu ArchivarInnen werden und Information in Form von Briefen und anderen Mitteilungen aufbewahren, in denen die Schritte der KlientInnen zur Befreiung von ihren Problemen im einzelnen aufgeführt werden. Die Ergebnisse dieser Bemühungen können dann – mit Erlaubnis der SchreiberInnen – anderen mitgeteilt werden, die sich ähnlichen Problemen gegenübersehen (Beispiele finden sich bei EPSTON, WHITE & „*Ben*", 1995).

Frage: Welches sind Ihrer Ansicht nach die Vor- und Nachteile, wenn eine TherapeutIn mit der gesamten Familie zu tun hat, z.B. in Fällen, in denen das Paar um Ehetherapie bittet und das Kind ebenfalls Probleme hat? Teilen Sie manchmal den Fall zwischen sich und einer anderen KlinikerIn auf oder halten Sie es für vorteilhaft, alles selbst zu machen?

In den meisten Fällen ist es zeiteffektiver, wenn eine TherapeutIn mit einer KlientIn oder mit einer Familie zu tun hat. Sehr oft bittet ein Elternteil, nachdem die ganze Familie dagewesen ist, um ein Einzelgespräch über persönliche Angelegenheiten. In den meisten Fällen treffe ich mich mit ihm. In einem neueren Fall kamen drei junge erwachsene Töchter zur Therapie, nachdem sie sich gegenseitig anvertraut hatten, vom Vater sexuell belästigt worden zu sein. Alle drei waren auf ihren Vater wütend, der die Vorfälle als alkoholbedingt abtat. Ein paar Tage später rief die Mutter an und fragte, ob sie und ihr Mann zu einem Gespräch zu mir kommen könnten (die Töchter hatten der Mutter meinen Namen gegenüber erwähnt). Ich willigte ein, sie zu sehen, und eine Zeitlang traf ich jede Gruppe für sich. Der Vater, der sich sowohl seinen Kindern wie auch seiner Frau völlig entfremdet fühlte, gab schließlich den Mißbrauch zu und ging zu jeder Tochter mit einer Entschuldigung. Ich denke, ich konnte wegen meiner Verbindung zu allen Familienmitgliedern helfen.

In besonders komplexen Familiensituationen mag es notwendig sein, andere KlinikerInnen zu einer Art Krisenmanagement oder zur Beaufsichtigung der Medikation hinzuzuziehen. Im Rahmen einer HMO ist die Zusammenarbeit mit TeamkollegInnen, die eine ähnliche Orientierung in der Therapie vertreten, eine effiziente Möglichkeit, mit komplexen Situationen fertigzuwerden. Wenn sich zum Beispiel jemand in einer Krise befindet und mein Zeitplan mir nicht erlaubt, diese Person häufig zu sehen, kann ich mich mit der Bitte an eine KollegIn wenden, die Verantwortung mit mir gemeinsam zu übernehmen.

Frage: Wie lange dauern Ihre Sitzungen? Vergeben Sie halbstündliche Termine?

Meine Sitzungen sind meistens in Blöcken von einer Stunde festgelegt, mit einigen halbstündigen Einschüben dazwischen. Eine Sitzung ist zuende, wenn 50 Minuten vorbei sind oder früher, wenn KlientIn und ich vorher einen vernünftigen Zeitpunkt zum Aufhören erreicht haben (d.h. positive Ergebnisse offensichtlich geworden sind und/oder ein Handlungsplan erstellt wurde). Die KlientIn „besitzt" nicht die für den Termin geplanten 50 Minuten. In vielen Situationen kommt es nach 35 oder 40 Minuten in der Sitzung zu einer sinnvollen Zäsur. Macht man danach noch weiter, ist das eine Aufforderung, noch einmal auf denselben Spuren zurückzugehen, oder man endet wieder am Ausgangspunkt und ist in negative Problemgespräche verwickelt. Ich finde es nützlicher, in positivem, hoffnungsvollem und erfolgversprechendem Ton zu enden, statt die KlientIn mit dem Gefühl gehen zu lassen, noch tiefer in ihr Problem eingetaucht zu sein.

Wenn ich merke, daß ich über die Zeit hinausgehe (d.h. über die 50 Minuten hinaus), bin ich meistens in eine wenig hilfreiche Konstellation hineingezogen worden und versuche verzweifelt, mir einen Weg heraus zu bahnen – allzu oft erfolglos. Es ist besser, eine Sitzung abzubrechen, die nirgendwo hinführt (und eine kurze Pause zu machen, um die Gedanken wieder in Reih´ und Glied zu bringen), statt umherzutappen und zu versuchen, „etwas geschehen zu lassen", bevor die KlientIn die Sitzung verläßt.

In einigen Fällen kann in einer halben Stunde sinnvolle Folgearbeit geleistet werden – wenn ein Anfangsplan entwickelt und in Angriff genommen worden ist und bereits gute Fortschritte zum Erreichen des Ziels gemacht wurden. Bei Paaren und Familien setze ich trotzdem einstündige Termine an, auch wenn vielleicht nicht die gesamte Zeit benötigt wird. Auf diese Weise gebe ich mir genügend Flexibilität und benutze die Extrazeit, um Notizen zu machen, Anrufe zu beantworten, mich mit KollegInnen zu beraten und andere Aufgaben zu erledigen.

Frage: Was machen Sie mit Leuten, die eine Aufgabe nicht erledigen und dann nach sechs Monaten oder so anrufen und sagen, sie hätten einen „Rückfall" gehabt?

Die Notwendigkeit von Folgekontakten wird in der zeiteffektiven Therapie von vornherein einkalkuliert. Manche Menschen müssen von Zeit zu Zeit zu „Auffrischungs- und Bestärkungserfahrungen" * zurückkommen – das sind Gelegenheit, die Ressourcen der KlientInnen, mit deren Hilfe sie wieder ins Lot kommen sollen, zu stärken und zu unterstützen. Sogenannte „Ausrutscher" oder „Rückfälle", die das Wiederauftauchen der „alten Geschichte" reflektieren, kommen häufig vor, und sollten von

---

*) **Anm.d.Hrsg.:** Dabei ist unter einer kompetenz-orientierten Linse zu beachten, daß die KlientIn tatsächlich gekommen ist und allein dies schon eine Änderung darstellen *kann*. Deshalb sprechen kompetenz-orientierte TherapeutInnen oft auch nicht von einem *Rückfall*, sondern von einem *Vorfall* (also von einem *prelapse* anstelle eines *relapse*). Und der Fokus der Sitzung kann sich dann oft darauf richten, daß die KlientIn wieder *bergauf* gehen will und nicht weiter bergab.

TherapeutInnen erwartet werden.[4] Während ich zwar nicht vorschlagen würde, schon den Boden für einen Rückfall vorzubereiten, indem ich ihn vorhersage (und so eine sich selbst erfüllende Prophezeiung schaffe), möchte ich doch die Tür für zukünftige Kontakte offen lassen, sollten sich diese als notwendig erweisen. Wenn KlientInnen eine Therapie beenden, sage ich ihnen immer, daß sie mich gern jederzeit anrufen können, um einen Termin zu verabreden oder einfach nur mit mir zu telefonieren, wenn sie das Bedürfnis danach haben. Führt man Therapie im Rahmen von „managed care" durch, gibt es kein „Ende". Ein Vorteil des Intervallmodells in der Therapie ist das wachsende Vertrauen, das in die eigenen Ressourcen der KlientInnen gesetzt wird, während sie den mäandernden Strom ihres Lebens aushandeln und entlangsteuern.

---

[4]) Bestärkung bzw. Verfestigung ist definiert als „periodische, teilweise Wiederholung eines Erlebnisses, durch die über lange Zeit hinaus die Wirkung des Erlebnisses erhalten bleibt" (CAMPBELL & JAYNES, 1966, S. 478).

Kapitel 10
Alles zusammen:
Prinzipien effektiver Praxis

Der ethische Imperativ:
Handle stets so,
daß du die Anzahl der Wahlmöglichkeiten
vergrößerst.

– Heinz VON FOERSTER

Dieses Buch hat eine Reihe von Prinzipien formuliert, die KlinikerInnen helfen können, effektiver und mit einem Gefühl von Integrität unter den Bedingungen von „managed care" zu operieren. „Managed Health Care", insbesondere die HMO-Bewegung, ist in den Vereinigten Staaten ungeheuer expandiert (ROSENTHAL, 1995). HMOs haben als integrierte Versorgungssysteme das Potential, kosteneffektive Alternativen der Gesundheitsversorgung zu sein. Durch diese Betonung der Kosteneinschränkung fordern die HMOs die Fachleute für psychosoziale Gesundheit auf, zeiteffektiver zu arbeiten (FRIEDMAN & FANGER, 1991; HOYT, 1994a; KIESLER & MORTON, 1988). Um positive Ergebnisse zu erzielen, wenn es gleichzeitig gilt, Ressourcen zu verwalten, ist ein Perspektivenwechsel über die Natur des psychotherapeutisches Prozesses (CUMMINGS, 1993, 1995).

Vom kompetenzorientierten Standpunkt aus gesehen, wird Therapie nicht als eine Wiederaufbau-Operation betrachtet, sondern als katalytischer Prozeß, bei dem die TherapeutIn eine beratende Rolle spielt und Veränderung ermöglicht, indem sie Ressourcen, die zu den von der KlientIn gewünschten Zielen führen, zugänglich macht und aktiviert. Statt Ressourcen auf eine kleine Zahl von Leuten zu konzentrieren, wie es das übliche Muster in Privatpraxen ist, sind im Rahmen von „managed care" arbeitende TherapeutInnen gefordert, bei ihrer Arbeit mit großen Gruppen von Menschen, die ihre Dienste benötigen, begrenzte Mittel zu verteilen.

Unsere Haltung verändern

Einstellung und Annahmen der TherapeutInnen in Hinblick auf Veränderung sind von entscheidender Bedeutung, wenn es darum geht, den

Wechsel zu einer kompetenzorientierten, zeiteffektiven Praxis zu vollziehen. Leider bereitet die gegenwärtige Ausbildung nur allzu oft KlinikerInnen nicht auf die Arbeit innerhalb von „managed care" vor (AUSTAD, SHERMAN & HOLSTEIN, 1993). Vor kurzem hörte ich von einer Klinikerin, nachdem ihr gesagt worden war, sie hätte nur noch drei oder vier Sitzungen für eine „depressive" Klientin zur Verfügung: „Das tief verwurzelte Wesen ihrer Probleme ist so persönlichkeitsbedingt, daß es unmöglich ist, diese in so kurzer Zeit zu behandeln. Wenn ich anfange, mit ihr nach den Bedingungen von „managed care" zu arbeiten, werde ich vermutlich alles noch schlimmer machen, indem ich ihr Mißtrauen verstärke." Wie aus diesem Kommentar deutlich wird, kommen bei der Klinikerin eine Reihe von Annahmen zur Geltung, die der Schaffung eines zeiteffektiven Ergebnisses entgegenwirken.

Um eine zeiteffektive TherapeutIn zu werden, müssen Sie bereit sein, die Arten von Annahmen und Vorurteilen aufzugeben, die den Möglichkeiten einer raschen Veränderung im Wege stehen. Wenn wir nicht mit einer Veränderung rechnen, werden wir sie ganz sicher nicht finden. Zu vielen Zeitpunkten innerhalb und außerhalb des Therapieraumes können sich Gelegenheiten zur Veränderung bieten. Wir alle können Veränderungen bezeugen – und haben sie vermutlich selbst erfahren –, die ganz plötzlich und spontan zu geschehen scheinen (z.B. der Alkoholiker, der den Tiefpunkt erreicht; die Person, die vom Arzt erfährt, sie habe ein körperliches Leiden, das eine völlige Veränderung ihrer Lebensweise notwendig macht, usw.).[1] Wir haben alle die „Erfolge einer

---

[1]) In einer Erzählung (KOESTLER, 1964) wird der griechische Wissenschaftler ARCHIMEDES gebeten herauszufinden, wieviel Gold die Krone des Königs enthält. Nachdem er lange darüber nachgedacht hat, wird er frustriert und unglücklich, da er immer wieder in Sackgassen gerät. Man kann sich vorstellen, wie sehr sich ARCHIMEDES in der Klemme fühlte, dieses Problem zu lösen, ohne die Krone des Königs einzuschmelzen. Eines Tages, kurz nachdem er sich mit diesem Problem herumgeschlagen hatte, bereitete er sich ein Bad, und, als er sich ins Wasser setzte, schrie er plötzlich: „Heureka!" (Ich habe es gefunden!). Was ARCHIMEDES „gefunden" hatte, war, daß er das Gewicht der Krone errechnen könnte, indem er einfach beobachtete, wieviel Wasser sie verdrängte. ARCHIMEDES löste das Problem kreativ, indem er Ideen aus zwei unterschiedlichen Bezugssystemen zusammenfügte. BRIGGS und PEAT (1989) heben folgenden Aspekt hervor: „Das Ziel oder die Lösung ... liegen nicht im selben ... Bezugssystem wie das Problem" (S.193). In Übereinstimmung mit der Chaostheorie hat ARCHIMEDES´ Frustration anfänglich zu einer immer sprunghafteren Suche nach Lösungen geführt. „An einem kritischen Punkt in diesem Gewirr von Gedanken wird eine Gabelung erreicht, wo eine kleine Information oder eine unbedeutende Beobachtung (wie das Ansteigen des Badewassers) verstärkt wird und die Gedanken anregt, sich zu einer neuen Referenzebene emporzuranken – einer Ebene, die dann das Ziel enthält" (BRIGGS & PEAT, 1989, S.193).

Einzelsitzung" erlebt, bei denen die therapeutische Konversation KlientInnen in die Lage versetzt hat, weiterzukommen, nachdem sie das Gefühl gehabt hatten, „festzusitzen" (BLOOM, 1981; HOYT, 1994; KELMAN, 1969; TALMON, 1990). Diesbezüglich erzählt Carl WHITAKER (WHITAKER & BUMBERRY, 1988) die Geschichte eines Polizisten, „der versucht, einen Mann zu überreden, nicht von einer Brücke herunterzuspringen ... Der Mann war an diesem Gespräch überhaupt nicht interessiert. Zum Schluß hielt der Polizist es nicht mehr aus, zog seine Pistole und sagte: `Du Mistkerl, wenn du springst, erschieße ich dich!´ Und der Mann kam herunter. Also, das ist echte Psychotherapie" (S.221). Zeiteffektive TherapeutInnen achten immer wachsam auf Gelegenheiten, eine Veränderung zu ermöglichen – entweder in der therapeutischen Konversation oder indem sie für ihre KlientInnen den Boden bereiten, außerhalb des Therapieraumes zu handeln.

Wenn wir uns auf natürliche, veränderungsfördernde Ereignisse einstellen und uns um Ressourcen und Kompetenzen kümmern, ist unsere Gegenwart im Leben unserer KlientInnen weniger aufdringlich, aber nutzbringender. Die Ureinwohner Amerikas, die Indianer, hatten dies sehr gut verstanden und zwar in Hinblick auf ihren Glauben an den Lebenszyklus, der eine kontinuierliche und erneuernde Kraft ist, die alle Dinge in einem natürlichen Gleichgewicht zusammenbringt (WALL & ARDEN, 1990). Ihr Leben wurde bereichert und erleichtert, da sie die natürlichen/jahreszeitlichen Zyklen respektierten und mit ihnen arbeiteten und sich nicht aktiv bemühten, diese Ereignisse zu verändern oder beherrschen. Statt zu versuchen, das Gleichgewicht der Natur unter Kontrolle zu bringen und sich selbst über die Elemente des Zyklus zu erheben (in einer hierarchischeren Anordnung), verbanden sie sich mit diesem Gleichgewicht, um Harmonie zu erreichen. Um diese Harmonie in der Psychotherapie zu erlangen, müssen wir anfangen, uns als konsultierende Kräfte zu betrachten, die gewissermaßen am Rande stehen und den natürlichen Lebenszyklus der Menschen respektieren. Wie Nicholas HOBBS (1966) schon vor über 30 Jahren betonte, „ist Zeit eine Verbündete" und TherapeutInnen täten gut daran, „zu vermeiden, sich den natürlichen, regenerierenden Lebensprozessen in den Weg zu stellen" (S.110)[*]. Als KlinikerInnen müssen wir uns in einer „minimalistischen" Philosophie wohlfühlen. Dazu gehört, die Befriedigung aufzugeben, bei jedem Schritt des Weges, den die KlientInnen bei ihrer Verän-

---

[*]) **Anm.d.Hrsg.**: In seiner Arbeit spricht BATESON (1983) in ähnlicher Weise von der „sich selbst heilenden Tautologie" (S. 253).

derung gehen, „dabei zu sein"; wir sollten stattdessen Befriedigung darin finden, die Gelegenheit zu haben, einer großen Zahl von Menschen Beratung anbieten zu können.

Wenn wir die Ressourcen und die Widerstandskraft der Menschen respektieren wie auch die natürlichen Heilkräfte, die das soziale Netzwerk der KlientInnen bietet, wechseln wir von der Rolle des „fachkundigen Interventionisten" zum „teilhabenden Förderer"*. DURRANT und KOWALSKI (1993) berichteten über Daten einer Untersuchung, die zeigten, daß 90 Prozent der befragten Personen gravierende psychologische Probleme erfolgreich *ohne* fachkundliche Intervention überwunden hatten. Respektiert man diese Ergebnisse, ist das gleichbedeutend mit der Anerkennung einer zeiteffektiven, kompetenzorientierten Sichtweise. Und zumindest müssen wir vermeiden, für unsere KlientInnen das zu werden, was Don MEICHENBAUM (Juni, 1994: persönliche Mitteilung) als „Ersatzstirnlappen" ihres Gehirns bezeichnet.

Wie bereits erörtert, ist eine Veränderung von Haltung und Stil notwendig, um im Netzwerk von „managed care" zu arbeiten. KlinikerInnen, die innerhalb einer HMO tätig waren, berichteten über bedeutsame Verschiebungen im Laufe der Zeit in ihrer theoretischen Ausrichtung, wobei sie sich von einer eher psychodynamischen Sichtweise entfernten und sich den eher kognitiven/verhaltensbezogenen und eklektischen Praxismethoden näherten (AUSTAD, SHERMAN & HOLSTEIN, 1993). Diese Verschiebung paßt zur wachsenden Ausbreitung der kompetenzorientierten Therapien, die sich darauf konzentrieren, effektive Ergebnisse in der Gegenwart zu erzielen, statt die Vergangenheit zu analysieren, und Stärken und Ressourcen der KlientInnen zu nutzen, statt zu versuchen, „Pathologien zu kurieren". Bei der Verwendung dieser Methoden arbeiten TherapeutIn und KlientIn gemeinsam daran, Behandlungsprozesse zu entwerfen, die auf Kompetenzen aufbauen, um zu erreichbaren Ergebnissen zu gelangen.

Der in diesem Buch dargestellte Rahmen veranschaulicht eine zeiteffektive, kollaborative, respektvolle und kompetenzorientierte Therapie. Kollaborative, zeiteffektive TherapeutInnen zeichnen sich durch folgendes aus (nach FRIEDMAN, 1996):

---

*) **Anm.d.Hrsg.**: Wolfgang LOTH (1998) hat in diesem Zusammenhang den Begriff *beisteuern* geprägt: „Beisteuern meint die Kompetenz, sich erkennbar, verantwortlich und anschlußfähig daran zu beteiligen, Perspektiven zu weiten und neue Möglichkeiten zu erschließen, ohne dies einseitig und allein entscheidend tun zu können" (S. 42).

- *Sie glauben an eine sozial konstruierte Realität,* in der KlientIn und TherapeutIn gemeinsam Bedeutungen im Dialog oder in der Konversation schaffen.

- *Sie erhalten sich Empathie und Respekt* für die Lage der KlientIn und glauben an die Macht der therapeutischen Konversation, die unterdrückte, ignorierte oder bis dahin nicht eingestandene Stimmen oder „Geschichten" befreien kann.

- *Sie ko-konstruieren Ziele* und handeln die Therapierichtung aus, wobei die KlientIn als ExpertIn der eigenen Lage und des Dilemmas am Steuer sitzt.

- Sie suchen nach *Kompetenzen der KlientInnen*, nach deren Fähigkeiten und Ressourcen, die sie *verstärken*, und sie vermeiden es, „Pathologien aufzuspüren" oder starre diagnostische Kategorien zu verdinglichen.

- *Sie vermeiden ein Vokabular von Defizit und Dysfunktion*, ersetzen den Fachjargon (und die Distanz) der Pathologie durch die Alltagssprache.

- *Sie sind zukunftsorientiert* und optimistisch bezüglich einer Veränderung.

- *Sie betrachten Zeit als Verbündete* und begreifen, daß Ereignisse außerhalb der Therapie eine bedeutsame und positive Auswirkung auf das Leben der Menschen haben.

- *Sie haben ein feines Gespür für die Methoden und Prozesse, die in therapeutischen Konversationen eingesetzt werden.*

- *Sie haben ein feines Gespür für den Zeitfaktor in der Therapie.*

Diese Voraussetzungen können auf fünf Hauptprozesse* übertragen werden, durch die eine zeiteffektive Therapie definiert ist (siehe Abbildung 10-1):

---

*) **Anm.d.Übers.**: FRIEDMAN spricht von den „Fünf C", da im englischen alle Begriffe mit einem „C" beginnen: *cooperation, curiosity, collaboration, co-construction of solution ideas* und *closure.*

1. *Kooperation* mit der KlientIn
2. *Neugier* auf das Leben und die Beziehungen der KlientIn, ihre Ressourcen und Kompetenzen
3. *Zusammenarbeit* bei der Entwicklung von Zielen und Zukunftsvisionen
4. *Gemeinsames Entwerfen von Lösungsvorstellungen*, einer einzuschlagenden Richtung und von Handlungsschritten
5. *Abschluß*, die Therapie zu Ende bringen oder Recycling vornehmen

```
┌─────────────────┐     ┌─────────────────┐     ┌─────────────────┐
│   KOOPERATION   │◄───►│     NEUGIER     │◄───►│  ZUSAMMENARBEIT │
└─────────────────┘     └─────────────────┘     └─────────────────┘
 zuhören, ankoppeln,   Raum öffnen, Ressourcen    Hoffnung wecken,
     bestätigen        und Kompetenzen suchen     Ziele entwickeln,
                                                    „Ausnahmen"
                                                     hervorheben
```

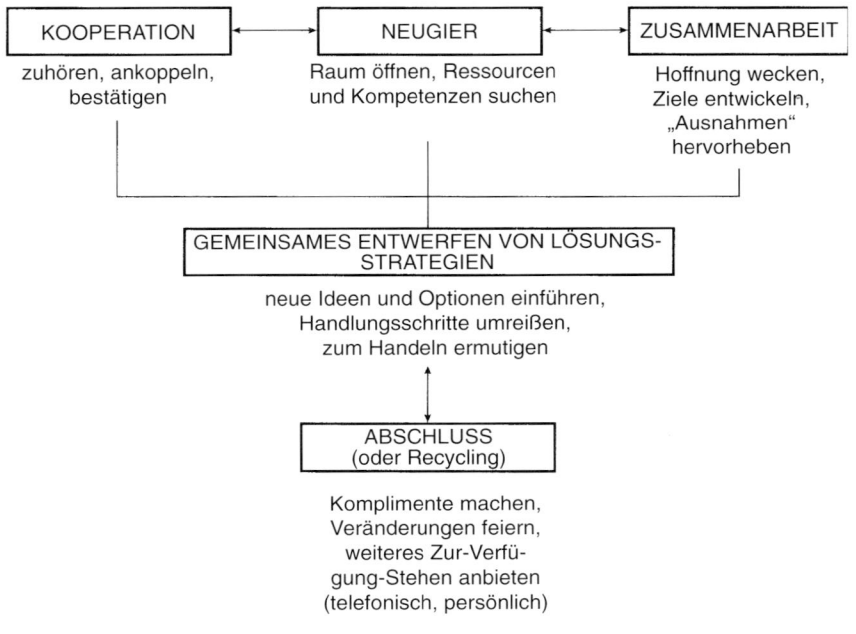

```
┌─────────────────────────────────────────┐
│ GEMEINSAMES ENTWERFEN VON LÖSUNGS-      │
│              STRATEGIEN                 │
└─────────────────────────────────────────┘
     neue Ideen und Optionen einführen,
       Handlungsschritte umreißen,
          zum Handeln ermutigen

              ┌──────────────────┐
              │     ABSCHLUSS    │
              │  (oder Recycling)│
              └──────────────────┘
              Komplimente machen,
             Veränderungen feiern,
              weiteres Zur-Verfü-
              gung-Stehen anbieten
             (telefonisch, persönlich)
```

Abbildung 10–1 Ein kompetenzorientiertes Modell zeiteffektiver Therapie

Ihre Praxis handhaben: Von Möglichkeiten zu Ergebnissen

Unsere Wahrnehmung der Menschen zeigt sich in der Art und Weise, wie wir unsere klinischen Notizen und Berichte machen. Vorgegebene Formulare betonen häufig Defizite, Pathologien und Diagnosen und nicht Stärken, Ressourcen und Behandlungsziele. Skalierungsfragen zum Beispiel (ähnlich wie die in Kapitel 7 und 8 benutzten) sind eine einfache und wirkungsvolle Möglichkeit, um den Verlauf einer Therapie festzuhalten. In diesem Fall fungiert die KlientIn als BewerterIn des Fortschritts, was sehr sinnvoll ist, da der Grad ihrer Zufriedenheit bestimmt, wann die Therapie erfolgreich war. Ein anderer nützlicher Weg, um zielgerichtet zu bleiben und den Fortschritt der KlientIn zu überprüfen, ist in Formblatt 10-1 und 10-2 dargestellt, die sich eng an den kompetenzorientierten Rahmen halten, wie er in diesem Buch vorgestellt wird. (Ein noch weiter verfeinertes Auswertungssystem der Ergebnisse wird später in diesem Kapitel vorgestellt.) BERG (1994) hat ebenfalls ein Formular für die Arbeit mit Familien entwickelt, das die Aufmerksamkeit der TherapeutIn auf Stärken und Kompetenzen richtet. Ein weiterer Vorteil des kompetenzorientierten Berichtes liegt darin, daß man der KlientIn am Ende der Sitzung eine Kopie des Formulars mitgeben kann!

Name der KlientIn _____

Datum des Erstkontaktes _____

Kurzes Genogramm des erweiterten familiären (Unterstützungs-) Systems

Stärken und Ressourcen der KlientIn/„Ausnahmen" zum Problem

_____

Ziele der KlientIn (*in positiven, verhaltensbezogenen Begriffen*)

1. _____
2. _____
3. _____

Feedback (einschließlich bereits durchgeführter positiver Schritte)

_____

Handlungsschritte (oder gemeinsam mit der KlientIn entwickelte Experimente)

1. _____
2. _____
3. _____

Formblatt 10–1 Klinischer Bericht

Name der KlientIn _____ Sitzung Nr. _____

Unternommene Handlungsschritte   **Ergebnis**

(1 = minimaler Fortschritt; 5= maximaler Fortschritt)

1. _____   1   2   3   4   5

2. _____   1   2   3   4   5

3. _____   1   2   3   4   5

Neue Handlungsschritte?

1. _____

2. _____

3. _____

Formblatt 10–2   Bericht über Folgesitzungen

Während solche Formulare und Skalen helfen können, unsere klinische Arbeit auszurichten und zu fokussieren, ist es doch auch von entscheidender Bedeutung, wie man seine Zeit aufteilt. Beim Ersttermin kann eine längere Sitzung (z.B. 90 Minuten) Ihnen erlauben, „gleich voll einzusteigen" und die Anzahl der notwendigen weiteren Termine zu verringern. Sie stellen unter Umständen fest, daß durch die lange Erstsitzung ein Behandlungsplan erstellt werden kann, der zwei oder drei Wochen später eine Nachuntersuchung vorsieht. Statt sich an eine feste Vorstellung zu halten, jeder müsse alle ein oder zwei Wochen einen 50minütigen Termin haben, ist das eigentlich Wesentliche, die Zeit kreativ und flexibel einzusetzen. Wenn ich zum Beispiel, wie ich schon erwähnte, mit jemandem einen 50minütigen Termin verabredet habe, und wir bequem und zur allgemeinen Zufriedenheit unsere Arbeit in 35 Minuten erledigen, beende ich die Sitzung. Die gesparten Minuten können an anderer Stelle sinnvoll verwendet werden.

Um im Rahmen von „managed care" zu praktizieren, ist es genauso notwendig, die Zeit flexibel einzusetzen, wie es notwendig ist, positive Ergebnisse vorzuweisen. Obwohl viele „managed care"-Organisationen anfänglich den TherapeutInnen „Kontroll-Systeme" (BERWICK, 1995) auferlegten, bei denen GutachterInnen sorgfältig die Anzahl der Sitzungen, die jede KlientIn erhalten konnte, zuteilten, liegt der Schwerpunkt gegenwärtig auf den ergebnisorientierten Systemen. Bei diesen ergebnisorientierten Systemen schließen die MCCs Verträge mit den kostengünstigsten und zeiteffektivsten AnbieterInnen. Statt große Geldsummen dafür auszugeben, die Praxen der KlinikerInnen zu überprüfen und zu beaufsichtigen, investieren diese Gesellschaften in Praxen, denen sie zutrauen, in einer Weise therapeutisch tätig zu sein, die Qualitätsleistungen bietet und gleichzeitig den Zeitfaktor im Auge behält. Dies bedeutet weniger aufdringliche GutachterInnen, mehr Autonomie für KlinikerInnen bei ihren Behandlungsentscheidungen und größere Verantwortlichkeit seitens der KlinikerInnen, indem sie die Effizienz ihrer Arbeit unter Beweis stellen (MEREDITH & BAIR, 1995). Ein ergebnisorientiertes System erfordert von TherapeutInnen, ihre Zeiteffektivität mit klinischen Daten zu belegen. Viele MCCs erstellen bereits ein mehrdimensionales Profil der AnbieterInnen, das unter anderem die Zufriedenheit der KlientInnen und die erzielten klinischen Resultate berücksichtigt (SLEEK, 1995). Im nächsten Abschnitt werden wir eine flexible und anpassungsfähige Möglichkeit betrachten, bei unterschiedlichsten klinischen Situationen systematisch Ergebnisse zu messen. Diese Struktur gibt TherapeutInnen ein Mittel an die Hand, Daten über die Effizienz ihrer Praxen zusammenzustellen.

Werden Ergebnisse und Berechenbarkeit in den Mittelpunkt gerückt, so hilft dies, Status und Ansehen der Psychotherapie zu erhöhen. Effektive klinische Praxis „wird durch weniger strenge Beaufsichtigung der AnbieterInnen und liberalere Auflagen für die Richtlinien der Praxis belohnt werden" (MEREDITH & BAIR, 1995, S.44). Da effektive Psychotherapie unnötige medizinische Kosten deutlich senken kann, werden Arbeitgebergruppen es für vorteilhaft erachten, in diese Leistungen zu investieren.

Änderungen messen

JACOBSON (1995) formulierte es folgendermaßen: „Kriterien, Fortschritt zu bestimmen, sollten Teil eines Dialoges sein, den die TherapeutIn initiiert und regelmäßig sowohl von der TherapeutIn wie auch der KlientIn thematisiert wird. Funktioniert die Therapie nicht, ist die TherapeutIn ethisch verpflichtet, etwas anderes auszuprobieren" (S.46). Außerdem sollten KlinikerInnen Ergebnisdaten sammeln, welche sie als AnbieterInnen von psychosozialer Gesundheitsleistung von hoher Qualität ausweisen (NOBLE, 1995; STROMBERG & RATCLIFF, 1995).

Thomas KIRESUK (1973; KIRESUK & SHERMAN, 1968; KIRESUK, SMITH & CARDILLO, 1994) hat ein einfaches, aber elegant strukturiertes System entwickelt, um in der Psychotherapie Veränderung auszuwerten; dieses

System bietet nicht nur eine gewisse Flexibilität an, wenn es bei einzelnen KlientInnen angewendet wird, sondern es kann auch als Hilfsmittel benutzt werden, um Ergebnisse verschiedener KlientInnengruppen zu betrachten. Die *Skalierung von erreichten Zielen* erlaubt TherapeutInnen und KlientInnen zusammenzuarbeiten und eine Reihe von Zielen zu formulieren, die auf die einzigartige Situation der KlientIn abgestimmt sind und im Verlauf der Therapie eine Beurteilung der Ergebnisse gestatten. Bei Verwendung dieses Systems können TherapeutInnen Daten über Therapieergebnisse bei KlientInnengruppen erstellen, Ergebnismaterial für MCCs zur Verfügung stellen und ein systematisches Verständnis dessen, was bei wem funktioniert, ermöglichen. Abbildung 10-2 zeigt die Anwendung dieser Struktur auf die Klientin „Nancy", die in Kapitel 5 besprochen wurde.*

Obwohl das Format der Skala gleich bleibt, kann der Inhalt flexibel auf die jeweils einzigartigen Ziele der jeweiligen KlientIn zugeschnitten werden. Eine nützliche Leitidee ist die, die Ziele in einer Weise zu formulieren, die ein verhaltensbezogenes Messen zulassen. Außerdem ist es am besten, Ziele, wenn immer möglich, in positiven Begriffen zu definieren, z.B. als Bewegung *in Richtung auf* ein bevorzugtes Ergebnis. Die Gewichtung für jedes Ziel kann auch so entwicklet werden, daß sich die Aufmerksamkeit der TherapeutIn auf die Prioritäten der KlientIn ausrichtet. Auf diese Weise wird die Zielsetzung ein gemeinsamer und öffentlicher Prozeß, bei dem die Richtung der Therapie nicht versteckt oder von der TherapeutIn auferlegt, sondern gemeinsam ausgehandelt wird. Ändern sich im Laufe der Therapie die Ziele, was häufig geschieht, können die Prioritäten neu bewertet werden. Viele KlinikerInnen haben eine Abneigung gegen Forschung, aber diese einfache Methode bietet einen Weg, nützliche Information auf zurückhaltende und hilfreiche Weise zusammenzustellen. Da die KlientInnen die Gelegenheit erhalten, sich selbst aktiv daran zu beteiligen, ihren eigenen Fortschritt zu überwachen und eine wesentlichere Rolle bei ihrer eigenen Therapie zu spielen, wird nun zusätzlich vermutlich die „Zufriedenheit der VerbraucherIn" erhöht.

---

*) **Anm.d.Hrsg.**: DeJong und Berg (1998) stellen auch relativ einfach handhabbare Instrumente vor, Veränderungen und Zielerreichung und Zufriedenheit zu erfassen bzw. zu messen.

\# = Ebene beim Ersttermin
* = Ebene am Ende der Therapie
(Kreuzen Sie „Ja" an, wenn die Skala von KlientIn und TherapeutIn gemeinsam ausgehandelt wurde:)

Fokus	Skala 1 Drogengebrauch Ja ✓ (G=40)	Skala 2 Weglaufen Ja ✓ (G=20)	Skala 3 Tut sich selbst etwas an Ja ✓ (G=20)	Skala 4 Schulbesuch Ja ✓ (G=10)	Skala 5 Krisenanrufe bei HMO Ja ___ (G=10)
Bestes Ergebnis (5)	Bleibt trocken x 3 Mon. *	Spricht mit anderen, wenn unglücklich; kein Weglaufen x 3 Mo *	Spricht mit anderen, wenn unglücklich; keine Selbstverletzung x 3Mo *	Erreicht den Schulabschluß *	Wird ohne anzurufen mit Krisen fertig x 3Mo *
(4)					
Teilerfolge (3)	Erreicht zeitweise Drogenfreiheit (1-2 Wochen)	Trägt sich mit dem Gedanken wegzulaufen, tut es aber nicht	Trägt sich mit dem Gedanken, sich etwas anzutun, tut aber nicht	Verschafft sich Information darüber, was für die Abschlußprüfung notwendig ist	Nimmt Kontakt zur TherapeutIn auf, 2-3 x in 2 Mon
(2)				\#	
Am wenigsten positives Ergebnis (1)	Nimmt regelmäßig Drogen (4x/ Woche) \#	Läuft weg, wenn unglücklich \#	Tut sich selbst etwas an, wenn zornig \#	Unternimmt nichts, um den Schulabschluß zu erreichen	Ruft in Krisensituation an 1x/ Woche \#

Abbildung 10–2   Anleitung: Erreichte Ziele; Klinisches Beispiel – „Nancy"[2]

---

[2]) Ich möchte den StudentInnen meines Lehrgangs an der Massachusetts School of Professional Psychology (Sommer 1996) für ihre hilfreichen Ideen zur Anordnung der Information dieser Tabelle danken. Möglichkeiten, wie Veränderung in KlientInnen quantifiziert werden kann, finden sich bei KIRESUK (1973), KIRESUK & SHERMAN (1968) und KIRESUK et al. (1994).

Möglichkeiten-Therapie praktisch

Ein kompetenzorientierter Ansatz, der auf den Ressourcen und Erfolgen der KlientIn aufbaut, bietet eine große Bandbreite an therapeutischen Möglichkeiten, die flexibel und leicht in die klinische Praxis integriert und ihr angepaßt werden können.*

Zehn Schritte zu neuen Möglichkeiten – Eine Zusammenfassung

1. Erhalten Sie sich eine Einstellung, die von naiver Neugier, Optimismus und Respekt für die KlientIn gekennzeichnet ist, indem Sie aktiv ihrer Geschichte zuhören.

2. Stellen Sie sich auf die Gefühle und Erfahrungen der KlientIn ein; achten und unterstützen Sie den Kampf/Schmerz der KlientIn.

3. Bleiben Sie einfach und fokussiert, hören Sie auf Ausnahmen (z.B. Widersprüche zur problemgesättigten Geschichte). Wenn ein Problem sein eigenes Leben entwickelt zu haben scheint, führen Sie externalisierende Konversationen, definieren Sie das Problem als eine äußere Macht, die das Fortkommen der KlientIn unterdrückt, unterwirft oder behindert.

4. Suchen Sie immer nach Hinweisen auf Veränderung/Erfolg; hören Sie auf Geschichten, die Hoffnung bieten.

5. Bleiben Sie auf die Ziele der KlientIn eingestimmt: „Was sieht die KlientIn als positives Ergebnis?", „Was hofft die Klientin zu erreichen?"

6. Verhandeln Sie mit der KlientIn, damit das Ergebnis oder die Ziele in klaren, beobachtbaren Ausdrücken umrissen werden.

7. Bauen Sie auf die Kompetenzen, Erfolge und Ressourcen der KlientIn; laden Sie die KlientIn ein, sich auf Ausnahmen zum Problem einzustimmen; fördern Sie die Kreativität Ihrer KlientIn.

8. Bringen Sie Ideen ein, die für die KlientIn Raum schaffen, „damit sie etwas ander(e)s macht"; ermuntern Sie zu kleinen Schritten;

---

*) **Anm.d.Hrsg.:** O'Hanlon & Beadle (1998) belegen einen ganzen therapeutischen Ansatz mit dem Begriff Möglichkeiten-Therapie: „Möglichkeiten-Therapie hat damit zu tun, die erlebte Selbsterfahrung der KlientIn und ihre Vorstellungen von ihrem Leben anzuerkennen und zu bestätigen und zugleich sicherzustellen, daß Möglichkeiten der Änderung entdeckt und verstärkt werden" (S. 15).

ALEXANDER und FRENCH (1946) haben auf folgendes hingewiesen: „In einer gut durchgeführten Therapie geschieht genausoviel oder mehr in den Zeiten zwischen den Interviews wie in den Interviews selbst" (S. 91).

9. Ermuntern Sie zum Handeln/Ausprobieren in der wirklichen Welt. Definieren Sie den Veränderungsprozeß als harte Arbeit und loben Sie kleine Schritte, die in eine positive Richtung führen.

10. Unterstützen Sie erzielte Veränderungen. Stellen Sie Fragen, durch die Veränderungen in die Erfahrung der KlientIn eingebettet werden; komplimentieren Sie die KlientIn für positive Schritte, die sie unternommen hat. Wenn das Ziel nicht erreicht wird, beginnen Sie den Zyklus von vorn. Lassen Sie die Tür für zukünftige Kontakte offen.

Managed Care überleben

Das Umfeld von „managed care" kann sowohl aufregend wie belastend sein, und TherapeutInnen müssen eine ausgewogene Ausgangsbasis haben, wenn sie mit komplexen Situation zeiteffektiv umgehen. Das Jonglieren zwischen den Anliegen der KlientIn und der Erwartungen der MCCs macht den therapeutischen Prozeß zu einer Herausforderung. Es folgen einige Ideen, wie man in „managed care" überleben und gedeihen kann und das „burn out" vermeidet.

Vorschläge für das Überleben in „managed care"

- Stellen Sie eine gute Arbeitsbeziehung zu den Entscheidungsträgern Ihrer Fälle her. Bleiben Sie bei einer nicht feindseligen (kollaborativen) Haltung, wenn Sie die Verantwortlichen über effektive klinische Praxis informieren. Seien Sie zu Begründungen und Verhandlungen bereit.

- Bilden Sie eine Gruppenpraxis oder schließen Sie sich mit anderen AnbieterInnen zusammen, die eine Reihe unterschiedlicher und integrierter Leistungen anbieten. Integriertes Leistungsangebot bedeutet Effizienz.

- Kultivieren und pflegen Sie Verbindungen/Zusammenarbeit mit Gruppen von AnbieterInnen der Primärversorgung. Was noch besser ist: gründen Sie eine Praxis innerhalb einer medizinischen Gruppierung und bieten Sie Konsultationen „vor Ort" an; die Leute nehmen eher psychosoziale Dienstleistungen in Anspruch, wenn diese als Teil des medizinischen Versorgungsbereiches leicht zugänglich sind.

- Werden Sie ExpertIn in einem oder mehreren spezialisierten Gebieten (z.B. Kinder- und Familientherapie; Gruppentherapie; Drogenabhängigkeit; geriatrische Betreuung, usw.). Finden Sie eine Marktlücke, die ihren Fähigkeiten und Interessen entspricht.

- Entwickeln Sie Behandlungspläne, die Ressourcen der Gemeinde nutzen (z.B. Anonyme Alkoholiker, Elterngruppen für hyperaktive Kinder, usw.). Die MCCs werden mit größerer Wahrscheinlichkeit Ihre Leistungen genehmigen, wenn sie feststellen, daß Sie fremde („freie") Ressourcen maximal ausnutzen.

- Haben sie ein offenes Ohr für aktuelle Geschäftsentwicklungen auf dem Markt von „managed care", indem Sie wichtige Bücher und Informationsschreiben lesen.[3]

- Bilden Sie sich kontinuierlich so fort, daß Sie Ihre Fähigkeiten in zeiteffektiver Therapie erweitern und verfeinern, was Ihnen hilft, ein spezielles Können zu entwickeln.

- Dokumentieren Sie, wie ambulante Therapie Geld spart, indem medizinische und stationäre Kosten vermieden werden.[4]

- Zeichnen Sie systematisch Ergebnisse und Zufriedenheit der KlientIn auf; das versetzt Sie in die Lage, der MCC konkret die Zeiteffektivität Ihres Ansatzes zu zeigen.

---

[3]) Nützliche Veröffentlichungen sind: *Practice Strategies* (veröffentlicht von der American Association of Marriage and Family Therapy: 202-452-0109); *Psychotherapy Finances* (407-747-1960) und *HMO Practice* (716-857-6361). [Diese Angaben beziehen sich natürlich nur auf den US-Markt, *Anm.d.Hrsg.*)

[4]) In einer kürzlich aufgetretenen Situation zeigte ich, wie ein Haus-Krisenservice, der 2-3mal pro Woche angeboten wurde und etwa $ 8000 pro Jahr kostete, eine kosteneffektive Alternative zur Unterbringung im Krankenhaus darstellte. In dem Jahr, bevor dieses Haus-Krisenprogramm eingerichtet wurde, kostete der betreffende Klient die MCC über $ 65.000 für Krankenhausleistungen und damit verbundene Kosten.

Um „Burn out" zu vermeiden ...

- Betrachten Sie den therapeutischen Prozeß als ein Labor für Veränderung; ermutigen Sie sich und Ihre KlientInnen, mit neuen Ideen und Handlungsmöglichkeiten zu experimentieren. Handeln Sie entgegen alten Gewohnheiten, die Ihre Kreativität beschränken.

- Arbeiten Sie niemals härter als Ihre KlientInnen (seien Sie niemals die Person im Raum, die am stärksten für Veränderung motiviert ist). Achten Sie darauf, wenn Sie auf der Stuhlkante sitzen und Ihre KlientIn zurückgelehnt in entspannter Lage sitzt – irgend etwas stimmt an diesem Bild nicht! Finden Sie heraus, wofür Ihre KlientIn KundIn ist und bleiben Sie auf dieses Ziel konzentriert.

- Achten Sie auf die für Sie typischen Anzeichen des „burn out". Entwickeln Sie ein Behandlungsteam, wo einer den anderen unterstützt; teilen Sie bei schwierigen klinischen Entscheidungen die Verantwortung mit TeamkollegInnen. Schließen Sie sich einem unterstützenden Peer-Netzwerk an, das Ihnen die Möglichkeit bietet, über Ihre Arbeit zu sprechen. Initiieren Sie gemeinsam mit KollegInnen Konsultationen mit einem Reflektierenden Team für „feststeckende" Fälle.

- Entwickeln Sie ein Hobby völlig außerhalb des therapeutischen Feldes (z.B. Tanzen, Fotografie, Radfahren, Tennis, Münzensammeln).

- Spüren Sie Ihrer eigenen Gereiztheit nach und tun Sie etwas für sich selber (Essen in einem schönen Restaurant, ein Wochenende auf dem Land, usw.), wenn Sie es nötig haben.

- Fangen Sie an zu schnitzen oder verbringen Sie einfach etwas Zeit damit, am Abhang eines Hügels zu liegen und die Wolken ziehen zu sehen.

- Loben Sie sich selbst für das, was funktioniert, und seien Sie nachsichtig mit sich, wenn Sie in eine Sackgasse geraten.

- Seien Sie vorsichtig, wenn Sie anfangen, KlientInnen als „widerspenstig" oder „unmotiviert" anzusehen. Dies ist ein Zeichen, daß Ihr Frustrationsgrad hoch ist; suchen Sie nach Konsultation.

- Vertrauen Sie Ihrem klinischen Urteil. Bringen Sie sich selbst in die Therapie ein. Seien Sie persönlich und echt – Sie dürfen lachen und weinen. Das wird sowohl für Sie wie auch für Ihre KlientIn therapeutisch sein.

- Nehmen Sie sich selbst nicht zu ernst. Wie Carl WHITAKER (1976) sagte: „Entwickeln Sie Achtung vor Ihren spontanen Impulsen und seien Sie mißtrauisch gegenüber Ihren Verhaltenssequenzen" (S.164).

Schlüsselideen dieses Kapitels

- „Managed care" wird in der einen oder anderen Form bleiben und KlinikerInnen dazu auffordern, ihre Fähigkeiten für zeiteffektive Psychotherapie zu entwickeln und zu verfeinern.
- Arbeit unter Zeitdruck und mit begrenzten Mitteln und die Verantwortung für bestimmte Gruppen (Mitglieder einer HMO) verlangen eine Haltungsänderung gegenüber psychotherapeutischen Prozessen.
- Zeiteffektive Therapie beinhaltet eine Geisteshaltung im Denken und Handeln, die auf anderen von Annahmen über Therapieprozesse beruht und gegenüber Zeit sensibel ist.
- KlinikerInnen können im Rahmen von „managed care" effektiv sein, indem sie klüger und nicht härter arbeiten.
- Ein Mehr an Therapie ist nicht notwendigerweise besser; besser ist besser (AUSTAD & HOYT, 1992).
- Die Erwartungen der TherapeutIn und die Hoffnung der KlientIn sind entscheidende Elemente im Veränderungsprozeß. Positive Ergebnisse sind dann wahrscheinlicher, wenn KlientInnen ein Gefühl der Hoffnung hegen und eine positive Erwartung in Hinblick auf Veränderung haben (siehe WHISTON & SEXTON, 1993).
- Versteht man den Zustand der Handlungsbereitschaft auf seiten der KlientIn, dann wird der therapeutische Prozeß eher zu einem gemeinsamen Unternehmen und letztlich zeiteffektiver.
- Zeit ist eine Verbündete. Läßt man Abstand zwischen den Sitzungen (d.h. man sieht die KlientIn in Abständen), kann man aus den normalen Heilungsprozessen des Lebens Kapital schlagen und auf diese Weise die KlientIn als die ArchitektInnen für Veränderungen in ihrem eigenen Leben einsetzen.
- Die aktive Teilnahme der KlientIn, Ziele zu erarbeiten und Fortschritte auszuwerten, ist ein wesentlicher Bestandteil des therapeutischen Prozesses. Eine kollaborative Haltung auf seiten der TherapeutIn erhöht die Wahrscheinlichkeit, ein positives Resultat zu erzielen (siehe WHISTON & SEXTON, 1993).

- Das Leben der Menschen ist komplex; die Kunst der Kurztherapie besteht darin, diese Tatsache zu respektieren und sich dennoch nicht davon abhalten zu lassen, sanfte Ansatzpunkte für eine Veränderung zu finden (GURMAN, 1992).
- Zeiteffektive TherapeutInnen würdigen die Idee, daß es praktisch wie ethisch ist, Menschen zu helfen, ihre Ziele so effizient wie möglich zu erreichen.
- „Think small" [Denken Sie in kleinen Schritten.]

Die „managed care"-Bewegung stellt einfach eine ständige Herausforderung für TherapeutInnen dar, ihre Fähigkeiten und therapeutischen Bemühungen zeiteffektiver zu gestalten, zu wandeln und zu verfeinern. Ich hoffe, daß dieses Buch Ihnen die Möglichkeit geboten hat, Ihre Vorstellungen und Praktiken für eine erfolgreiche Annahme dieser Herausforderung neu zu durchdenken. Wenn Sie sich eine hoffnungsvolle, optimistische Geisteshaltung bewahren, wenn Sie gemeinsam mit den KlientInnen an *deren* Zielen arbeiten und die Ressourcen und Stärken Ihrer KlientInnen erkennen und einsetzen, dann können Sie den therapeutischen Prozeß zu einem kreativeren, respektvolleren und produktiveren Untenehmen machen.

Fragen zum Nachdenken

1. Welche zwei oder drei Hauptgedanken dieses Buches fanden Sie für Ihre Arbeit am nützlichsten und am besten auf Ihre Arbeit anzuwenden? Wie könnten Sie diese Gedanken in Ihrer nächsten klinischen Begegnung einsetzen?
2. Welche Annahmen sind Ihnen in Ihrer Arbeit lieb und teuer? Welche dieser Annahmen macht Ihre Arbeit zeiteffektiver? Welche dieser Annahmen beschränken oder begrenzen Ihre Effektivität?
3. Welche Veränderungen müssen Sie in Ihrer Praxis vornehmen, um Ihre Zeiteffektivität zu erhöhen?

Literatur

ADAMS, J. (1987, Jan/Feb). A brave new world for private practice. The Family Therapy Networker, pp. 19-25

ADAMS-WESTCOTT, Janet & ISENBART, Deanna (1995). A journey of change through connection. In S. FRIEDMAN (Ed.), The reflecting team in action: Collaborative practice in family therapy. New York: Guilford

AGNETTI, Germana & YOUNG, Jeffrey (1993). Chronicity and the experience of timelessness: An intervention model. Family Systems Medicine, 11 (1), 67-81

ALEXANDER, F. & FRENCH, T.M. (1946). Psychoanalytic therapy: Principles and applications. New York: Ronald

ANDERSEN, Tom (1987). The reflecting team: Dialogue and meta-dialogue in clinical work. Family Process, 26 (4), 415-428

ANDERSEN, Tom (Ed.) (1991). The reflecting team: Dialogues and dialogues about the dialogues. New York: Norton, dtsch. Das Reflektierende Team. Dortmund: modernes lernen, 1990

ANDERSEN, Tom (1993). See and hear, and be seen and heard. In Steven FRIEDMAN (Ed.), The new language of change: Constructive collaboration in psychotherapy (pp. 303-322). New York: Guilford

ANDERSEN, Tom (1995). Reflecting processes: Acts of informing and forming. In Steven FRIEDMAN (Ed.), The reflecting team in action: Collaborative practice in family therapy. New York: Guilford

ANDERSEN, Tom (1998). Zum Geleit. In: HARGENS, Jürgen & VON SCHLIPPE, Arist (eds). Das Spiel der Ideen. Reflektierendes Team und systemische Praxis. Dortmund: borgmann

ANDERSON, Harlene (1993). On a roller coaster: A collaborative language systems approach to therapy. In Steven FRIEDMAN (Ed.), The new language of change: Constructive collaboration in psychotherapy (S. 323-344). New York: Guilford

ANDERSON, Harlene & GOOLISHIAN, Harold A. (1988). Human systems as linguistic systems: Preliminary and evolving ideas about the implications for clinical theory. Family Process, 27, 371-393, dtsch. Menschliche Systeme als sprachliche Systeme. Familiendynamik 15(3): 212-243, 1990

AUSTAD, C. S. & HOYT, Michael F. (1992). The managed care movement and the future of psychotherapy. Psychotherapy, 29 (1), 109-118

AUSTAD, C.S., SHERMAN, W.O. & HOLSTEIN, L. (1993). Psychotherapists in the HMO. HMO Practice, 7 (3), 122-126

Bass, A. (1995a, Feb 22). Computerized medical data put privacy on the line. The Boston Globe, S. 1; 5

Bass, A. (1995b, Mar 11). AG's office examining privacy of HMO files. The Boston Globe, S. 13; 15

Bateson, Gregory (1972). Steps to an ecology of mind. New York: Ballantine, dtsch. Ökologie des Geistes. Frankfurt/M.: Suhrkamp, 1981

Bateson, Gregory (1983). Geist und Natur. Eine notwendige Einheit. Frankfurt/M.: Suhrkamp, 1981

Bennett, M. J. (1984). Brief psychotherapy and adult development. Psychotherapy: Theory, Research and Practice, 21, 171-177

Bennett, M. J. (1988). The greening of the HMO: Implications for prepaid psychiatry. American Journal of Psychiatry, 145 (12), 1544-1549

Bennett, M. J. (1989). The catalytic function in psychotherapy. Psychiatry, 52, 351-364

Berg, Insoo K. (1989, Jan/Feb). Of customers, complainants and visitors. The Family Therapy Networker, S. 21

Berg, Insoo K. (1994). Family based services: A solution-focused approach. New York: Norton, dtsch. Familien-Zusammenhalt(en). Dortmund: modernes lernen, 1992

Berg, Insoo K. & de Shazer, Steve (1993). Making numbers talk. In Steven Friedman (Ed.), The new language of change: Constructive collaboration in psychotherapy (S. 5-24). New York: Guilford Press, dtsch. Wie man Zahlen zum Sprechen bringt. Familiendynamik 18(2): 146-162, 1993

Berg, Insoo K. & Miller, Scott D. (1992). Working with the problem drinker: A solution- focused approach. New York: Norton, dtsch. Kurzzeittherapie bei Alkoholproblemen. Heidelberg: Cl.Auer, 1993

Berlyne, D. E. (1960). Conflict, arousal and curiosity. New York: McGraw-Hill

Berwick, D. (1995). Quality comes home. Quality Connection, 4 (1), 1-4

Binder, J. L. (1993). Observations on the training of therapists in time-limited dynamic psychotherapy. Psychotherapy, 40 (4), 592-598

Bischoff, R. J. & Sprenkle, Douglas H. (1993). Dropping out of marriage and family therapy: A critical review of research. Family Process, 32 (3), 353-375

Blakeslee, S. (1993, Nov 7). Beliefs reported to shorten life. New York Times

Bloom, B. L. (1981). Focused single session therapy In Simon Budman (Ed.), Forms of brief therapy (S.167-216). New York: Guilford

BRANDT, L. (1989). A short-term group therapy model for treatment of adult female surviviors of childhood incest. Group, 13 (2), 74-82

BRECHER, Sally & FRIEDMAN, Steven (1993). In pursuit of a better life: A mother's triumph. In Steven FRIEDMAN (Ed.), The new language of change: Constructive collaboration in psychotherapy (S. 278-299). New York: Guilford

BREHM, J. W. (1966). A theory of psychological reactance. New York: Academic

BRIGGS, J. & PEAT, F. D. (1989). Turbulent mirror. New York: Harper and Row

BROWN-STANDRIDGE, Marcia D. (1989). A paradigm for construction of family therapy tasks. Family Process, 28 (4), 471-489

BRUNER, Jerome S. (1986). Actual minds, possible worlds. Cambridge: Harvard University

BUDMAN, Simon H. (1990). The myth of termination in brief therapy: Or, it ain't over till it's over. In Jeffrey.K. ZEIG & Stephen G. GILLIGAN (Eds.), Brief therapy: Myths, methods and metaphors (S. 206-218). New York: Brunner/Mazel

BUDMAN, SIMON H., FRIEDMAN, Steven & HOYT, Michael. (1992). Last words on first sessions. In Simon H. BUDMAN, Michael HOYT, & Steven FRIEDMAN (Eds.), The first session in brief therapy (S. 345-358). New York: Guilford

BUDMAN, Simon H., & GURMAN, Alan S. (1988). Theory and practice of brief therapy. New York: Guilford

BUTZ, M.R. (1994). Psychopharmacology: Psychology's Jurassic Park? Psychotherapy, 31 (4), 692-699

CADE, Brian & O'HANLON, William H. (1994). A brief guide to brief therapy. New York: Norton

CALIFANO, J. A. (1988, March 20). The health-care chaos. New York Times Magazine, S. 44; 46; 56-58

CAMPBELL, B. & JAYNES, J. (1966). Reinstatement. Psychological Review, 73, 478-480

CARPENTER, G., C. TECCE, J., STECHLER, G. & FRIEDMAN, Steven (1970). Differential visual behavior to human and humanoid faces in early infancy. Merrill-Palmer Quarterly, 16, 91-108

CHAMBERLAIN, L. (1994). Psychopharmacology: Further adventures in psychology's Jurassic Park. Psychotherapy Bulletin, 29 (3), 47-50

CHASE, Richard (1969). Biologic aspects of environmental design. Clinicial Pediatrics, 8, 268-274

CHASIN, Richard & ROTH, Sallyann. A. (1990). Future perfect, past perfect: A positive approach to opening couple therapy. In Richard CHASIN, H. GRUNEBAUM & M. HERZIG (Eds.), One couple, four realities: Multiple perspectives on couple therapy (S. 129-144). New York: Guilford

CHASIN, Richard, ROTH, Sallyann A. & BOGRAD, Michele (1989). Action methods in systemic therapy: Dramatizing ideal futures and reformed pasts with couples. Family Process, 28, 121-136

COMBS, Gene & FREEDMAN, Jill (1990). Symbol, story and ceremony. New York: Norton

COUSINS, N. (1989). Head first: The biology of hope. New York: Dutton

CUMMINGS, Nicholas A. (1979, January). The general practice of psychology. APA Monitor

CUMMINGS, Nicholas A. (1986). The dismantling of our health system: Struggles for the survival of psychological practice. American Psychologist, 41 (4), 426-431

CUMMINGS, Nicholas A. (1991, Spring). Out of the cottage. Advance Plan, p. 1-2; 14

CUMMINGS, Nicholas A. (1995). Behavioral health after managed care: The next golden opportunity for professional psychology. Register Report, 20 (3), 29-33

D'AGOSTINO, D., MCCABE, J. & SCLAR, B. (1995). A psychiatric day program in an HMO. HMO Practice, 9 (2), 79-83

DALEY, B.S. & KOPPENAL, G.S. (1981). The treatment of women in short-term women's groups. In Simon BUDMAN (Ed.), Forms of brief therapy (S. 343- 357). New York:Guilford

DEJONG, Peter & BERG, Insoo Kim (1998). Lösungen (er-) finden. Das Werkstattbuch der lösungsorientierten Kurztherapie. Dortmund: modernes lernen

DEPPE, Hans-Ulrich (1997). Wettbewerb im Gesundheitswesen: Ökonomische Grenzen und ethische Fragen. systhema 11: 31-41

DE SHAZER, S. (1985). Keys to solution in brief therapy. New York: Norton, dtsch. Wege der erfolgreichen Kurztherapie. Stuttgart: Klett-Cotta, 1989

DE SHAZER, S. (1988). Clues: Investigating solutions in brief therapy. New York: Norton, dtsch. Der Dreh. Heidelberg: Cl.Auer, 1989

DE SHAZER, S. (1991). Putting difference to work. New York: Norton, dtsch. Das Spiel mit Unterschieden. Heidelberg: Cl.Auer, 1992

DE SHAZER, S. (1994). Words were originally magic. New York: Norton, dtsch. „...Worte waren ursprünglich Zauber", Dortmund: modernes lernen, 1996

DE SHAZER, Steve & BERG, Insoo K. (1985). A part is not apart: Working with only one of the partners present. In GURMAN, Alan S.. (Ed.), Casebook of marital therapy. New York: Guilford

DOAN, R. & BULLARD, C. (1994). Reflecting teams: Exploring the possibilities. Dulwich Centre Newsletter, No. 4, 35-38

DONOVAN, J.M., BENNETT, M.J., & McELROY, C.M. (1981). The crisis group: Its rationale, format and outcome. In Simon BUDMAN (Ed.), Forms of brief therapy (S. 283-303). New York: Guilford

DUNCAN, Barry L. & MOYNIHAN, D. W. (1994). Applying outcome research: Intentional utilization of the client's frame of reference. Psychotherapy, 31 (2), 294-301

DUNCAN, Barry L., SOLOVEY, A.D., & RUSK, G.S. (1992). Changing the rules: A client directed approach to therapy. New York: Guilford

DURRANT, Michael (1996). Auf die Stärken kannst du bauen. Lösunsgorientierte Arbeit in Heinem und anderen stationären Settings. Dortmund: modernes lernen

DURRANT, Michael & KOWALSKI, Kate M. (1990). Overcoming the effects of sexual abuse: Developing a self-perception of competence. In Michael DURRANT & Cheryl WHITE (Eds.), Ideas for therapy with sexual abuse (S. 65-110). Adelaide, Australia: Dulwich Centre Publications

DURRANT, Michael & KOWALSKI, Kate M. (1993). Enhancing views of competence. In Steven FRIEDMAN (Ed.), The new language of change: Constructive collaboration in psychotherapy (S. 107-137). New York: Guilford

EFRAN, Jay S., LUKENS, Michael D., & LUKENS, Robert J. (1990). Language, structure and change. New York: Norton, dtsch. Sprache, Struktur und Wandel. Dortmund: modernes lernen, 1992

ELMS, R. (1986). To tame a temper. Family Therapy Case Studies, 1, 51-58

EPSTON, David (1994, Nov/Dec). Expanding the conversation. The Family Therapy Networker, S.30-37; 62-63

EPSTON, David & White, MICHAEL (1992). Experience, contradiction, narrative and imagination. Adelaide, Australia: Dulwich Centre

EPSTON, David, WHITE, Michael & „Ben" (1995). Consulting your consultants: A means to the co-construction of alternative knowledges. In Steven FRIEDMAN (Ed.), The reflecting team in action: Collaborative practice in family therapy. New York: Guilford

ERICKSON, Milton H. (1954). Pseudo-orientation in time as a hypnotherapeutic procedure. Journal of Clinical and Experimental Hypnosis, 2, 261-283

ESLER, I. (1987). Winning over worry. Family Therapy Case Studies, 2(1), 15-23

FISCH, Richard, WEAKLAND, John H., & SEGAL, Lynn (1982). Tactics of change: Doing therapy briefly. San Francisco: Jossey-Bass, dtsch. Strategien der Veränderung. Systemische Kurzzeittherapie. Stuttgart: Klett-Cotta, 1991

FISKE, D.W. & MADDI, S.R. (1961). Functions of varied experience. Homewood, Illinois: Dorsey

FOERSTER, Heinz von (1984). On constructing a reality. In Paul WATZLAWICK (ed.), The invented reality (S. 41-61). New York: Norton, dtsch in: Paul WATZLAWICK (ed) Die erfundene Wirklichkeit. München-Zürich: Piper, 1981

FOLLETTE, W. T. & CUMMINGS, N. A. (1967). Psychiatric services and medical utilization in a prepaid health plan setting, Medical Care, 5, 25-35

FRAENKEL, Peter (1995). The nomothetic-idiographic debate in family therapy. Family Process, 34 (1), 113-121

FRANK, J. D. (1974). Healing and persuasion. A comparative study of psychotherapy. New York: Schocken

FRANKEL, R. M., MORSE, D. S., SUCHMAN, A. & BECKMAN, H. B. (1991). Can I really improve my listening skills with only 15 minutes to see my patients? HMO Practice, 5 (4), 114-120

FREEMAN, Jennifer C. & LOBOVITS, Dean (1993). The turtle with wings. In Steven FRIEDMAN (Ed.), The new language of change: Constructive collaboration in psychotherapy (S. 188-221). New York: Guilford

FREUD, Sigmund (1937). Analysis terminable and interminable. In Collected papers, 5, #30, S. 316-357

FRIEDMAN, Steven (1984). When the woman presents herself as „the patient": A systems view. Women and Therapy, 3 (2), 19-35

FRIEDMAN, Steven (1990). Towards a model of time-effective family psychotherapy: A view from a health maintenance organization. Journal of Family Psychotherapy, 1 (2), 1-28

FRIEDMAN, Steven (1992). Constructing solutions (stories) in brief family therapy. In Simon BUDMAN, Michael HOYT & Steven FRIEDMAN (Eds.), The first session in brief therapy (S. 282-305). New York: Guilford

FRIEDMAN, Steven (Ed.)(1993a). The new language of change: Constructive collaboration in psychotherapy. New York: Guilford

FRIEDMAN, Steven (1993b). Escape from the Furies: A journey from self-pity to self- love. In FRIEDMAN, Steven (Ed.), The new language of change: Constructive collaboration in psychotherapy (S. 251-277). New York: Guilford

FRIEDMAN, Steven (1993c). Does the „miracle question" always create miracles? Journal of Systemic Therapies, 12 (1), 71-74

FRIEDMAN, Steven (1993d) Possibility therapy with couples: Constructing time-effective solutions. Journal of Family Psychotherapy, 4 (4), 35-52

FRIEDMAN, Steven (1993e). Preface. In Steven FRIEDMAN (Ed.), The new language of change: Constructive collaboration in psychotherapy. New York: Guilford

FRIEDMAN, Steven (1994). Staying simple, staying focused: Time-effective consultations with children and families. In Michael F. HOYT (Ed.), Constructive Therapies (S. 217-250). New York: Guilford

FRIEDMAN, Steven (Ed.) (1995). The reflecting team in action: Collaborative practice in family therapy. New York: Guilford

FRIEDMAN, Steven (1996). Couples therapy: Changing conversations. In H. ROSEN & K.T. KUEHLWEIN (Eds.), Constructing realities: Meaning making perspectives for psychotherapists. San Francisco, California: Jossey Bass

FRIEDMAN, Steven & FANGER, Margot T. (1991). Expanding therapeutic possibilities: Getting results in brief psychotherapy. New York: Lexington Books/Macmillan

FRIEDMAN, Steven & RYAN, L. S. (1986). A systems perspective on problematic behaviors in the nursing home. Family Therapy, 13, 265-273

GAINES, J. (1995, March 12). Battered women finding fewer insurers. The Boston Globe

GARCIA-PRETO, N. (1982). Puerto Rican families. In Monica MCGOLDRICK, J. K. PEARCE, & J. GIORDANO (Eds.), Ethnicity and family therapy (pp. 164-186). New York: Guilford

GERGEN, Kenneth J. (1985). The social constructionist movement in modern psychology. American Psychologist, 40 (3), 266-275

GERGEN, Kenneth J. (1991). The saturated self: Dilemmas of identity in contemporary life. New York: Basic Books, dtsch. Das übersättigte Selbst. Heidelberg: Cl. Auer, 1996

GILLIGAN, Stephen & PRICE, Reese (Eds.) (1993). Therapeutic conversations. New York: Norton

GOLEMAN, D. (1994, May 11). Seeking out small pleasures keeps immune system strong. The New York Times

GRIFFITH, J. L. & GRIFFITH, M. E. (1994). The body speaks: Therapeutic dialogues for mind-body problems. New York: Basic

GRIFFITH, J. L., GRIFFITH, Melissa E., KREJMAS, N., McLAIN, M., MITTAL, D., RAINS, J., TINGLE, C. (1992). Reflecting team consultations and their impact upon family therapy for somatic symptoms as coded by Structural Analysis of Behavior (SASB). Family Systems Medicine, 10 (1), 53-58

GUDEMAN, J. E., DICKEY, B., EVANS, A., & SHORE, M. F. (1985). Four-year assessment of a day hospital-inn program as an alternative to inpatient hospitalization. American Journal of Psychiatry, 142, 1330- 1333

GURMAN, Alan S. (1992). Integrative marital therapy: A time-sensitive model for working with couples. In Simon BUDMAN, Michael HOYT, & Steven FRIEDMAN (Eds.), The first session in brief therapy (S. 186-203). New York: Guilford

HALEY, Jay (Ed.) (1967). Advanced techniques of hypnosis and therapy: Selected papers of Milton H. Erickson, MD. Boston: Allyn & Bacon

HALEY, Jay (1973). Uncommon therapy: The psychiatric techniques of Milton H. Erickson, MD. New York: Norton, dtsch. Die Psychotherapie Milton H. Ericksons, München: Pfeiffer, 1978

HALEY, Jay (1976). Problem-solving therapy. San Francisco: Jossey-Bass, dtsch. Direktive Familinetherapie. München: Pfeiffer, 1977

HALEY, J. (1984). Ordeal therapy. San Francisco: Jossey-Bass, dtsch. Ordeal Therapie. Hamburg: ISKO, 1994

HALEY, Jay (1990). Why Not Long-Term Therapy? In: Jeffrey K. ZEIG & Stephen G. GILLIGAN (Eds.), Brief Therapy. Myths, Methods, and Metaphors (S.3-17). New York: Brunner/Mazel

HARE-MUSTIN, Rachel (1994). Discourses in the mirrored room: A postmodern analysis of therapy. Family Process, 33 (1), 19-35

HARGENS, Jürgen (1999). Von Lösungen, Möglichkeiten, Ressourcen *und* Problemen. Respektieren und Infragestellen von Unterschieden. In: HARGENS, Jürgen & EBERLING, Wolfgang (eds). Einfach kurz und gut 2. Dortmund: borgmann, 1999

HARGENS, Jürgen & GRAU, Uwe (1994a). Meta-dialogue. Contemporary Family Therapy, 16 (6), 451-462

HARGENS, Jürgen & GRAU, Uwe (1994b). Cooperating, reflecting, making open and meta-dialogue—Outline of a systemic approach on constructivist grounds. The Australian and New Zealand Journal of Family Therapy, 15(2), 81-90

HEBB, Donald O. (1946). On the nature of fear. Psychological Review, 53, 259-276

HEINSSEN, R. K., LEVENDUSKY, P. G. & HUNTER, R. H. (1995). Clients as colleague: Therapeutic contracting with the seriously mentally ill. American Psychologist, 50 (7), 522-532

HELD, R. & HEIN, A. (1963). Movement produced stimulation on the development of visually guided behavior. Journal of Comparative and Physiological Psychology, 56, 872-876

HERRON, W. G., EISENSTADT, E. N., JAVIER, R. A., PRIMAVERA, L. H. & SCHULTZ, C. L. (1994). Session effects, comparability, and managed care in the psychotherapies. Psychotherapy, 31 (2), 279-285

HOBBS, Nicholas (1966). Helping disturbed children: Psychological and ecological strategies. American Psychologist, 21, 1105-1115

HOFFMAN, Lynn (1981). Foundations of family therapy. New York: Basic Books, dtsch. Grundlagen der Familientherapie. Hamburg: ISKO, 1982

HOFFMAN, Lynn (1989, Oct). Partnership therapy. Workshop presented in Portsmouth, NH

HOFFMAN, Lynn (1991). A reflexive stance for family therapy. Journal of Strategic and Systemic Therapies, 10, 4-17, dtsch. in Lynn HOFFMAN. Therapeutische Konversationen. Dortmund: modernes lernen, 1996

HOFFMAN, Lynn & DAVIS, Judith (1993). Tekka with feathers: Talking about talking (about suicide). In Steven Friedman (Ed.), The new language of change: Constructive collaboration in psychotherapy (S. 345-373). New York: Guilford Press, dtsch. in Lynn HOFFMAN. Therapeutische Konversationen. Dortmund: modernes lernen, 1996

HOLDER, H. D. & BLOSE, J. O. (1987). Changes in health care costs and utilization associated with mental health treatment. Hospital and Community Psychiatry, 38 (10), 1070-1075

HOYT, Michael F.(1993). Group psychotherapy in an HMO. HMO Practice, 7 (3), 127- 132

HOYT, Michael F. (1994a). Single session solutions. In MICHAEL F. Hoyt (Ed.), Constructive therapies (S. 140-159). New York: Guilford

HOYT, Michael.F. (1994b). Promoting HMO values and the culture of quality. HMO Practice, 8 (3), 122-126

HOYT, Michael F. & AUSTAD, C.S. (1992). Psychotherapy in a staff model health maintenance organization: Providing and assuring quality care in the future. Psychotherapy, 29 (1), 119-129

HOYT, Michael & FRIEDMAN, Steven (1998). Dilemmas of postmodern practice under managed care. Journal of Systemic Therapies, im Druck.

HOYT, Michael F., ROSENBAUM, Robert & TALMON, Moshe (1992). Planned single session therapy. In Simon BUDMAN, Michael HOYT, & Steven FRIEDMAN (Eds.), The first session in brief therapy (S. 59-86). New York: Guilford

Hunt, J. M. (1965). Intrinsic motivation and its role in psychological development. In D. Levine (Ed), Nebraska symposium on motivation. Vol. 13. Lincoln, Nebraska: University of Nebraska

Hutterer, Robert (1996). Die Consumer Reports Studie: Längere Psychotherapien sind effektiver! Neuere Ergebnisse der Psychotherapieforschung und einige gesundheitspolitische Implikationen. PsychotherapieForum Vol. 4, No. 1, Suppl.: 2-6

Imber-Black, Evan., Roberts, Janine & Whiting, Richard A. (1988). Rituals in families and family therapy. New York: Norton, dtsch. Rituale. Heidelberg: Cl.Auer, 1993

Jacobson, Neil (1995, Mar/Apr). The overselling of therapy. The Family Therapy Networker, S.40-47

Janowsky, Zeena M., Dickerson, Victoria C. & Zimmerman, Jeffrey L.. (1995). Through Susan's eyes: Reflections on a reflecting team experience. In Steven Friedman (Ed.), The reflecting team in action: Collaborative practice in family therapy. New York: Guilford

Johnson, L .D. & Miller, Scott D. (1994). Modification of depression risk factors: A solution-focused approach. Psychotherapy, 31 (2), 244-253

Jones, K. & Vischi, T. (1980). Impact of alchohol, drug abuse and mental health treatment and medical care utilization: A review of the literature. Medical Care, 17, 1-82

Kaplan, S. & Greenfield, S. (1993). Enlarging patient responsibility: Strategies to increase patients' involvement in their health care. Forum, 14 (3), 9-11

Keeney, Bradford P. (1993). Improvisational therapy. New York: Guilford Press, dtsch Improvisational therapy. Paderborn: Junfermann, 1991

Kelman, H. (1969). Kairos: The auspicious moment. American Journal of Psychoanalysis, 29, 59-83

Kiesler, C. A. (1982). Mental hospitals and alternative care: Noninstitutionalization as potential public policy for mental patients. American Psychologist, 37 (4), 349-360

Kiesler, C. A. (1988). Psychology and public policy in the „health care revolution." American Psychologist, 43 (12), 993-1003

Kiresuk, Thomas J. (1973). Goal attainment scaling at a county mental health service. Evaluation, 1 (2), 12-18

Kiresuk, Thomas J. & Sherman, R. E. (1968). Goal attainment scaling: A general method for evaluationg community mental health programs. Community Mental Health Journal, 4 (6), 443-453

KIRESUK, Thomas J., SMITH, A. & CARDILLO, J. E. (Eds.) (1994). Goal Attainment Scaling: Applications, theory and measurement. Hillsdale, NJ: Erlbaum

KOESTLER, Arthur (1964). The act of creation. New York: Macmillan

KOWALSKI, Kate & KRAL, Ron (1989). The geometry of solution: Using the scaling technique. Family Therapy Case Studies, 4 (1), 59-66

KREILKAMP, T. (1989). Time-limited intermittent therapy with children and families. New York: Brunner/Mazel

LAMBERT, Michael J. (1992). Psychotherapy outcome research: Implications forintegrative and eclectic therapists. In J. C. NORCROSS & M. R. GOLDFRIED (Eds.), Handbook of psychotherapy integration (S.94-129). New York: Basic

LANGER, E. J. & RODIN, J. (1976). The effects of choice and enhanced personal responsibility for the aged: A field experiment in an institutional setting. Journal of Personality and Social Psychology, 34, 191-198

LANKTON, Stephen R. (1990). Just do good therapy. In Jeffrey.K. ZEIG & Stephen G. GILLIGAN (Eds.), Brief therapy: Myths, methods and metaphors (S. 62-77). New York: Brunner/Mazel

LANKTON, Stephen R. & LANKTON, Carol H. (1986). Enchantment and intervention in family therapy. New York: Brunner/Mazel

LAX, WILLIAM D. (1992). Postmodern thinking in clinical practice. In Sheila MCNAMEE & Kenneth J. GERGEN (Eds.), Therapy as social construction (S. 69-85). Newbury Park, CA: Sage

LAX, William D. (1995). Offering reflections: Some theoretical and practical considerations. In Steven FRIEDMAN (Ed.), The reflecting team in action: Collaborative practice in family therapy. New York: Guilford

LEVINSON, W. (1994). Physician-patient communication: A key to malpractice prevention. Journal of the American Medical Association, 272 (20), 1619- 1620

LIPCHIK, Eve (1988, June). Brief solution-focused therapy in inpatient settings. Paper presented at American Family Therapy Association, Montreal, Quebec, Canada

LIPCHIK, Eve (1992). A reflecting interview. Journal of Strategic and Systemic Therapies, 11 (4), 59-74

LIPCHIK, Eve (1994, Mar/Apr). The rush to be brief. The Family Therapy Networker, S. 34-39, dtsch. Die Hast, kurz zu sein. Z.system.Ther. 12(4): 228-235, 1994

LIPCHIK, Eve & DE SHAZER, Steve (1986). The purposeful interview. Journal of Strategic and Systemic Therapies, 5, 88-99

Lobovits, Dean H., Maisel, Richard L. & Freeman, Jennifer C. (1995). Public practices: An ethic of circulation. In Steven Friedman (Ed.), The reflecting team in action: Collaborative practice in family therapy. New York: Guilford

Loth, Wolfgang (1998). Auf den Spuren hilfreicher Veränderungen. Das Entwikkeln Klinischer Kontrakte. Dortmund: modernes lernen

Madanes, Cloe (1981). Strategic family therapy. San Francisco: Jossey-Bass

Madigan, Stephen & Epston, David (1995). From „Spy-chiatric gaze" to communities of concern: From professional monologue to dialogue. In Steven Friedman (Ed.), The reflecting team in action: Collaborative practice in family therapy. New York: Guilford

Maturana, Humberto R. & Varela, Francisco J. (1987). The tree of knowledge: The biological roots of human understanding. Boston: New Science Library, dtsch. Der Baum der Erkenntnis. Bern-München-Wien: Scherz, 1987

McGoldrick, Monica & Gerson, R. (1985). Genograms in family assessment. New York: Norton, dtsch. Genograme in der Familienberatung. Bern: Huber, 1990

McNamee, Sheila & Gergen, Kenneth (Eds.) (1992). Therapy as social construction. Newbury Park, CA: Sage

Menses, Gerald (1986). Therapondulitis and theraspondence: The art of therapeutic letter writing. Family Therapy Case Studies, 1 (1), 61-64

Meredith, R. L. & Bair, S. L. (1995, June). Hi Ho....Myrt's riding the INFO HIGHWAY. Register Report, Vol. 21, No.2, pp. 1; 14-18

Miller, Scott (1992). The symptoms of solution. Journal of Strategic and Systemic Therapies, 11 (1), 1-11

Miller, Scott, Hubble, Mark A. & Duncan, Barry L. (1995, Mar/Apr). No more bells and whistles. The Family Therapy Networker, S. 52-58; 62-63

Miller, Scott, Duncan, Barry L. & Hubble, Mark A. (1997). Escape from babel. Toward a Unifying Language for Psychotherapy Pratice. New York-London: Norton

Miller, W.R. & Rollnick, S.(1991). Motivational interviewing: Preparing people to change addictive behavior. New York: Guilford

Minuchin, Salvador (1974). Families and family therapy. Cambridge: Harvard University Press, dtsch. Familien und Familientherapie. Freiburg/Breisgau: Lambertus, 1977

Mittelmeier, Cynthia M. & Friedman, Steven (1993). Toward a mutual understanding: Constructing solutions with families. In Steven Friedman (Ed.), The new language of change: Constructive collaboration in psychotherapy (S. 158-181). New York: Guilford

MITTELMEIER, Cynthia M. & MEYER, B. L. (1994). Building social skills in school age children. HMO Practice, 8 (1), 46-47

MOULD, D. E. (1994). A call to arms: But is managed care the dragon? Psychotherapy Bulletin, 29 (4), 42-44

MUMFORD, E., SCHLESINGER, H. J., GLASS, G. V., PATRICK, C. & CUERDON, T. (1984). A new look at evidence about reduced cost of medical utilization following mental health treatment. The American Journal of Psychiatry, 141, 1145- 1158

NICHOLS, Timothy & JACQUES, Cheryl (1995). Family reunions: Communities celebrate new possibilities. In Steven FRIEDMAN (Ed.), The reflecting team in action: Collaborative practice in family therapy. New York: Guilford

NOBLE, H. B. (1995, July 3). Quality is focus for health plans. New York Times, p. 1; 7

NOVAK, D. H., GOLDSTEIN, M. G. & DUBE, C. (1993). Improving medical history taking skills. Forum, 14 (3), 3-6

NURCOMBE, B. (1989). Goal-directed treatment planning and principles of brief hospitalization. Journal of the American Academy of Child and Adolescent Psychiatry, 28 (1), 26-30

NYLAND, D. & THOMAS, J. (1994, Nov/Dec). The economics of narrative. The Family Therapy Networker, S. 38-39

O'HANLON, William H. (1993a). Take two people and call them in the morning: Brief solution-oriented therapy with depression. In Steven FRIEDMAN (Ed.), The new language of change: Constructive collaboration in psychotherapy (S. 50-84). New York: Guilford

O'HANLON, William H. (1993b). Possibility therapy: From iatrogenic injury to iatrogenic healing. In Stephen G. GILLIGAN & Reese PRICE (Eds.), Therapeutic conversations (S. 3-17). New York: Norton

O'HANLON, William H. & BEADLE, Sandy (1998). Das wär' was! Ein Wegweiser ins Möglichkeiten-Land. 51 Methoden für eine kurze und respektvolle Therapie. Dortmund: borgmann

O'HANLON, William H. & WILK, James (1987). Shifting contexts: The generation of effective psychotherapy. New York: Guilford

PAPP, Peggy (1983). The process of change. New York: Guilford Press, dtsch. Die Veränderung des Familiensystems. Stuttgart: Klrett-Cotta, 1989

PATTERSON, J. & SCHERGER, J.E. (1995). A critique of health care reform in the United States: Implications for the training and practice of marital and family therapy. Journal of Marital and Family Therapy, 21 (2), 127-135

Parry, A. & Doan, R. E. (1994). Story re-visions: Narrative therapy in the postmodern world. New York: Guilford

Postman, Neil (1976). Crazy talk, stupid talk. New York: Delacorte

Prochaska, J. O., DiClemente, C. C. & Norcross, J.C. (1992). In search of how people change: Applications to addictive behavior. American Psychologist, 47 (9), 1102-1114

Psychotherapieforum (1998), 6(2)

Psychotherapy Finances (1998), 24 (6), S.11

Rifkin, J. & O'Hanlon, William H. (1989). The tape recorder cure. Family Therapy Case Studies, 4 (2), 33-36

Rodin, J. & Langer, E. J. (1977). Long term effects of a control-relevant intervention with the institutionalized aged. Journal of Personality and Social Psychology, 35, 897-902

Rosen, Sidney (1982). My voice will go with you: The teaching tales of Milton H. Erickson. New York: Norton, dtsch Die Lehrgeschichten von Milton H. Erickson. Hamburg: ISKO, 1985

Rosenhan, David L. (1973). In being same in insane places. Science, 179, 250-258, dtsch. Gesund in kranker Umgebung, in: Watzlawick, Paul (ed). Die erfundene Wirklichkeit. München-Zürich: Piper, 1981

Rosenthal, E. (1995, Mar 25). As HMOs rise, New York is catching up with others. New York Times, S.1-26

Roth, Sallyann & Chasin, Richard (1994). Entering one another's worlds of meaning and imagination: Dramatic enactment and narrative couple therapy. In Michael F. Hoyt (Ed.), Constructive therapies (S. 189-216). New York: Guilford

Ryle, G. (1949). The concept of mind. New York: University Paperbacks

Sabin, J. E. (1978). Research findings on chronic mental illness: A model for continuing care in the health maintenance organization. Comprehensive Psychiatry, 19 (1), 83-95

Sabin, J. E. (1991). Clinical skills for the 1990's: Six lessons from HMO practice. Hospital and Community Psychiatry, 42 (6), 605-608

Sabin, J. E. (1994a). A credo for ethical managed care in mental health practice. Hospital and Community Psychiatry, 45 (9), 859-860

Sabin, J. (1994b). Caring about patients and caring about money: The American Psychiatric Association Code of Ethics meets managed care. Behavioral Sciences and the Law, 12, 317-330.

Sawatzky, D. Donald & Parry, Thomas Allen (1993). Silenced voices heard: A tale of family survival. In Steven Friedman (Ed.), The new language of change: Constructive collaboration in psychotherapy (S. 405-427). New York: Guilford

Schnitzer, Phoebe Kazdin (1993). Tales of the absent father: Applying the „story" metaphor in family therapy. Family Process, 32 (4), 441-458

Schulz, R. (1976). Effects of control and predictability on the physical and psychological well-being of the institutionalized aged. Journal of Personality and Social Psychology, 33, 563-573

Seikkula, Jaako et al. (1995). Treating psychosis by means of open dialogue. In Steven Friedman (Ed.), The reflecting team in action. New York: Guilford

Selekman, Matthew D. (1993). Pathways to change: Brief therapy solutions with difficult adolescents. New York: Guilford

Selekman, Matthew D. (1995). Rap music with wisdon: Peer reflecting teams with tough adolescents. In Steven Friedman (Ed.), The reflecting team in action: Collaborative practice in family therapy. New York: Guilford

Seligman, Matthew E. (1975). Helplessness: On depression, development and death. San Francisco: W.H. Freeman

Sells, Scott P., Smith, Thomas Edward, Coe, Mary J., Yoshioka, Marianne & Robbins, John (1994). An ethnography of couple and therapist experiences in reflecting team practice. Journal of Marital and Family Therapy, 20 (3), 247-266

Sleek, S. (1995, May). Wanted: Practitioners who keeps costs in line. APA Monitor, p.33

Smith, T. E., Yoshioka, M. & Winton, M. (1993). A qualitative understanding of reflecting teams I. Journal of Systemic Therapies, 12 (3), 28-43

Smith, Thomas Edward, Sells, Scott P. & Clevenger, Theodore (1994). Ethnographic content analysis of couple and therapist perceptions in a reflecting team setting. Journal of Marital and Family Therapy, 20 (3), 267-286

Stroebe, M. et al. (1992). Broken hearts or broken bonds: Love and death in historical perspective. American Psychologist, 47 (10), 1205-1212

Stromberg, C. & Ratcliff, R. (1995, June). A legal update on provider credentialing. The Psychologist's Legal Update, No. 7, 1-12

Talmon, Moshe (1990). Single session therapy. San Francisco: Jossey-Bass

Tomm, Karl (1990, June). Ethical postures that orient one's clinical decision making. Presentation at American Family Therapy Academy, Philadelphia, PA

Varela, Francisco J. (1989). Reflections on the circulation of concepts between a biology of cognition and systemic family therapy. Family Process, 28, 15- 24

WALL, S. & ARDEN, H. (1990). Wisdomkeepers: Meetings with Native American spiritual leaders. Hillsboro, Oregon: Beyond Words

WALTER, John L. & PELLER, Jane E. (1994). Lösungs-orientierte Kurztherapie. Ein Lehr- und Lernbuch. Dortmund: modernes lernen

WANGBERG, Finn (1991). Self-reflection: Turning the mirror inward. Journal of Strategic and Systemic Therapies, 10, 18-29

WATERS, D. B. & LAWRENCE, E. C. (1993). Competence, courage and change: An approach to family therapy. New York: Norton

WATZLAWICK, Paul (Ed.) (1984). The invented reality. New York: Norton, dtsch. Die erfundene Wirklichkeit. München-Zürich: Piper, 1981

WEICK, K. (1984). Small wins: Redefining the scale of social problems. American Psychologist, 39 (1), 40-49

WEINER-DAVIS, Michele, DE SHAZER, Steve & GINGERICH, Wallace J. (1987). Building on pretreatment change to construct the therapeutic solution: An exploratory study. Journal of Marital and Family Therapy, 13, 359-363

WHITAKER, Carl A. (1976). The hindrance of theory in clinical work. In P. GUERIN (Ed.), Family therapy: Theory and practice (S. 154-164). New York: Gardner

WHITAKER, Carl A. & BUMBERRY, W. M. (1988). Dancing with the family: A symbolic experiential approach. New York: Brunner-Mazel

WHITE, Michael (1986). Negative explanation, restraint, and double description: A template for family therapy. Family Process, 25, 169-184.

WHITE, Michael (1991, October). Re-authoring lives and relationships. Workshop at Leonard Morse Hospital, Natick, MA

WHITE, Michael (1995). Re-authoring lives: Interviews and essays. Adelaide: Australia: Dulwich Centre

WHITE, MICHAEL & EPSTON, David (1990). Narrative means to therapeutic ends. New York: Norton, dtsch. Die Zähmung der Monster. Heidelberg: Cl.Auer, 1990

WHITE, R. (1959). Motivation reconsidered: The concept of competence. Psychological Review, 66, 297-333

WOODWORTH, R. S. & SCHLOSSBERG, H. (1954). Experimental psychology. New York: Holt, Rinehart & Winston

WRIGHT, R.H. (1991, Spring). Toward a national plan. Advance Plan S. 1; 14-15.

ZIMMERMAN, Jeffrey L. & DICKERSON, Victoria C. (1993). Bringing forth the restraining influence of pattern in couples therapy. In Stephen GILLIGAN & Reese PRICE (Eds.), Therapeutic conversations (S. 197-214). New York: Guilford

Personenverzeichnis

Adams-Westcott - 305;
Agnetti - 311;
Ahola - 40;
Alexander - 36; 115; 305; 333;
Andersen - 151f.; 157;
Anderson - 40; 75; 266; 306; 312;
Archimedes - 322;
Arden - 323;
Austad - 322; 324; 336;

Bair - 329;
Bass - 295;
Bateson, G. - 49; 150f.; 174; 323;
Bateson, M.C. - 201;
Baumann - 161; 186;
Beadle - 332;
Bennett - 29; 58; 78; 304f.;
Berg - 36; 40; 56; 58f.; 70; 95; 248; 262; 266; 270f.; 327; 330;
Berlyne - 151;
Berra - 16;
Berwick - 328;
Binder - 74;
Bischoff - 58;
Blakeslee - 68;
Bloom - 78; 87; 323;
Blose - 27;
Bograd - 70; 117;
Brand - 305;
Breathed - 26;
Brecher - 74; 157; 159; 186;
Brehm - 94;
Briggs - 322;
Brown-Standridge - 124f.; 127;
Bruner - 41;
Budman - 74; 77; 79; 85; 124; 305;
Bullard - 157;
Bumburry - 323;
Burns - 305;
Butz - 299;

Cade - 58; 130;
Califano - 26;

Campbell - 319;
Cardillo - 329;
Carpenter - 151;
Chasin - 70; 117;
Clevenger - 153;
Combs - 134;
Cousins - 68;
Cummings - 26f.; 29; 78f.; 297; 321;
Cuomo - 310;

d'Agostino - 303;
Daley - 305;
De Jong - 271; 330;
Deppe - 13;
de Shazer - 36; 40; 56; 60; 64; 70; 98f.; 129; 131; 245; 248; 262; 266;
Dickerson - 154; 172;
DiClemente - 95; 270;
Doan - 40; 157;
Donovan - 305;
Dubes - 88;
Duncan - 88f.; 110;
Durrant - 30; 98; 174; 302; 324;
Dymsza - 157; 186;

Efran - 41; 49; 116;
Elms - 223;
Epiktet - 9f.;
Epston - 40; 50; 53; 65; 72; 80; 137f.; 146f.; 157; 173f.; 243; 285; 316;
Erickson - 31; 35; 40; 64; 70; 117; 127; 261; 304; 306; 311;
Esler - 210;

Faber - 305;
Fanger - 40; 44; 59; 69; 79; 85; 98; 133; 261; 307; 321;
Feinberg - 133;
Fisch - 64; 95; 135;
Fiske - 151;
Follette - 27;

355

Frank - 68; 75f.; 89;
Frankel - 88;
Fraenkel - 315;
Freeman - 80; 173;
Freedman - 134;
French - 36; 115; 305; 333;
Freud - 79; 115;
Friedman - 10f.; 13f.; 20; 23f.; 35; 37; 40f.; 44; 54; 58f.; 65; 67; 69ff; 72; 74; 79; 81; 85; 94; 98; 133f.; 150; 152; 157; 159; 177; 261f.; 307; 310; 321; 324f.;
Furman - 40; 70; 172;

Gaines - 295;
Garcia-Preto - 233;
Gergen - 40f.; 50;
Gerson - 98;
Gilligan - 40;
Gingerich - 245;
Goldstein - 88;
Goleman - 69;
Goolishian - 40; 75; 266; 312;
Grau - 50; 80;
Greenberger - 305;
Greenfield - 88;
Griffith, J.L. - 153; 300f.;
Griffith, M.E. - 153; 300f.;
Gudemann - 303;
Gurman - 77; 305; 337;

Haley - 13; 64; 117; 127; 135; 227; 311;
Hare-Mustin - 80;
Hargens - 14; 80; 88;
Hebb - 151;
Hein - 75;
Heinssen - 58;
Held - 75;
Herron - 68;
Hill - 53;
Hobbs - 77; 323;
Hoffman - 80; 157;
Holder - 27;
Holstein - 322; 324;

Hoyt - 20; 23; 40; 74; 78; 85; 305; 321; 323; 336;
Hubble - 110;
Hunt - 151;
Hunter - 58;
Hutterer - 296;

Imber-Black - 129;
Isenbart - 305;

Jacobson - 299; 329;
Jacques - 173;
Janowsky - 154; 157; 172;
Jaynes - 319;
Jones - 27;

Kaplan - 28; 88;
Katze - 295;
Keeney - 74;
Kelly - 305;
Kelman - 323;
Keynes - 293;
Kiesler - 302; 321;
Kiresuk - 329; 331;
Kisch - 186;
Koestler - 149; 322;
Koppenal - 305;
Kowalski - 30; 98; 248; 302; 324;
Kral - 248;
Kreilkamp - 75;
Kriz - 11;

Lambert - 94;
Langer - 68;
Lankton, C. - 49;
Lankton, S. - 49; 85ff;
Lawrence - 42; 94;
Lax - 157; 171;
Lerner - 305;
Levendusky - 58;
Levinson - 88;
Lewin - 295;
Lipchik - 35; 89; 98; 302;
Lobovits - 80; 173;
Loth - 324;
Lukens, M.D. - 41; 49; 116;

Lukens, R.J. - 41; 49; 116;

Madanes - 135;
Maddi - 151;
Madigan - 80; 173f.;
Maisel - 173;
Maslin -76;
Maturana - 116;
Mayer - 159; 186;
Mazlish - 305;
McCabe - 303;
McElroy - 305;
McGoldrick - 98;
McNamee - 40;
Meichenbaum - 324;
Menses - 137f.;
Meredith - 329;
Meyer - 305;
Miller - 40; 58f.; 65; 94f.; 110; 248; 304;
Minuchin - 227;
Mittelmeier - 70; 159; 161; 177f.; 305; 310;
Morton - 321;
Mould - 299;
Moynihan - 88;
Mumford - 27;

Nichols - 173;
Noble - 329;
Norcross - 95; 270;
Novak - 88;
Nurcombe - 302;
Nyland - 137;

O'Hanlon - 40; 58; 70; 75; 98; 131; 133; 332;

Padesky - 305;
Papp - 151f.;
Parker - 305;
Parry - 40; 89; 157;
Patterson - 26;
Peat - 322;
Peller - 271;
Price - 40;

Prochaska - 95; 270;

Ratcliff - 329;
Rifkin - 133;
Roberts - 129;
Rodin - 68;
Rollnick - 94;
Rosen - 127;
Rosenbaum - 78;
Rosenhan - 68;
Rosenthal - 321;
Roth - 70; 117;
Rusk - 89;
Ryan - 67; 94;
Ryle - 71;

Sabin - 23f.; 29; 305;
Sargent - 299;
Sawatzky - 89;
Scherger - 26;
Schlosberg - 150;
Schnitzer - 41;
Schulz - 68;
Sclar - 303;
Segal - 64; 95; 135;
Seikkula - 172;
Selekman - 74; 174;
Seligman - 76;
Sells - 153;
Sexton - 336;
Sherman - 322; 324; 329; 331;
Sleek - 329;
Smith - 153; 329;
Solovey - 89;
Sprenkle - 58;
Stroebe - 306f.; 314;
Stromberg - 329;

Talmon - 78; 87; 323;
Tannen - 305;
Thomas - 137;
Tomm - 44; 79f.;
Turk - 161;

Varela - 116; 151;
Vischi - 27;

von Foerster - 75; 321;

Waldegrave - 85;
Wall - 323;
Wallerstein - 305;
Walter - 271;
Wangberg - 171;
Waters - 42; 94;
Watzlawick - 68;
Weakland - 64; 95; 115; 135;
Weick - 54; 177; 309;
Weiner-Davis - 40; 98; 131; 245; 305;
Whiston - 336;

Whitaker - 323; 336;
White, M. - 40; 50f.; 53; 65; 72; 137f.; 146f.; 153; 157; 173f.; 243; 285; 316;
White, R. - 67; 76;
Whiting - 129;
Wilk - 70; 75; 131;
Winton - 153;
Woodworth - 150;

Yoshioka - 153;
Young - 311;

Zimmermann - 154; 172;

Steven FRIEDMAN,

Ph.D., ist Klinischer Psychologe und Familientherapeut, der sozialen Organisationen Training und Konsultation anbietet. Er lehrt an der Lesley College Graduate School (Boston, MA) und ist ständiger Mitarbeiter der Zeitschrift *Journal of Systemic Therapies*.

Er ist zusammen mit Margot T. FANGER Ko-Autor von *Expanding Therapeutic Possibilities: Gettings Results in Brief Psychotherapy* (1991) sowie Herausgeber der Sammelbände *The New Language of Change: Constructive Collaboration in Psychotherapy* (1993) und *The Reflecting Team in Action: Collaborative Practice in Family Therapy* (1995). Er hat über 80 Workshops in den USA geleitet und schreibt regelmäßig in verschiedenen Fachzeitschriften und Büchern.

Er ist über die e-mail-Adresse: friedman@quik.com zu erreichen.

Neuerscheinungen 1998/99

David Campbell
**Systemische Konsultation
– lehren, lernen, praktizieren**
1998, 168 S., Format DIN A5, br
ISBN 3-8080-0401-0   Bestell-Nr. 4315, DM 38,00

Peter De Jong / Insoo Kim Berg
Lösungen (er-)finden
*Das Werkstattbuch
der lösungsorientierten Kurztherapie*
1998, 368 S., Format DIN A5, gebunden
ISBN 3-8080-0398-7   Bestell-Nr. 4317, DM 49,80

Wolfgang Eberling / Manfred Vogt-Hillmann(Hrsg.)
Kurzgefaßt
Zum Stand d. lösungsorientierten Praxis in Europa
1998, 360 S., Format DIN A5, br
ISBN 3-86145-144-1   Bestell-Nr. 8387, DM 48,00

Steven Friedman
Effektive Psychotherapie
Wirksam handeln bei begrenzten Ressourcen
Mai 1999, ca. 300 S., Format DIN A5, br
ISBN 3-8080-0431-2   Bestell-Nr. 4318, DM 44,00

Ben Furman
Es ist nie zu spät, eine glückliche Kindheit zu haben
Juni 1999, ca. 120 S., Format DIN A5, br
ISBN 3-86145-173-5   Bestell-Nr. 8398, DM 29,80

Jürgen Hargens / Arist von Schlippe (Hrsg.)
Das Spiel der Ideen
Reflektierendes Team und systemische Praxis
1998, 240 S., Format DIN A5, br
ISBN 3-86145-157-3   Bestell-Nr. 8393, DM 38,00

Dieter Krowatschek
Entspannung für Jugendliche
1998, 184 S., Buch und MC im Schuber
ISBN 3-86145-136-0   Bestell-Nr. 8385, DM 49,80

Ruth Lindner / Ingeborg Steinmann-Berns
**Systemische Ansätze
in der Schuldnerberatung**
Ein Arbeitshandbuch
1998, 168 S., Format DIN A5, br
ISBN 3-86145-153-0   Bestell-Nr. 8390, DM 29,80

Wolfgang Loth
**Auf den Spuren
hilfreicher Veränderungen**
Das Entwickeln Klinischer Kontrakte
1998, 224 S., Format DIN A5, br
ISBN 3-8080-0397-9   Bestell-Nr. 4316, DM 39,80

Bill O'Hanlon / Sandy Beadle
Das wär' was!
*Ein Wegweiser ins Möglichkeiten-Land
51 Methoden für eine kurze und respektvolle Therapie*
1998, 96 S., Format DIN A5, Ringbindung
ISBN 3-86145-151-4   Bestell-Nr. 8389, DM 29,80

Ulrich Rohmann / Ulrich Elbing
Selbstverletzendes Verhalten
Überlegungen, Fragen und Antworten
1998, 320 S, Format 16x23cm, br
ISBN 3-8080-0404-5   Bestell-Nr. 1465, DM 39,80

Dieter Schwartz
Vernunft und Emotion
Die Ellis-Methode – Vernunft einsetzen, sich gut fühlen und mehr im Leben erreichen
1998, 200 S., Format DIN A5, br
ISBN 3-86145-165-4   Bestell-Nr. 8395, DM 29,80

Walter Spiess (Hrsg.)
Die Logik des Gelingens
Lösungs- und entwicklungsorientierte Beratung im Kontext von Pädagogik
1998, 248 S., Format DIN A5, br
ISBN 3-86145-137-9   Bestell-Nr. 8386, DM 39,80

Manfred Vogt-Hillmann / Wolfgang Burr (Hrsg.)
Kinderleichte Lösungen
Lösungsorientierte Kreative Kindertherapie
Jan. 1999, ca. 240 S., Format DIN A5, br
ISBN 3-86145-167-0   Bestell-Nr. 8396, DM 39,80

Lieferung durch jede Buchhandlung oder direkt durch die Versandbuchabteilung des Verlages.

verlag modernes lernen *borgmann publishing*
Hohe Straße 39 • D-44139 Dortmund • Tel. (0180) 534 01 30 • FAX (0180) 534 01 20